한길 미래신서 02

웨슬리와 영적 분별

조용현 지음

신앙과지성사

'한길 미래신서'는
한국교회의 미래를 염려하며
젊은 학자와 목회자를 사랑했던 고 한길 장기천 목사의 뜻을 이어
기독교의 앞날을 위해 대안을 창조하는
기독교 지성인들의 생각을 펼치는 열린 마당이다.
시대적 상황에서 교회 본질을 탐구하고 역할을 되묻는 분들의 저서를
지속적으로 출판하고자 한다.

추천의 글

영적 성숙을 위한 헌신의 산물

오성주 박사 (전 감신대 기독교교육학 교수)

아무도 가지 않은 곳을 향해 새로운 길을 찾아간다는 것은 결코 쉬운 일이 아닙니다. 왜냐하면 낯선 곳에 대한 두려움이 있기 때문입니다. 그러기에 새롭게 길을 열어가는 과정은 많은 수고와 헌신이 필요할 뿐만 아니라 홀로 가야 하기에 외롭고 힘든 과정입니다. 그래서 과감한 용기가 필요합니다.

저자 조용현 목사와 첫 만남은 감신대 박사 과정 수업시간을 통해 이루어졌습니다. 그 후 저에게 그의 박사 논문을 지도할 기회가 주어졌고, 우연히 웨슬리 구원의 과정과 베르그손의 기억과 정서를 연결하여 연구해보라고 했던 권면이 오늘에 이르렀습니다.

논문을 지도하면서 많은 대화를 통해 저자에 대해 알게 되었습니다. 저자는 논리가 분명하지 못하면 더 이상 앞으로 나가지 않고 확실히 이해할 때까지 차분하게 꼼꼼히 살피는 성격의 소유자였습니다. 그런 덕에 조용현 박사는 베르그손의 어려운 글들을 여러 번 반복하며 이해가 될 때까지 깊게 파고들었으며, 결국 명확한 베르그손의 철학을 이해하면서 어떻게 의식과 정서가 발달하며 형성되고 지속되는 과정에서 어떻게 분별이 가능할 것인가에 대한 물음을 웨슬리 구원의 순서에 적용하여 분석하고 연구함으로 웨슬리의 영적 분별에 관한 새로운 중요한 과제를 풀어냈습니다.

　우리가 살고 있는 시대는 빠른 변화 속에 모든 면에서 점점 모호하게 변함으로 분별하기 어려운 시대를 맞이하고 있습니다. 분별이 일어나지 않을 때 우리는 모호와 혼돈의 상태에 머물 수밖에 없습니다. 잘못된 분별은 오류 속에서 잘못된 판단에 이르게 되어 무서운 결과를 초래할 수도 있습니다. 영적 분별은 물리적으로 분별하기 어려운 부분입니다. 지속적 의식의 흐름에서 정서적 분별을 통해서 나타난 신앙적 삶의 태도를 보아서 알 수 있는 것입니다.

　저자 조용현 박사는 그의 논문을 통해 "우리가 직면하고 있는 영성적 현실은 신비적 감성을 추구하는 것과 중심을 상실하고 파편화되고 개인화된 이중적이고 모순된 상황"임을 지적하며 어떻게 기독교 영성을 통해 하나님을 만나는 신앙적 정서를 분별할 수 있을 것인가에 대한 주제를 다루고 있습니다. 특히 신학적 개념으로만 정리되었던 웨슬리 구원의 순서를 베르그손의 철학과 대화를 통해 신앙적 정서를 분별해 줌으로써 좀 더 선명하게 영적 분별을 드러나도록 도와주고 있습니다.

　이 책은 믿음의 올바른 실천과 영적 성숙을 위해 영적 분별이 절실히 필요한 이 시대에 웨슬리 구원의 순서에 따른 영적 분별을 할 수 있도록 돕는 도구로서 누구나 쉽게 이해할 수 있도록 설명되어 있어 신학생과 현장의 목회자들에게 꼭 필요한 필독서로 추천하는 바입니다.

추천의 글

하나님 나라로 안내하는 나침반

김수천 박사(협성대 기독교영성학 교수)

성서에 의하면 인간은 영혼육으로 구성된 존재(살전 5:23)로 혼은 사고와 마음에 해당한다. 이 혼의 기능에 따라 인간은 영적인 존재도 될 수도 있고 육적인 존재도 될 수 있다. 하지만 인간은 하나님의 선물인 이 혼을 처음부터 이기적으로 사용하여 불안한 실존이 되었다. 그래서 모든 인간은 예외 없이 끊임없이 일어나는 복잡한 사고의 활동으로 오늘도 바람에 나는 겨처럼 유리하는 존재(시 1:4)로 살아간다. 인간이라면 누구나 경험하는 이 보편적 실존을 극복하고자 인류는 종교를 포함한 다양한 분야에서 씨름하여 왔다.

21세기 IT 문명 속에서 이전 세대보다 더 힘든 씨름을 해야 하는 우리를 위해, 저자는 그에 대한 답을 찾고자 생각이 어떻게 형성되고 그 생각이 한 인간의 내면과 삶을 어떻게 지배하며 결정하는지를 철학자 베르그손의 지혜로부터 시작한다. 이어서 기독교 영성사에서 그러한 생각의 활동들에 대한 분별과 영성지도로 탁월한 스승들인 로욜라의 이냐시오와 조나단 에드워즈의 교훈들을 토대로 우리의 생각들과 감정들을 분별할 수 있는 구체적인 길을 제시한다. 그리고 지혜로운 영성지도자를 통한 영적 분별과 영성지도의 결과가 어떤 열매로 나타나는지 존 웨슬리 구원의 여정을 통해 해석한다.

구원의 7단계로 유명한 탁월한 영성신학자인 웨슬리는 이기성의 죄악으로 오염된 인간 안에서 성삼위 하나님이 어떻게 일을 하시며, 그에 대한 인간의 응답으로 인간이 어떻게 하나님이 지으셨던 타락 이전의 모습을 회복할 수 있는지 탁월하게 제시하였다. 웨슬리가 가장 많이 인용하는 성서 구절 중의 하나는 롬 14장 17절인데, 이것은 인간이 성령의 도우심으로 타락 이전에 누렸던 원복(The Original Blessing)의 상태를 회복한 모습을 간단명료하게 보여주는 말씀이다.

만약 이 글을 읽는 당신도 끊임없이 일어나는 생각의 활동들로 인해 그 생각들의 노예가 된 것처럼 느껴지고, 그 비참한 굴레를 벗어나 마음 안에 실현된 "하나님의 나라(The Inner Kingdom of God)"를 누려보기를 원하신다면 이 책을 꼭 일독해 보기를 강력히 추천하여 드린다.

추천의 글

웨슬리 영적 분별을 파악한 처음 논문

남기정 박사(감신대 기독교영성학 교수)

영적 분별은 하나님의 뜻과 그렇지 않은 것을 가려내는 일에 관한 가르침입니다. 이는 기독교 영성 전통이 제공하는 대표적 가르침 중 하나로 영적 성장에 필수적인 통찰입니다. 밀려오는 수많은 자극과 정보들 속에서 영적 유익을 가려내는 능력이 어느 시대보다 더 필요한 현대 그리스도인의 영성 생활에서 분별은 핵심적 중요성을 가집니다. 조용현 목사님의 수년간의 심혈과 헌신이 담긴 이 논문은, 감리교 영성의 원천인 존 웨슬리 목사님의 가르침 속에 분별에 관한 내용들이 있다는 것을 파악하고 이를 정리한 최초의 논문입니다. 웨슬리 목사님은 분별을 중요하게 다루었지만, 이를 하나로 묶어서 강조하기보다 다양한 설교를 통해 가르쳤습니다.

조 목사님은 영적 분별이라는 주제를 중심으로 웨슬리 목사님의 설교들을 연구하여, 그분의 분별에 관한 가르침을 추출하고 이를 체계적으로 정리하였습니다. 이를 위해, 먼저 영적 분별에 관한 기독교 영성 전통의 가르침들을 추적하여 정리함으로써, 영성 생활에서 분별의 역할과 중요성을 확증할 뿐 아니라, 그것이 우리의 정서와 관련이 깊다는 것을 보여주고 있습니다. 그리고 이러한 이해의 바탕 위에 웨슬리의 설교들 속에 녹아 있는 분별에 관한 가르침들을 뽑아 모으고, 이를 다시 기독교적 구원의 길에 대한 가장 탁월한 설명인 웨슬리의 '구원의 순서'(ordo salutis)를 따라 정리하는 데 성공하였습니다. 이는 지난한 노력의 결실이며 탁월한 성취입니다.

우리는 이 글을 통해 영적 분별의 원리, 분별과 신앙 성장의 관계를 한눈에 파악할 수 있으며, 영적 성장과 신앙적 정서 사이의 밀접한 관계를 이해할 수 있습니다. 다시 말해, 우리는 이 글을 통해, 올바른 길을 가도록 부어주시는 은혜를 알아차리고 반응하는 일을 우리의 정서를 살펴보는 데서 시작할 수 있다는 귀중하고 요긴한 깨달음에 이르게 됩니다.

머리글

만학도의 영적 실험

    1980년대 중반 내가 목회를 시작할 때의 세계는 인류 역사상 가장 번성하던 평화의 시기였다. 세계는 큰 전쟁이 없이 평화로웠으며 세계화의 진전으로 경제적 번영을 이루었다. 한국도 세계적인 번영과 평화에 힘입어 경제적으로 발전했고, 민주화가 진전되어 한국은 세계에서 제2차 세계대전 후 독립한 나라 중에서 경제발전과 민주화를 이룬 유일한 국가라는 명예와 함께 선진국 반열에 올랐다. 한편 한국 교회도 전성기라고 부를 수 있을 만큼 모든 교회가 왕성하게 활동했고, 부흥과 성장을 이루어 세계적인 대형 교회들이 생겨났다.

    그러나 지금은 전 세계가 문명사적으로 큰 전환점에 서 있다. 끝없이 팽창할 것 같았던 세계는 급속도로 축소되고 있다. 전 세계의 인구 증가 속도가 낮아지고 있고, 선진국에서는 인구 감소가 현실화되고 있으며 산업 전 분야에서 공급 과잉이 나타나면서 세계 경제는 위기를 맞이하고 있다. 축소 사회의 흐름은 교회도 축소 시대로 전환시켰다. 그래서 급속히 진행되는 교회의 고령화와 축소화는 한국 교회의 미래에 대해서 염려하지 않을 수 없는 상황에 이르렀다.

    20세기가 끝나갈 무렵에 21세기는 영성의 세기가 될 것이라는 말들을 많이 했다. 그러나 영성의 세기가 무엇을 의미하는지 영성의 세기가 되면 교회와 사회에 어떤 변화가 있을지를 알지 못한 채 21세기를 맞이했고, 21세기의 첫 번째 10년이 지나면서 영성의 시대가 무엇인지를 어렴풋이 알게 되었다. 영성의 시대라는 말은 지성보다는 감성에 강조점을 두고 사람들이 살아간다는 것을 의미한다는 것과 조직으로서의 종교에 소속하여 그 규율에 얽매이기보다는 개인의 자유에 바탕을 두고 자기 나름의 의미를 찾아 활동하는 것을 의미한다는 것을 알았다. 이제 사람들은 종교에 소속되기보다는 자유롭게 자신의 궁극적 관심에 따라 자신의 의미를 찾으며 살아간다. 그러므로 조직으로서의 교회는 쇠퇴할 수밖에 없다.

그렇기 때문에 축소 시대에서 교회의 불확실한 미래는 어느 한 사람에게 책임을 돌릴 수 없다. 축소 교회는 시대적인 흐름이기 때문이다. 그럼에도 불구하고 교회는 이런 시대적 상황을 탓하며 무기력하게 현실에 안주할 수만은 없다.

교회사는 교회가 직면한 수많은 위기를 성령의 도우심을 받아 슬기롭게 극복하고 더 발전적인 모습으로 자신을 변모시키면서 동시에 세계의 역사를 진보시킨 것을 보여주고 있다. 이런 일들은 우연이 아니라 기도하며 하나님의 교회가 주어진 사명을 감당하기 위해 혼신의 노력을 기울인 결과이다. 그러므로 지금 우리도 이 시대를 알고 하나님의 은혜를 바라면서 시대의 요구에 적절한 응답을 하여야 한다. 교회는 영성의 시대에 올바른 영성 형성을 위해 수덕 신학과 신비 신학을 회복해서 경제 제일주의의 세상과 확연히 다른 하나님의 길, 영성의 길을 가야 한다.

본 저서는 나에게 있어서 목회의 여정을 거의 마무리해 가는 과정에서 태어난 진주같은 것이다. 목회하는 동안 교회의 도움과 성도님들의 많은 사랑을 받으며 교회를 섬겨왔는데, 은퇴를 앞두고 어떻게 목사로서 아름다운 인생 마무리를 해야 할 것인가를 숙고하다가 영적 삶에 더 충실하게 살아야 한다는 생각을 하게 되었고, 늦깎이 만학도로 공부를 시작했다. 그리고 학위 논문을 완성해 놓고 다시 읽어보니 이 글을 모든 사람과 함께 나누고 싶은 열망이 생겼다. 그래서 부족하지만 책으로 출판하여 나에게 아낌없는 사랑을 준 한국 교회에 도움이 되기를 바라는 마음으로 부끄러움을 무릅쓰고 출판하기로 했다.

부족한 논문이 나오기까지 지도해주신 오성주 교수님과 남기정, 오광석, 김수천, 이강학 교수님께 깊은 감사를 드린다. 그리고 책을 아름답고 완벽하게 만들어주신 '신앙과지성사' 최병천 대표께도 감사를 드린다. 작은교회를 섬기는 목사 남편을 따라 풍족하지 못한 삶을 살면서도 돕는 배필로 교회를 섬기는 자로 모범을 보여준 아내 조 영애에게 감사를 드린다. 또한 목사의 딸로 태어나 함께 청빈의 힘든 현실을 살면서도 잘 자라서 부족한 아버지를 도와 교회를 잘 섬기고 있는 세 딸 혜란, 혜령, 혜림에게도 감사의 마음을 전한다.

2025년 9월
지은이 조용현

차례

추천사 오성주 · 3/ 김수천 · 5/ 남기정 · 7

머리글 · 9

제1장 서론

1. 연구의 필요성 및 연구 목적
    1) 연구의 필요성 ··· 16
    2) 저술의 목적 ··· 24

2. 선행 연구 및 연구 방법
    1) 선행 연구 ·· 31
    2) 연구 범위와 방법론 ·· 32
    3) 논문의 기여 예상 ··· 36

제2장 베르그손의 기억의 지속과 분별

1. 기억의 형성과 몸의 지각
    1) 기억의 형성과 몸의 체험 ··· 43
    2) 정서의 형성과 기억의 확장 ·· 62

2. 지속과 분별
   1) 지속으로서의 시간 ··· 77
   2) 기억의 현재화와 정서의 분별(再認) ····································· 82

3. 요약 및 평가 ·· 93

제3장 영적 분별과 웨슬리

1. 영적 분별이란 무엇인가?
   1) 영적 분별의 개념과 필요성 ··· 101
   2) 영적 분별에 대한 성서적 근거 ·· 126

2. 웨슬리의 영적 분별
   1) 웨슬리의 영적 분별에 영향을 준 사람들 ··························· 143
   2) 영적 분별의 기준으로서의 사변형(Quadrilateral) ············· 177

3. 요약 및 평가 ·· 194

제4장 웨슬리의 구원의 순서에 따른 신앙적 정서분별

1. 영적 상승모델과 구원의 순서
   1) 위 디오니시우스의 상승모델 ··· 201
   2) 보나벤투라의 상승모델 ·· 215
   3) 웨슬리의 구원의 순서와 영적 상승 ···································· 234

2. 구원의 순서에 따른 신앙적 정서 분별
    1) 선행은총 261
    2) 회개 269
    3) 의롭다 하심 280
    4) 거듭남(新生 혹은 重生) 290
    5) 성화 301
    6) 완전 314
    7) 영화(榮化: glorification) 332

3. 요약 및 평가 345

제5장 결론

1. 전체 요약 및 평가 350
2. 제언 362

참고 문헌 · 366

제1장

서론

1. 연구의 필요성 및 연구 목적

1) 연구의 필요성

세계가 빠르게 변화하고 있다. 그리고 제 1세계에서 고등종교의 쇠퇴는 보편적 현상이 되었다.

2023년 6월 5일, 영국 스코틀랜드 교회 총회 관리위원회는 22년 만에 교인 수가 절반으로 줄어들었다고 발표했다. 총회 관리위원회의 발표에 따르면 2022년 스코틀랜드 교회의 교인 수는 27만 300명이었다. 이는 전년(28만 3,600명) 대비 4.7% 감소한 수치이다. 그런데 2000년 스코틀랜드 교회의 성도 수는 61만 명이었다. 22년 만에 절반 아래로 감소했다.[1] 1950년대 스코틀랜드 교회의 성도 수는 130만 명이었다. 60년 동안 80%가 감소한 것이다. 현재 영국 스코틀랜드 교회에 남아 있는 성도들의 평균 연령은 62세이다.[2]

영국 성공회도 주일 예배 평균 참석자 수가 1968년 160만 명에서 2012년 80만 명으로 줄었다. 2019년에는 33만 명으로 줄었고, COVID-19 팬데믹인 2020년에는 약 14만 명까지 감소했다. 이는 52년 만에 91.25%가

---

1   최윤식,『2050 한국교회 다시 일어선다』(서울: 생명의 말씀사, 2023), 20.
2   앞의 책, 20.

감소한 숫자이다.[3]

교인 감소 현상은 미국도 마찬가지인데, 2022년 미국 기독교 연구 센터 라이프웨이 리서치는 미국 남침례회(SBC) 교인 숫자가 1,322만 명으로 전년도(1,368만)보다 3% 줄었다고 발표했다. 남침례회의 교인 숫자는 2006년 1,630만 명이었는데, 2022년 교인 숫자는 정점이었던 2006년 대비 대략 20% 정도 감소했다. 최근에는 매년 3%씩 줄어들면서 감소추세에 가속도가 붙고 있다.[4]

한국 교회의 상황도 다르지 않다.

최윤식은 한국 교회의 총교인수 감소가 시작된 시점을 2000-2010년 사이로 분석한다. 예를 들어, 예장 고신은 2006년에 교인 수가 정점에 이르렀다. 기장은 2007년, 예장 합신은 2009년, 기성은 2011년, 감리회는 2009년, 예장 통합은 2010년, 예장 합동은 2012년이 각각 교인 수 정점이었다.[5] 2015년 통계청 자료에 따르면, 기독교 19.1%, 불교 15.04%, 천주교 7.68%, 기타 종교 3.89%, 무신론은 54.29%였다. 2015년 갤럽 조사에서 한국의 무종교 비율이 50%를 기록했지만, 2021년 갤럽 조사에서는 무종교가 61%까지 증가했다. 2023년 한목협의 조사에 따르면, 무종교 비율은 63.4%로 상승했다.[6] 한국에서 무종교의 비율이 가파르게 증가하고 있다는 점은 매우 염려스러운 일로써, 한국교회는 미래의 한국 사회가 이단과 무신론자의 나라가 되는 것을 염려해야 한다.[7] 이러한 교인수의 감소와 함께 또 한 가지 주목해야 할 점이 있다. 그것은 소위 SBNR현상이다.

3 앞의 책, 20.
4 앞의 책, 21.
5 앞의 책, 22.
6 앞의 책, 18.
7 앞의 책, 17.

기독교 신앙과 기독교적 영성을 가지고 있지만, 교회에 소속되지 않은 그리스도인을 SBNR(Spiritual But Not Religious)이라 부른다. 여기서 '종교적'이라는 뜻의 'Religious'는 제도권 교회를 말하고, 'Not Religious'는 교회를 나가지 않거나 거부하는 것을 말하며, 'Spiritual'은 '영적인'이라는 뜻이지만 기독교적 의미를 넘어서는 현대적 영성을 포함한다.[8] 이와같은 사회적 경향은 앞으로 무신론자가 늘어나고 기독교 신앙을 가진 사람일지라도 제도권 교회에 소속되기를 거부하는 사람들이 더욱 늘어날 것으로 예측할 수 있다. 그래서 우리가 지금까지 알고 사랑해왔던 개신교의 형태는 이제 소멸되어 가는 것 같다.[9] 이러한 SBNR 현상은 한국 교회에서도 나타나고 있다.

교회의 은어처럼 불린 '가나안 성도'들이 이전에도 있었지만, COVID-19 대유행 기간에 이전과 다른 형태의 신앙생활을 지속하는 그리스도인이 증가했다. 이들을 가나안 성도와 구별하여 '플로팅 크리스천(floating Christian)'이라고 명명한다.[10]

플로팅 크리스천은 두 종류로 구분할 수 있다. 최근의 설문조사에 의하면 교회에 소속되어 있는 사람 중 출석 교회의 현장 예배에 참석하는 사람은 57.4%였다. 이들 중 다른 교회 목회자의 설교나 예배 동영상에 접속하는 사람은 31.6%였다. 이들은 출석 교회에서 정기적으로 현장 예배를 드리고 있지만, 개인적인 신앙 욕구로 다른 교회 동영상에 접속

---

8   지용근 외 지음, 『한국교회 트렌드 2023』 (서울: 규장, 2022), 56-57.
9   존 캅 지음/ 박만 옮김, 『영적인 파산』 (경기도: 한국기독교연구소, 2014), 7.
10 지용근 외 지음, 앞의 책, 32. 플로팅 크리스천(Floating Christian)이란 전통적인 신앙생활에서 벗어나서 자유로운 신앙생활을 추구하는 자들로 COVID-19로 인해 불가항력적으로 생겨났다. 그들은 어느 한 곳에 정착하지 않고 사회변화에 따라 계속해서 움직이며 자신들에게 가장 알맞은 신앙생활을 추구하는 특징이 있다.

한다. 이들은 첫 번째 유형의 플로팅 크리스천이다. 두 번째 유형의 플로팅 크리스천은 COVID-19 이후 다소 다른 형태로 등장했다. 교회에 소속되어 있다고 대답한 사람 중 출석하는 교회의 온라인 예배로 주일 예배를 드린 사람이 26.9%, 교회에 소속되어 있지만 예배를 드리지 않는 사람이 11.1%, 다른 교회 온라인 예배를 드린 사람이 2.3%, 주일 예배를 가정예배로 드린다는 사람은 0.9%, 기독교 방송 예배를 드리고 있는 사람은 0.9%, 다른 교회에서 현장 예배를 드리는 사람은 0.7%이다. 이들이 두 번째 유형의 플로팅 크리스천으로, 전체 교회 출석자의 42.6%가 여기에 해당된다.[11] 이를 표로 나타내면 다음과 같다.

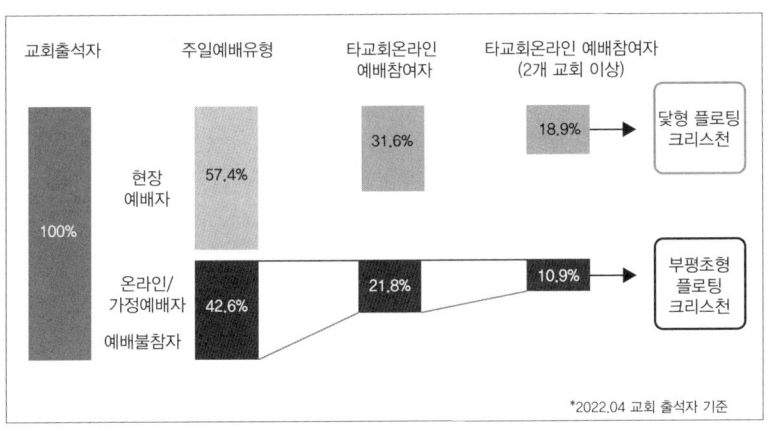

표1. 플로팅 크리스천 구조도[12]

이러한 교인수의 감소와 플로팅 크리스천의 증가 원인은 무엇일까? 여러 가지로 말할 수 있겠지만 그중에서 존 캅의 분석은 주목할 만하다. 존 캅은 '그동안 개신교회는 혼란스러운 세상 속에서 비교적 온전한 정신

---

11 앞의 책, 34.
12 앞의 책, 35.

상태를 유지하는 하나의 섬과 같았는데'[13], 모든 것을 인간의 조건에 초점을 맞추고 있는 세속주의의 급격한 발달은 종교를 공적 영역에서 축출하고 있어서[14] 교회는 존립의 위기 상황에까지 내몰리고 있다고 말한다. 존 캅은 다음과 같이 말했다.

'오늘날의 사고와 행동을 형성하는 데는 네 가지가 중요한 역할을 했다. 과학, 철학, 고등교육, 경제 지상주의다.'라고 말했다. 첫째로, 과학은 그 관심을 전적으로 이 세계에만 돌렸고 세계를 연구하는 방법들을 개발했으며 그 가운데 놀랄 만큼 풍성한 성과를 얻었다.[15] 그 결과 종교보다는 확실한 지표로 결과를 보여주는 과학이 종교를 대신하게 되었다. 둘째로, 철학은 데카르트 이후 완전히 세속주의자들이 되기 위해 신학으로부터 철저히 분리되어 나갔다. 그것은 매혹적인 역사를 만들었고 여러 면에서 사회 전체에 영향을 미쳤다.[16] 그 결과 종교는 개인적인 영역과 공적인 영역에서 이성의 합리성에 자리를 내주고 말았다. 셋째로, 근대 이후 대학은 철저히 세속주의적인 기관이 되었다. 연구 대학교들은 자연과학을 포함한 아카데믹한 학문들 중심으로 조직되어 있으며 이런 학문들은 가치중립을 지향한다. 지식을 이렇게 조직화한 이유는 연구 영역을 넓히기 위함이었고, 그 결과 놀라운 성공을 거두었다.[17] 그 결과 대학은 더 이상 이상적인 인재 양성 기관이 아니라 좋은 직업을 얻기 위한 직업학교로 변모하였다. 넷째로, 오늘의 세계를 움직

---

13 앞의 책, 7.
14 앞의 책, 30.
15 앞의 책, 31.
16 앞의 책, 31.
17 앞의 책, 32.

이는 이데올로기는 경제 지상주의(economism)이다. 이것은 철저하게 세속주의적인 사고방식이다. 학문분과의 하나인 경제학이 그 원리들을 가다듬고 있으며 그 결과는 철저한 세속주의이다. 경제 지상주의는 경제학을 학문의 여왕으로 선택함으로써 가능하게 되었다. 지구의 건강한 미래의 가능성을 없애면서까지 경제성장에 매진하는 것이 경제 지상주의의 기본 방향이다.[18]

그래서 인간은 종교적 실존에서 경제적 인간으로 변화되었고, 영적 인간보다 효용성이 높은 경제적 인간이라는 칭호가 더 명예로운 존칭이 되었다.

이와같은 시대적 상황에서 한국 교회는 축소 시대를 맞이하게 되었다. 한국 교회의 축소는 위에서 존 캅이 지적한 원인 외에도 다양한 원인에서 비롯되었겠지만, 필자는 시대의 도전에 대하여 교회가 올바른 응전을 하지 못한 것이 원인이라고 생각한다. 기독교 역사에서 교회는 수많은 위기의 순간들과 마주했지만, 시대의 도전에 대해서 적절하게 응전함으로써 교회는 사회를 변화시켰을 뿐만 아니라 기독교를 한층 발전시켰다. 그러므로 지금의 어려운 상황을 극복하고 교회가 이 세상의 희망이 되기 위하여 교회는 시대를 알고 시대의 요구에 대하여 올바른 대안을 제시해야 한다.

현대는 포스트모던[19] 사회를 넘어 해체주의가 보편적 사회 현상이

---

18 앞의 책, 32.
19 스탠리 그렌츠/ 김운용 역, 『포스트 모더니즘의 이해: 포스트모던 시대와 기독교의 복음』 (서울: 예배와 설교 아카데미, 2010), 27-28. 포스트모던이란 용어는 1930년대에 이미 진행 중이던 두드러진 역사적 변화를 설명하기 위하여, 그리고 예술 영역에서 일어나고 있는 확고한 발전을 명명하기 위해 처음으로 사용되었다. 처음에 이것은 건축의 새로운 스타일을 의미

되었고, 최근에 송길영은 현대를 핵 개인의 시대20라고 말한다. 그리스도 인의 신앙생활도 이런 시대의 흐름을 알고 시대에 맞도록 변화해야 한다. 예수님은 "외식하는 자여 너희가 천지의 기상은 분간할 줄 알면서 어찌 이 시대는 분간하지 못하느냐 또 어찌하여 옳은 것을 스스로 판단하지 아니하느냐"(눅 12:56-57)라고 말씀하셨다. 그러므로 우리의 시대를 분별하고 우리 자신의 신앙을 분별하기 위하여 우리가 사는 세상, 세상의 갈망, 희망, 그리고 종종 이런 세상을 특징짓는 뚜렷한 성질 등을 잘 알고 이해할 필요가 있다.21 그러려면 영적 분별에 대한 관심이 높아져야 한다.

하는 용어로 사용되었다가 점차 학문적 영역에서 사용되었다. 특히 이것은 대학의 영문학과 철학과에서 상술된 이론을 설명하는 명칭으로 본래 사용되기 시작했다. 결과적으로 이 용어는 광범위한 문화적 현상을 기술하는 용어로 자리잡게 되었다. 스탠리 그렌츠 저, 위의 책, 44. 포스트모더니즘이 무엇을 포함하고 있는가에 대해서는 학자들의 의견에 일치가 이루어진 것은 아니지만, 하나의 사실에는 일치된 의견을 가지면서 합일점을 가지고 있는데, 이 현상은 단일의 보편적인 세계관이 종말을 고하고 있다는 사실을 드러내고 있다는 점이다. 포스트모던 사조는 단일화된, 모든 것을 아우르는, 그리고 보편적으로 설득력을 가지는 어떤 설명에 대해서 저항한다. 이것은 보편적으로 받아들여지는 실재를 다름과 지역적이고 특정한 것을 존중하는 자세로 대체한다. 김동환, 『'목사 웨슬리'에게 목회를 묻다』(서울: kmc, 2014), 345-354. 김동환은 포스트모던이 내포한 애매모호함 속에서도 세 가지의 공통점을 말한다. 첫째 합리적 이성에 대한 비판. 둘째 해체. 셋째 다원성이다. 그리고 포스트모던적 영성의 특징을 두 가지로 요약한다. 첫째 이성 중심의 믿음에서 감성 중심의 믿음으로의 전환. 둘째 일원주의에서 다원주의로의 전환. 이는 종교적 의미에서 '상대주의'로의 전환을 의미한다.

20 송길영, 『시대예보: 핵개인의 시대』(경기도: 교보문고, 2023), 19-20. 위로부터 아래로 억압적인 기제로 유지되던 권위주의의 시대를 지나 이제 개인이 상호 네트워크의 힘으로 자립하는 새로운 개인의 시대가 도래했습니다. 그 배경에는 여러 가지 원인이 있습니다. 그중에서 첫째는 개인이 발휘할 수 있는 힘이 강해졌기 때문입니다. 이것이 바로 지능화의 결과입니다. (…) 둘째는 집단과 기성의 문법이 발휘할 수 있는 힘이 약해졌기 때문입니다. (…) 50대, 60대 이후 언제까지 더 길어질지 모르는 100세 이상의 생애주기에서 사람들은 조직의 직급이나 지위보다 각자 개인의 역량과 생존을 고민하기 시작했습니다. 또한 조직의 테두리와 가족의 울타리를 벗어난 중장년들 역시 새로운 개인주의적 삶을 고민해야 하는 시대가 도래했습니다. 이것이 고령화가 장기적으로 변화시키는 개인에 관한 인식입니다. (…) 효도의 종말과 협력 가족의 진화, AI 최적화 시스템 속에서 기존에 없던 존재인 새로운 개인으로 살아가게 될 것임을 예견합니다. 이 책에서는 이러한 새로운 개인을 '핵개인'이라 정의합니다.
21 마누엘 루이스 후라도/ 박일 옮김, 『영적 식별』(서울: 가톨릭대학교 출판부, 2100), 221.

한국 교회는 지금까지 교회 중심주의 신앙과 번영신학을 바탕으로 교회 성장에 집착하였다. 교회 중심주의는 목회자 중심주의와 통하고 교회 성장제일주의는 목회자 한 사람의 지도력에 크게 의존함으로써 목회자 개인을 크게 부각시켰다. 이는 교회의 영성적 다양성을 부정하고 신자들을 조직으로서의 교회와 하나님의 대행자로서의 목회자에게 맹목적으로 의존함으로써 신앙적 퇴행을 거듭했다. 또한 목회자와 신자들의 신앙적 체험을 올바로 분별하지 않고 개인적 성취욕과 하나님의 뜻을 분별하지 못한 영적 무분별 상태가 지속되고 있다.

하나님의 뜻[22]과 개인적 성취욕은 구별되어야 한다. 하나님의 영광과 개인의 성공이 동일시되어서도 안 되고, 교회의 성장이 하나님의 뜻과 동일시되어서도 안 된다. 개인의 성취욕을 하나님의 뜻이라고 위장하는 사람들에게 속아서도 안 된다. 교회 안에는 일찍부터 하나님의 종의 직분을 특권이나 권력으로 여겨서 교회의 질서를 어지럽히고 교회를 사유화했던 사람들이 있었다. 그런 상황에서 교회는 그들 신앙의 진정성을 분별하고 정죄함으로써 교회는 이들을 용납하지 않았다.[23] 그러므로 한국 교회도 시대의 도전에 대하여 올바른 영적 분별을 통한 개인의 성화 뿐만 아니라 사회적 성화를 이루는 실천적 신앙으로 응전해야 한다. 즉 지금까지

---

22 "하나님의 뜻은 이것이니 너희의 거룩함이라."(살전 4:3) "항상 기뻐하라 쉬지 말고 기도하라 범사에 감사하라 이것이 그리스도 예수 안에서 너희를 향하신 하나님의 뜻이니라."(살전 5:16-18)

23 "내가 그 교회에 편지를 써 보냈습니다. 그러나 그들 가운데서 으뜸이 되기를 좋아하는 디오드레베는 우리를 받아들이지 않았습니다. 그러므로 내가 가면, 그가 하는 일들을 들추어 내겠습니다. 그는 악한 말로 우리를 헐뜯고 있습니다. 그는 그것으로도 만족하지 않고, 자기도 신도들을 받아들이지 않을 뿐만 아니라, 받아들이려는 사람들까지 방해하고, 그들을 교회에서 내쫓습니다"(요한3서 1:9-10, 새번역) . 이 말씀에 대한 독일성서공회판 해설은 "디오드레베는 단순히 저희 중에 으뜸 되기를 좋아하는 자일 뿐만 아니라 짐작컨대 교회의 감독이었을 것이다. 이에 반하여 장로의 논평은 교회 안의 그러한 지배적 지위에 대하여 그가 얼마나 부정적으로 생각하는지를 보여준다."고 기록했다.

한국 교회가 표층적 종교 상태에 머물렀다면 빠른 세속화에 대한 올바른 응전으로 심층적(영성적) 종교 즉 웨슬리가 말한 마음의 종교로 전환해야 한다. 그렇기 위해서 영적 분별에 대한 연구는 필요하다.

2) 저술의 목적

한국 교회는 영적 분별의 중요성을 간과하거나 약화시켜서 영적 분별을 영적 지도의 한 부분으로 여기는 경향이 있다. 그렇기 때문에 한국 교회는 수많은 신앙 체험을 하였고 체험의 중요성은 강조했지만, 그 체험을 분별하는 일에는 소홀했고 영적 분별의 귀중함도 알지 못했다. 그 결과 사람들은 가장 자유롭고 가장 풍요로운 환경 속에서 살지만, 영적 기갈을 느끼고 있으며[24] 교회의 영적 혼돈은 지속되고 있다.

그러므로 필자는 첫째, 신앙의 성숙을 위하여 영적 분별이 필수적임을 강조하고 둘째, 웨슬리의 영적 분별의 원칙과 그가 설교에서 언급한 구원의 순서의 각 단계에서 나타난 특별한 신앙적 정서를 정리함으로써 셋째, 신자들이 자신의 신앙적 정서의 분별을 통하여 올바른 영적 성숙의 과정에 있는지를 스스로 분별할 수 있도록 하며 넷째, 웨슬리의 사변형은 영적 분별의 원리가 되어야 한다는 점을 입증하려는 목적을 가지고 연구를 진행할 것이다.

기독교 영성사에서 영적 분별의 역사는 매우 길다. 영적 분별은 타종교에서도 중요한 일이었다. 그러므로 기독교 이전의 인물인 부처의 일생에 관한 자료에서도 나타난다.

---

[24] "주 여호와의 말씀이니라 보라 날이 이를지라 내가 기근을 땅에 보내리니 양식이 없어 주림이 아니며 물이 없어 갈함이 아니요 여호와의 말씀을 듣지 못한 기갈이라."(암 8:11)

내가 여전히 깨닫지 못한 보살이었을 때 "내 생각을 두 가지로 분리해 보면 어떨까?" 하는 생각이 일어났다. 그래서 나는 생각을 분리하였다. 한편으로는 감각과 악의와 유해성이 스며든 생각과, 다른 한편으로는 자기 부인renunciation과 악의 없는 의지, 해함이 없는 생각, 이 두 가지로 분리해보았다. … 그리고 열의에 차서 결연하고 주의 깊게 있었더니, 감각이 스며든 생각이 올라와 다음과 같이 분별하였다. "감각이 스민 생각이 내게 올라오는군. 이 생각이 내 자신의 고통으로, 타인의 고통으로 이끌어 가는군. 그렇게 분별을 방해하고 짜증을 돋우어 자유함으로 이끌어가지 못하게 하는군."[25]

영적 분별은 기독교 영성사에서 중요하게 여긴 영적 가르침이었다. 찬은 『영성신학』에서 영 분별을 "영적 생활을 위한 실천사항" 중 한 분야로 설명한다. 영적 분별의 소중함을 인식했던 영성가들은 영적 분별을 영성 생활의 하나로 여겨 자신의 소명을 분별하고 결정했다. 영적 분별은 기독교 영성사에서 사막 교부들에게까지 그 근원이 소급되는 영성의 한 분야이다. 그러므로 필자는 영적 분별을 연구함에 있어서 간략한 영성사적 고찰을 하고자 한다.

헤르마스(Hermas)는 그의 저서 『목자(Pastor)』에서 복음의 말씀과 권고에 가까운 2세기 로마 백성의 고유한 신앙 안에서 성급함의 감정, 선한 예언자들과 거짓 예언자들, 선한 욕구와 악한 욕구 등에 식별을 적용했다.[26] 헤르마스는 "인내는 대단히 달아, 꿀보다 더하며, 주님께 유용하니, 인내 안에 그분께서 거주하신다. 반대로 성급함은 쓰고 도움이 되지 못한

---

25 로즈 메리 도허티/ 한국 샬렘영성훈련원 옮김, 『분별』 (서울: 한국 샬렘, 2019), 18-19.
26 마누엘 루이스 후라도/ 박일 옮김, 『영적 식별』 (서울: 가톨릭대학교 출판부, 2011), 102.

다." "성급함 안에 악마가 산다."[27]고 말했다. 이는 악신과 선신이 마음 깊은 곳에서 사람을 움직인다는 의미로서, 헤르마스는 영혼의 감정이나 경향에 영의 분별을 적용한 것이다.[28]

두 종류의 영들 혹은 천사들을 인정한 오리게네스(Orígenes, c.185-c. 254)는 인간 안에서 발생하는 내적 움직임이나 생각과 진정한 예언과 거짓 예언의 분별에도 영 분별을 적용해서 교회의 사람이 적그리스도의 영에 속아 넘어가지 않도록, 그리고 마술사들과 점성술사들이 신자들을 속이지 못하도록 했다.[29] 더 나아가 오리게네스는 선한 영과 악한 영의 활동 사이의 식별의 원리를 제시한다.[30] 오리게네스의 영 분별 원리는 성 토마스 데 아퀴노(토마스 아퀴나스)의 진정한 예언의 영감과 거짓된 것에 관한 분별의 원칙에 영향을 미쳤다.[31]

영적 체험의 스승인 디아도코스(Diadoco, s. V)[32]는 두 가지 위로와 두 가지 고독(실망)에 대해서 말했다.[33] 디아도코스는 위로와 고독의 본성에 대한 성찰을 통해서 영성 신학에서 나중에 채택된 몇 가지 결론에 도달하는데,[34] 그가 말한 영적 위로와 영적 절망의 정서는 후에 이냐시오에게 큰

---

27 앞의 책, 99.
28 앞의 책, 100.
29 앞의 책, 103.
30 앞의 책, 104.
31 앞의 책, 104.
32 "Proclus," Wakefield, Gorden S, eds, 『*A Dictionary of Christian Spirituality*』 (London: SCM Press, 1983), 320. 신플라톤주의 철학자인 프로클루스(Proclus, 412-485)는 헌신적인 이교도였다. 그는 그리스 철학의 전통을 유지했기 때문에 디아도코스(전통 계승자)라는 칭호를 얻었다. 그러나 그리스도인들은 그의 저서들의 영향을 크게 받았다. 특별히 프로클루스 사후에 아레오파기타의 디오니시우스는 프로클루스가 제시한 위계질서 개념을 형이상학적 지침으로 삼았는데, 이는 중세시대에 서방교회와 비잔티움에서 세심하게 연구된 영적 지도서 중 하나이다.
33 마누엘 루이스 후라도, 『영적 식별』, 115
34 앞의 책, 119-120.

영향을 미쳤다. 그리고 성 아타나시우스(360년경)가 쓴 『안토니우스의 생애(The Life of Anthony)』와 존 카시안(John Cassian, 360-430)과 그가 번역한 폰투스의 에바그리우스의 『그의 방법을 따라서』라는 글로부터 내적 움직임들에 대한 식별법의 전승을 유추할 수 있다.[35]

시내산의 수도사요 『등정의 사다리(The Ladder of Divine Ascent)』[36]의 저자인 성 요한 클리마쿠스(St. John Climacus. c.579-649)는 7세기 이후 정교회 세계에서 가장 유명한 영적 작가이다.[37] 그는 『영적 계단』에서 영성 생활이 일상적으로 전개되는 단계를 초보자(ειδαζομένοις=도입부에 있는, 시작하는 이들), 진보하고 있는 자(μέσοις=중간에, 가운데 있는, 여정의 반을 진행한 이들), 완전한 이들(τελείοις=마지막 부분에 있는, 완성된 이들) 등의 단계로 나누고 각 단계에서 "식별(διάκριδις)"이 어떻게 전개되는지 설명한다.[38] 그는 수도사를 방해하는 것은 정념들인데,[39] 그 본성적 충동들은 뒤틀렸으므로 사다리 안에서 하나님을 향하여 방향을 재설정해야 한다[40]고 말했다.

중세시대에 이르러 성 토마스 아퀴나스(Thomas Aquinas, Thomas d' Aqui-

---

35 유해룡, 『하나님 체험과 영성수련』(서울: 장로회신학대학교 출판부, 1999), 249.
36 클리마쿠스의 이 저서는 『영적 계단』, 『클리마쿠스의 거룩한 등정의 사다리』와 같은 이름으로 번역되었으며, 최대영은 『거룩한 등정의 사다리』(은성출판사), 김진우는 『클리마쿠스의 거룩한 등정의 사다리』 상,하(키아츠, 2023)라는 제목으로 출판했다.
37 "Climacus, St John," Wakefield, Gorden S, eds, 『A Dictionary of Christian Spirituality』, 89.
38 마누엘 루이스 후라도, 앞의 책, 120. 클리마쿠스의 요한/ 번역 김진우, 『거룩한 등정의 사다리(하)』(서울: 키아츠, 2023), 85. 초심자들에게, 분별은 자신에 대한 참지식입니다. 중간 단계에 있는 영혼들에게, 분별은 참으로 선한 것과 본성에 속한 것, 그리고 본성에 반대되는 것을 오류 없이 구별하는 영적 감각입니다. 완전한 사람들에게, 분별은 그들이 신적 조명을 통해서 소유한 지식이며, 다른 사람들의 내면에 있는 어둠을 등불로 밝혀줄 수 있는 지식입니다. 또는 일반적으로 말해서, 분별은 모든 경우, 모든 장소, 모든 문제에 있어서 하나님의 뜻을 확실히 이해하는 것으로 인식됩니다. 그것은 마음과 몸과 입이 깨끗한 사람들에게서만 발견됩니다.
39 클리마쿠스의 요한/ 김진우 번역, 『클리마쿠스의 거룩한 등정의 사다리(하)』(서울: 키아츠, 2023), 85. 자신 안에 있는 세 가지 정욕(탐식, 탐욕, 허영)을 경건하게 멸한 사람은 다섯 가지 정욕(정욕, 분노, 절망, 낙담, 교만) 역시 파괴했습니다.
40 "Climacus, St John," 『A Dictionary of Christian Spirituality』, 89.

no. 1225-c- 1274)는 식별에 대한 특별한 저술을 낸 바는 없지만, '카리스마로서의 영들의 식별'과 '덕으로서의 식별'을 구별하였다. 카리스마로서의 식별은 코린토1서(고린도전서) 12장 10절의 주석에서 "어떤 이가 어떤 영에 의하여 말하고 행하게 되었는지, 예를 들어, 사랑으로 움직이는지 혹은 질투로 움직이는지를 구별할 줄 아는 능력"(lect. 2)과 동일시한다.[41] 덕으로서의 식별은 지혜의 범주에 속한 것으로 수련으로 분별의 덕을 숙련할 수 있다고 히브리서 5장 14절의 주해(lect. 2)에서 설명하고 있다. 수련을 통해서 선과 악, 좋은 것과 더 좋은 것, 나쁜 것과 더 나쁜 것들에 대한 완전한 식별을 열매로 얻게 될 것이다.[42]

이냐시오(Ignatius of Loyola, 1491-1556)는 가톨릭이 공인한 『영신수련』[43]에서 영적 분별에 관한 교회의 오랜 전통과 자신의 독특한 경험을 결합하여 영적 분별의 원리를 완성했다. 이냐시오는 정서를 분별에서 중요한 요소로 삼고 가장 기본적으로 분별해야 하는 정서로 영적 위로(consolation)와 영적 실망(desolation)을 말한다. 이냐시오는 영적 분별은 기도의 분위기에서 실시해야 한다는 점을 강조한다. 그래서 그는 다양한 기도의 방법을 제시한다. 결정 상황에 놓이게 되면 '초연함(중용)'을 유지해야 한다. 초연함이란 마음의 움직임을 인지하고 시험한다는 뜻이다. 흥분하거나 마음이 크게 흔들리더라도 거기에 휩싸이지 않고 중용을 지킬 때 다시 자신에게로 향할 수 있다.[44] 그때 마음은 어느 것에도 매이지 않는 자유 속에

---

41 마누엘 루이스 후라도, 『영적 식별』, 130.
42 앞의 책, 132.
43 루이스두프레, 돈 E. 세일러스 편집/ 엄성옥 외 1인 옮김, 『기독교 영성(Ⅲ)』 (서울: 은성, 2001), 30. 1540년 교황 바울 3세는 예수회(Society of Jesus)를 인정했고, 1548년 교황 바울 3세는 『영성훈련』을 승인했다. 그럼으로써 후일 최종 완성판으로 발전될 원문이 확정되었다.
44 수테판 키흘레/ 황미하 옮김, 『이냐시오 영성에 따른 식별 - 결정』(서울: 도서출판 이냐시오영성연구소, 2021), 30.

서 결정할 수 있다. 뿐만 아니라 상상력을 중요한 영성 수련의 한 요소로 생각한다. 그는 『영신수련』 제2주간에 실시하는 관상기도에서 상상력을 활용한다. 영적 분별을 실천하기 위해 시행하는 관상기도는 제2주간 제4일에 실시하는 "두 개의 깃발 묵상"(136-148)이다.[45] 이냐시오가 관상기도 중에 실시하는 상상력은 버나드의 비유들과 비교해도 가장 강력한 것이다.[46] 이냐시오가 결정의 상황에 놓인 사람들에게 기도의 분위기에서 상상을 포함한 다양한 상황들을 고려하면서 신중하게 결정할 수 있는 규범을 제공했다는 점에서 그를 높게 평가할 수 있다.

조나단 에드워즈(Jonathan Edwards, 1703-1758)는 로크의 심리학의 요소와 도르트 종교회의(1618-1619)의 칼빈주의와 일치하는 신학을 결합하여 그 시대를 위한 기독교 영성 신학을 형성했다. 그는 청교도들의 중심적인 질문 - '성령의 임재를 어떻게 분별할 것인가?' -에 몰두해 있었다.[47] 에드워즈는 성령의 열매를 공개적으로 검증할 수 있는 확실한 표지가 없다는 것을 인정하면서도, 구원의 은혜의 임재를 발견하는데 도움이 되는 몇 가지 표지들을 찾아냈다.[48] 에드워즈는 『신앙 감정론(Religious Affections)』(1746년)[49]에서 "참된 신앙은 대체로 거룩한 감정 안에 있다."[50]라고 말함으로써 기독교인의 영적 분별에서 먼저 정서적 경험을 살펴보는 것이 중

---

45 이냐시오/ 정제천 옮김, 『영신수련』(서울: 이냐시오영성연구소, 2012), 61-65.
46 Mark A. McIntosh, 『Discernment and Truth』, (New York: The Crossroad Publishing Company, 2004), 72.
47 "Edwards, Jonathan," 『Dictionary of Christian Spirituality』, 127-128.
48 Ibid, 128.
49 Jonathan Edwards, Religious Affections은 지평서원에서 『신앙과 정서』(서문강 역), 복있는 사람에서 『우리 세대를 위한 조나단 에드워즈 신앙 감정론』(샘 스톰스 지음, 장준호 옮김), 부흥과개혁사에서 『신앙 감정론』(정성욱 옮김) 등으로 번역되어 있다. 그러나 필자는 부흥과개혁사에서 출판한 『신앙 감정론』을 인용할 것이다.
50 조나단 에드워즈/ 정성욱 옮김, 『신앙감정론』(서울: 부흥과개혁사, 2015), 147.

요하다고 주장한다. 이것은 이그나티우스(이냐시오)가 영적 분별의 대상으로 삼았던 영적 위로와 영적 실망 역시 정서라는 점에서 서로 통한다. 에드워즈는 『신앙과 정서』[51]에서 성령의 활동에 기원을 두고 경험하는 정서를 '은혜로운 정서(gracious affections)' 또는 '거룩한 정서(holy affections)'라고 지칭한다.[52] 그는 정서의 기원이 성령이라는 점을 확실하게 믿을 만한 신앙적 정서 12가지와 성령의 영향을 받은 정서라고 판단할 수 없는 신앙적 정서 12가지를 언급[53]하면서 진정한 신앙적 정서의 기원이 성령이라는 점을 명확히 한다.

영적 분별은 사막 교부들에까지 그 근원이 소급되는 긴 역사를 지닌 영성[54]의 한 분야이므로, 교회는 이 전통을 재발견하고 가르치고 익혀서, 하나님의 뜻을 올바로 분별하여 믿음의 목표 곧 영혼의 구원[55]을 이루어 "만물 안에 계신 하나님을 사랑하고 섬기기 위하여, 만물 안에서 하나님을 발견하는"[56] 영성적 삶을 살아야 한다.

---

51 Jonathan Edwards, 『Religious Affections』의 다른 번역판(서문강 역, 지평서원)이다.
52 이강학, "영적 분별개관," Torch Trinity Journal Vol. 24 No. 1(2021), 91.
53 "Edwards, Jonathan," 『Dictionary of Christian Spirituality』, 128.
54 유해룡, 『영성의 발자취』(서울: 장로교출판사, 2011), 62. 5세기까지 영성이라는 라틴어 'spiritualitas'는 보편적으로 사용되지 않았다. 영성이라는 말은 제롬(St. Jerome)의 것으로 보이는 서신에서 '영성적'으로 진보하기 위하여 행동할 것을 권고하는 문장에서 그 흔적을 찾아볼 수 있는데, 여기서 영성이란 '성령의 능력 안에서 산다'라는 의미이다. '영성'이라는 말은 사도 바울이 말한 '육적'이라는 말의 반대 의미로 12세기까지 의미의 변화 없이 사용되었다(앞의 책, 63). 그러나 12세기에 이르러 신학이 상아탑의 영역에서 학문적 논의의 주제가 되면서 영성과 신학이 대립하기 시작하였다. 아리스토텔레스 철학이 서방에서 활발하게 논의되면서 사변적인 신학 방법론이 출현하였는데, 이것이 12세기 후반부터 13세기를 지배했던 스콜라 신학이다. 이때부터 수도원적 신학이 영성을 포함하고 있었던 것과는 달리 경험적인 차원을 다룬 '영성'과 이론적인 차원을 다루는 '신학'으로 구분되기 시작했다(앞의 책, 64).
55 "여러분은 그리스도를 본 일이 없으면서도 사랑하며, 지금 그를 보지 못하면서도 믿으며, 말로 다 표현할 수 없는 즐거움과 영광을 누리면서 기뻐하고 있습니다. 여러분은 믿음의 목표 곧 여러분의 영혼의 구원을 받고 있는 것입니다."(벧전 1:8-9, 새번역)
56 로즈 메리 도허티, 『분별』, 22.

2. 선행 연구 및 연구 방법

1) 선행 연구

웨슬리는 지금까지 다양한 분야에서 연구되었다. 그러나 최근에 영성적 시각에서 웨슬리를 연구하려는 시도들이 있었지만 웨슬리의 영적 분별에 관한 연구는 시도되지 않았기 때문에 괄목할 만한 연구도 거의 없다.

웨슬리는 에드워즈와 같이 영적 대각성의 시대를 살았을 뿐만 아니라 영적 대각성 운동의 주역이기도 했다. 뿐만 아니라 웨슬리 자신이 올더스케이트 거리의 작은 교회 예배에서 마음이 이상하게 따뜻해지는 신앙적 정서를 경험했고, 그 후에 자신의 집회에 참석한 신자들이 다양한 신앙적 정서를 드러내는 것을 직접 목격하였다.[57] 또한 웨슬리는 다른 신앙 지도자들의 신앙을 분별하고 신학과 실천이 균형을 이루지 못한 신앙을 비판하면서 그들과의 과감한 결별을 선언하였다. 이는 웨슬리가 냉철한 이성과 경험 전통, 그리고 성서를 기준으로 다른 사람들의 신앙을 분별하면서 자신의 신앙을 견지해 왔기 때문에 가능한 일이었다. 동시에 웨슬리는 조나단 에드워즈의 『신앙적 정서』를 축약하여 출판한 후 감리교인들에게 읽도록 장려하였고,[58] 그의 설교에서도 다양한 신앙적 정서에 관하

---

[57] Ki Jung Nam, "The Nature of Methodist Experiences, 1770-1850,"「신학논단」115집(2024.3), 402. 그들의 집회는 자주 시끄럽고 오래 지속되었으며, 가끔 심야까지 지속되기도 했고, 아침까지 지속되는 경우도 빈번했다. 예배당의 여러 곳에서 고통 중에 부르짖는 사람들과 그들을 위해 기도하는 사람들은 일상적인 것이었다. (중략) 예배당의 여러 곳에서는 사람들이 소그룹으로 모여서 어떤 이들은 노래하고, 기도하고, 찬양하고 손벽을 치는 등과 같이 모든 것은 혼란스러웠고 소란스러웠다.

[58] Glen O'Brien, "'A Good and Sensible Man': John Wesley's Reading and use of Jonathan Edwards," p.3. 웨슬리는 에드워즈의 신앙적 정서에 관한 논문(1746)-〈신앙적 정서〉-을 1773년 11월에 요약했다.

여 언급하였기 때문에 웨슬리의 신앙적 정서에 관한 논문[59]이나 웨슬리와 에드워즈의 신앙적 정서를 비교 연구하는 논문은 찾아볼 수 있다.[60]

그러나 웨슬리의 영적 분별에 관한 연구는 충분히 이루어지지 않았기 때문에 그에 관한 자료가 충분하지 않다. 본 논문에서도 자료의 부족으로 인하여 웨슬리의 영적 분별에 관한 선행 연구가 충분히 이루어지지 못한 아쉬움이 있지만, 그럼에도 불구하고 필자의 웨슬리의 영적 분별에 관한 연구는 웨슬리에 관한 연구의 새로운 시도로써 중요한 의미가 있다.

2) 연구 범위와 방법론

영성사에서 영적 분별의 직접적인 대상은 마음의 움직임, 즉 정서였다. 영적 분별은 성령의 은사 중의 하나[61]이기 때문에 믿음의 사람은 누구나 성령의 은사를 따라 각각의 상황에서 영적 분별을 실천했고 그에 관한 자료들은 풍부하게 남아 있다. 웨슬리가 자신의 집회에서 신자들이 경험한 신앙적 정서에 관한 경험 뿐만 아니라, 다양한 분야에서 웨슬리에 관한 연구 자료들이 있다. 웨슬리의 구원의 순서에 관해서도 많은 선행 연구가

59　Gregory Scott Clapper, "*John Wesley on Religious Affections: His views on Experience and Emotion and Their Role in the Christian Life and Theology*", *Emory University*, Doctor of Philosophy, 1985. 이 논문은 웨슬리의 정서 개념이 합리적인가? 웨슬리가 감정적 자기기만과 자기애(narcissism)에 대한 인간의 능력에 대한 인식을 보여주는가? 정서에 대한 웨슬리의 강조는 필연적으로 정적주의적 개인주의로 인도하는가? 하는 문제에 초점을 맞춘 것이다. 그러므로 웨슬리의 신앙적 정서와 영적 분별에 관한 연구와는 직접적인 관련이 없다.

60　백명훈,〈존 웨슬리와 조나단 에드워즈의 설교에 나타난 종교적 정서에 관한 연구〉(서울신학대학교 신학전문대학원 박사학위 논문, 2019). 이 논문은 웨슬리와 에드워즈의 설교에 나타난 신앙적 정서에 관한 비교연구 논문이다.

61　"어떤 사람에게는 능력 행함을, 어떤 사람에게는 예언함을, 어떤 사람에게는 영들 분별함을, 다른 사람에게는 각종 방언 말함을, 어떤 사람에게는 방언들 통역함을 주시나니."(고전 12:10)

있기 때문에, 이와같은 선행연구를 바탕으로 필자는 본 연구를 문헌 연구 방법으로 진행할 것이다.

첫째 철학적 연구 방법이다. 본 연구에서는 철학에서 의식과 정서는 어떻게 규명되고 있는지? 그리고 의식과 정서에 관한 철학적 연구가 어떻게 영적 분별에 도움이 될 수 있고 영적 분별에 적용할 수 있는지? 에 관해 연구할 것이다. 특히 베르그손의 지속의 철학을 연구함으로써 영적 분별의 대상인 생각(의식)과 정서가 어떻게 발생하고 지속하면서 시간 속에서 상호 침투를 통해 변형되는 과정과, 변화된 과거 경험이 영적 분별의 과정에서 어떻게 영향을 미치는지를 연구할 것이다. 그러나 영성 심리학이나 심리학은 본 연구에서 논외로 하며 필자는 본 연구를 베르그손 철학으로 한정한다. 둘째 역사적 연구방법이다. 특히 영성사에서 영적 분별에 관한 주요한 업적을 남긴 이냐시오와 에드워즈의 영적 분별과 웨슬리의 영적 분별의 관계와 그들이 웨슬리에게 미친 영향들을 연구할 것이다. 웨슬리의 구원 순서에 관한 연구에서는 구원 순서의 순간성과 영적 상승론자들의 가르침의 상관관계를 살펴볼 것이다. 셋째, 신학적 연구이다. 웨슬리의 사변형은 웨슬리 신학의 원리이지만, 이는 신학의 범주에서 뿐만 아니라 영적 분별에서도 중요한 원칙이 되어야 함을 구명(究明)할 것이다.

영적 분별에 관한 저술에서 자신이 속해 있는 신앙적 전통에 따라 동일한 인물을 다르게 표기한 경우가 발견되는데, 이 경우에는 괄호 안에 병기 함으로써 독자의 이해를 돕고자 한다. 또한 저자가 속한 신앙적 전통에 따라 동일한 의미의 용어이지만, 다른 단어를 사용하는 경우도 있다. 이런 경우에 본 연구에서 원저자가 사용한 용어를 그대로 인용하지만, 필자는 영적 분별 혹은 분별이라는 의미로 이해하고, 필자는 모두 영적 분별 혹은 분별이라는 용어로 통일하여 사용할 것이다.

또한 본 연구는 개인적인 영적 분별에 관한 논의만 하고 공동체의 영적 분별에 관하여는 언급하지 않을 것이다. 공동체가 집단으로 하나님의 뜻을 분별해야 할 필요도 있고, 그 일은 공동체의 건강과 미래를 위해서 중요한 일이지만, 공동체의 집단적 영적 분별은 개인적인 영적 분별과는 다른 차원에서 연구되고 시행되어야 하기 때문이다.62 공동체의 영적 분별은 공동체에 속한 사람들의 비전을 공유하고 의견을 수렴하는 과정이 필요하고, 그 과정은 개인의 영적 분별과는 구분되어야 할 필요가 있다.

필자는 본 연구를 다음과 같은 순서로 진행하려고 한다.

제 1장은 서론으로서 축소 시대를 만난 교회의 현재 상황과 교회의 실패 원인을 살펴보겠다. 교회의 실패 원인은 시대의 변화에 올바르게 교회가 응전하지 못한 원인이 크며, 시대의 변화에 올바르게 응전하지 못한 가장 큰 원인은 영적 분별의 부재에 있다. 영적 분별은 올바른 신앙생활과 하나님의 뜻을 찾는데 있어서 가장 필수적인 것인데, 한국 교회는 영적 분별에 실패함으로써 개인적으로는 개인의 성취욕과 하나님의 뜻을 분별하지 못하였고 교회 공동체적으로는 교회의 성장과 하나님의 뜻을 분별하지 못하였다. 그러므로 시대적 도전과 요청에 올바르게 응하지 못했다는 점을 밝히고 시대의 도전에 따른 교회의 올바른 응전을 위해서는 영적 분별에 관한 연구가 필요하다는 점을 밝힌다. 그리고 연구 목적과 연구 방법에 대해서 간략히 논의할 것이다.

제 2장에서는 정서와 분별의 과정을 이해하기 위해 베르그손의 지속의 철학을 간략히 연구할 것이다. 심신 이원론자인 베르그손은 직관을 연구 방법으로 하여 마음의 움직임을 탐구하였다. 베르그손은 우선 우리

---

62 로즈 메리 도허티는 그의 저서 『분별』 "6장 그룹과 함께 하는 분별"에서 이에 관한 문제를 다루고 있다.

가 일반적으로 느끼는 정념 혹은 정서가 어떻게 우리 안에서 형성되고 기억으로서 지속되고 있는지를 잘 설명하고 있다. 베르그손은 몸과 마음의 관계와 우리의 경험에서 몸의 중요성을 강조하고 있는 철학자로서 과거와 현재, 그리고 미래가 어떻게 동일한 시간과 공간 안에서 상호작용하면서 새로움을 창조하고 있는지를 밝혀준다. 그러므로 베르그손의 지속의 철학은 기억과 정서의 발생과 영적 분별의 과정을 이해하는데 큰 도움을 준다. 본 논문은 신앙적 정서의 분별을 연구하는 것이 목표이므로 정서의 발생과 기억, 그리고 재인(분별) 등과 관계된 베르그손의 이론만을 살펴볼 것이다. 이를 통해 우리의 마음에서 끊임없이 생성과 소멸을 반복하는 생각과 정서의 발생, 그리고 분별의 과정을 이해하는 분별의 철학적 기초를 놓고자 한다.

제 3장은 영적 분별과 웨슬리의 관계를 살펴볼 것이다. 먼저 일반적인 영적 분별의 개념과 성서에서는 영적 분별을 어떻게 했는지를 살펴본 후에 웨슬리의 영적 분별에 대해서 살펴볼 것이다. 웨슬리의 영적 분별에 대한 연구에서는 웨슬리의 영적 분별에 영향을 준 사람인 로욜라의 이냐시오와 에드워즈의 영적 분별을 살펴본 후에 웨슬리와 어떤 관련이 있는지를 살펴볼 것이다. 또한 웨슬리는 영적 분별이라는 단어를 분명하게 사용한 적이 없으므로 영적 분별의 원리도 분명하게 언급하지 않지만, 필자는 웨슬리 신학의 4대 원리(사변형)는 영적 분별의 원리가 되어야 함을 밝힐 것이다. 베르그손에 의하면 사람은 시간과 장소가 바뀌면 결정도 변하게 된다. 과거의 기억은 다양한 경험들에 의해 상호 침투하면서 오염되고 왜곡되기 때문이다. 그러므로 올바른 영적 분별을 시행하기 위해서는 그 영적 분별을 위한 기준과 원칙이 분명해야 한다.

제 4장은 웨슬리의 구원 순서의 각 과정에서 나타난 신앙적 정서를

웨슬리의 설교를 중심으로 연구할 것이다. 웨슬리의 구원 순서는 칭의와 완전을 두 축으로 하여 칭의에서 완전에 이르는 과정이라고 할 수 있는데, 구원의 순서는 순간성과 점진성이 상보적이라는 특징을 가지고 있다. 순간성은 정화 조명 일치의 상승 단계에서 조명의 단계라고 할 수 있고 완전 성화는 일치의 단계라고 말할 수 있다. 성령의 거룩한 빛의 조명을 받아 인간의 선행 없이 하나님의 은혜(for us)로 인한 순간적 변화는 위를 향한 영적 상승(비약)의 순간이라고 할 수 있고, 우리를 위해서 우리 안(in us)에서 일하시는 하나님의 은혜는 구원의 완성을 향한 점진성을 드러낸다. 그러므로 웨슬리의 구원 순서의 특징들을 살펴본 후에, 구원의 각 단계에서 나타나는 신앙적 정서에 대해서 웨슬리가 어떻게 언급하고 있는지를 그의 설교를 중심으로 살펴볼 것이다. 웨슬리는 구원의 순서 각 단계에서 왜 그와 같은 신앙적 정서가 나타나는지, 그리고 그와 같은 신앙적 정서가 영성의 발달에 어떤 역할을 하는지에 대한 설명을 하지 않았다. 그러므로 본 연구는 웨슬리가 그의 설교에서 구원 순서의 단계에서 발현된다고 언급한 신앙적 정서만을 연구할 것이다.

　제 5장에서는 이제까지의 논의를 요약하면서 필자가 제시한 논지의 타당성과 평가를 간략히 언급한 후에 한국 교회의 영적 성숙을 위해 영적 분별과 관련한 제언을 할 것이다.

3) 논문의 기여 예상

　기독교에서 다양한 영적 분별의 형태는 광범위한 성서적 자료들에서 발견할 수 있다. "영(spirit)"이란 사람의 내면에 존재하는 감정들의 움직임으로서, 복음의 원리에 따라 그것들이 지향하는 것이나 방향으로 평가 된다. 성경에 "그의 열매로 그들을 알지니"(마 7:16)라고 말씀했다.[63] 성서에서 '영들의 분별(diakriseis pneumatōn)'이라는 구절은 고린도전서 12장 10절에서 한번 발견된다. 사도 바울은 이 구절에서 다양한 성령의 은사와 이교도 의식에서 가끔 발견되는 영적 재능과 때때로 기독교 공동체 안에서 행해지는 은사들의 근원과 기원에 대해서 주의 깊게 생각해야 할 필요가 있다고 말한다.[64]

영성 신학에서 분별은 다양한 이름으로 언급된다. 분별이라는 단어의 문자적 변형 과정은 그리스어 디아크리시스(diakrisis)라는 단어에서 출발한다. 디아크리시스는 "분리하다," "체로 치다," "분류하다," "구별하다"라는 의미를 갖는다.[65] 여기서 디아크리시스는 가슴을 여는데 필요한 방법의 하나로, 생각을 분리하거나 구별하는 기술로 볼 수 있을 것이다.[66] 그러므로 사도 바울은 '영들의 분별'은 성령의 9가지 은사 중 하나(고전 12:8-9)[67]로 여겼을 만큼 소중히 여겼다.

덕으로서의 분별은 지혜의 범주에 속한다. 지혜로서의 분별은 의지가 올바른 원의(原意)를 지니도록 하기 위한 실천적 지성에 영향을 미친다. 그리고 분별의 덕은 수련을 통하여 숙련할 수 있다.[68] 또한 분별의 과정은 경험적이고 귀납적이다. 그것은 학문이라기보다는 지혜이다. 따라

---

63 "Discernment of Spirits," 『A Dictionary of Christian Spirituality』, 115.
64 Mark A. McIntosh, 『Discernment and Truth』, (Illinois: ivp, 1995), 23.
65 로즈 메리 도허티, 『분별』, 18.
66 앞의 책, 21.
67 "어떤 사람에게는 성령으로 말미암아 지혜의 말씀을, 어떤 사람에게는 같은 성령을 따라 지식의 말씀을, 다른 사람에게는 같은 성령으로 믿음을, 어떤 사람에게는 한 성령으로 병 고치는 은사를, 어떤 사람에게는 능력 행함을, 어떤 사람에게는 예언함을, 어떤 사람에게는 영들 분별함을, 다른 사람에게는 각종 방언 말함을, 어떤 사람에게는 방언들 통역함을 주시나니."(고전 12:8-10)
68 마누엘 루이스 후라도, 『영적 식별』, 132.

서 분별은 오늘날 심층 심리학과 사회적인 분석의 통찰들과 같은 신학적인 이해에 있어서 새로운 발달 현상들을 받아들일 수 있다.[69] 한편 영적 지도자는 영적 분별에 관하여 다른 이를 지도할 수 있는데, 말하는 것에 상응하는 표지들과 이미지들을 일정한 방식으로 정리하여 그의 생각에 제시함으로써 그렇게 할 수 있다.[70]

영성 신학에서 영적 분별의 직접적인 대상은 내적인 움직임들이다. 그 마음 움직임의 근원을 찾는 과정에서 선신(good spirit)이나 악신(evil spirit)의 영향을 추적하게 된다. 또한 영적 분별을 시행하는 사람은 정서가 내적인 움직임들을 하나님께로 향하게 하는가, 아니면 하나님으로부터 멀어지게 하는가? 혹은 마음 깊은 곳에서 평화를 체험하게 하는가, 아니면 동요를 일으키게 하는가? 하는 것을 면밀히 살펴야 하고, 영성 지도자는 이러한 느낌들을 자각하게 함으로써 영성 식별을 도와주게 된다.[71]

인간의 경험을 대상으로 하는 영적 분별은 구체적인 시간과 장소 안에서 특별한 목적이 있을 때 시행된다. 영적 분별이 필요한 구체적인 상황은 크게 세 가지로 설명할 수 있다. 첫째, 자신의 삶 속에 나타난 하나님의 뜻을 분별하고 선택해야 할 때이다. 이런 분별의 상황에서는 더 좋은 것을 선택하는 것과 관련이 있다.[72] 영적 분별은 선과 악 사이의 분별이라기보다는 선과 선 사이에서 더 좋은 것을 선택하는 것이기 때문이다. 둘째, 다른 사람의 신앙의 진정성을 분별해야 할 때이다. 교회가 건강한 공

---

69 "Discernment of Spirits,"『A Dictionary of Christian Spirituality』, 116.
70 마누엘 루이스 후라도,『영적 식별』, 131.
71 유해룡,『하나님 체험과 영성수련』(서울: 장로회신학대학 출판부, 1999), 248-249.
72 슈테판 키홀레/ 황미하 옮김,『이냐시오 영성에 따른 식별 - 결정』(서울: 이냐시오영성연구소, 2021), 51-52. 이냐시오 영성에서는 이러한 선택 기준을 라틴어로 '마지스 magis(더)'라고 부른다.

동체가 되기 위해서는 신앙의 진정성을 견고하게 유지하는 것이 필요하다. 그러므로 교회의 순결을 유지하기 위해 공동체 안에 거짓이 스며들지 못하도록 교회 구성원들의 신앙의 진정성을 분별할 수 있어야 한다. 사도 베드로는 교회 안에서 거짓을 배격하기 위해 아나니아와 삽비라 부부를 극단적으로 배척했다(행 5:1-11절). 셋째, 자신의 영적 상황을 성찰하여야 할 때이다.[73] 우리는 자신의 신앙적 상태와 믿음의 진보를 이루기 위해 영적 분별을 시행할 때가 있다. 지금 내 마음에 어떤 신앙적 정서들이 일어나고 있는가? 를 성찰함으로써 자신의 현재 영적 상태와 앞으로 진보해야 할 방향을 가늠할 수 있다.

결정은 우리가 해야만 하는 일이다. 그리고 일상의 크고 작은 일들에 관한 결정들이 쌓여서 우리의 삶을 형성한다.[74] 그러나 개인적인 문제이든 신앙적이고 영적인 문제이든 다양한 상황에서 올바른 결정을 하기 위해서는 올바른 분별이 선행되어야 한다. 올바른 결정은 선과 악, 선과 선, 악과 악 중에서 어떤 것을 선택해야 하는지를 분별할 수 있는 능력이 있을 때 가능하다. 분별이란 하나의 습관이며 존재 양식[75]이기 때문이다.

한국 교회에서 영적 분별에 관한 연구나 실천이 활발하게 이루어지고 있다고 말할 수는 없지만, 영성에 대한 관심이 높아지면서 영적 분별에 대한 관심도 높아지고 있다. 한국 교회는 영성 전통 속에서 분별의 지혜를 배워야 할 뿐만 아니라, 신자들에게 영적 분별의 지혜를 가르쳐서 올바른 영적 분별을 통한 올바른 신앙의 실천을 할 수 있도록 해야 한다. 영적

---

73 "너희는 믿음 안에 있는가 너희 자신을 시험하고 너희 자신을 확증하라 예수 그리스도께서 너희 안에 계신 줄을 너희가 스스로 알지 못하느냐 그렇지 않으면 너희는 버림 받은 자니라."(고후 13:5)
74 슈테판 키홀레,『이냐시오 영성에 따른 식별 - 결정』, 8-9.
75 로즈 메리 도허티,『분별』, 22.

분별은 해야 할 것과 하지 말아야 할 것을 규정하기 위해 무엇보다도 미래를 보아야 하기 때문이다. 본 연구는 교회와 개인의 영적 분별의 필요성 증대에 부응하여 영적 분별에 관한 지식을 제고하고 영적 분별이 필요한 상황에 적합한 영적 분별의 원칙을 제공함으로써 한국 교회와 성도들이 건강한 신앙생활을 할 수 있도록 돕는 데 있다.

제2장

베르그손의 기억의 지속과 분별

심신 문제는 마음(心)과 몸(身)사이의 관계를 올바르게 서술하는 문제이다.[1] 심신 관계론은 크게 심신 이원론과 심신 병행론, 그리고 심신 일원론으로 구별할 수 있다. 심신 이원론은 마음(mind)과 물리적 대상이 각각 실체로써 존재한다는 이론이며, 병행론(parallelism) 혹은 심신 병행론(psycho-physical parallelism)은 마음과 실체가 상호 각각 존재하지만, 인과적으로 상호 작용하지 못한다는 이론이다. 심신 일원론은 물질과 정신 중에서 하나만이 중요하고 다른 하나는 부수적인 현상에 불과하다고 주장하는 이론인데, 관념론이나 유물론은 동일하게 심신 일원론에 속한다. 그러나 철학은 심리적인 것과 물리적인 것의 관계 문제에 집중하지만, 만약 심리적인 것과 물리적인 것이 각각 존재한다면 그 둘은 어떻게 관계하는가? 하는 문제에 대해서 어떤 심신 관계 이론도 적절한 설명을 하지 못한다.

그런데 심신 이원론자인 베르그손은 생명체인 몸의 선택을 통하여 몸과 마음이 인과적으로 작용한다는 사실을 합리적으로 설명한다. 베르그손에 의하면 몸과 물질 사이에서 경험되기 때문에 마음 바깥에 존재하는 감각은 몸의 선택을 통하여 마음에 비물질적인 기억과 정서로써 지속된다. 그러므로 기억과 정서의 형성에서 몸의 선택은 결정적이다. 기억은 우리의 경험들을 이어 붙이는 '풀'과 같은 것으로써 우리가 경험하는 다양한 것들을 이해하고 적절히 반응할 수 있게 한다.[2] 베르그손은 원칙 없이 흐르는 것 같은 생각들이 어떤 원리에 의해서 지속하는지에 대해 연구하면서 생각과 정서의 형성 과정과 순수한 과거의 기억은 다양한 경험들

---

1 스티븐 프리스트/ 박찬수 외 옮김, 『마음의 이론』(서울: (주)고려원, 1995), 291.
2 제임스 L. 머가/ 박소현·김문수 옮김, 『기억과 감정』(서울: 시그마프레스, 2013), 17.

에 의해서 왜곡되고 오염된다는 사실을 밝힌다. 그러므로 의식의 흐름을 올바로 인식함으로써 과거의 기억이 현재의 경험과 합하여 미래를 위한 창조적 결정을 할 수 있다. 영적 분별이 더 나은 결정을 통하여 미래를 창조한다는 점에서 베르그손의 시간의 흐름과 의식의 지속 철학은 올바른 영적 분별을 위한 소중한 기초가 된다.

1. 기억의 형성과 몸의 지각

1) 기억의 형성과 몸의 체험

(1) 기억이란 무엇인가?

'기억은 부재하는 대상에 대한 표상이다'는 말은 플라톤과 아리스토텔레스 이래로 통용되는 기억에 대한 정의이다.[3] 여기에서 기억이란 이미 사라져버린 대상, 더 이상 존재하지 않는 대상에 대한 충실한 보존인 동시에 대상의 부재가 열어주는 자유 속에서 이 사라져버린 대상을 자의적으로 변형, 왜곡하는 배반[4]이라는 기억의 양면성이 드러난다. 결국 기억의 정의는 ① 기억은 어떻게 사라져버린 대상을 충실히 보존할 수 있는가? ② 기억은 어떻게 과거를 충실히 보존하면서도 그 과거를 자의적으로 변형, 왜곡할 수 있는가? 하는 문제로 변형된다.[5] 그런데 과거를 충실하게

---

3   주재형, "베르그손의 『물질과 기억』에서 기억의 보존과 가변성에 대한 연구,"「철학과 현상학 연구」제77집(2018), 52.
4   앞의 논문, 52.
5   앞의 논문, 53.

재현할 수 있도록 보존하면서 동시에 자유롭게 변형될 수 있다는 것은 양립하기 어렵다. 그러므로 새로운 기억모델이 필요하게 된다.

데까르트의 코기토(Cogito)의 발견은 세계가 우리 자아에 대하여 존재한다는 관념론의 문을 열었다.[6] 그러나 데까르트가 '가분성', '순간성'으로 규정한 물질(연장 실체)은 '불가분성', '영원성'이라고 규정한 의식(사유 실체)과 대립적이 아닐뿐더러, 어떤 의미에서는 동일한 차원에서 논의될 수 없는 개념들이다.[7] 그러므로 데까르트는 각각 독립적으로 존재하는 물질과 사유의 관계에 관하여 납득할만한 설명을 하지 못하였다.[8]

이에 대하여 베르그손은 데까르트의 이원론을 수용하면서도 물질과 의식의 관계를 명확히 설명하기 위해 새로운 기억모델을 찾으려 하였고[9],

---

6 박종원, "베르그손 철학에 있어서의 의식의 의미,"「철학연구」제59호(2002), 149. 김재희/ 베르그송.『물질과 기억 - 반복과 차이의 운동』, 71-72. 관념론과 실재론의 대립은 객관적 대상으로서의 물질과 이를 인식하는 주관으로서의 정신 사이에 일치와 불일치를 설명하려는 '인식론적 관점'에서 성립한다. 관념론은 우리가 확실하게 인식할 수 있는 것은 오로지 우리 주관에 주어진 정신적 표상뿐이며 우리에게 주어진 세계는 결국 우리의 주관적인 관념의 산물이라는 점에서 외부 사물의 독자적인 실재성을 인정하지 않는다는 입장이고, 실재론은 우리의 주관 바깥에 우리의 주관과 독립적으로 실재하는 객관적 세계를 인정하고 우리의 주관적 표상이나 관념이야말로 그 세계의 불완전한 반영에 지나지 않는다 -또는 그 세계의 일부인 뇌의 산물에 지나지 않는다- 는 입장이다. 그러나 관념론이든 실재론이든 우리의 주관은 객관적 실재를 직접 접촉할 수 없으며 그에 대한 확실한 인식을 얻지 못한다는 동일한 귀결에 이른다고 할 수 있다. 관념론은 정신의 실재성에 우선성을 놓는다는 점에서 유심론과 통하고, 실재론은 물질의 실재성에 우선성을 놓는다는 점에서 유물론과도 통한다고 볼 수 있다.
7 박종원, 앞의 논문, 149.
8 김재희/ 베르그송,『물질과 기억 - 반복과 차이의 운동』(경기도: 살림출판사, 2018), 56. 데카르트는 두 실체 간의 현실적인 상호작용을 설명할 수 없었고, 뇌에 양자를 연결하는 송과선이라는 부위를 상정해보는 데 그쳤다.
9 주재형, 앞의 논문, 53-54. 김재희/ 베르그송.『물질과 기억 - 반복과 차이의 운동』, 72-73.『물질과 기억』(서문)에서 밝히고 있듯이, 베르그손은 우선 유물론과 유심론의 대립을 넘어서 물질과 정신을 어느 한쪽의 파생물로 일원화시키지 않고 "정신의 실재성과 물질의 실재성을 모두 긍정"하며 양자의 본질적인 차이를 인정하는 이원론의 입장을 취한다. 그러나 그럼에도 불구하고, 베르그손은 또한 기존의 "이원론이 항상 제기해왔던 이론적 난점들을 상당히 약화시킬 수 있는 방식으로", 즉 물질과 정신 사이의 건널 수 없는 철벽을 무

의식의 본성으로서의 '지속'의 의미를 발전시켰다.[10] 베르그손에게 있어서 지속은 기억의 지속이고 기억은 의식과 같은 의미로 사용된다. 그리고 베르그손은 기억을 정신과 신체를 연결하는 매개고리로 선택했다.[11] 베르그손이 말하는 의식의 본성으로서의 '지속'은 단순한 연속성이 아니라, 과거를 현재 속에 끊임없이 축적하며, 부분들이 상호침투하고 전체에 반영되는, 따라서 순간마다 질적인 변화를 하며 진보하는 유기체 전체이다.[12] 그러므로 베르그손에게 있어서 지속이란 심리적 지속에 국한되지 않고 의식 바깥 물질의 지속까지 아우르는 존재 일반의 본성으로 확장되고 있다.[13]

베르그손은 관념론자들처럼 의식(사유 실체)을 물질(연장 실체)에 대비시키는 것이 아니라, 정적(靜的)인 철학과 과학이 실재를 규정하는데 투영시켰던 '공간표상'에 대비시켰다.[14] 베르그손에게 있어서 의식에 대비되

너뜨리고 양자의 소통과 접촉 가능성을 확보할 수 있는 방향에서 물질과 정신의 관계를 고찰한다.
10 김재희/ 베르그송, 『물질과 기억 - 반복과 차이의 운동』, 73. 물질과 정신의 관계에 대한 베르그손의 해법은, 물질과 정신의 본성상 차이를 인정하되, 그 본성상 차이를 사유할 때, 그 차이와 간격이 뛰어넘을 수 있을 정도로 좁혀질 수 있는 차원, 즉 '공간이 아니라 지속의 차원에서 사유하는 것'이다. 변화와 운동과 시간의 흐름이라는 차원에서 보면, 물질과 정신은 모두 보편적인 지속의 흐름 안에 있으며, 다만 서로 다른 리듬과 속도로, 서로 다른 수준과 정도에서 지속한다는 차이를 지니게 된다. 특히 정신의 지속은 기억의 강도에 따라 무수히 많은 수준에서 상이한 리듬의 정도로 흘러갈 수 있고, 따라서 가장 낮은 수준에서의 정신이라면 물질과의 간격을 쉽게 뛰어넘어 접촉할 수 있는 것이다. 김재희/ 베르그송. 『물질과 기억 - 반복과 차이의 운동』, 76. 지속이란 우리가 통상 시계로 측정하는 시간, 누구나 동질적이고, 시계 바늘의 일정한 움직임에 따라 등질적으로 분절되는 공간화된 시간을 말하는 것이 아니다. 지속은 구체적인 존재자의 연속적인 질적 변화와 운동 자체이다.
11 황수영, 『물질과 기억 시간의 지층을 탐험하는 이미지와 기억의 미학』(서울: 도서출판 그린비, 2006), 26. 정신적 기억에서 신체적 기억까지 다양한 종류의 기억 현상을 구체적으로 알기 위해서는 심리학이나 생물학, 생리학, 병리학에서 다루는 내용을 참조해야 했고, 베르그손은 첫 저서를 낸 후 6년간 이 분야들에서 직접 심층적인 연구를 했다.
12 박종원, 앞의 논문, 150.
13 김재희, "베르그송의 기억 개념과 시간의 역설에 대하여," 「철학연구」 63집(2003), 159.
14 박종원, 앞의 논문, 150. 김재희. 베르그송, 『물질과 기억 - 반복과 차이의 운동』, 80. 물질과 정신은 서로 대립되는 실재라기보다는 이러한 보편적 지속 안에서 상이한 속도와 리듬

는 공간표상이란 물질의 본성도 아니고, 우리가 외적 세계를 그렇게 직관하지 않을 수 없는 감성의 형식도 아니다.[15] 데까르트나 칸트와 같은 관념론자들에게 있어서 자연이란 '공간표상' 위에 투영된 자연이다.[16] 그러나 우리가 기억하는 자연은 실제로 존재하는 그대로의 자연이 아니고, 우리 행동의 필요성에 의해 현존재자가 관심을 기울여 주의하여 바라본 자연이고, 임의적으로 절단되고 가다듬어진 표상으로 남아 있는 자연이다.[17] 따라서 베르그손에게 있어서 우리의 기억 속에 남아 있는 표상이 있는 그대로의 대상을 정확히 묘사하고 있는가? 하는 것은 중요하지 않다. 우리는 사물을 있는 그대로 지각하지만 오직 부분적으로만 지각한다. 대상이 우리의 움직임에 따라 달리 지각되는 것은 우리가 대상의 일부만을 지각하고 있기 때문이다. 그러므로 우리 지각과 외부 사물 간의 차이는 본성상의 차이, 즉 하나는 관념적, 비물질적이고 다른 하나는 물질적인 것 간의 차이가 아니라, 정도의 차이이다. 우리의 지각은 대상에 대한 부분적 포착이고, 우리의 지각 표상이란 절단된 물질적 대상, 물질적 대상의 단편이다.[18]

베르그손에게 있어서 기억은 두 가지로 정의할 수 있다. 첫째는 기

으로 지속하는 존재론적으로 다른 수준의 실재에 해당한다. 지속은 질적 변화의 연속이고, 과거를 보존하여 현재로 연장하는 기억의 운동이며, 상이한 리듬의 수준에서 자기 자신을 반복하면서 자기 자신과 달라지는 실재이다. 물질과 정신은 하나이면서 동시에 여럿인 질적 다양체로서의 이러한 지속 안에서 사유할 때 그 관계의 본질이 드러난다.

15 박종원, 앞의 논문, 150.
16 앞의 논문, 150.
17 김재희/ 베르그송, 『물질과 기억 - 반복과 차이의 운동』, 89. 소위 관념론자들은 외부 사물들이란 우리 의식 안에 주어진 지각 표상들에 지나지 않는다고 생각하였고, 실재론자들은 우리 의식 안에서 지각 표상들을 산출하지만 적어도 이 표상들과는 똑같다고 할 수 없는 어떤 것이라고 생각하였다. 그래서 주관적인 우리의 지각 표상과 객관적인 외부 사물 사이에는 설명할 수 없는 어떤 간격이 있을 수밖에 없었다.
18 주재형, 앞의 논문, 58.

억은 일종의 이미지라는 것이고,[19] 둘째는 존재론적 설명이라고 할 수 있는데, 기억은 뇌에 저장되는 것이 아니라 그 자체로서 관념적 비물질적으로 스스로 존재한다는 것이다.

베르그손에게 있어서 '기억'은 나의 신체를 매개로 외부 세계의 물질적 사물들(결코 기하학적 공간으로 완전히 환원될 수 없는)과 상호작용하면서 삶을 살아갈 수밖에 없는 유기체적 자아의 인식에 해당된다. 이 의식이 기억일 수밖에 없는 것은 과거에 대한 경험을 보존하여 현재의 상황에 적절한 행동으로 이용함으로써 미래를 준비해 나가야 할 생명체의 자연적 필연성에서 요구되는 것[20]이기 때문이다. 그러므로 이 기억은 끊임없는 과거의 보존을 통해서 자신의 잠재성을 키워감과 동시에 이 잠재성을 현실화하면서 창조적인 미래를 향해 나아가는 의식의 활동성이며, 바로 이런 기억(=의식)의 운동이야말로 과거를 과거의 즉자태로 남겨두거나 현재로 현실화하면서 '과거'와 '현재'라는 시간의 탈자적인 분리와 연속성을

---

[19] 황수영, 『물질과 기억, 시간의 지층을 탐험하는 이미지와 기억의 미학』, 60. '이미지'라는 용어는 베르그손 철학 전체에서 가장 기초적인 개념인 '지속'이 물질적 현실과 어떻게 관계 맺고 있는지를 보여주는 개념이라는 점에서 매우 중요하다. 뿐만 아니라 그것은 물질로부터 신체와 의식이 어떻게 출현하는지를 보여주고, 인식의 문제를 고정적인 표상의 관점이 아니라 행동의 관점에서 다시 보도록 하는 측면에서도 기본적인 전제가 된다.(황수영. 56) 베르그손은 『물질과 기억』 서문에서 자신의 의도를 다음과 같이 정리한다. 우리에게 물질은 '이미지들'의 총체이다. 그리고 우리가 이미지라는 말로 의미하는 것은 관념론자가 표상이라고 부른 것 이상의 존재, 그리고 실재론자가 사물이라고 부른 것보다 덜한 존재, 즉 사물과 표상 사이의 중간 길에 위치한 존재이다.(『물질과 기억』, 22.)

[20] 김재희, "베르그송의 기억 개념과 시간의 역설에 대하여,"「철학연구」 63집(2003), 159. 김재희/ 베르그송, 『물질과 기억 - 반복과 차이의 운동』, 78-79. 여기서 기억은 단순한 심리적인 활동이 아니라 존재론적 지속의 역동적 구조를 강조하는 지속의 다른 표현이라고 할 수 있다. 기억은 과거를 보존하여 현재로 연장하면서 예측 불가능한 미래를 개방하는 지속 그 자체이다. 지속이 질적 변화의 연속일 수 있는 것은 바로 과거를 반복하면서 현재를 새롭게 하는, 즉 자기 자신을 반복하면서 자기 자신과 달라지는 기억의 운동이기 때문이다. 그리고 무엇보다 기억의 운동이기 때문에 지속은 상이한 리듬과 속도에 따른 다양한 정도 차이를 허용할 수 있다.

가능하게 하는 것이다.21

① 기억의 존재 양태

기억은 두 가지의 존재 양식을 갖는다. 즉 '잠재적인 기억'과 '현실화한 기억'이다. 잠재적 기억이란 저절로 보존되는 과거의 총체로서 현실화되지 않고 잠재적으로 남아 있는 순수한 과거의 즉자태, 즉 '순수 기억'을 말하며, 현실화하는 기억이란 수축-팽창의 이중 운동을 통해서 이 순수 기억(순수 과거)을 이미지나 행위의 형태로 현재화함으로써 삶을 창조하는 능동적 기억이라고 할 수 있다.22 기억은 잠재적 상태로부터 현실적 상태로 이행한다.23

베르그손의 기억 이론에서 가장 독특한 개념은 순수 기억이다. 순수 기억이란 거울 앞에 있는 대상이 거울 뒤편에 맺은 상과 같다고 할 수 있다. 거울 앞에 놓은 대상은 지각되는 동시에 우리와 직접적인 작용 관계를 맺지만(우리는 대상을 보는 동시에 만지고 움직일 수 있다), 거울에 맺힌 상은 그럴 수 없다. 거울에 맺힌 상은 우리에게 아무런 영향도 미치지 않는 무기력한 것이기 때문이다.24 베르그손은 우리 삶에 아무런 영향을 미치지 않은 채 과거와 현재를 구별하지 않은 내적 의식 삶에서 추상된 의식의 시

---

21 김재희, 앞의 논문, 162. 김재희/ 베르그송, 『물질과 기억 - 반복과 차이의 운동』, 103. 베르그송에게 기억이라는 것은 단순히 암기력을 말하는 것이 아니라, 정신의 삶이 전개되는 모든 시간 속에서 지나온 과거 전체를 고스란히 보존했다가 현재의 순간으로 연장하여 적절하게 활용하는 정신의 운동성을 말한다. 현재 상황의 실천적 유용성을 따라 무의식적인 과거를 현재의 의식으로 연장하는 기억의 운동이야말로 불가분한 질적 변화의 연속인 정신의 실재적인 지속을 보장할 뿐만 아니라 행위를 수행하는 실천적 의식의 다양한 수준들도 가능하게 할 수 있다.
22 김재희, "베르그송의 기억 개념과 시간의 역설에 대하여," 162.
23 김재희/ 베르그송, 『물질과 기억 - 반복과 차이의 운동』, 225.
24 주재형, "베르그송의 순수 기억 존재 양태에 대하여," 166.

간을 '순수 지속'이라고 구별하여 말한다.25

순수 기억은 사라지지 않고 고스란히 보존되는 과거의 총체를 말한다. 그런데 이 과거의 총체는 행위에 몰두하고 있는 내 의식의 배후에 망각된 채로 또는 '더 이상 존재하지 않는 것'으로 간주될 정도로 잠재적이고 무능력하게 비활동적으로 남아 있다. 이는 '순수 기억'이 실천적으로 유용하지 않기 때문에 무의식적인 상태로 억압되어 있기 때문이다.26 그러나 우리의 기억은 경험이 축적되면서 계속 확장되어 가기 때문에 순수 기억 자체에 결코 도달할 수 없다. 따라서 순수 기억은 의식의 표상적 차원 배후에서 끊임없이 후퇴하면서 의식을 가능하게 하는 "무의식적인 심리학적 실재"로 존재한다.27

순수 기억의 '무의식성'은 심리학적 의미와 형이상학적 의미의 이중성을 띤다. 그러나 베르그손의 무의식은 프로이트의 '억압되어 있는 무의식적인 심리상태들의 존재'로서의 무의식과는 개념을 달리한다. 베르그손의 무의식과 프로이트의 무의식은 꿈, 농담, 정신적 착란 등에 관한 실증적 연구를 통해서 그 존재를 입증하고 있다는 점에서, 둘 사이에 논의의 출발점에서의 유사성을 엿볼 수 있지만, 두 사람의 차이점도 있다. 우선 베르그손은 억압의 동기가 성적 욕망이 아니라 유용한 행동과 관련된다고 주장한다. 그리고 무의식을 정신의 차원에서 언급한다. 그러나 프로

---

25   김재희, "베르그송의 기억 개념과 시간의 역설에 대하여," 158.
26   앞의 논문, 163. 황수영, 『물질과 기억, 시간의 지층을 탐험하는 이미지와 기억의 미학』, 96. 의식은 우리가 살아오면서 느끼고 경험한 모든 내용을 포함하는 것이지 현재에 관련된 것만 포함하지 않는다. 의식상태는 끝없는 흐름 속에서 연속되기 때문에 흘러간 것이라고 해서 완전히 사라진 것이 아니라 단지 현재의 의식에 나타나지 않을 뿐이다. 베르그손은 현재에 나타나지 않는 의식상태를 '무의식'이라고 부른다.
27   앞의 논문, 164.

이트는 여전히 유물론적 과학주의를 포기하지 않고 있다.[28]

베르그손의 기억은 순수하게 잠재적인 상태로 보존되어 있는 기억에서부터 이미지화된 기억, 습관적 행위의 기억에 이르기까지 무수한 정도들을 허용하면서 결코 연속성을 놓치지 않는다.[29] 기억은 끊임없는 과거의 보존을 통해서 자신의 잠재성을 키워감과 동시에 이 잠재성을 현실화하면서 창조적인 미래를 향해 나아가는 의식의 활동성이며, 바로 이런 기억(=의식)의 운동이야말로 과거를 과거의 즉자태로 남겨두거나 현재로 현실화하면서 '과거'와 '현재'라는 시간의 탈자적(脫自適)인 분리와 연속성을 가능하게 하는 것이다.[30]

과거는 현재를 해석하고 이해하게 하는 일종의 앎으로서 현재의 삶을 새롭게 창조하는 데 유용하게 작동한다. 과거는 단지 무능력한 것이 아니라 현재-미래를 향하여 능동적으로 도약한다. 삶에 주의하는 정신의 긴장된 노력과 더불어 즉자적(卽自的)인 과거는 대자적(對自的) 과거로 전환된다. 이때 과거는 자기 자신을 벗어나 새롭게 변형되고 창조된다.[31]

② 두 종류의 기억

a. 습관-기억(souvenir-habitude)

베르그손의 저서『물질과 기억』에는 3종류의 기억이 등장한다. 신체적 기억, 심리적 기억, 존재론적 기억이 그것이다. 존재론적 기억은 잠재적인 것으로 존속하는 과거 전체로서의 순수 기억이고, 이 순수 기억이 심리적 표상의 수준으로 회상되는 것이 심리적 기억, 신체의 운동의 수준으

28　앞의 논문, 164-165.
29　앞의 논문, 161.
30　앞의 논문, 162.
31　앞의 논문, 166.

로 회상되는 것이 신체적 기억이다.[32] 이 신체적 기억을 '습관-기억'이라고 부르는데, 이것은 반복할수록 점점 더 분명하게 새겨지는 주름처럼 과거의 경험을 신체 안에 자동화된 행위 도식으로 축적한다. 신체적 습관으로 형성된 기억은 다시 떠올릴 때도 의식적인 상기의 노력 없이 자동적인 행동으로 재생할 수 있다.[33]

습관은 신체의 작동방식과 관련되는데, 신체가 습관을 형성하는 목적은 외적 자극이 던지는 문제들에 대처할 수 있는 응답을 미리 만들어 놓기 위함이다.[34] 생명체는 살아가는 동안 끊임없이 다양한 문제들과 직면하게 되는데 그런 문제들을 유사성과 동질성에 따라 분류하여 기억해 두면 계속되는 자극에 대하여 효과적으로 대처할 수 있다. 그러므로 습관-기억의 목표는 유용성이다.[35]

습관-기억은 그것이 형성된 과정이나 시기와 관계없이 오직 신체 속에 각인된 기억이다. 습관적 기억은 신체의 모든 운동과 마찬가지로 전체적 내용을 우선 분석한 다음 부분들을 전체 속에서 재구성하는 작업을 요한다. 그것은 작은 충동만 주면 작동하는 운동 메커니즘의 형태로 축적된다.[36] 이러한 습관-기억은 기억의 신체적 특성을 나타낸 것으로서 그것은 표상으로 기억되는 것이 아니라 신체의 자극에 대한 반응으로 나타난다. 습관-기억은 의지적 노력에 의해, 지각 이미지들을 고정하고 정렬하여 그것들을 체계화하는 다양한 자동적 반응기제를 신체 속에 형성한다. 그것

---

[32] 김재희/ 베르그송,『물질과 기억 - 반복과 차이의 운동』, 105.
[33] 앞의 책, 106.
[34] 황수영,『물질과 기억. 시간의 지층을 탐험하는 이미지 기억의 미학』, 135.
[35] 앞의 책, 136.
[36] 황수영,『베르그손: 지속과 생명의 형이상학』, 82.

은 현실적 운동들을 완성시키는 것을 목적으로 작용한다.[37]

습관-기억은 암기된 것을 내적으로 반복하는데, 그것은 표상이 아니라 나의 현재를 구성하는 행동으로 체험된다. 그러므로 습관-기억은 전형적인 신체적 특성을 갖는다.[38] 현실적 운동들을 완성시키는 목적으로 작용[39]하는 습관-기억을 자동적 기억이라고 부른다.[40] 그것은 습관-기억은 운동 메커니즘의 형태로 신체에 저장되었다가 현실적 필요가 생기면 특별한 지각의 과정 없이 반복적으로 운동하기 때문인데, 습관-기억이 자동적으로 반복하는 운동들로 경험되는 것은 물질은 새로운 것을 창조하지 못하고 같은 것을 반복할 뿐이기 때문이다.

이미지 기억과 비교해 볼 때 습관 기억은 우리의 의지대로 나타날 수 있다는 것이 특징이다. 습관 기억은 신체에 이미 완성된 형태로 새겨져 있어 작은 충동만 주면 전체가 차례로 작동하기 시작한다. 달아나는 이미지 기억들은 우리 마음대로 붙잡을 수 없지만, 습관 기억은 우리의 의지로 형성할 수 있고 재가동시킬 수도 있다. 물론 그것을 형성하는 데는 일정한 반복의 노력이 필요하고 그것은 때로 매우 힘든 일이 되기도 한다.[41] 베르그손은 우리 의지와 상관없이 나타났다 사라지는 이미지 기억의 우발적 특성 때문에 우리는 그것을 붙잡아 둘 필요가 있고, 그렇기 위해서는 암기를 통해 이미지 기억을 붙잡아두는 습관 기억을 형성하는 노력이 필요하다고 말한다.[42]

---

37 앞의 책, 83.
38 앞의 책, 83.
39 앞의 책, 83.
40 앞의 책, 83.
41 황수영, 『물질과 기억, 시간의 지층을 탐험하는 이미지와 기억의 미학』, 138.
42 앞의 책, 138.

b. 이미지 - 기억(image-souvenir)

　베르그손에게 있어서 기억은 또한 이미지 형태로 정신 속에 보존된다. 이미지라는 말이 주로 시각적 대상을 가리키는 말이지만, 여기서는 특별한 사건을 야기한 모든 상황을 포함한다. 좀 더 정확히 말하면 행동 이미지, 지각 이미지, 정념 이미지가 모두 포함된다고 할 수 있다. 그것은 내가 했던 행동일 수도 있고 내가 보았던 대상일 수도 있고 내가 느낀 쾌나 불쾌의 감정일 수 있다. 대부분의 경우에는 그것들이 서로 얽혀 하나의 전체를 이루는 인상으로 남는다.[43] 이미지-기억은 우리 의지와 무관하게 우리가 마음대로 조종할 수 없는 방식으로 불쑥 나타나거나 사라진다는 의미에서 우발적 특징을 가지고 있기 때문에[44] 우발적 기억이라고 부르기도 한다.[45]

　이미지-기억은 정신 속에 축적된 표상들로 이루어져 있으므로 표상적 기억이라고 부를 수 있다. 이미지-기억은 일상적인 삶의 자연적인 흐름을 따라 겪게 되는 세세한 모든 경험을 각각의 고유한 장소와 날짜를 간직한 채로 애써 기억하려고 노력하지 않아도 기억 속에 저절로 보존된 과거인데, 이는 현재 상황이나 자극이나 요청에 따라 이미지 형태로 자유롭게 실제적 유용성을 고려하지 않은 채 있는 과거의 기억들을 수축시켜 현재의 의식과 연결시켜 준다. 그러므로 이미지-기억은 순수 기억과 기억 이미지의 양극단을 왕복 운동하는 심리적 기억이다.[46]

　베르그손에 의하면 "과거를 이미지 형태로 떠올리기 위해서는 현재적 행동으로부터 초연해질 수 있어야 하고, 무용한 것에 가치를 부여할 줄

---

[43] 앞의 책, 134.
[44] 앞의 책, 138.
[45] 황수영,『베르그손, 지속과 생명의 형이상학』(서울: 이룸, 2006), 83.
[46] 김재희/ 베르그송,『물질과 기억 - 반복과 차이의 운동』, 106.

알아야 하고, 꿈꾸려고 해야 한다"(물질과 기억. 144).[47] 그러므로 이미지 기억은 유용성과는 직접적인 관계가 없다. 이미지를 떠올리는 것은 어느 정도 여유가 있을 때 가능하다. 긴박한 자극에 대해서는 생각할 여유 없이 바로 반응해야 하기 때문이다. 그리고 난 다음에 지난 일을 반추할 여유가 생겼을 때 우리는 비로소 그때의 여러 상황을 이미지로 떠올린다.[48] 이미지 본연의 형태를 행동과 무관하게 떠올리는 행위는 유용성이라는 관점에서 벗어날 때 가능하다.[49] 그러므로 이미지-기억은 기억의 정신적 측면을 잘 드러낸다.[50]

요약해보면 습관 기억은 형성 과정에서 반복적 노력이나 때로는 어려운 훈련을 필요로 하지만, 이미지 기억은 그런 노력을 필요로 하지 않고 "지속의 매 순간에 잇따른다"(물질과 기억. 145). 그러나 습관 기억을 다시 작동시키기 위해서는 의지의 작은 충동만 있으면 되지만, 이미지 기억은 마음대로 떠올릴 수 없다. 즉 습관 기억은 어려운 노력에 의해 얻어지고 나의 의지에 의해 쉽게 상기되지만, 이미지 기억은 저절로 보존되고 변덕스럽게 재생된다. 이미지 기억의 본질은 반복 불가능한 날짜를 갖는다는 것이다. 그것을 떠올리기 위해서는 그것이 처음에 나타났던 형태 그대로, 다시 말하면 그것이 나타난 날짜와 더불어 상기해야 한다.[51]

---

47 황수영, 『물질과 기억, 시간의 지층을 탐험하는 이미지와 기억의 미학』, 137.
48 앞의 책, 136.
49 앞의 책, 136.
50 황수영, 『베르그손: 지속과 생명의 형이상학』, 82.
51 황수영, 『물질과 기억, 시간의 지층을 탐험하는 이미지와 기억의 미학』, 139.

(2) 물질과 정신의 접촉점으로서의 몸과 지각

① 물질과 정신의 관계와 몸

베르그손은 『물질과 기억』에서 과거를 현재 속으로 연장시켜 주는 기억의 운동을 통해서 물질과 정신이 서로 구별되면서도 또한 서로 접촉할 수 있다는 것[52]과 물질과 정신은 환원 불가능한 본성상의 차이를 지니면서도 구체적인 삶의 신체적 행위 속에서 서로 접촉할 수 있다는 것을 보여준다.[53]

데카르트의 〈심신이원론〉에 따르면, 정신과 물질은 각기 독립적인 실체로서 이원화된다. 우리의 정신은 공간을 차지하지 않으며 나누어질 수 없는 것으로서 사유하는 실체이고, 우리 바깥의 물질은 공간을 차지하며 나누어질 수 있는 연장적 실체이다. 신체는 이런 물질의 일부로서 엄밀한 수학적 법칙에 따르는 기계적인 자연 세계에 속한다. 따라서 우리의 정신과 우리의 신체는 본성상 서로 다른 세계에 속하는 것으로서 원리상 상호작용이 불가능할 수밖에 없다.[54]

물질은 기억력이 없는 '순간적인 의식'과 같아서 동일한 것을 '거의' 반복한다. 그래서 이전 상태와 이후 상태 사이에 질적 차이가 (아예 없지는 않지만) 거의 없다. 이전 것과 이후 것 상의 상호침투와 수축의 정도가 극히 미미해서 물질의 비결정성과 우연성은 거의 무시될 수 있고 거의 동질적인 순간들의 반복으로 간주될 수 있다. 반면 정신은 기억력의 강도에 따라 다양한 수준에서 질적 차이를 산출할 수 있다. 정신은 단일하고 정

52　김재희/ 베르그송, 『물질과 기억 - 반복과 차이의 운동』, 34.
53　앞의 책, 55.
54　앞의 책, 55-56.

적인 실재가 아니라, 의식과 무의식을 아우르며, 신체적 습관과 수준, 지적 노력의 수준, 꿈의 수준과 같은 상이한 수준들에서 끊임없이 움직이는 역동적인 실재이다.[55] 그러므로 심신이원론의 입장에서 물질과 정신은 질적으로 다른 독립적인 실체이다.

베르그손이 보기에, 심신이원론은 정신의 실재성을 인정하되 물질과의 관계를 해명할 수 없는 난관에 빠지고, 심신평행론은 물질과 정신의 관계를 해명하지 않고 남겨둔 것이나 마찬가지이며, 부대현상론은 궁극적으로 정신을 물질로 환원시켜 버린다. 특히 관념연합론은 정신을 일차원적인 빈 공간 속에서 부유하는 원자들의 관계로 접근하기 때문에, 불가분한 전체로서 수축·팽창하는 새로운 관념을 산출하는 역동적인 정신의 다차원성(정신적 수준들의 복수성)을 이해하지 못한다.[56]

그러므로 물질과 정신의 관계에 대한 베르그손의 해법은, 물질과 정신의 본성상 차이를 인정하는 이원론의 입장을 견지하되, 그 본성상 차이를 사유할 때, 그 차이와 간격이 뛰어넘을 수 있을 정도로 좁혀질 수 있는 차원, 즉 '공간이 아니라 지속의 차원에서 사유하는 것'이다. 변화와 운동과 시간의 흐름이라는 차원에서 보면, 물질과 정신은 모두 보편적인 지속의 흐름 안에 있으며, 다만 서로 다른 리듬과 속도로, 서로 다른 수준과 정도에서 지속한다는 차이를 지니게 된다. 특히 정신의 지속은 기억의 강도에 따라 무수히 많은 수준에서 상이한 리듬의 정도로 흘러갈 수 있고, 따라서 가장 낮은 수준에서의 정신이라면 물질과의 간격을 쉽게 뛰어넘어 접촉할 수 있는 것이다.[57]

---

55 김재희/베르그송,『물질과 기억 - 반복과 차이의 운동』, 79.
56 앞의 책, 57-58.
57 앞의 책, 73.

의식의 지속, 살아있는 신체의 지속, 물질의 지속이 각기 다른 속도와 리듬으로, 각기 다른 정도로, 질적 차이를 산출하며 지속한다. 특히 물질이 지속한다는 것은 물질에도 이전 상태와 이후 상태 사이에 질적 변화가 있고, 이로부터 예측 불가능한 것과 비결정적인 것의 출현이 가능하다는 것을 의미한다. 즉 물질의 연장성은 질적으로 변화하는 불가분한 연속체이기에 기계론적 결정론이 간주하듯이 기하학적 공간과 동일시되어 취급될 수 없다는 것이다.[58]

물질과 정신은 이원론이 생각하는 것처럼 서로 대립되는 실재라기보다는 이러한 보편적 지속 안에서 상이한 속도와 리듬으로 지속하는 존재론적으로 다른 수준의 실재에 해당한다.[59] 물질과 정신은 하나이면서 동시에 여럿인 질적 다양체로서의 지속 안에서 사유할 때[60] 정신과 물질은 만날 수 있는 가능성을 갖게 된다. 물질은 거의 자기 동일적으로 이전 상태를 반복하지만, 정신은 끊임없이 다양한 수준에서 자기 변신을 거듭하며 자기 차이화 한다. 따라서 정신은 기억의 강도가 가장 높은 수준에서는 물질과의 본성 차이를 드러내며 그 독자적 실재성을 보유할 수 있지만, 기억의 강도가 가장 낮은 수준에서는 물질의 수준까지 닿을 수 있다. 심지어 정신과 물질은 기억의 강도가 제로인 지점(순수 지각)에서 접촉할 수 있고 일치할 수도 있다.[61]

그러므로 베르그손은 물질과 정신의 관계를 해명하기 위해서 뇌를 포함한 신체의 기능과 역할에 주목한다.[62] 사람이 생각에 따라 몸을 자유

---

58 앞의 책, 78.
59 앞의 책, 80.
60 앞의 책, 80.
61 앞의 책, 80.
62 앞의 책, 59.

롭게 움직일 수 있는 것처럼 현실적으로 몸과 정신은 인과적으로 상호작용하기 때문이다. 베르그손에 의하면 신체는 우리 자신을 물질의 일부로 놓으면서 우리의 정신을 제한하여 물질과 관계 맺도록 하고, 다른 한편으로는 물질의 필연성을 극복하여 물질에 대한 우리 정신의 자유를 실현할 수 있게 하는 중요한 삶의 장치이다. 신체는 물체와 같은 단순한 기계가 아니라 물질적 실재와의 관계 속에서 정신의 자유를 제한하면서 동시에 실현시키는 매체로 작동하는 특징을 지닌다.[63] 그러므로 몸은 물질과 정신이 만나는 접촉점이다.

② 지각과 몸

우리의 몸은 자신의 관심에 따라 존재하는 대상들과 선택적으로 관계를 맺는다. 우리의 몸은 모든 자극들을 수용하는 것이 아니라 자신이 수용할 수 없는 것이나 관심이 없는 것을 제외하고 관심이 집중되는 것들만을 지각한다. 뿐만 아니라 나의 신체가 움직임에 따라 주위 이미지들의 크기, 형태, 색깔 등도 변화한다. 나의 신체와의 거리가 가까울수록 그래서 나의 신체와의 상호작용이 용이해 질수록 주위 이미지들은 더 분명하고 구별된 대상들로 펼쳐지는 반면, 거리가 멀수록 그래서 나의 신체와의 상호작용이 요원해질수록 그 이미지들은 불분명하고 잘 구별되지 않은 채로 펼쳐져 있게 된다. 그러니까 나의 신체라는 특수한 이미지를 둘러싸고 있는 이미지들은 그 이미지들에 대한 내 신체의 행동 가능성을 반영하며 그 영향력의 정도만큼 변화한다고 할 수 있다.[64]

몸이 외부에 존재하는 물체와 관계를 맺을 때 그것을 지각이라고 부

---

63 앞의 책, 59.
64 앞의 책, 92.

른다.[65] 지각은 관념론자나 실재론자가 상정하듯이 순수하게 인식적인 능력이 아니며, 살아 있는 신체로서의 생명체가 주어진 환경과의 상호작용 속에서 형성할 수밖에 없는 운동적 성향이다.[66] 한마디로 지각은 운동을 주고받는 이미지들 사이에서 행해지는 운동의 경향이지만, 아직 현실화되지 않은 잠재적인 운동이다.[67] 베르그손은 물질을 바로 이러한 의미에서의 이미지들, 그것도 끊임없이 운동하는 이미지들의 총체로 정의한다. 즉 물질은 비연장적인 것과 연장적인 것 사이의 실재로서 불가분한 연장성을 지닌 연속적인 전체라는 것이다. 뿐만 아니라 구체적 연장체로서의 이런 이미지는 정신이 가장 낮은 수준에서(즉 순수 지각의 수준에서) 물질과 접촉할 수 있는 표면이기도 하다.[68]

그러므로 지각은 몸과 물체 사이에서만 존재한다. 마치 매질을 통과하지 못하고 전반사하는 빛처럼, 외부 사물로부터 발산된 빛이 신체의 막에 걸려 다시 그 빛의 발산 지점이었던 사물 자신 위에서 현상할 때, 비로소 지각 이미지가 형성된다. 그러니까 지각 이미지는 뇌 안에서 뜨는 것이 아니라 뇌 바깥에 사물들이 있는 바로 거기에서 뜬다.[69] 이처럼 지각이란 우리 바깥에 있는 것이고, 따라서 물질 그 자체만큼 연장적인 것이다.[70]

---

65 황수영, 『물질과 기억, 시간의 지층을 탐험하는 이미지와 기억의 미학』, 63. 베르그손이 강조하고자 하는 것은 행동과 지각의 연관성이다. 지각(perception)이란 무엇인가? 가장 기초적인 인식행위이다. 무언가를 가까이 혹은 먼 곳에서 포착하고 그것의 형태나 크기, 색, 소리, 맛, 냄새와 감이 감각적인 동시에 지적인 정보를 획득하는 것이다. 지각과 감각의 차이는 감각이 단지 느낌의 차원에 머무르는 데 비해 지각은 그것의 인지적 의미를 파악하는 것이다. 가령 호랑이의 울음소리를 듣고 단지 그 큰 소리에 놀라는 것이 아니라 위험이 임박했다는 것을 감지하는 것이다.
66 김재희/ 베르그송, 『물질과 기억 - 반복과 차이의 운동』, 93.
67 앞의 책, 93.
68 앞의 책, 88.
69 앞의 책, 96-97.
70 앞의 책, 98.

신체와 외부에 존재하는 물체 사이에서 지각되는 이미지는 물질 이미지와 본성상 다른 것이 아니다. 그것은 이미지들의 세계에 무언가를 첨가함으로써 얻어지는 것이 아니라 단지 있는 전체에서 관심없는 것을 제거하고 남은 것일 뿐이다. 달리 말해, 받은 만큼 전달하는 것이 물질적 이미지들의 관계 양상이라고 한다면, 신체 이미지가 외부 사물로부터 수용한 자극에 즉각적으로 반응하지 않고 머뭇거릴 때, 즉 전달된 운동이 지연되고 있을 때, 이미지들의 현실적인 작용이 생명체라는 특수한 이미지의 여과기에 걸려서 즉각적으로 통과되지 못하고 부분적으로 거기에 남겨진 것이 바로 지각 이미지라고 할 수 있다.[71]

우리의 몸이 존재하는 실체를 의식하게 만드는 빛은 정신의 것이 아니라 오히려 물질의 것이다. 사물들은 자신들을 밝혀줄 어떠한 의식이 없이도 자신들의 빛으로 스스로 빛나고 있다. 물질적 우주 전체에 항상 전파되고 있었지만, 현상된 적이 없었던 빛이 살아있는 신체를 만나 걸러지면서 비로소 지각 이미지로 현상된다.[72] 그러니까 일반적인 이미지들이 투명한 빛으로서 가능적인 가시성의 세계 전체(아직 다 보지 못한 세계, 또는 결코 한꺼번에 다 볼 수 없는 세계)를 이루고 있다면, 지각된 이미지들은 이 전체로부터 부분적으로 현실화된 가시성의 세계(지금 보고 있는 세계, 현재 관심을 두고 있는 세계)를 이룬다고 할 수 있다.[73] 이것이 바로 '순수 지각'이다.

정신적인 요소를 모두 배제한 채, 오로지 물질과 물질의 운동만이 존재하는 이미지들의 차원에서 지각의 출현을 생각해 보았을 때, 순수 지각은 물질의 일부로서 물질 그 자체이다. 물질과 물질에 대한 지각 사이에

---

71 앞의 책, 96.
72 앞의 책, 96.
73 앞의 책, 97.

는 전체와 부분의 정도 차이만 있을 뿐이다.[74] 순수 지각은 정신의 측면에서 보자면 지각의 극단으로서 비개인적(impersonnel) 지각이다. 정신은 이 가장 낮은 수준의 비 개인적인 지각의 극단에서 물질과 접촉할 수 있다. 따라서 순수 지각은 인식의 객관적 토대를 보장한다. 관념론과 실재론의 대립에서처럼 주관적 표상과 객관적 실재 사이에는 절대적인 단절이나 간격이 있는 것이 아니다. 실제로 경험하는 지각은 이 순수 지각의 객관적 토대에다 기억이 덧붙여지면서 주관화되고 구체화된 것이다. 구체적인 지각은 한마디로 '기억에 물든 순수 지각'이다.[75]

물질 그 자체와 부분적이나마 절대적으로 일치하는 순수 지각을 구체적이고 현실적인 지각으로 만드는 것은 '순수 기억'이다. 순수 지각이 물질의 일부로써 우리 인식의 객관적 토대를 마련한다면, 순수 기억은 이 순수 지각을 물들이면서 경험과 인식을 주관화한다.[76] 이처럼 물질과 정신의 관계를 이미지로 파악할 때 극단적 수준에서 정신이 물질과 만날 수 있다.

우리의 정신은 지나온 삶의 과거 전체를 순수 기억으로 보존한다. 우리의 정신은 실천적 삶의 실용적 요구에 따라 이 순수 기억 속에서 필요한 기억을 선택하여 순수 지각과 결합한다. 정신의 심층인 순수 기억으로부터 온 기억 내용(기억 이미지)과 물질의 일부인 순수 지각(지각 이미지)이 결합함으로써 우리의 구체적인 경험이 성립한다.[77] 이처럼 기억의 관점에서 조명된 정신은 물질과 근본적으로 구분될 수 있을 뿐만 아니라 가장 낮은 수준에서(기억이 거의 빠져버린 순수한 지각의 수준에서) 물질과의 실제적

74 앞의 책, 97.
75 앞의 책, 98.
76 앞의 책, 103-104.
77 앞의 책, 104.

인 접촉도 가능할 수 있다. 따라서 '기억'으로서의 정신이야말로 물질과 정신 사이의 구분과 결합이, 즉 본성상 서로 다르면서도 또한 서로 접촉할 수 있는 관계의 본성이 드러날 수 있다.[78]

2) 정서의 형성과 기억의 확장

(1) 정서의 형성과 몸의 역할

베르그손에 의하면 모든 감각은 신체적 조건과 연관이 있다. 감각이나 노력은 모두 의식의 표면에서 일어나는 현상들이며, 운동이나 외부 대상의 지각과 항상 결합되는 현상들이다.[79] 그러므로 신체적 징후를 수반하지 않는 열정이나 욕망, 기쁨이나 슬픔은 거의 없다.[80] 그러므로 우리가 경험하는 모든 정서는 우리 몸에서 시작된다. 감정이나 감각은 현재의 상태를 알려주는 사변적인 이유에 의해서 발생되는 것이 아니라 행동의 필요에 의해서 생긴다.

베르그손은 쾌락의 감정과 불쾌의 감정을 분석하면서 고통이란 그것을 벗어나기 위해 운동하라는 명령이며 쾌락은 운동하지 못하게 사로잡힌 근육의 무기력이라고 설명하는데, 이는 감정이나 감각이 없다면 행동할 이유도 없다는 것을 명쾌하게 설명하고 있다. 감정이나 감각이 생겨나는 곳에는 행동의 필요성이 생겨나고, 감각이나 감정에 의해서 필요해진 행동은 항상 미래를 향해 열려 있다. 이렇게 볼 때, 사실 자유로운 행위

---

[78] 앞의 책, 103.
[79] 베르그손/ 최화 옮김, 『의식에 직접 주어진 것들에 관한 시론』(경기도: 아카넷, 2017), 25.
[80] 앞의 책, 40.

는 드물다. 우리의 일상적 행동은 끊임없이 움직이는 우리의 느낌들 자체에서 얻는다기보다는 그러한 느낌들이 붙어있는 의식 표피의 불변의 상으로부터 얻는다. 우리의 감정, 감각, 관념들이 기억 속에 응고되어 우리 행동의 기저를 형성하며 많은 경우 우리는 자동기계처럼 행동한다.[81]

베르그손은 다양한 심적 상태들을 두 종류로 구분한다. 하나는 근육적 감각처럼 의식의 표면에서 나타나는 현상들이고, 다른 하나는 내적 환희, 슬픔, 미적 감정, 정열과 같은 의식의 심층에서 일어나는 것들이다. 전자는 외적 원인들과 직접 관련되고 후자는 자족적인 것들이다.[82] 감각은 지각(知覺)에 따라서 의식에 나타나는 외계 대상인 표상적(表象的, representative) 감각과 의식의 내면에 나타나는 쾌락과 고통의 감각인 정조적(情調的, affectives) 감각으로 나눌 수 있다. 사람들은 감각을 외부 진동에 대응하는 내적 반향으로 보고 싶어 한다. 그러나 외부 진동은 겹칠 수 있는 공간적 운동이지만 감각은 전혀 비공간적인 심리상태이므로 전혀 공통점이 없다.[83]

① 표상적 감각

서양철학은 플라톤 이래로 존재의 참모습을 수학이나 논리학에서 흔히 나타나는 고정적이고 부동적인 본질의 세계에서 찾고 있다.[84] 플라톤은 일반관념과 개별적인 대상과의 관계를 이데아와 현실과의 관계로

81　앞의 책, 349-350.
82　황수영, 『베르그손: 지속과 생명의 형이상학』, 34. 심리 물리학자들이 전자에서 출발하여 외적 원인들의 양에 의해 의식 상태들을 양화 하려 한다면 베르그손은 후자에서 출발하여 의식 상태들이 양화 불가능한 질적 본성을 갖는다는 것을 보여주려 한다.
83　베르그손, 『시론』, 334.
84　황수영, 『베르그손: 지속과 생명의 형이상학』, 12.

신화적으로 설명[85]함으로써 운동과 변화를 수반하는 생명과 시간은 불완전한 현상 세계에 속하는 것으로 여겨졌다. 그러나 베르그손은 '정지가 존재'가 아니라 '운동이 존재'라는 철학으로 전환하였다.[86] 베르그손의 운동은 지속인데, 지속한다는 것은 자기 동일성을 잃지 않는다는 말이다. 그러므로 지속이란 운동하면서도 동시에 자기 자신임을 잃지 않는 운동[87]을 말한다. 우리는 움직임 속에서 스스로와 대상을 지속적으로 인식한다.

의식의 표면에 나타나는 현상인 이미지와 의식의 심층에서 일어나는 정념(情念)은 존재 방식이 다르다. 표상적 감각이란 내면에서 일어나는 반응이 없이 대상이 외부에 존재하는 방식을 의미한다. 그러나 존재하는 모든 것은 움직인다. 그러므로 우리는 외부에 존재하는 대상을 인식할 때는 존재하는 전부를 알 수 없고 순간적인 이미지의 형태로 인식할 수 있을 뿐이다. 지각이란 일반적으로 정신 속에서 감각 기관을 매개로 외적 자극을 받아들이거나 그것들에 대한 인식을 갖는 것, 또는 그 결과로서 나타난 것을 말한다. 이때 지각은 표상에 가까운 의미를 가진다.[88]

베르그손에 의하면, 우리의 표상은 그 자체로 실재의 단순한 반영이라기보다는 '인간적인 경험'을 형성하는 지각과 기억의 혼합물이다.[89] 의식적인 표상은 정신과 물질의 접촉면을 이룬다. 우리의 정신은 연속적이고 유동적인 물질적 실재 전체로부터 우리의 실천적 관심과 삶의 요구들에 따라 필요한 부분을 지각에 의해 잘라내고 기억으로 수축하여 부동화

---

85 황수영, 『물질과 기억, 시간의 지층을 탐험하는 이미지와 기억의 미학』, 228.
86 베르그손, 『의식에 직접 주어진 것들에 관한 시론』, 313.
87 앞의 책, 313.
88 황수영, 『베르그손: 지속과 생명의 형이상학』, 62.
89 김재희/ 베르그손, 앞의 책, 81.

된 표상을 얻는 것이다.[90]

베르그손은 표상을 이미지라는 말로 대체하여 사용한다. 이미지의 라틴어원인 이마고(imago)는 어떤 것을 닮거나 본뜬 상(像)이라는 의미의 에이콘(eikon)과 상상적 환영이나 기상이라는 의미의 판타스마(phantasma)를 다 함축하는 것으로서,[91] 근대 반성철학이나 현상학의 전통에서 이미지는 외부 대상을 반영하는 정신적 상으로서 '관념'이나 '표상'과 대체 가능한 것이었다.[92]

베르그손은 이미지 개념을 일단 실재론과 관념론을 매개하는 개념으로 사용한다. 그것은 심리학자나 철학자들에 의해 당대의 표상과 같은 의미로 사용되었으나, 베르그손은 이를 실재(특히 물질계)를 표현하는 가장 일반적인 용어로 쓰고 있다. 데카르트와 버클리에 대항하여 베르그손은 관념과 물질적 실체 이전에 이미지를 우리에게 나타나는 그대로의 세계에 대한 표현으로 사용한다. 즉 그것은 우리의 정신에 나타나는 어떤 것으로서 그 배후에 아무것도 가정하지 않는 물질적 실재이다.[93] 베르그손의 이미지는 기하학적 공간과 동일시되는 연장적이고 가분적인 물질, 그래서 비연장적이고 불가분한 정신과 절대적으로 대립하는 물질이 아니라, 불가분한 질적 연속체로서 구체적인 연장성을 지니고 지속하는 물질, 따라서 정신과 접촉할 수 있는 물질의 진정한 본성을 보여 주기 위한 개념적 장치다.[94] 즉 이미지는 우리의 지각에 나타난 대상의 구체적 특성들을 우리 방식으로 순간 속에서 파악한 것이다. 그것은 매 순간 변화하지만

---

90   앞의 책, 81.
91   앞의 책, 85.
92   앞의 책, 87.
93   황수영, 『베르그손: 지속과 생명의 형이상학』, 59.
94   김재희/베르그손, 앞의 책, 85.

상대적으로 안정되어 있으며 허상이나 환상은 아니다.[95] 그러나 이미지는 외부 세계에 존재하는 물질 그대로의 것이 아니라, 물질과 관념의 중간에 위치하는 것으로써 아직 적극적으로 규정할 수 있는 어떤 것이 아닌, 우리에게 나타난 대로의 세계의 모습이다. 우리는 생명, 정신, 물질 등을 구분하기 이전에 모든 존재자들을 이미지로 부를 수 있다.[96]

베르그손의 이미지들은 '나'의 감각 기관들을 통해서 지각되거나 지각되지 않거나 그 자체로 존재[97]하는 물질이다. 대상이든 거울에 비친 그것의 상이든 모든 표상은 모두 객관 세계에 속한다. 그러므로 우리가 정말로 우리 바깥의 이미지들의 세계에서 출발한다면 우리 안에서 형성된 표상도 우리가 만들어 낸 것이 아니라 역시 이미지들의 세계에 속한다는 것을 알 수 있다.[98] 가장 기초적인 인식행위인 지각은 자극에 대한 반응을 염두에 둘 때만 의미가 있다. 이렇게 볼 때 지각은 행동을 위한 정보의 취득이고 어떻게 보면 예비적 행동이라 볼 수 있다.[99] 지각과 행동은 접촉이라는 현상 속에서 일치한다.[100] 표상적 감각은 인식적 또는 지각적 특성을 가진 감각이며 외적 원인을 가장 잘 반영하고 있다.[101]

그런데 생명체인 나의 신체는 외부로부터 파악되는 이미지를 동시에 내부에서도 알 수 있게 한다. 밖에서 들어오는 자극은 내 안에서 감각이나 감정과 같은 정념적(affectif) 상태를 야기하는데, 이것은 이미지들 간의 기계적 작용에서는 생길 수 없는 새로움이다. 즉 내 신체는 우주라고

---

95   황수영,『물질과 기억, 시간의 지층을 탐험하는 이미지와 기억의 미학』, 59.
96   황수영,『베르그손: 지속과 생명의 형이상학』, 60.
97   김재희/ 베르그송, 앞의 책, 90.
98   황수영,『베르그손: 지속과 생명의 형이상학』, 89.
99   앞의 책, 64.
100 앞의 책, 64.
101 앞의 책, 38.

하는 이미지들의 전체에 진정으로 새로운 무언가를 산출한다.102 외부에서 볼 때도 내 신체는 다른 이미지들과 달리 받은 자극을 반응으로 되돌려주는 방식을 여러 가능성들 사이에서 어느 정도 선택하는 것처럼 보인다는 점에서 특별하다. 신체는 행동의 중심으로서 외부의 이미지들에게 자동적 과정 이외의 어떤 영향을 행사한다. 그런데 신체는 아무렇게나 행동을 선택하는 것은 아니다. 선택은 "주변의 이미지들로부터 이끌어낼 수 있는 다소간의 이점(利點)에 의해서" 이루어진다.103

이러한 고찰들로부터 정신과 신체는 지각 속에서 접촉한다는 것을 알 수 있다. 정신과 신체는 구별되지만 끊임없이 접촉하면서 소통하는 실재이기 때문이다. 지각은 신체를 통해 사물들에 접근하고, 그때 우리 의식(정신)은 순간들의 복수성을 하나의 유일한 직관 속에서 응축시키는 작업을 한다. 그러므로 물질과 정신은 동떨어져 있는 고정되고 분할된 실체가 아니다.104

② 정념적 감각

베르그손은 우리의 몸을 생명체의 기능이라는 관점에서 바라본다. 외부의 자극을 우리의 내면으로 받아들이는 신체는 진화선상에서 볼 때 '감각-운동능력'이다. 신체의 근본 기능인 신경계와 뇌는 본래부터 인식을 향한 것이 아니라 외적 자극을 수용(감각)하고 거기에 반응(운동)하는 것이 체계화된 것이다. 따라서 진화가 고도로 진행된 고등동물에서 신경계가 고도의 복잡성을 갖추게 되었다 하더라도 그것은 외적 세계에 좀 더 유

102 황수영, 『물질과 기억, 시간의 지층을 탐험하는 이미지와 기억의 미학』, 61.
103 앞의 책, 61.
104 황수영, 『베르그손: 지속과 생명의 형이상학』, 123.

용한 방식으로 반응할 것을 목표로 하는 생명체의 존재 방식을 나타낼 뿐이다.[105]

아메바와 같은 단순한 원형질의 덩어리에서 자극은 접촉이며 그것은 곧바로 거의 기계적인 반응으로 이어진다. 여기서 접촉은 수동인 동시에 능동 즉 촉각인 동시에 운동이다.[106] 하등동물이 주로 접촉에 의해 행동한다면 고등동물은 시각과 청각에 의해 삶을 영위한다. 시각과 청각은 동물에게 더 많은 행위의 선택지와 숙고할 시간을 준다.[107] 신체가 외적 대상들에 접근하거나 멀어짐에 따라 대상들의 차원, 형태, 색, 냄새, 소리 등이 변양된다. 그것은 대상과의 거리 자체가 내 신체의 작용이 대상에 미칠 수 있는 영향력의 범위를 지시하기 때문이다.[108] 이처럼 우리의 몸은 외부의 자극을 '분석'하고 행사할 운동을 '선택'한다.[109]

유기체는 외적 자극과 신체의 반응 사이에서 감각을 느끼는데, 유기체가 느끼는 감각 중에서 쾌, 불쾌의 감정적 특성이 강하게 개입되는 감각을 정념적 감각이라고 부른다. 이러한 정념적 감각은 "앞으로 일어날 자동적 반응에 대한 저항"이다. 유기체는 수동적 상태에서 자극을 받아들이고 이것이 야기할 자동적 운동을 따르기만 하는 것이 아니라 이 운동들을 능동적으로 선취하여 반응을 준비한다.

정념적 감각은 능동적 반응의 필요성을 알리는 특정한 신호이며 그 신호는 느껴진 감각 속에서 미래의 자동적 운동들의 윤곽을 미리 그려보

---

105 앞의 책, 65-66.
106 앞의 책, 66.
107 앞의 책, 66.
108 앞의 책, 61.
109 앞의 책, 67.

는 것이다. 따라서 그것은 유기체 자유의 표현이다.[110] 내 신체는 외부로부터 받은 작용에 기계적으로 반작용하는 것이 아니라 되돌려보낼 운동, 즉 반응을 선택한다는 의미에서 자유롭다고 할 수 있다. 지각과 정념들의 출현은 이러한 신체의 자발적 존재 방식과 긴밀한 관련을 맺고 있다.[111]

행동이란 시간 속에서 필연적으로 비결정적이다. 마찬가지로 지각도 선택지가 풍부한 공간 속에서는 비결정적이다.[112] 그러므로 정념적 감각은 신체에 일어났거나 일어나고 있는 일을 알려주기보다는, 일어나려는 일을 표현한다고 보는 것이 타당하다. 아무런 의식 없이 자동적으로 운동하는 수많은 유기체들에 비해 쾌락과 고통의 감각이 몇몇 특권적 존재들에서만 나타난다면, 그것은 그 존재들에게 자동적 반응이 아니라 자유로운 운동을 허용하기 위해서이다. 감각은 자유의 시작이다. 즉 쾌락과 고통의 감각은 우리 신체의 외부나 내부의, 이미 일어난 과거의 분자운동에 대한 번역이 아니라 미래로 향하는 행위의 자유로운 선택의 가능성에 의해 설명되어야 한다.[113]

우리는 신체의 물리적 법칙에 의해서 자동적으로 행동하는 기계가 아니라 다양한 선택이 가능한 자유로운 생명체인데, 자극과 반응 사이에서 발생하는 정념과 지각의 출현은 이러한 신체의 자발적 존재 방식과 긴밀한 관련을 맺고 있다.[114] 우리 몸에 자극을 주는 대상과 우리 신체 사이

---

110 앞의 책, 37. 황수영, 『물질과 기억, 시간의 지층을 탐험하는 이미지와 기억의 미학』, 111-112. 정념은 그 말의 정의상 외적 원인에 정확히 일치하지 않는 내적 감정을 의미한다. 어떤 생명체가 느끼는 고통이나 쾌락의 느낌은 기계적 물질관에서는 결코 설명할 수 없는 생명의 독특한 특징이기 때문에 이 우주에 진정으로 새로운 것을 덧붙이는 것이라고 말할 수 있다.
111 앞의 책, 61.
112 앞의 책, 66-67.
113 베르그손, 『시론』, 334.
114 황수영, 『베르그손: 지속과 생명의 형이상학』, 61.

의 거리가 감소하면 잠재적 행동은 더 실재적 행동으로 변형되려고 한다. 그런데 극단적으로 지각할 대상이 우리 신체와 일치하여 우리 신체가 지각 대상이 된다면 지각이 표현하게 될 것은 더 이상 잠재적 행동이 아니라 실제적 행동이다.115

정념의 독특성은 바로 여기서 나온다. 대상과의 거리가 제로일 때 신체는 그 물질성으로 인해, 대상의 작용을 단순히 반사하는 것이 아니라 그 일부는 '포획' 또는 '흡수'한다. 포획 또는 흡수라는 말은 대상의 적용에 대해 전혀 반응하지 못하고 수동적으로 그것을 받아들이는 작용을 말한다.116 신체는 자신을 해체시키려고 위협하는 외부 원인들의 영향에 저항한다. 바로 거기에 정념의 근원이 있을 것이다.

정념(情念, affection)이란 직접적 자극에서 오는 생리적 쾌와 불쾌(고통)의 감정이며, 의학적으로는 특히 신체적 고통의 느낌을 말한다.117 생명체

---

115 김재희/ 베르그송,『물질과 기억. 반복과 운동의 차이』, 202. 황수영,『베르그손: 지속과 생명의 형이상학』, 62. 지각이란 일반적으로 정신 속에서 감각 기관을 매개로 외적 자극을 받아들이거나 그것들에 대한 인식을 갖는 것, 또는 그 결과로서 나타난 것을 말한다. 이때 지각은 표상에 가까운 의미를 가진다. 표상은 정신 속에 나타난 지각의 결과이며 그것을 대상의 순수한 복사물이라고 보는 것은 경험론적 입장이라 할 수 있고 주관의 능동적 작용을 강조하는 것은 관념론적 입장이다. 지각 표상의 형성에는 시각이 우세한 위치를 차지하며, 다음으로 촉각, 청각, 미각, 후각에 의해서도 정도에 따라 외적 대상에 대한 인식 표상을 가질 수 있다.
116 황수영,『물질과 기억, 시간의 지층을 탐험하는 이미지와 기억의 미학』, 119.
117 황수영,『베르그손: 지속과 생명의 형이상학』, 74. 황수영,『물질과 기억, 시간의 지층을 탐험하는 이미지와 기억의 미학』, 107. 우선 정념(affection)이라는 조금 생소한 말의 의미부터 알아두자. 이 말의 기원은 우리가 잘 알고 있는 고대 그리스 '파토스'(pathos)라는 말이다. 파토스는 어떤 이유로 일어났든 간에 우리 내면에서 소용돌이치면서 우리를 사로잡는 모든 종류의 감정을 일컫는다. 그것은 영어나 프랑스어에서는 'passion'이라는 말로 이어지는데, 현대에서는 이것을 '정열'이라고 번역한다. 그러나 고대와 근대에 이 단어는 오늘날 사용되는 정열이라는 말보다 훨씬 넓은 '정념'이라는 뜻을 가지고 있었다(107). 데까르뜨의『정념론』(Les passions de l'âme)에서 그것은 신체를 통해 들어오는 외적 자극으로 인해 영혼이 겪는 감정들, 특히 기쁨이나 고통을 말한다. 이 감정들은 완전히 수동적인 것이기 때문에 우리가 마음대로 조절할 수 없다는 특징을 가지고 있다. 특히 순수하게 정신적인 감정보다 육체적 고통이 더욱더 그렇다(107).

는 순수한 정신이 아니라 현실적 대상들과 상호 작용하는 존재인데, 그것은 외부의 노출된 위험에 저항하면서 외적 대상들의 작용들을 단지 반사할 뿐만 아니라 거기서 무언가를 흡수한다. 지각이 신체의 반사적 능력의 척도라면 정념은 신체의 흡수하는 능력의 척도이다.[118] 이는 항상, 나의 지각은 내 신체 바깥에 있고, 반대로 나의 정념은 내 신체 안에 있다는 것을 뜻한다. 외부 대상들이 자신들이 있는 바로 그곳에서, 즉 내 안에서가 아니라 그것들 안에서, 나에 의해 지각되듯이, 나의 정념적 상태들 역시 그것들이 산출되는 곳에서, 즉 내 신체의 정해진 한 지점에서 느껴진다.[119]

지각과 정념은 본성적으로 차이가 있다. 지각은 사실 자체와 관련이 있지만, 정념은 의식으로부터 자발적으로 나오는 것이 아니라 우리 신체가 이미지들의 접촉에서 겪는 필연적인 변양들이기 때문이다.[120] 지각은 우리 신체에 외재적이며 정념은 내재적이다. 그러나 현실적으로는 지각과 정념은 섞여 있다. 동일한 외적 원인들이 지각과 정념을 동시에 산출하기 때문이다.[121]

(2) 기억의 확장과 의식의 현재화

① 기억의 확장

베르그손의 철학은 설령 지상의 모든 시계 바늘이 멈춰 선다 해도 '시간은 끊임없이 흘러간다'라는 실재적 사실에 대한 놀라운 인식으로부

---

118 앞의 책, 75.
119 김재희/ 베르그송, 『물질과 기억. 반복과 운동의 차이』, 203.
120 황수영, 『베르그손: 지속과 생명의 형이상학』, 77.
121 앞의 책, 76.

터 출발한다.[122] 시간은 끊임없이 흐르고, 흐르는 시간 속에서 우리가 경험한 사건들은 우리의 기억 속에서 소멸하지 않고 남아 있다. 과거는 그 자체로 보존되고 자신의 어느 것도 잃어버리지 않는다. 그것은 현재의 옆에서 숨 쉬고 있다. 바로 우리 옆에 존재하는 모든 것들, 그 내부의 지층들에서 과거는 자신의 흔적을 드러낸다. 그것은 나의 습관 속에, 성격 속에, 역사 속에, 본능 속에, 기억 속에서 모습을 나타낸다.[123]

우리 의식에 가장 직접적으로 주어진 의식 자신의 본성에서 파악된 '순수 지속'은 서로 구별되는(세어질 수 있는) 등질적 요소들의 동시적인 병치와 공존을 나타내는 공간표상에 의해 물든 시간, 그래서 누구에게나 동질적으로 주어지고 또 등질적으로 나눠질 수 있는 텅 빈 형식으로서의 공간화된 시간이 아니라, 이질적인 요소들의 상호 침투와 유기적인 조직화에 의한 질적 변화의 불가분한 연속성으로 나타나는 시간이다. 그런데 이 '순수 지속'은 과거와 현재를 구별하지 않은 내적 의식 속에서 추상된 의식의 시간이다.[124] 그리고 이 지속은 불가분한 연속성 안에서 일어나는 기억의 수축-팽창 운동을 통해서 과거와 현재의 탈자적인 분리와 재결합의 구조를 보여준다.[125]

사실 이 모든 운동은 항상 필연적으로 타자화하는 과정을 수반한다. 운동을 했는데 변하지 않았다는 것은 운동을 하지 않았다는 말과 같기 때문이다. 그러나 지속은 그러한 타자화에도 불구하고 자기 동일성을 잃지 않는 운동이다.[126] 그런 일이 가능한 까닭은 모든 운동은 어느 정도는 지

---

122 김재희, "베르그손의 기억 개념과 시간의 역설에 대하여", 158.
123 황수영, 『물질과 기억, 시간의 지층을 탐험하는 이미지와 기억의 미학』, 8.
124 김재희, "베르그손의 기억 개념과 시간의 역설에 대하여", 158.
125 앞의 논문, 158.
126 베르그손, 『시론』, 314.

속이기 때문이다.127 그러나 진정으로 지속하는 것은, 종국에 가서는 자기 자신임을 잃어버리는 물질적 지속을 넘어서서 한사코 자기 동일성을 버리지 않고, 운동했음에도 불구하고 계속해서 자기 자신임을 유지하는 것이다. 그것은 플라톤이 〈완벽한 존재〉 또는 〈능동자〉라 부르고 베르그손이 생명 또는 순수 지속이라 부른 것으로, 물질과 만나서 물질 속에서 자신을 구현하는 것이기는 하지만, 타자화의 필연적 법칙이 지배하는 물질을 극복하고 거기에 비결정성을 부여하는 것이다.128 그러므로 지속과 운동은 정신적 종합이지 사물이 아니다.129

지속은 기억의 지속이고 지속하는 기억은 의식이라고 말할 수 있다. 이 의식이 기억일 수밖에 없는 것은 과거에 대한 경험을 보존하여 현재의 상황에 적절한 행동으로 이용함으로써 미래를 준비해 나가야 할 생명체의 자연적 필연성에서 요구되는 것이다. 따라서 이 기억의 시간성은 생명체와 같은 "동일하면서도 동시에 변화하는 존재"의 시간성이며, 구체적인 삶의 시간성이다.130 그러므로 베르그손의 기억은 "의식과 외연이 같은(coextensive)" 것으로서 무엇보다 '삶에 주의(l'attention à la vie)'하는 지성적 의식의 본성이자 "미래를 겨냥하여 행해지는 과거와 현재의 원초적인 종합"으로 정의되는 것이다.131

베르그손은 현재와 결합되지 않은 순수한 과거의 기억을 '순수 기억'이라고 정의한다. 순수 기억은 어디까지나 나의 과거, 체험된 내 경험 전체의 내면화이고 내 과거의 개별성과 원본성을 결코 잃지 않는 기억이

---

127 앞의 책, 314.
128 앞의 책, 314.
129 앞의 책, 343.
130 김재희, "베르그송의 기억 개념과 시간의 역설에 대하여", 159.
131 앞의 논문, 160.

다.¹³² 순수 기억은 완성된 형상들로 존재하는 것이 아니라 다양한 형상들을 산출한 잠재성으로 존재한다.¹³³ 순수 기억은 어떤 종류의 이미지라기보다는, 다수의 이미지들이 서로 침투하며 어떤 하나의 총체를 형성하는 운동, 과정, 경향이다. 이 경향은 현재를 앞질러 모든 미래들의 미래에 위치하여 현재를 돌이킬 수 없이 종료된 것으로 만들려는 경향이면서, 바로 그렇기에 매 순간, 있어 왔던 것들과 현재 새롭게 도래한 것을 종합하여 어떤 닫힌 유기적 총체성을 형성하려는 경향이다.¹³⁴ 그러므로 순수 기억은 어떤 형이상학적인 실체, 경험적으로는 접근 불가능한 우리 의식의 존재론적 토대가 아니다. 그것은 물론 우리 의식의 바탕을 이루는 경향들, 힘들의 근본적인 갈등적 결합체인 동시에, 우리 의식의 변화에 의해 끊임없이 변형되는 우리 의식의 일부이다.¹³⁵

내 삶의 흔적인 과거는 지워지지 않으며 내가 움직이는 곳마다 그림자처럼 내 뒤에 드리워져 있다. 베르그손에 의하면, 과거는 오히려 잠재력이다. 그것도 그 자체로 고정 불변한 것이 아니라 삶이 지속될수록 커져가는 잠재력이다.¹³⁶

② 의식의 현재화

경험론자들과 마찬가지로 베르그손은 감각 또는 지각이 우리를 자극한 다음 시간이 지나 의식에 남은 것이 기억이라고 본다.¹³⁷ 그러므로

---

132 앞의 논문, 165.
133 앞의 논문, 165.
134 주재형, "베르그손의 순수 기억의 존재 양태에 대하여", 170.
135 앞의 논문, 172.
136 김재희, "베르그송의 기억 개념과 시간의 역설에 대하여", 176.
137 황수영, 『물질과 기억, 시간의 지층을 탐험하는 이미지와 기억의 미학』, 95.

기억은 과거에 대한 것이다. 그러나 과거는 사라지지 않고 현재로 '연장된다(prolongé).'[138] 그리고 과거를 현재 속으로 연장시키는 것은 기억이다.[139]

의식 존재인 내가 참여하고 느끼는 시간은 언제나 일정한 지속을 점하면서 연속되기 때문에 거기서는 과거와 현재, 미래가 수학적으로 구분되는 순간들이 아니다.[140] 그러므로 시간은 연속으로 흘러가는 형식으로 파악하기보다는 본질적으로 시간의 내용과 연결해서 보아야 한다. 그리고 시간의 내용에 대한 고려는 과거가 현재에 가하는 본질적이고 구성적인 영향을 고려해야 한다는 점, 따라서 현재를 중심으로 한 파지와 예지를 넘어 과거의 지속, 과거의 연장을 사유해야 한다는 점을 의미한다. 시간은 과거가 현재로 연장되는 연속적 통일체이며, 이 통일체는 매 순간 변화하며 다수의 계열체들을 형성하지만 이 변화의 리듬은 순차적으로 다가오는 현재 순간들이라는 형식적 진행에 종속되어 있지 않다.[141]

기억 속에서 과거와 현재는 항상 함께 존재한다. 베르그손은 과거를 보존하여 현재 안으로 연장하는 것을 과거가 수축한다고 말한다.[142] 즉 우리가 현재 무언가를 지각한다는 것은 사실 수축된 과거를 지각한다는 것과 같다.[143] 과거 그 자체는 개별적인 과거의 기억들이 수많은 원자들처럼 병렬되어 있거나 자루 같은 것 속에 마구잡이로 쌓여 있는 것이 아니다. 순수 기억은 각기 다른 '지배적인 기억들'을 중심으로, 각기 다른 '체계

---

138 주재형, "베르그손의 지속 개념에 대한 재고찰",「철학」(제149집, 2016), 123.
139 김재희/ 베르그송,『물질과 기억 - 반복과 차이의 운동』, 265.
140 황수영,『물질과 기억, 시간의 지층을 탐험하는 이미지와 기억의 미학』, 209.
141 주재형, "베르그손의 지속 개념에 대한 재고찰", 137.
142 김재희,『물질과 기억 - 반복과 차이의 운동』, 141.
143 앞의 책, 143.

화'를 통해서, 각기 다른 수준들에서, 우리의 지나간 삶 '전체'를 반복하면서 보존하고 있는 것이다.[144]

순수 기억은 "우리 안의 과거", "우리 안에 있는 도달 불가능한 과거의 즉자태"로서 우리 안에서 우리가 어찌할 수 없는 절대성[145]인데, 현재를 해석하고 이해하게 하는 일종의 앎으로서 현재의 삶을 새롭게 창조하는데 유용하게 작동한다.[146]

'나의 현재'는 삶의 행위에 주의하고 있는 내 의식의 현실적 상태지만,[147] 삶에 주의하는 긴장된 정신의 노력은 마주친 대상에 주의를 집중해서 분별해야 할 현실적 필요성에 직면하게 된다. 이때 대상에 대한 판명(判明)한 인식을 하기 위하여 기본적으로 외부 대상으로부터 온 지각에다가 내부의 순수 기억으로부터 떠오른 기억을 결합하게 된다. 이처럼 과거의 기억을 상기하는 과정은 순수 기억인 잠재성이 의식의 표면으로 현실화하는 과정이다.[148]

기억이 현실화되는 운동을 좀 더 세분해보면 다음과 같이 두 가지로 나타난다. 하나는 기억 전체가 수축되면서 경험 앞으로 나아가는 수직적 '병진운동(translation)'이고, 다른 하나는 기억의 각 평면들이 자기 자신 위에서 수평적으로 행하는 '회전운동(rotation)'이다. 각 평면은 회전운동을 하면서 현재 상황에 가장 유용한 측면을 찾아낸다. 병진운동과 회전운동이라는 표현은 일종의 상징이지만 그 핵심은 기억 전체가 현재의 호출에 응답한다는 것이다. 기억은 언제나 전체로 작용하기 때문에 아래로 내려

---

144 김재희, "베르그송의 기억 개념과 시간의 역설에 대하여", 166.
145 앞의 논문, 165.
146 앞의 논문, 166.
147 앞의 논문, 167.
148 앞의 논문, 167.

오면서(현실화되면서) 그 전체가 수축될 수 밖에 없다.[149] 순수 기억은 팽창될수록 지나간 삶의 고유한 실존적 체험 전체에 가까워지고, 수축될수록 일상적이고 평범한 행동에 가까워진다.[150]

  잠재적인 순수 기억에서부터 물질과 접촉하는 순수 지각에 이르기까지 우리의 심리적 삶은 지속하는 것으로서 연속적이다. 그러나 과거의 기억과 현재의 지각 사이의 이런 연속성은 이전과 이후의 선형적 연속성이 아니라 '상호침투'에 의한 '동 시간적인 공존'에 의해 성립하는 것이다.[151] 이처럼 정신은 과거 자체를 맹목적으로 반복하지 않고 현재와 과거가 상호 침투하여 과거의 현재화를 통하여 차이를 산출하는 과정을 만든다.

2. 지속과 분별

1) 지속으로서의 시간

  생을 종단면으로 잘라보면 매 순간 먼저 없던 것이 나중에 나타나는 새로운 것의 '창조'이지만, 횡단면으로 잘라보면 그 창조가 처음부터 끝

---

149 황수영,『물질과 기억, 시간의 지층을 탐험하는 이미지와 기억의 미학』, 242. 김재희, "베르그송의 기억 개념과 시간의 역설에 대하여", 168. 순수 기억은 병진운동(translation)과 순환운동(rotation)이 동시에 일어나면서 현실화한다. 병진운동이란, 과거 전체가 나누어지지 않고 수축하면서 현재의 경험 앞으로 이동하는 운동이다. 이때 현실화하고자 하는 것은 나름의 지배적 기억들을 중심으로 수축되어 있는 어떤 수준에서의 과거이다. … 순환 운동이란 이 선택된 과거의 수준이 주어진 상황에 가장 유용한 측면을 제시하는 운동, 즉 현재의 감각-운동 체계가 수용하고자 하는 기억만을 기억 이미지로 현실화하도록 선택하는 운동이다.
150 김재희/ 베르그송,『물질과 기억 - 반복과 차이의 운동』, 113.
151 김재희, "베르그송의 기억 개념과 시간의 역설에 대하여", 171-172.

까지 이어져서 자기 동일성을 유지하는 '진화'라는 것이다. 생은 결국 끊임없이 자신임을 떠맡으면서, 이미 자신을 넘어서 있는 존재자이다.[152]

시간은 실재하는 것의 모습이며 연속적 변화이자 생성이고, 그것은 매 순간 질적 전체성을 이룬다. 그런데 질적 변화의 모습은 의식 상태들의 지속 속에서 가장 강렬하게 느낄 수 있다. 일반적으로 의식 상태들은 감각, 관념, 감정, 의지, 지성 등의 작용에 따라 내용에 질적인 차이가 있으며 생리적 자극에서 추상적 사고에 이르기까지 다양한 형태의 기쁨과 고통을 나타낸다.[153] 실재적 시간은 구체적 변화 속에서 느껴지는 시간이다. 변화가 없다면 시간의 흐름을 감지할 수 없을 것이다.[154] 그리고 질적인 시간 의식을 느끼기 위해서는 의식의 가장 심층적인 단계로 들어갈 수 있어야 한다.[155] 그러므로 시간은 단순 반복이 아니라 질적 변화를 거듭하면서 앞으로 진행한다. 시간은 과거의 순간과 현재의 순간이 절대적으로 단절되지 않으면서 과거가 현재 안으로 연장된다.[156]

시간은 시간 속에서 '연달아 일어난(successive)' 의식 상태들이 병렬적으로 늘어서 있는 일직선의 방식으로 지속하는 것이 아니라 그 구성 요소들을 따로 말할 수 없을 정도로 불가분적으로 '상호침투(l' interpénétration)'하면서 지속하고 있다. "의식 사실들은 연달아 나타난다고 할지라도 상호침투하고, 그것들의 가장 단순한 것에도 영혼 전체가 반영된다"[157]고 베르그손은 말한다. 시간의 지속은 과거와 현재의 단순한 병치가 아니다.

---

152 베르그손, 『시론』, 315.
153 황수영, 『베르그손: 지속과 생명의 형이상학』, 43.
154 앞의 책, 43.
155 앞의 책, 44.
156 김재희/ 베르그손, 『물질과 기억 - 반복과 차이의 운동』, 139.
157 황수영, 『베르그손: 지속과 생명의 형이상학』, 44.

지속은 과거가 아니라 과거를 현재 속에 품고 있는 현재이기 때문이다. 그러므로 지속은 '과거와 현재의 융합'보다는 '과거와 현재의 응축'으로 이해된다.[158] 지속의 관점에서 바라본 시간은 과거, 현재, 미래라는 시간의 세 차원이 분리 불가능성을 보여준다.[159]

과거는 그 효력이 이미 다 소진되어 사라진 무용한 것이 아니다. 과거는 잠재적인 무의식으로 정신의 심층에 존속하고 있으며, 현재와 항상 동시적으로 공존하면서 현재의 질적 변화와 이행의 가능 근거가 되고 있다. 현재는 과거로 이행하지만, 동시에 과거는 현재로 현실화하면서 예측 불가능한 미래를 개방한다.[160]

현재는 과거와 미래를 가르는 추상적인 경계로서 결코 기하학적인 점과 같이 단순한 순간이 아니다. 현재는 과거를 향하여 팽창함과 동시에 미래를 향하여 수축하는 기억의 이중 운동이 현실화되는 지점으로서 지속의 두께를 갖는다. 이 두께야말로 과거의 가장 수축된 극단으로서의 현재, 또는 과거와 공존하고 있는 현재, 또는 항상 잠재적인 자신의 그림자와 더불어 있는 현재라는 '순간'의 질적 성격을 말해준다. 따라서 현재는 그 자체로 이질적인 복합물이며 순수하게 부동적인 존재가 아니라 끊임없이 양방향으로 분열하며 흐른다.[161] 현재는 과거, 미래와 함께 시간의 세 계기, 세 차원 중 하나에 지나지 않는 것이 아니다. 오히려 현재는 과거, 미래가 존재하기 위한 공통의 지평이다. 과거와 미래는 현재라는 중심점 주위로 모여든다. 처음에, 현재는 시간의 한 차원에 불과한 것처럼 보였지만, 시간 자체를 구성하는 과거, 현재, 미래의 차이들이 존재하는

---

158 박종원, "베르그손 철학에 있어서의 의식의 의미," 158.
159 주재형, "베르그손의 지속 개념에 대한 재고찰", 115.
160 김재희/ 베르그송, 『물질과 기억 - 반복과 차이의 운동』, 160.
161 김재희, "베르그송의 기억 개념과 시간의 역설에 대하여", 174.

어떤 내재적 지평이나 장이 된다.[162]

나의 현재는 나의 과거와 나의 미래를 동시에 잠식한다. 현재는 먼저 과거를 잠식하는데, 그 이유는 현재와 관련될 수 있는 과거의 순간은 이미 나로부터 멀리 있기 때문이다. 그것은 또한 나의 미래를 잠식하는데, 현재 순간은 미래를 향하고 있기 때문이다. 내가 지향하는 것이 미래이며, 만일 내가 불가분한 현재를 고정할 수 있다면, 현재 시간은 미래의 방향을 보여줄 것이기 때문이다. 따라서 내가 〈나의 현재〉라고 부르는 심리적 상태는 직접적인 과거의 지각이면서 동시에 직접적인 미래의 결정이다.[163] 나의 의식이 구체적으로 체험하고 있는 실재적인 나의 현재는 직전의 과거인 동시에 임박한 미래의 결정이다. '직전의 과거'란 지각된 것으로서 물질적 요소들의 연속적인 진동들에 대한 감각이며, '임박한 미래'란 지각에 의해 결정되는 행동이다. 따라서 나의 현재는 직전의 과거를 미래의 행동으로 연장하는 불가분한 순간인 셈이다.[164] 지각되는 한에서, 직접적인 과거란 감각이다. 왜냐하면 모든 감각은 요소적 진동들의 매우 긴 연속을 표현하기 때문이다. 그리고 직접적인 미래란, 결정되는 한에서, 행동 또는 운동이다. 따라서 나의 현재는 감각인 동시에 운동이다. 그리고 나의 현재가 하나의 불가분적 전체를 형성하기 때문에, 이 운동은 이 감각에서 기인하며 이것을 행동으로 연장해야 한다.[165]

지속하는 현재는 매 순간 과거와 미래로 동시에 분열한다. 연속적인 질적 변화로 의식에 현전(現前)하던 내적 지속은 이제 현재로부터 과거로 내면화되면서 기억의 총체를 부풀림과 동시에 과거로부터 현재를 통해

---

162 주재형, "베르그손의 지속 개념에 대한 재고찰", 125.
163 김재희/ 베르그송, 앞의 책, 229-230.
164 앞의 책, 121-122.
165 앞의 책, 230.

미래로 나아가는 구조를 갖는다. 신체를 통해서 물질적 세계와 상호작용하며 삶을 살아가는 의식적 존재자는 매 순간 현재로부터 과거로 거슬러 올라가는 '해석의 운동'이면서 동시에 과거로부터 미래로 나아가는 '창조의 운동'인 기억의 이중 운동 속에서 산다. 이 기억의 이중 운동 속에서 시간은 두루마리처럼 감기면서 동시에 풀려나간다. 기억의 시간은 끊임없이 자기 자신을 펼치면서 자기 자신으로 복귀하는 과거의 시간이자 매 순간 과거와 미래를 향하여 분열하는 현재의 시간이다.[166]

모든 현재 순간은 어디까지 이어져 있을지 알 수 없는 과거의 순간들과 불가분의 연속적 통일체를 이루고 있다.[167] 과거와 현재의 동시적 공존은 현재를 과거와 미래로 양분되는 생성의 지점으로 만든다. 현재의 끊임없는 과거로의 이행과 과거로의 침투를 통한 질적 변화는 과거의 잠재성을 부풀리면서 동시에 비결정적인 미래를 열어놓는다.[168] 과거와 현재는 선형적으로 연속하는 것이 아니라, 분열과 종합의 이중 관계 속에서 동시적으로 공존한다. 이런 시간 양상을 현재의 관점에서 보자면, 현재는 한편으로 잠재적인 과거 전체를 향하여 회귀하면서 동시에 다른 한편으로는 과거 전체의 가장 수축된 수준으로서 미래를 향해 돌진하며, 끊임없이 과거와 미래 양방향으로 분열한다.[169] 그러므로 베르그손의 기억 개념에 근거한 시간은 운명적으로 결정되지 않는 삶, 부단히 변화하는 열린 미래의 삶을 긍정할 수 있게 한다.[170]

현재란 존재하는 것이 아니라 지금 생성되는 것이다. 만일 현재를

---

166 김재희, "베르그송의 기억 개념과 시간의 역설에 대하여", 174-175.
167 주재형, "베르그송의 지속 개념에 대한 재고찰", 127.
168 김재희/ 베르그송, 『물질과 기억 - 반복과 차이의 운동』, 160.
169 앞의 책, 125.
170 앞의 책, 161

과거와 미래를 분리하는 불가분한 경계로 이해한다면, 있어야 할 현재는 아직 없다. 그리고 우리가 그것을 인식했을 때 현재는 이미 과거인 것이다.[171] 현재란 단순히 생성되는 것인데 사람들은 현재를 있는 것이라 정의한다. 현재가 과거와 미래를 구분하는 불가분적 한계라면 모든 것은 현재로 구성될 것이다. 즉 과거는 지나간 현재, 미래는 다가올 현재가 될 것이고 현재야말로 시간의 근본적 단위가 될 것이다. 그러나 구체적 현재는 대부분 근접 과거로 이루어진다. 현재란 미래를 잠식하는 과거의 포착되지 않는 전진이자 흐름이다.[172]

2) 기억의 현재화와 정서의 분별(再認)

(1) 기억의 현재화와 자유

인과론이나 기계론에 따르면 물질은 법칙에 따라 필연적으로 움직인다. 그러므로 기계론적인 물질의 미래 상태는 이미 현재의 상태 속에 다 결정되어 있으므로 예측이 가능하다.[173] 결정론도 마찬가지인데, 자아가 어떤 것을 선택했다면 그럴만한 필연적 이유가 있었기 때문이며 그렇다면 다른 길이 열려 있어도 소용이 없다는 것이다.[174] 그러므로 인과론과 기계론, 그리고 결정론에 있어서 미래는 선택의 여지가 없이 확정적이다.

그러나 베르그손의 기억 이론에 의하면 확정된 미래는 없다. 현재는

---

171 앞의 책, 236.
172 황수영, 『베르그손: 지속과 생명의 형이상학』, 109-110.
173 김재희/ 베르그송, 앞의 책, 75.
174 황수영, 『베르그손: 지속과 생명의 형이상학』, 55.

과거가 되지만, 동시에 현재의 현실적 필요에 의해 과거는 수축하여 현재로 현실화하면서 예측 불가능한 미래를 생성하기 때문이다. 기억의 힘은 단순히 과거를 반복하고 재현하는데 있는 것이 아니라 적절한 망각과 선별을 거쳐 과거를 현실화함으로써 현재를 변화시키는 창조성에 있다. 과거를 수축하여 현재로 연장하는 기억의 강도에 따라 과거 전체는 상이한 정신적 수준에서 반복되면서 현재적 삶의 질적 변화를 산출한다.[175]

시간의 고유한 특성은 흐른다는 것이다. 흘러간 시간은 과거이고 흐르는 시간은 현재이다. 그러나 과거와 미래를 가르는 이상적 현재가 있을지 모르지만 구체적이고 체험된 현재는 필연적으로 어떤 지속을 점유한다. 이 지속은 이상적 현재의 이편과 저편에 동시에 있다.[176]

무의식적인 과거는 잠재적인 존재로만 머무르는 것이 아니다. 과거는 항상 현실화됨으로써 현재를 새롭게 생성한다. 순수 기억은 의식의 배후에서 잠재적인 상태로 존속하다가 필요한 경우에는 기억 이미지의 형태로 의식 속에 현실화되어 현재의 지각 경험을 완성한다.[177]

지각 이미지를 물들여 주관화시키는 기억 이미지는 두 가지의 조건 아래서 생성되는데, 첫째는 현재 지각된 대상들로부터 제기되는 문제들, 과거의 기억을 불러내어야만 하는 현재 상황의 어떤 필요나 요구가 있을 때이고, 다음은 항상 외부 세계와 접하고 있으면서 현재의 삶에 주의하고 있는 의식이 현재로부터 '주의를 돌려' 과거 안으로 '단번에 도약'해 들어가 거기서 적절한 기억을 찾는 작업이 진행될 때이다.[178] 과거 기억이 변덕스럽게 나타났다 사라지는 것은 현재의 의식이 매 순간 그것을 이용

---

175 김재희/ 베르그송, 앞의 책, 164.
176 황수영, 『베르그손: 지속과 생명의 형이상학』, 105.
177 김재희/ 베르그송, 앞의 책, 123.
178 앞의 책, 112.

하고 나머지는 순간적으로 거부하기 때문이다. 현재적 의식은 공간 속의 지각 대상에 주목하기 때문에 이에 맞도록 기억들을 떠올린다.[179]

우리는 새로운 환경에 적응하기 위한 노력 속에서 보존된 기억들을 감관들의 현재적 작용에 투사하는 노력을 "삶에의 주의 집중"이라고 말한다.[180] 이처럼 어떤 대상에 주의를 기울인다는 것은 대상에 대한 지각을 완성하기 위해서, 그 대상을 알아보기 위해서, 기억들을 규칙적으로 개입시키는 과정이다.[181] 의식은 어떤 수준에서의 과거 전체 안에 '주의'를 증가시킴으로써 개별적 기억들을 분별해낸다. 선택된 개별 기억은 이미지로 현실화하면서 현재의 지각 이미지와 '융합'하게 된다. 이렇게 해서 지각 대상 그 자체 속에 없던 새로운 것이 덧붙여지면서 현재의 지각은 새롭게 창조된다.[182]

베르그손은 우리가 보는 세상은 각자 자신의 보는 역량에 따라서 더 잘 보거나 덜 보거나 할 수 있어서 우리는 모두 세상을 다양한 정도로 경험할 수 있다고 주장한다.[183] 그러므로 세상을 더 정확하게 경험하고 분별하기 위해서는 주의를 기울여 삶을 숙고하여야 한다. 삶에 대한 주의가 약해지면 이미지들은 자리 잡을 곳을 찾지 못해 정신 속에서 부유하게 된다. 주의가 삶에서 풀려나면 신체의 감각-운동적 긴장도 흩어진다. 베르그손은 이것을 정신적 균형의 파괴로 본다. 수면이나 꿈, 정신착란과 같은 현상은 주의가 풀어짐에 따라 나타나는 현상들이다.[184] 그러므로 "삶

179　황수영, 『베르그손: 지속과 생명의 형이상학』, 108.
180　박종원, "베르그손 철학에 있어서의 의식의 의미", 156.
181　김재희/ 베르그송, 앞의 책, 115.
182　앞의 책, 116.
183　앞의 책, 149-150.
184　황수영, 『물질과 기억, 시간의 지층을 탐험하는 이미지와 기억의 미학』, 248.

에 대한 주의"는 생명체로서의 자기 보존과 관련된 의식의 원천적인 삶에 대한 지향성이다. 삶의 보존이란 행위를 통해서 타자나 주위 환경과 적절한 관계를 맺는데 있기 때문에 이 주의는 항상 행동이나 행동의 결과에 대한 주의가 된다.[185] 숙고의 모든 순간 자아는 바뀌며 그 자아는 또한 그를 흔드는 두 감정을 바꾼다. 그 모든 과정들이 상호 침투하고 서로를 보강하여 자유로운 행위에 도달할 동적 연쇄를 형성하는 것이다. 혹 모든 것이 성격에 달려 있다고 말해도 소용없다. 우리의 성격이 바로 우리이기 때문이다. 우리는 매일 조금씩 변하며 그러한 변화는 우리 자신으로 녹아들고, 그 전체가 바로 우리이다.[186]

행동을 제대로 영위한다는 것은 "주어진 상황에서 관련된 모든 기억들을 얼마나 신속하게 불러내는가"에 달려 있다. 삶에 잘 적응하는 사람들, 즉 '잘 균형 잡힌' 사람들은 상보적 두 기억의 작용이 원활하게 이루어지는 사람들이다. 오로지 현재 속에 사는 사람, 자극에 대해서 직접적으로 반응하는 사람은 '충동인(l'impulsif)'이다. 과거 속에서 사는 데서 즐거움을 찾는 사람, 현 상황에 별 이득도 되지 않는 기억들을 시시때때로 떠올리는 사람은 '몽상가(le rêveur)'이다.[187] 충동인과 몽상가의 사이에 자리 잡은 균형 잡힌 정신이란 현재 상황을 정확하고 유연하게 따르면서도 불필요한 호출에는 저항할 줄 아는 힘을 가진 사람이다.

적절한 '망각'은 정상 생활의 조건이기도 하다. 물론 여기서 '정상'이라는 것은 기억과 행동의 조직화라는 생리학적 의미만을 지닐 뿐이다.[188] 결국 균형 잡힌 정신이란, 결국 지나치게 습관적 행위에 고착된 기

---

185 김재희/ 베르그송, 앞의 책, 126.
186 베르그송, 『시론』, 350.
187 황수영, 앞의 책, 223.
188 앞의 책, 223-224.

계적인 삶의 수준도 아니고, 아예 현실에 무관심한 채 몽상적인 삶을 꿈꾸는 수준도 아닌, 양극단 사이를 왕복하면서 현재의 삶을 끊임없이 새롭게 변화시켜 나갈 수 있는 정신이다.

    삶에 대한 주의의 정도에 따라 습관적 행동의 수준에 더 가깝거나 몽상적 꿈의 수준에 더 가깝거나 그 의식의 수준이 정해진다. 현재를 반복하며 진부하고 평범한 물질적 수준의 삶을 사느냐, 아니면 새로운 차이를 산출하며 현재의 질적 변화를 만들어내는 창조적 삶을 사느냐? 하는 것은 결국 잠재적인 과거를 현실화하여 활동하는 기억의 강도와 현재 삶에 주의하는 정신의 긴장 정도에 달려 있다.[189]

(2) 분별의 방식

    지각과 식별(recinnaissance)은 정의는 다르지만 일상적으로는 일치하는 현상이다. 지각한다는 것은 정의상 우리에게 최초로 나타난 대상을 인식하는 행위지만, 식별한다는 것은 대상을 과거에 이미 본 것으로 파악하는 행위이다.[190] 그런데 이 성질들은 과거 기억으로부터 내가 가지고 있는 인식의 기본 요소들이므로 우리는 기억을 통해서 지각한다고 할 수 있고 결국 지각은 식별의 일종이라는 것을 알 수 있다. 순수 지각이 원리상의 것이라면 현실적 지각은 언제나 기억을 포함한다. 따라서 지각과 식별은 실제로 구분되지 않으며 식별의 과정을 밝히는 것이 현실적 지각의 본성을 밝히는 것이다.[191]

---

189 김재희/ 베르그송, 앞의 책, 128-129.
190 황수영, 『물질과 기억, 시간의 지층을 탐험하는 이미지와 기억의 미학』, 143.
191 앞의 책, 144.

관념에서 어떤 노력이나 정서를 통해 행동으로 나아갈 때, 관념 속에 앞으로의 행동이 미리 그려져 있다는 의미에서의 〈미리 이루어짐〉이 있지만[192] 선택의 자유는 사실이다.[193] 선택하는 행동이란 언제나 시간 속에서 필연적으로 비결정적이기 때문이다.[194] 따라서 중요한 것은 순수한 정신이 아니라 현실적 대상들과 상호 작용하는 존재인 생명체[195]의 선택의 지이다.

분별(reconnaissance)[196]은 과거를 떠올려 현재적 대상을 파악하는 실제적 지각 작용인데,[197] 베르그손은 현재의 대상을 분별하는 분별의 작용을 기억의 종류에 대응하여 ① 자동적 식별과 ② 주의 깊은 식별로 구분한다. 식별 작용에 대한 탐구는 기억이 고정된 형태로 작용하는 것이 아니라 역동적 본성을 갖고 있으며 언제나 전체로서 작용한다는 것을 알려준다.[198] 과거 전체인 순수 기억은 습관-이미지 기억이나 자동적 식별의 형

---

[192] 베르그손, 『시론』, 355.
[193] 앞의 책, 357.
[194] 황수영, 『베르그손: 지속과 생명의 형이상학』, 66.
[195] 앞의 책, 75.
[196] 앞의 책, 84.
[197] 앞의 책, 80. 분별은 "이미 보았다는 느낌"에 의해 대상을 분간하는 것이다. 이 말의 원어(reconnaissance)를 과거 기억에 의해 현재적 대상을 구분하는 작용의 본래적 의미를 살려 식별이라 번역하기로 한다. '재인(再認)'이라고 해도 무방하다. 필자는 여기서 식별과 분별 그리고 재인을 같은 의미로 구분없이 사용할 것이다. 영적 분별에서 의미하는 분별과 베르그손의 분별(재인)은 다른 의미를 갖지만, 우리가 삶에 주의를 기울여 분별해야 할 주제에 관한 기억이 과거와 현재가 동시에 우리의 의식에 출현한다는 사실을 인식한다면 우리가 좀 더 자유롭고 초월적인 입장에서 영적 분별을 시행할 수 있다는 점에서 베르그손의 분별은 영적 분별에도 적절하게 변용할 수 있다. 변예은, "베르그손 시간론의 재구성-'지적 노력', '현재의 기억과 잘못된 재인', '꿈'을 중심으로-", 「철학사상」(제71권, 2019), 75. 현재와 과거가 본성상 차이를 지님에도 불구하고 현재가 어느 순간에서인가 과거가 될 수 있는 것, 그 핵심은 어떤 이중적 발생에 있다. 다시 말해서 현재의 출현과 동시에 그 '현재의 기억'이, 즉 그것의 과거적 양태가 나란히 생겨나는 것이다. "따라서 우리의 삶의 모든 순간은 이중적인 측면을 제공한다. 그것은 현실적이면서 잠재적이다. 즉 한편으로는 지각이고 다른 한편으로는 기억이다."
[198] 황수영, 『베르그손: 지속과 생명의 형이상학』, 100.

태로 현실화할 수도 있고, 이미지-기억이나 주의 깊은 식별의 형태로 현실화할 수도 있기 때문이다.[199]

① 자동적 분별

신체는 대상들로부터 "운동들을 모으고 이를 일정한 운동 기제에 전달하는 책임을 지는 전도체"로서, 자극과 반응 또는 감각과 운동의 매개자이다. 신체는 외부 세계에 적절하게 반응할 수 있는 운동 기제들을 구성하며 습관-기억의 형태로 자신 안에 과거를 축적한다. 자동적 운동이나 자동적 지각은 바로 이러한 운동 기제의 작용들이다.[200]

지각은 언제나 운동을 동반한다. 감각-운동적 체계 안에서 자극에 대처하는 방식이 바로 운동 반응이다. 그런데 새로운 자극이 들어올 때 거기에 반응하는 운동은 아직 준비되지 않은 상태이다. 그러나 새로운 자극에 반응하고 시행착오를 겪은 경험이 축적되면 가장 경제적인 방식으로 반응하는 운동체계가 신체 안에 형성된다.[201] 이처럼 습관 기억은 현재 상황에 적응하는 기제이기 때문에 과거 이미지들 중에서 현재와 유사한 것들, 또는 현재를 조명하는데 유용한 것들은 습관 기억의 체계 안으로 들어올 수 있다. 다만 과거 이미지는 습관 기억이 작동할 때 의도적으로 떠올리는 것은 아니다. 습관 기억은 이미지 기억의 다양한 뉘앙스와 함께 시작하여 서서히 그것들을 제거하고 일반적인 골격만을 반복하면서 형성된다. 이 과정에서 습관 기억의 형성에 필요한 이미지 기억은 선택적으로 기억된다.[202]

---

199 김재희/ 베르그송, 앞의 책, 120.
200 황수영, 『베르그손: 지속과 생명의 형이상학』, 79-80.
201 황수영, 『물질과 기억, 시간의 지층을 탐험하는 이미지와 기억의 미학』, 149.
202 앞의 책, 151-152.

우리의 일상적인 삶은 수많은 습관 기억들로 이루어져 있고, 습관 기억은 현재에 유용한 것들을 경제적으로 식별하는 기제이기 때문에, 우리가 현재 속에서 필요한 모든 이미지는 습관 기억과 더불어 자동적으로 떠올려진다.[203] 이처럼 기계적 식별은 신체 안에 각인된 습관이지만 과거 이미지들은 여전히 작동하고 있다. 다만 여기서는 행동하는데 필요한 이미지 기억들이 선택되어 습관 기억이 작동할 때 동시에 자동적으로 떠오른다.[204] 이는 순간적 분별이며, 순간적 분별은 이미지-기억의 개입 없이 자극과 반응이 반복되어 하나의 체계를 이룰 때 자동으로 일어난다.[205]

베르그손은 이처럼 이미지 기억을 상기하지 않고 신체의 습관 기억만으로 할 수 있는 분별을 자동적 분별이라고 말한다. 자동적 분별은 과거에 자주 비슷한 자극에 노출되었기 때문에 새롭게 알려고 하지 않아도 된다. 그렇기 때문에 이미지 기억에 정보를 요구할 필요가 없는 것이다.[206] 자동적 식별은 베르그손이 유기체에 던져진 다양한 문제들에 적절한 응답을 하는 자동 기제 전체로서 유기체 속에 고정된 습관 기억과 일치한다. 습관 기억은 우리를 현 상황에 적응하게 하고 받은 작용들을 적절한 반응으로 이어지게 하기 때문이다.[207]

---

203 앞의 책, 152.
204 앞의 책, 157.
205 황수영, 『베르그손: 지속과 생명의 형이상학』, 85. 황수영, 『물질과 기억, 시간의 지층을 탐험하는 이미지와 기억의 미학』, 151. 첫 번째 종류의 식별은 기계적 식별, 신체적 식별, 습관적 식별, 자동적 식별 등 다양한 이름으로 불릴 수 있으며 그 핵심은 운동 반응의 조직화에 있다.
206 황수영, 『물질과 기억, 시간의 지층을 탐험하는 이미지와 기억의 미학』, 150. 김재희/ 베르그송, 『물질과 기억. 반복과 운동의 차이』, 119. 베르그손은 신체적 습관이나 자동적 식별 행위가 기억의 가장 낮은 차원에 속한다는 것을 보이고 바로 이를 통해서 정신이 신체와 연결될 수 있음을 증명한다.
207 황수영, 『베르그손: 지속과 생명의 형이상학』, 110.

② 주의 깊은 분별

베르그손은 정신적 기억이 진정한 기억이라고 말하는데, 이 기억은 의식과 같은 의미로 사용한다. 정신적 기억은 우리의 모든 과거를 보존하고 있으면서 현재가 아니라 과거 속에서 움직인다.[208] 정신적 기억은 이미지-기억으로서 과거 그 자체가 아니라 현재적 삶의 요구에 맞게 변형을 거친 현실화된 기억이다. 순수 기억은 잠재적 기억이고 이미지-기억은 현실적 기억이라 할 수 있다. 그러므로 정신적 기억에 맞추어 구별한 식별은 두 번째 종류인 주의 깊은 식별이고, 주의 깊은 식별 과정은 바로 순수 기억을 현실화하는 과정이다.[209]

우리가 새로운 대상의 세부를 파악하는 것은 언제나 과거 기억을 토대로 해서만 가능하다. 우리는 새로운 대상과 닮은 과거 기억을 상기하여 현재 지각을 재해석한다. 이렇게 되면 지각이 이미지 기억들에 의해 재배열이 된다.[210] 잠재적 기억은 우리의 현재가 그것을 불러내는 적절한 태도를 취하면 '안개'처럼 나타나서 차츰 응축되며 잠재태에서 현실태로 이행한다. 그러면 그것은 윤곽이 그려지고 표면이 착색됨에 따라 지각을 모방하며 현실화하는데, 그것이 원본적 잠재성에 그 뿌리를 두고 있지 않다면 현재 속에서 과거 기억으로 식별되지 않는다.[211]

그런데 능동적으로 과거 이미지를 불러와 대상의 지각에 투입해야 하는 경우가 있다. 이는 행동하려 할 때가 아니라 대상 그 자체를 파악하려 할 때 필요하다. 처음 보는 대상이나 분석이 필요한 복잡한 대상을 이해하기 위해서는 과거 기억을 불러내 참조해야만 한다. 베르그손은 이런

---

208 앞의 책, 110.
209 앞의 책, 103-104.
210 황수영, 『물질과 기억, 시간의 지층을 탐험하는 이미지와 기억의 미학』, 161-162.
211 황수영, 『베르그손: 지속과 생명의 형이상학』, 104.

경우를 '주의 깊은 식별(la reconnaissance)'이라 부른다.[212] 베르그손은 주의 깊은 식별은 먼저 외적 지각이 우리에게 운동을 야기하여 그것의 커다란 윤곽을 그리게 하면, 우리의 기억은 현재 지각 위에서 그것을 닮은, 그리고 이미 그 소묘가 되어 있는 과거 이미지들을 이끌어 낸다. 이렇게 기억은 유사한 기억-이미지들을 현재적 지각에 보냄으로써 그것을 이중화하는 과정을 거친다[213]고 말한다.

주의 깊은 식별에서 '주의(attention)'라는 말은 어떤 일을 할 때 정신을 집중한다는 일상적 의미로 많이 쓰인다.[214] 심리 생리학자들은 의지적 노력 혹은 주의를 안에서부터 밖으로 나가는 힘으로 설명[215]하지만, 베르그손은 안에서 밖으로 나가는 힘의 의식이 비공간적이고 순수한 정신적 힘으로 묘사되는 것을 비판[216] 하면서 주의는 신체뿐만 아니라 정신적 사건[217]이라고 말한다. 그래서 주의 깊은 식별도 비록 정신 현상이기는 하지만 신체와 무관한 것은 결코 아니다.[218]

주의 깊은 식별이란 말 그대로 식별 과정에 주의가 들어가는 경우를 지칭한다. 주의 깊은 식별이란 대상의 세부를 파악하고 그 의미를 이해하기 위해 정신적 과정 전체를 동원하여 다각도의 분석을 행하는 지적 작업이며, 흔히 말하는 명석 판명한 지각과 같은 의미이다.

자동적 지각이 습관적 반복적으로 분별하는 것과 달리 주의 깊은 식별은 주어진 대상을 언제나 새로운 문제 상황으로 설정하여 이를 해결하

212 황수영, 앞의 책, 157.
213 황수영, 『베르그손: 지속과 생명의 형이상학』, 89.
214 황수영, 앞의 책, 157.
215 앞의 책, 158.
216 앞의 책, 159.
217 앞의 책, 159.
218 앞의 책, 160.

기 위해 다양한 지적 기능들을 발휘한다.[219] 거시적인 삶의 의미가 아니라 현재적 지각의 차원에서 볼 때, 기계적이고 습관적인 식별과 비교하면 주의 깊은 식별은 일시적으로나마 유용성과 무관하게 대상 자체에 관심을 기울이는 것으로 나타난다.[220] 인간은 당장 삶에 필요하지 않은 것에도 주의를 기울이고 애써 그것을 파악하려고 한다. 인간은 과거·현재·미래를 능동적으로 종합하고 과거 기억에 조회하며 그것을 토대로 미래를 계획하는 존재이다. 주의 깊은 식별도 이런 차원에서는 미래에 대한 대비라고 볼 수 있다.[221]

이처럼 주의 깊은 식별은 실제적 유용성을 목표로 하는 것이 아니라 대상의 윤곽 자체를 파악하려 하기 때문에, 과거의 이미지들이 필요하지 않은 자동적 분별과 달리 정신 안에 축적된 과거의 이미지들을 필요로 한다. 그것은 정신이 능동적으로 과거의 이미지들을 떠올림으로써 이것들을 현재 지각에 삽입시키는 작용, 즉 정신으로부터 대상으로 다가가는 작용이다.[222]

베르그손은 인간의 마음을 구성하는 의식과 감정의 근원을 규명한다. 물질과 정신의 접촉점인 우리의 몸은 대상과 접촉했던 순간에 느꼈던 쾌와 불쾌의 감정을 기억하고 지속된 기억은 후에 비슷한 경험을 할 때 현재의 경험을 과거의 기억과 정서의 도움을 받아 새롭게 해석하고 미래를 향한 새로운 결정을 하게 한다. 그러므로 베르그손은 지속되고 있는 과거의 기억은 현재의 경험을 창조적으로 새롭게 해석하여 미래를 향한 올바른 결정을 할 수 있게 한다고 말한다. 그러므로 우리의 기억 속에 지속되

219　황수영,『베르그손: 지속과 생명의 형이상학』, 87.
220　황수영,『물질과 기억, 시간의 지층을 탐험하는 이미지와 기억의 미학』, 161.
221　앞의 책, 161.
222　황수영,『베르그손: 지속과 생명의 형이상학』, 88.

고 있는 과거는 분별에 있어서 매우 중요한 자료가 된다.

3. 요약 및 평가

　　베르그손은 몸과 마음의 관계를 설명하기 위해서 다양한 철학적 용어를 사용하면서도, 이미지와 기억을 의미하는 자신만의 독특한 개념인 순수 경험과 순수 기억의 차원에서 물질과 정신이 만날 수 있다고 밝힌다. 뿐만 아니라 기억이란 사라지지 않고 지속하는 것으로서 이는 자신임을 확인하는 장치이다. 물질은 시간의 흐름에 따라 모든 것이 변하지만(운동), 내가 나로서 존재할 수 있는 것은 나의 과거의 경험이 내 기억으로 지속되고 있기 때문이다. 생각이란 불쑥 나타났다가 불쑥 사라지는 것이기 때문에 종잡을 수 없고, 정서란 시간과 장소에 따라 달라지는 것이므로 신뢰할 수 없다고 생각하기 쉽지만, 인간의 삶을 종으로 나누면 기억의 지속이고 횡으로 나누면 경험 전과 후에는 새로운 것이 창조되어 있음을 알 수 있다. 그런데 현재의 경험 후에 생겨나는 창조적인 결과는 과거와 현재의 상호 침투를 통해서 일어난다. 베르그손에게 있어서 과거는 끊임없이 팽창되므로 인간은 자신의 모든 과거를 온전하게 기억할 수 없을 뿐만 아니라 기억의 끝에 도달하지 못한다. 그러나 현재에서 우리가 관심(주의)을 기울여야 할 필요가 생기면 우리의 기억 속에 저장된 과거는 수축운동과 병진운동을 통하여 과거의 비슷한 경험과 정서들을 현재의 경험과 만날 수 있게 한다. 우리의 기억이란 아무렇게나 펼쳐진 무질서한 것이 아니라 필요하면 언제든지 도달할 수 있도록 질서를 가지고 있기 때문이다. 그래서 현재는 존재하는 것이 아니라 과거와 만나서 창조되는 것이고 이는 미래를 향해 열려 있는 것이 된다. 그래서 현재는 시간을 과거와 미래로 가르는 지점으로서 창조된다. 이 과정에서 과거 경험의 도움을 받아 현재를 올바로 분별할 수 있게 된다.

베르그손이 사용하는 분별은 재인(再認)이라는 용어와 같은 의미로 사용한다. 베르그손에게 있어서 분별이란 영적 분별에서 의미하는 주의 깊은 분별이 아니라 기시감(데쟈뷰)을 더 쉽게 연상할 수 있는 재인이라고 생각하지만,[223] 베르그손의 분별과 분별의 과정은 영적 분별에서도 유용하게 변용할 수 있다.

육체에 저장된 기억을 습관 기억이라고 부르고 정신에 저장된 기억은 의식이라고 할 수 있는데, 이를 베르그손은 이미지 기억이라고 부른다. 물질에 기억된 습관은 물질의 특성을 따라 창조적이지 못하여서 반복을 지속할 뿐이지만 습관 기억은 오랜 반복과 훈련을 통해서 우리 몸에 기록된다. 이는 직관과 같다. 직관이란 생득적인 것이 아니다. 직관이란 습관 기억처럼 오랜 시간 동안 반복을 통해서 우리에게 습득된 체계인데, 이는 이미지 기억에도 적용될 수 있다. 생각도 자주 반복하면 습관이 형성된다. 그러므로 직관은 종교적 차원에까지 적용될 수 있다.

영적 분별에서도 직관은 중요하다. 이냐시오는 선택을 세 가지 방식으로 구분하여 그때그때 해당하는 시기에 적용하도록 안내한다. 선택의

---

[223] 황수영, 『물질과 기억, 시간의 지층을 탐험하는 이미지와 기억의 미학』, 197. 만약 우리가 낯선 장소에 처음 가게 되었을 때 어디선가 본 듯한 느낌을 가진다면, 우리는 "어디서 보았더라?" 하면서 과거 기억을 떠올리려고 할 것이다. (중략) 무엇을 본다는 것이 커다란 특징 몇 가지만 일치하면 되는 단순한 도식적 인식에 그치는 것이 아니라 감정·정념 그리고 미세한 감각 경험들까지 포함하는 전체적인 경험이기 때문이다. 과거의 경험에서 식별 가능한 두드러진 도식이 정확히 상기되지 않는다고 해도 막연한 정념적(감정적) 특성이 남아 있기 때문에 우리는 사라졌으면서도 있는 것 같은, 일종의 신기루 같은 느낌을 갖게 된다.

첫째 방식으로 이냐시오는 직관에 대해 기술한다.[224] 직관적인 영적 분별의 예는 사울이 다마스쿠스 근교에서 부활하신 예수님을 만난 후 예수를 믿는 사람들을 박해하던 사람에서 예수 그리스도를 전하는 사람으로 즉시 변화된 체험이라고 할 수 있다.

영성과 철학의 대화를 위하여 베르그손을 연구하는 것은 베르그손의 연구가 물질과 마음(정신)의 관계에 관하여 가장 합리적인 대안을 제시하기 때문이다. 심신 관계론자들의 질문은 마음이란 무엇인가? 마음과 신체의 관계는 무엇인가?[225] 하는 것인데, 이 질문에 대한 대답에 따라 이원론자들을 다양하게 분류할 수 있다. 이원론은 마음(mind)과 물리적 대상(physical object)이라는 두 종류의 실체만이 존재한다고 주장하는 이론이다. 마음은 순수하게 심적이고, 비물질적이며, 정신적인 실체이다. 그리고 물리적 대상은 순수하게 물질적이며, 심적이지 않고, 공간적으로 연장된 실체다. 따라서 어떤 마음도 물리적 대상이 아니고, 어떤 물리적 대상도 마음이 아니라는 결론이 논리적으로 따라 나온다. 이원론적 관점에서 보면, 사람은 마음과 신체, 둘로 구성되어 있다.[226] 그렇기 때문에 이 둘의 관계를 명쾌하게 규명하는 것은 쉽지 않은 일이다. 그러나 베르그손은 그의 저서 『물질과 기억』에서 순수한 감각의 가장 낮은 단계에서 물질은 정신과 만날 수 있다는 것을 명쾌하게 규명하고 있다. 베르그손에게 있어서 이런 결과를 얻을 수 있는 것은 우리의 몸은 단순한 물질이 아니라 생명이기 때문이다. 생명인 몸은 경험을 선택할 수 있으며 그 경험을 순수 기억의 형태로 저장한다. 베르그손에 의하면 기억은 몸과 뇌가 아닌 다른 곳

224　슈테판 키흘레, 『결정』, 41.
225　스티븐 프리스트/ 박찬수 외 옮김, 『마음의 이론』(서울: ㈜고려원, 1995), 13.
226　앞의 책, 11.

에 저장된다. 그러므로 베르그손이 말하는 뇌는 저장기관이 아니라 운동기관에 불과하다. 이는 최근의 뇌 연구와는 다른 것으로써 베르그손의 한계점이라고 할 수 있다. 그러나 기억이 어디에 저장되든 상관없이 기억된 과거의 경험은 영적 분별에 있어서 매우 중요한 원천이다.

마음이란 '존재하는 어떤 것이 가진 생각할 수 있는 능력'을 말하는데, 생각할 수 있는 능력을 가졌다는 것은 마음을 가졌다는 것에 대한 논리적으로 필요하고 충분한 조건이다.[227] 그러나 우리는 마음을 체험하고 있는 것이지 이해하고 있는 것이 아니다. 왜냐하면 마음은 바로 인간 자신의 마음이기 때문이다.[228] 우리가 마음을 체험한다는 것은 물리적이고 심리적인 자극에 대응하는 순수한 알아차림을 의미하고, 그 알아차림의 활동이 의식의 활동이다.[229] 그런데 우리가 체험하는 마음은 감성과 이성의 역할을 하고 있으며, 통속적인 생각들의 기초를 이루고 있다고 할 수 있다.[230]

영적 분별은 통속적인 생각의 기초를 이루고 있는 의식과 정서를 대상으로 한다. 그리고 의식과 정서의 기억은 영적 분별에 있어서 매우 중요하다. 베르그손에 의하면 의식과 정서는 운동(변화)하면서 지속한다. 우리의 생각은 문득 생겨났다가 문득 사라지기 때문에 생각이란 종잡을 수 없다고 생각하기 쉽지만, 그 변화들은 이전과 이후 사이에 아무런 내적 연결이 없는 무작위적인 변화가 아니다. 존재자들의 변화는 각 존재자의 고유한 역사를 형성하고 그 역사야말로 존재자의 본질적 실체 자체이다.[231]

---

227 앞의 책, 291.
228 앞의 책, 335.
229 앞의 책, 301.
230 앞의 책, 310.
231 주재형, "베르그손의 직관의 방법과 실증 형이상학,"「철학연구」제137집(2022년 여름), 40.

따라서 마음의 변화를 이해한다는 것은 영적 분별의 과정에서 시간과 공간을 따라 움직이는 자신의 마음의 움직임을 알아차리는 것을 의미하는데 이는 올바른 선택을 목표로 하는 영적 분별 과정에서 몸의 역할은 매우 중요하다고 할 수 있다. 몸을 가진 인간은 시간과 공간의 세계 속에서 살면서 시간과 공간의 지배를 받고 있기 때문이다.

베르그손은 우리의 마음, 즉 의식과 정서의 움직임과 지속 속에서 과거와 현재가 새로운 미래를 향해 창조적 결정을 하는 과정을 철학적으로 규명했는데, 이는 특정한 시간에 특정한 주제에 관하여 결정을 해야 하는 영적 분별의 과정과 동일하다고 할 수 있다. 그러므로 베르그손의 분별(재인)은 영적 분별에서도 유익하게 원용할 수 있다.

이제 제 3장에서는 영적 분별과 웨슬리의 관계를 살펴보겠다. 각각 영적 분별에 관한 생각을 갖게 된 것은 각자의 경험이 다르기 때문이다. 경험은 정서를 형성하고 형성된 정서는 분별의 중요한 자료이기 때문이다. 웨슬리의 영적 분별에 직간접으로 영향을 주었던 사람들의 경험과 영적 분별의 이론들을 살피면서 웨슬리의 영적 분별에 관해 연구할 것이다.

제3장

영적 분별과 웨슬리

웨슬리는 영적 분별이라는 용어를 사용한 적이 없다. 그러나 웨슬리의 신앙적 여정은 영적 분별의 여정이었다. 웨슬리 자신이 크게 감화를 받았던 모라비안들과의 결별도, 열광주의자라는 비난을 받을 때 웨슬리 자신이 열광주의자가 아니라고 변증하는 것도 영적 분별의 과정을 거친 결과였다. 웨슬리의 영적 분별의 원칙은 내적 증거와 성령의 외적 열매라는 두 가지였다. 그러나 웨슬리의 영적 분별은 독창적이라기보다는 다양한 독서를 통하여 기독교 영성사에서 소중한 신앙적 전통을 수용한 결과였다.

웨슬리의 영적 분별을 연구함에 있어서 영적 분별에 관하여 탁월한 업적을 남긴 이냐시오와 에드워즈와의 관계를 살펴볼 것이다. 이냐시오와 웨슬리는 일견(一見) 특별한 관계가 없어 보인다. 웨슬리가 이냐시오의 저서를 읽었다는 기록을 찾기 어렵고 설교에서도 이냐시오를 언급한 적이 없기 때문이다. 그러나 웨슬리가 중요하게 생각했던 성서와 가톨릭 전통을 포함하고 있는 영국 성공회의 전통은 이냐시오도 중요하게 여겼던 성서와 전통이라는 공통의 자료를 공유하고 있다는 점에서 이냐시오와 웨슬리의 영적 분별에 관한 공통점을 찾을 수 있을 것이다.[1]

---

[1] 예를 들면 웨슬리의 계약 갱신(Covenant Renewal) 기도문, 한국웨슬리학회 편역, 『존 웨슬리의 논문집 I 』(서울: 한국 웨슬리학회, 2009), [344]과 『영신수련』 제2주간의 기도문, 이냐시오/정재천 역, 『영신수련』(서울: 이냐시오영성연구소, 2012), [52]는 유사하다. "웨슬리 언약갱신 기도문 : 저는 더 이상 저 자신의 것이 아니요, 당신의 것임을 고백합니다. 저를 당신이 원하는 것을 행하는 도구로 삼아 주시옵소서. 당신이 원하시는 사람들과 함께 나를 들어 써 주시옵소서. 저로 하여금 주님의 사역과 고난에 동참하게 하옵소서. 저로 하여금 당신을 위하여 일하게 하옵소서. 당신을 위하여 영광스러운 일이나 치욕스러운 일에 사용하여 주옵소서. 저에게 은혜로 충만케 하옵시고 저에게 모든 욕망은 비우게 하옵소서. 저로 하여금 모든 선한 것을 갖게 하옵시고 모든 악한 것은 갖지 않게 하옵소서. 저는 마음을 다하여 자원하는 심정으로 당신의 기쁨과 뜻에 모든 것을 헌신하겠습니다. 이제는 영광스럽고 복된 하나님 성부 성자 성령이시여 당신은 저의 것이요 저는 당신의 것입니다. 그리고 이 세상에서 맺은 하나님과의 계약은 천국에로 이어질 것을 확신합니다." 『영신수련』, [97] "제3요점 영원한 왕이신 온 세상의 주님에 대한 모든 봉사에서 더욱 헌신적이고 탁월하기를 원하

또한 웨슬리는 에드워즈의 저술을 읽고 축약하여 출판하여 감리교도들에게 읽기를 권면하였을 정도로 에드워즈와 웨슬리의 관계는 밀접하다. 영적 분별에 있어서도 웨슬리는 에드워즈의 영향을 많이 받았다. 본 장에서는 이런 관계들을 포함하여 영적 분별에 관한 일반적인 이론들을 살펴보고 웨슬리의 사변형이 영적 분별의 기준이 되어야 한다는 점을 연구할 것이다.

1. 영적 분별이란 무엇인가?

1) 영적 분별의 개념과 필요성

(1) 영적 분별의 정의

① 분별이란 무엇인가?

인간은 삶에 구체적으로 영향을 미치는 중대한 선택의 기로에 설 때가 많이 있고, 그때마다 최선의 선택을 해야 한다. 그러므로 올바른 결정은 모든 사람에게 모든 분야에 있어서 중요한 요소이다.

분별은 보편적인 의미에서 올바른 의사결정과 같은 의미로 사용되

는 사람들은, 그 일에 자신을 바칠 뿐 아니라 더 나아가서 인간적인 감정과 육적이고 세속적인 사랑을 거슬러서 다음과 같이 더 소중하고 가치있는 봉헌을 할 것이다." [98] "온 누리의 영원하신 주님, 당신의 은혜와 도우심으로, 참으로 선하신 당신과 영예로운 당신의 어머니와 천상의 모든 성인 성녀들 앞에서 저를 바칩니다. 오직 당신께 더 큰 봉사와 찬미가 되도록 온갖 모욕과 비난을 감수하고 모든 정신적, 실제적 가난에 이르기까지 당신을 본받기를 원하고 바라며 이를 신중히 결정하였사오니 부디 저를 이런 생활과 신분으로 선택하여 주시고 받아주시옵소서."

기도 한다. 분별은 올바른 선택을 위한 개인이나 집단의 행위로서 우리 생활의 모든 면에서 흔하게 일어나는 일이다. 그릇된 분별은 그릇된 행동과 기대하지 않았던 결과를 초래한다. 그러므로 개인이나 집단이 공히 올바른 분별을 하기 위해 노력하는 이유는 올바른 행동을 해야 한다는 당위 때문이다.

'분별(分別, discretion)'[2]과 비슷한 말로 '식별(識別, discernment)'[3]과 '신중(愼重, prudence)'[4]이 있다.[5] 그리스도교 전통에서 식별력은 영적 성숙을 전제로 하며, 인간이 은총으로 받은 여러 능력을 온전히 행사할 수 있도록

---

2   김승혜, 『유교의 시중과 그리스도교의 식별-윤리적 분별에 대한 유교와 그리스도교의 대화』(서울: 바오로 딸, 2005), 11. 둘째로, '분별'은 일이나 물건을 제 분수대로 각각 나누어서 가리는 것'입니다. 커가면서 세상 경험을 쌓아 세상 물정을 가려내고 차이를 변별하여 절제하고 지나치거나 부족한 것을 피해 알맞은 중용을 선택할 수 있게 되는 것을 말합니다.' 'Discretion', *The New Dictionary of Catholic Spirituality*, ed. Michael Downey(college ville: the Liturgical press, 1993, p.284; '分別', 『大漢和辭典』 2권, p.204). 분별에는 개인적 분별과 공동체 성원 전체가 참여하는 사회적 분별이 있지만, 여기서는 사회적 분별에 대해서는 언급하지 않고 개인적 분별에 대해서만 언급할 것이다.

3   앞의 책, 10. 한자로 식별은 '보고 알아서 구별한다'는 의미로, 어떤 사물이나 상황을 인식하여 진위를 구별할 수 있는 능력을 지칭한다(이희승 편, 「국어 대사전」, 민중서림, 1998, 제3판 수정판; 諸稿轍次, 『大漢和辭典』 10권, 1969, p.589).

4   앞의 책, 12. 셋째로 '신중'이라고 할 때는 마음을 써서 깊이 사려 하는 태도를 지칭합니다. 관계된 사람들과 상황의 고유성을 이해하여 도덕적 선택을 바르게 할 수 있는 실천적 지혜를 가리키고, 그런 지혜와 근신으로 일을 반드시 이루어 놓는 사람을 지칭할 때 '신중하다'고 표현합니다.
김승혜 지음, 위의 책, 11. 신중이나 중용은 지속적 식별을 통해 이루어진 인간의 자질, 덕성을 지칭하므로 결과적 의미가 강해서 구체적인 현실 상황 속에서 헤아리는 과정 자체보다는 완성된 상태를 묘사합니다.

5   앞의 책, 12. 김승혜는 분별은 긍정적 부정적 의미를 다 갖고 있다고 말하면서 분별이라는 의미를 지닌 discriminate는 이것과 저것의 차이를 식별한다는 면에서 좋은 뜻이지만, 동시에 '차별하다'는 의미도 가지고 있다고 하면서 인종차별의 의미를 가진 discrimination을 예로 든다. 김승혜는 식별과 분별은 비슷한 의미를 가지고 있지만, 분별은 차별이라는 부정적 의미를 내포하고 있기 때문에 이를 피하기 위해 식별이라는 용어를 헤아림의 대표 용어로 사용하고자 한다고 말한다. 그러나 식별과 분별은 같은 의미로 사용되지만, 보편적으로 가톨릭에서 식별이라는 단어를 사용하고, 개신교에서는 분별이라는 단어를 많이 사용하고 있는 경향이 있을 뿐만 아니라, '각각 나누어서 가린다'는 분별의 본래적 의미를 새기는 의미에서 필자는 식별보다는 분별을 대표 용어로 사용하고자 한다.

도와주는 능력을 식별이라고 지칭했다.[6]

윤리적으로는 시비를 분간해서 선악을 제대로 판단할 수 있는 능력을 식별력이라고 한다. 유교에서 식별을 대표하는 용어는 시중(時中)인데, 유교는 자신이 처한 상황 속에서 도덕성, 곧 시비를 가려서 의(義)를 실천할 수 있는 역량을 갖춘 인격자를 양성하는 것을 목표로 삼기 때문에 시중을 매우 중요하게 생각했다.[7]

올바름이란 고정된 기준을 가지고 있지 않다. 의로움은 구체적인 상황에 따라 다른 측면이 있기 때문이다. 그러므로 원칙은 파악하고 있어야 하지만 자신이 처한 상황에서 마음이 올바르다고 알려준 것이 시의에 맞는 것이고, 자연스럽게 변화에 대응하여 바른 것을 판단하여 결정하는 것이 의로운 것이라고 왕양명은 말했다.[8] 지속의 철학자 베르그손도 정해진 도덕률도 없고 각기 다른 상황만이 존재하기 때문에 그때 그때 주어진 상황에 따라 다르게 대처해야 하는 행동 방식이 있을 뿐이라고 말했다.[9] 결정을 내려야 할 상황에 직면할 때마다 분별을 새롭게 해야 하지만 그 결정은 항상 동일하지 않다. 결정을 내려야 할 필요가 있을 때마다 분별을 새롭게 해야 한다는 것은 과거와 현재를 존중한다는 것을 의미한다. 현재의 새로운 경험은 과거의 경험을 새롭게 해석함으로써 새로운 생각을 창조하기 때문에 현재의 분별은 과거에 내렸던 결정을 참고할 수는 있지만 과거의 결정을 답습하지 않는다.

과거 결정론을 주장한 프로이드는 인간의 성격이란 과거의 경험에 의해 고정된다고 말하지만, 베르그손은 인간의 모든 경험에서 비롯된 기

6   앞의 책, 10.
7   앞의 책, 16.
8   앞의 책, 214.
9   베르그손, 『시론』, 318.

억들은 새롭게 축적되기 때문에 사람은 항상 새로운 경험으로 기억을 갱신한다고 말한다. 그래서 과거에 잘못된 분별을 했을지라도 지금은 올바른 분별을 할 수 있고 반대의 경우도 가능하다.

유교에서의 선(善)이란 때에 적중하는 것이다.[10] 그러므로 악도 근본적으로 따로 정해진 것은 아니다. 때에 적중하지 못하는 것이 악이다. 인간의 감정 표현에서도 그 상황에 미치지 못했거나 지나쳤을 때를 악이라고 말한다.[11] 그러므로 식별에서 가장 먼저 해야 할 일은 현재 처해있는 상황 전체를 가능한 한 정확하게 총체적으로 파악하는 일이다.[12] 그러므로 시중이란 중용(中庸)[13]과 같은 의미로 사용한다. 그리스도교 전통에서나 유교의 전통에서 올바른 선택이란 정해진 규칙이 있는 것은 아니기 때문에 구체적인 상황에서 내가 따라야 할 진리를 찾고 추구하기 위해서는 사심이 없는 순수한 지향 즉 순수한 의도 혹은 초연한 태도를 가질 때 올바른 분별을 할 수 있다는 점에서 같다고 할 수 있다.

② 영적 분별이란 무엇인가?

한국교회는 많은 신앙적 체험을 하고 있었지만, 그 신앙 체험들을 분

---

10 김승혜, 『유교의 시중과 그리스도교의 식별-윤리적 분별에 대한 유교와 그리스도교의 대화』, 10. 시중은 '때 시(時)' 자에 '가운데 중(中)' 자로 구성되어 있습니다. '시'는 우리가 처한 시대적·문화적·정치적 상황 전체와 공동체 안에서 '나'라는 한 개인이 지닌 위치와 역할과 사명을 포함한 구체적 현실 전체를 의미합니다. '가운데 중'자는 그런 구체적인 상황 속에서 과녁에 적중한다는 의미입니다. 유교의 천리(天理)나 그리스도교의 시각에서 보면 하느님의 뜻에 적중하는 것을 헤아려서 그것을 선택하고 결단하여 실천해 낸다는 의미입니다.
11 앞의 책, 222.
12 앞의 책, 344
13 앞의 책, 388. 최근덕은 유교에서 중용(中庸)이라고 말할 때 중(中)은 하나의 가장 올바른 도, 최선의 지점을 의미하고 용(庸)은 시간 개념이라고 말한다. 하느님의 말씀이나 하느님의 가르침을 유교적으로 본다면 중으로 볼 수 있고 용(庸)은 시간 개념으로 볼 수 있다. 그러므로 시중은 때에 따라 최선의 지점을 따르는 것(隨時處中)이라고 말할 수 있다.

별하고 하나님의 부르심을 찾는 영적 분별에 대해서는 깊은 관심을 기울이지 않았기 때문에 많은 신앙적 시행착오를 겪어왔다. 그러나 자신이 속해 있는 공동체에서나 개인적 삶에서 하나님이 원하시는 최선의 삶을 살기 위해 하나님의 부르심과 하나님의 뜻을 찾는 영적 분별의 중요성이 증대되고 있다.

'분별하다'는 동사의 라틴어 어원은 구별한다는 뜻을 지니고 있다. 그래서 기독교 영성 전통에서, 영적 분별은 하나님의 부르심과 그것에 반하는 것 사이를 구별함으로써, 무엇이 하나님으로부터 온 것인지를 추려내는 과정을 일컫는다.[14] 그러므로 영적 분별은 하나님이 어떻게 현존하시고, 활동하시고, 또 우리를 개인과 공동체로 부르시는지를 의도적으로 인식해 가는 과정인데, 이를 통해 우리는 날마다 조금씩 더 신실함으로 하나님께 응답할 수 있게 된다.[15]

영 분별과 영적 분별은 비슷한 면도 있고 다른 면도 있다.

기독교 역사에서 초기 400년 동안은 영들이 우리 내면세계에 반영될 때 어떻게 작동하는지에 대한 식별, 그리고 우리가 어떤 영을 따르고 어떤 영을 배척해야 하는지에 대한 '영들의 식별'이 발달했고, 신앙의 체계를 갖춘 400년 이후부터는 요한 카시아노의 경우에서 알 수 있듯이 그 초점이 영들의 식별에서 외적 행동에 대한 판단인 영적 분별로 바뀌게 되었다. 이제는 선과 악, 어둠과 빛 사이의 분별이 아니라 겉보기에는 다 선인 것들 사이에서 더 올바른 일, 하느님의 뜻에 더 합당한 일이 무엇인가를 묻고 찾는 것이다. 그 이유는 아마도 실천적인 문제가 많이 대두되었기

---

14   엘리자베스 리버트/ 이강학 옮김, 『영적 분별의 길』(서울: 좋은 씨앗, 2012), 45.
15   앞의 책, 46.

때문일 것이다.¹⁶

사람의 생각은 외부의 영향을 많이 받는다. 전통적으로 마음을 움직이는 본질적인 힘은 하나님이나 마귀라고 생각했고, 궁극적으로는 천사나 악마와 같은 외적 행위자를 통해서 인간의 생각을 변화시키기 때문에 분별은 경험과 지혜를 중요하게 생각했다. 그러므로 생각을 움직이는 근원으로서의 영들을 분별하는 것은 성령의 임재나 부재를 분별하기 위해 매우 소중한 일이었다. 그러므로 성경은 영들을 분별해 보라고 권면했고 (고전 12:10; 요일 4:1), 조나단 에드워즈에게는 "분별이란 사람들 사이에서 활동하는 영이 작용하는 방식을 관찰하는 것"을 의미했다.¹⁷

로욜라의 이냐시오는 『영신수련』에서 우리의 생각에 영향을 미치는 선신과 악신을 구별한다.¹⁸ 성령과 천사처럼 거룩한 존재를 지칭하는 선신은 인간에게 선한 내적 충동을 불러일으키고, 유혹의 원천인 악신은 세속적이고 육체적인 생각이나 충동을 가져온다.

생각의 근원인 영들을 분별하는 것은 영적 분별의 기초가 될 수 있지만, 영적 분별은 우리의 신앙적 경험과 그 경험에서 유래된 신앙적 정서를 분별해서 올바른 결정을 하는 것을 목표로 한다는 점에서 영 분별과 영적

---

16 김승혜, 앞의 책, 381. 정재천은 분별의 결정판으로 정리가 잘 된 것은 베네딕토의 「규칙서」인데, 베네딕토 성인의 규칙서는 '분별의 규칙서'라고 말한다.
17 엘리자베스 리버트, 앞의 책, 235.
18 이냐시오, 『영신수련』 규칙 [314] 규칙 1. 대죄에서 대죄로 나아가는 사람들에게 원수는 노골적인 쾌락을 제시하고 감정적인 쾌락과 즐거움을 상상하도록 하여서 악덕과 죄들을 유지하고 더욱 키워가게 한다. 이런 사람들에게 선한 영은 이성의 분별력으로써 양심을 자극하고 가책을 일으키는 등 정반대의 방법을 쓴다. [315] 규칙 2. 자기 죄를 진정으로 보속하고 우리 주 하느님을 섬김에 있어 더욱 향상되고 있는 사람들에게 첫째 규칙과는 정반대의 방법을 쓴다. 이 경우에 악한 영은 슬픔에 빠져 애타게 하며 진보하지 못하도록 장애물을 두고 거짓 이유로 마음을 혼란스럽게 한다. 그리고 선한 영은 용기와 힘, 위로와 눈물, 좋은 영감들을 주고 침착하게 하며 선행에 있어서 쉽게 진보하도록 해 주고 장애 되는 모든 것들을 제거한다.

분별은 다르다. 영 분별이란 생각의 근원이면서 동시에 우리의 생각에 직접적이고 구체적인 영향을 미치는 영들이 선한 영인지 악한 영인지를 분별하는 것이라고 한다면, 영적 분별은 우리의 내면에서 일어나는 신앙적 정서들을 면밀하게 성찰하면서 올바른 행동을 위한 선택 과정이라고 말할 수 있다. 주님을 기쁘시게 해 드리기 위해 결과적으로 따를 필요가 있는 행동의 원천을 발견하려고 하면서 자신을 움직이는 내적 영감이나 움직임을 식별하는 것이 영들의 식별[19]이라면, 영적 분별이란 하나님의 영을 받은 영적 인간이 그분께서 자신을 이끌어 주시도록 내맡기며, 모든 것을 판단하여 그리스도의 사고방식을 얻기에 이르는 과정을 영적 분별이라고 할 수 있다.[20] 그러므로 영적 분별과 영들의 분별은 상호 관련이 있다.

영적 분별은 매우 파괴적인 일을 하든가 자신을 크게 속일 가능성을 지니고 있기 때문[21]에 위험한 일일 수 있다. 그럼에도 불구하고 좋은 선택을 할 수 있는 능력, 확신을 가지고 지혜롭게 선택할 수 있는 능력인 영적 분별은 그리스도인의 삶과 사역에 있어서 기초가 되는 기술이기 때문에 영적 성장과 성숙의 증거로서 영적 분별만큼 중요한 것도 없다.[22]

토마스 아퀴나스는 영적 분별을 신중한 사려분별(prudence)의 한 부분으로 다루었고, 존 휴츠렐(John Futrell)은 영적 식별이란 내적인 경험들 중에서 그 경험들의 기원을 결정하고 어떤 경험들이 빛의 길을 따라 움직이는 것인가를 발견하기 위해서 걸러내는 작업이라고 말했다. 에드워드 오코너(Edward O' Connor)는 영적 식별이란 "우리 마음속에서 일어나는 영

---

19 마누엘 루이스 후라도, 『영적 식별』, 39.
20 앞의 책, 36.
21 크레이그 다익스트라 외 공저, 『일상을 통한 혁명』 (서울: 예영커뮤니케이션, 2004), 177.
22 고든 스미스/ 박세혁 옮김, 『분별의 기술』 (서울: 국제제자훈련원, 2012), 15.

감들이나 충동들 중에서 어떤 것이 하나님으로부터 온 것인가, 혹은 사단으로부터인가, 혹은 우리 자신으로부터인가를 결정하는 것과 관련되어 있다"고 말했다.[23] 그러므로 영적 분별이란 신앙적 체험의 결과, 내면에서 일어나고 있는 신앙적 정서와 갈망을 면밀하게 성찰하면서 하나님의 뜻을 선택하고 실천하는 의사결정 행위 혹은 의사 결정 과정이라고 정의할 수 있다.

영적 식별에는 이중적인 과정이 요구된다. 하나는 하나님과 우리 환경에 대한 감성적인 경험을 어떻게 연결시키고 해석시키느냐의 문제이고, 다른 하나는 우리가 직면하고 있는 선택적인 일에 대하여 어떻게 이성적으로 판단을 내리느냐의 문제이다. 말하자면 선택과 식별에 동원되는 핵심적인 두 요소는 감성(affectivity)적 경험과 이성(reason)적 판단이다. 인간이 감성적인 존재라는 것을 전제할 때 느낌이나 충동 등이 하나님 체험을 식별하는데 중요한 요소가 아닐 수 없다.[24]

그런데 이 두 요소는 별개의 작용이 아니라 상호 보완적이다. 만약 감성적인 경험을 억누르고 거기에 주의를 기울이지 않고, 오직 이성적인 기능에만 의존한다면 행동력을 갖춘 가슴을 잃어버릴 수 있다. 반면에 이성의 소리를 무시하고 오직 느낌과 충동 등의 감정적인 요소에만 의지한다면 주관적인 열정 주의에 사로잡혀 냉철한 식별력을 잃어버릴 수 있다. 그러므로 영적 식별 과정에서 기억해야 할 구호는 "당신의 머리를 사용하고 당신의 느낌들을 신뢰하라"는 말이다. 느낌과 이성이라는 쌍두마차가 온전하게 달릴 때 식별 작용은 왕성하게 이루어진다.[25]

---

23 유해룡, 『하나님 체험과 영신수련』 (서울: 장로회신학대학교 출판부, 1999), 220-221.
24 앞의 책, 242.
25 앞의 책, 242.

영적 분별이 하나님의 뜻을 실천하는 의사결정 행위 혹은 과정이라고 한다면 그것은 성령의 은사이면서 동시에 훈련을 통해서 계발할 수 있는 덕목이라고 할 수 있다. 영적 분별의 대상인 신앙체험을 올바르게 해석할 수 있는 근거는 믿음에 있고, 그리스도교의 믿음이 성령의 은사라고 한다면 영적 분별은 하나님이 그리스도인에게 주시는 성령의 은사이다. 그러나 성령의 은사는 잘 활용하면 얼마든지 계발될 수 있는 훈련을 포함한다. 영적 분별은 신앙체험이 성령으로부터 오는 진정한 체험인지 악한 영으로부터 오는 거짓 체험인지, 그리고 그 체험의 결과 내면에서 일어나는 갈망이 선한 것인지 악한 것인지를 구분할 줄 아는 분별력이 요구되기 때문이다.

영적인 사람의 길은 단순히 윤리적인 선을 성취하는 것을 넘어선다. 영적인 사람은 새로운 시각으로 과거와 현재, 그리고 미래를 조망하면서 그리스도의 지혜에 자신을 개방한다. 그러므로 영적인 사람은 그의 내면에 그리스도의 형상을 창조하려는 거룩한 열망을 가지고 모든 것을 분별하며, 그리스도의 형상이 내면에서 성숙해지기를 추구하는 분별력 있는 인간이다. 그러나 "분별력 없는 인간"은 행하는 바를 타당하게 생각하지 않고, 또 무슨 목적으로 누구를 향하는지 적절하게 분간하지 않은 채 가볍게 행동한다. 그래서 충분히 판단하지 않고 행동하거나 자기가 처해있는 여건, 자기의 힘이나 자기의 존엄성, 혹은 자기 앞에 있는 이의 존엄성, 시작하려는 행위에 필요한 것 등에 대해 응당 기울여야만 하는 주의와 숙고를 하지 않고 사려분별이 없이 처신한다.[26]

그리스도인은 하나님을 따르려는 갈망을 가지고 구체적인 삶의 현

---

26 마누엘 루이스 후라도, 앞의 책, 5.

장에서 자신의 믿음을 실천하려 한다. 그러나 갈망이란 참으로 모호한 것이다. 그러므로 영적 분별에서 자신의 진정한 갈망을 알고 좋은 갈망과 더 좋은 갈망을 분별하고 선택하는 것은 필수적이다. 인간은 갈망 덩어리이고 그 갈망들은 내면에서 충돌을 일으킨다. 그러나 모든 갈망은 똑같이 조심스럽게 키워야 할 가치가 있는 것이 아니다. 그러므로 많은 내면의 갈망 중에서 나에게 가치가 있는 것과 더 가치가 있는 것을 분별하고 갈망의 변화를 알아차리는 것이 영들을 분별하는 재료가 된다고 이냐시오는 말했다.[27] 하나님의 뜻을 올바로 분별하기 위해서는 자신의 갈망과 동기에 대해서 의문을 제기할 줄 알아야 한다.

체험과 경험의 결과로 발현되는 정서를 올바르게 분별하기 위해서는 자신의 구체적 상황에서 자신의 요구와 갈망, 그리고 필요를 정확하게 알아야 한다는 측면에서 영적 분별은 영적 감수성을 민감하게 하는데 필요한 영성 훈련을 필요로 한다. 그리고 영성 훈련을 통해서 분별력은 향상시킬 수 있다. 그러므로 영적 분별은 은사이면서 동시에 훈련이 필요한 실천적 지혜이다.

(2) 영적 분별의 필요성

한국교회는 신앙체험에 대한 영적 분별에 대하여 관심을 크게 기울이지 않았지만, 최근에 그리스도인들의 영적 분별이 필요하다는 공감대가 확산되고 있다. 시대가 다원화되고 복잡해지면서 영적 분별의 중요성이 증대되고 있기 때문이다.

---

27 엘리자베스 리버트, 『영적 분별의 길』, 78.

결정과 분별은 같지 않다. 결정은 자신이 의도한 목적에 따라 스스로 수단을 결정할 수 있는 권한이다. 그러나 분별은 우리에게 일어나는 모든 것을 통해서 우리의 일상 한가운데 계신 하나님을 추구하는 실습이고 결정 내리는 가장 인간적인 행위 중 하나이다. 결정은 우리가 자신을 만들어가는 중요한 선택이며 행위이기 때문에 개인에게 의미가 크다고 할 수 있다. 그러나 개인의 의도와 하나님의 의도는 다를 수 있기 때문에 그리스도인은 결정을 내리는 행위 속에서 언제나 하나님을 추구해야 한다. 좋은 결정을 하기 위해서 분별이라는 힘든 과정을 거치는 이유는 분별이란 우리에게 일어나는 모든 것을 통해서 우리의 일상 한 가운데 계신 하나님을 추구하는 실습이기 때문이다.[28]

결정과 분별은 다른 것이지만, 결정과 분별을 지속하며 살아야 할 우리의 현실은 급변하고 있다. 제럴드 맥더모트(Gerald McDermott)는 그의 저서 『하나님을 바라봄』에서 미국에서 영적 혼란을 가져오는 4가지의 문화적 경향을 지적하고 있다.

첫째, 가장 주목할 만한 경향은 종교 지도자들의 신뢰가 하락하고 있다는 것이다. 둘째, 조직화된 종교에 대한 환멸을 느끼는 사람들이 증가하고 있다. "나는 하나님을 믿지만, 종교적인 광신도는 아니다. 내가 마지막 교회에 간 적이 언제인지 기억할 수 없다."라고 많은 현대인이 고백한다. 셋째, 영적인 혼란을 초래하는 문화적 압력은 종교 다원주의이다. 넷째, 미국의 크리스천들은 지적 자율성(intellectual autonomy)에 따른 문화적 홍보(culture's promotion) 때문에 영향을 받고 있다.[29]

---

28 앞의 책, 302.
29 Gerald McDermott, *Seeing God: Twelve Reliable Signs of True Spirituality* (Illinois: IVP, 1995),

김승혜는 『유교의 시중과 그리스도교의 식별』에서 다음과 같이 말한다.

> 우리가 유교의 시중 사상을 그리스도교의 식별관과 함께 조명하려는 데는 세 가지 이유가 있습니다. 첫째, 우리 시대가 변화의 때라는 것입니다. 급격한 변화로 우리가 일상적으로 따르며 살아왔던 삶의 패러다임이 온통 바뀌고 있습니다. 이런 시기에는, 우리 각자가 스스로 생각하며 분별하며 변화 속에 스스로 설 수 있는 영성이 필요합니다. 둘째, 추상적 도덕 원칙만 가지고는 살기 어렵습니다. 지금은 모든 것이 이것이 옳고 저것이 그르다는 원칙대로 이루어지지 않습니다. 속도가 빨라진 디지털 시대에 서로 배려하며 살기 위해서는 적합한 사회 윤리와 개인의 지혜, 영성적인 힘이 필요하다는 것입니다.[30]

그러므로 신앙적 분별도 우리의 상황에 맞도록 신중하게 실천해야 한다. 한국교회 성도들은 신앙적인 문제에 직면했을 때 보편적으로 교회의 목회자들과의 상담을 통해서 해결해 왔다. 그러나 신앙체험은 지극히 개인적이고 내밀한 것이기 때문에 자신의 깊은 내면의 문제를 다른 사람의 도움을 받아 해결한다는 것은 불가능에 가까운 일이다. 결정은 혼자 감당해야 하는 고독한 과정이기 때문이다.

어떤 사람들은 스스로 성서를 묵상함으로써 문제를 해결하려고 한다. 그러나 성서는 다양한 사람들이 다양한 상황에서 경험한 신앙체험을 기록하고 있기 때문에, 자신의 신앙적 문제를 해결하기 위한 전거로서 어

16-17.
30 김승혜, 앞의 책, 53-54.

떤 성서의 본문을 사용할 것인가? 하는 것은 신중하게 생각해야 할 필요가 있고, 성서를 통해서 자신의 신앙적 질문을 해결하려면 성서에 대한 많은 지식이 필요하다. 그러므로 성서에 기록된 사람들의 하나님 체험을 근거로 자신의 신앙체험을 해석하는 것은 신중한 주의와 접근이 필요하다. 하나님이 말씀하시는 동안에도 우리는 여전히 오류를 범할 수 있다.[31]

그러나 한국교회는 분별에 대한 정확한 원칙이 마련되어 있지 않다. 또한 장로교회와 감리교회 사이에 분명한 차이도 존재한다. 한국교회는 교회의 신학에 적합한 영적 분별에 관한 원칙이 없을 뿐만 아니라 체계적인 영적 분별에 관한 영성 수련도 시행되지 않고 있다.

미국의 영적 대각성의 주역이었던 조나단 에드워즈에 의하면 모든 종교적 정서에는 그에 해당하는 가짜가 있다. 인간 본성에서 나오는 다양한 기능, 원리, 그리고 정서는 하나의 원천에서 나오는 많은 통로이다. 그러므로 그 나타나는 것이 비슷함에도 불구하고 참된 경험과 거짓된 경험의 차이를 분별하는 것이 필요하다.[32] 그리스도인의 내면에는 하나님을 사랑하고자 하는 성향과 자신의 야망적인 성향이 동시에 섞여 있기 때문에, 더욱더 충실한 식별적 삶이 필요하다.[33] 하나님의 뜻을 올바르게 분별하기 위해서는 의도와 수단과 결과와 더불어 우리의 생각과 느낌의 처음과 중간, 마지막을 면밀하게 살펴보아야 한다.

우리의 갈망들 속에는 영적인 갈망과 영적이지 않은 것들이 섞여 있고, 영적인 갈망 중에서도 참된 신앙적 갈망과 거짓된 신앙적 갈망이 섞여 있다. 그러므로 신앙적 정서를 경험했을 때 그 경험과 경험에서 유발

---

31 유해룡, 『하나님 체험과 영성수련』, 216-217.
32 이강학, "조나단 에드워즈의 영적 분별: 『구별하는 표지』와 『종교적 정서론』을 중심으로", 58.
33 유해룡, 『하나님 체험과 영성수련』, 235.

된 정서가 올바른 것인지 분별해야 할 필요가 있다. 우리는 육체의 도움을 받아 감각을 경험한다. 그러므로 우리가 경험하는 갈망 중에는 육체의 필요에 부응하는 것도 있고, 육체의 감각적 욕구를 충족시키는데 부응하는 것도 있다. 그렇기 때문에 영적 분별에는 이중적인 과정이 요구된다.

하나는 하나님과 우리 환경에 대한 감성적인 경험을 어떻게 연결하고 해석하느냐의 문제이고, 다른 하나는 우리가 직면하고 있는 선택적인 일에 대하여 어떻게 이성적으로 판단을 내리느냐의 문제이다. 말하자면 선택과 식별에 동원되는 핵심적인 두 요소는 감정(affectivity)적 경험과 이성(reason)적 판단이다.[34] 그런데 감정적 경험과 이성적 판단은 배타적이라기보다는 상호 보완적 관계이다. 감정적인 경험을 무시하고 이성적 판단에만 의지한다면 행동력을 상실할 가능성이 크고, 이성적 판단을 무시하고 감정적 경험만을 중요하게 생각한다면 주관적인 열정에 사로잡혀서 영적 분별을 그르칠 수 있다. 그러므로 영적 분별에서 기억해야 할 것은 "당신의 머리를 사용하고 당신의 느낌을 신뢰하라"는 말이다. 느낌과 이성이라는 쌍두마차가 온전하게 달릴 때 식별 작용은 왕성하게 이루어진다.[35] 육체적 정서의 실체를 영혼이 정확하게 재해석하고 올바른 영적 분별을 하기 위해서 내면적인 영적 감각이 예민해야 한다. 그러므로 외적으로 경험되는 정서가 무엇이든지 간에 하나님과의 관계성에서 정서를 바라볼 때 영적 감각이 민감해져서 올바른 영적 분별이 이루어질 수 있다. 그러므로 영적 분별이라는 말 속에는 이미 의식적으로 하나님과의 관계 형성을 고려하고 있다는 의미가 포함되어 있다.

하나님의 말씀은 객관적 신빙성이 명백하지 않은 경우가 많다. 그러

---

34 앞의 책, 242.
35 앞의 책, 242.

므로 다양한 분별 규범을 통하여 하나님의 말씀의 객관적 신빙성을 확인하는 것은 신앙생활에서 중요한 일이다. 영적 분별을 통하여 우리는 책임적 존재로서, 그리고 하나님의 성숙한 자녀로서 하나님과 인격적인 관계를 맺을 수 있다. 하나님은 아버지로서 우리의 삶에 개입하시기를 원하시지만, 동시에 하나님의 자녀인 우리가 미성숙한 상태로 머물러 있지 않고 성숙하고 장성한 책임적 존재로 살아있는 관계를 맺기를 원하신다.[36] 그러므로 하나님의 목소리를 분별하는 것은 필요하고 필연적이다.

영적 분별은 선과 악 사이에서 선택하는 것이 아니라 선과 선 사이에서 더 좋은 선을 선택하는 것을 포함한다. 그러므로 선악을 분별하는 것이 문제가 아니라 무엇이 최선인지를 아는 것이 문제이다.[37] 영적 분별이 선과 더 좋은 선 사이에서 더 좋은 선을 선택하는 것이라는 말은 우리의 선택은 항상 최선을 지향해야 한다는 것을 의미한다. 그러므로 영적 분별에서 우리에게 주어진 상황 속에서 한계와 기회를 충분히 인식하고 받아들일 수 있는 겸손이 필요하다.

(3) 영적 분별의 대상

① 신앙적 정서

일반적으로 사람들은 정서를 부정적으로 생각한다. 정서란 자신의 내적 충동이지만 일관적이지 않고 변하기 쉬운 것이어서 믿을 수 없는 것이라고 생각하기 때문이다.

36　앞의 책, 231.
37　고든 스미스, 『분별의 기술』, 41.

감정적인 사람은 마음이 따뜻해서 사람들에게 쉽게 다가가고 공감 능력도 뛰어나지만, 한편으로 기분에 따라 크게 좌우되며 감정의 기복 또한 심하다. 그러나 결정과 관련해서는 감정이 옳은 방향을 제시할 수 있다. 그러나 감정이란 사람을 속일 수도 있다. 예컨대 비현실적인 불안이나 세상과 동떨어진 환상으로 인해 속을 수 있다. 상처와 같은 심리적으로 무거운 짐이 감정형 인간에게 각인되어 현실을 왜곡하여 받아들이는 경우가 있다. 그 영향이 큰 탓에 현실을 직시하지 못할 수 있다. 이런 사람은 명백한 사실만 받아들이거나 남들의 충고에 의존하기 쉽다.[38]

이처럼 정서에 대한 불신이 깊지만, 감정은 이성보다 훨씬 빠르고 강력한 실천력을 갖는다. 인간이란 내면에 다양한 정서들을 복합적으로 간직한 현실적 존재이고, 정서란 우리의 육체적 체험에 대한 우리의 즉각적인 내면적 반응이다. 그러므로 정서란 우리의 내적 충동을 알아차릴 수 있는 가장 중요한 통로로서 우리의 믿음과 상호작용을 한다.

체험은 구체적 상황 속에서 일어나는 것이기 때문에 통제하기 쉽지 않다. 그러나 그 체험으로부터 일어나는 감정은 인지하고 때로는 통제할 수 있다. 그러므로 교의학에서는 대수롭지 않게 취급하지만 영성 신학과 영적 분별 전통에서는 정서를 중요한 분별의 대상으로 삼는다. 고든 스미스는 다음과 같이 말했다.

영적 분별에 있어서 중요한 것은 우리 양심의 내부에서 무슨 일이 일어

---

38 슈테판 키흘레, 『결정: 이나시오 영성에 따른 식별』, 16.

나고 있는지를 살펴보는 일이다. 하나님은 입을 가지고 있지 않다. 그분께서는 우리가 들을 수 있게 말씀하시지 않는다는 말이다. 오히려 하나님께서는 우리의 감정들, 우리 마음에 남겨진 인상들을 통해서 우리에게 말씀하신다. 그러나 우리 머릿속에 들리는 목소리가 곧 하나님의 목소리라고 생각해서는 안 된다. 우리는 이러한 인상들을 해석함으로써 하나님의 말씀을 분별해내야 한다. 마음의 움직임을 지각하고 그것을 제대로 평가함으로써 그분의 음성을 분별할 수 있다. 결국 우리를 인도하는 것은 이성이다. 그러나 이성은 우리의 내적인 인격에 남겨진 감정들이나 인상들과 조화를 이루어야 한다.[39]

또한 엘리자베스 리버트는 다음과 같이 말했다.

올바른 선택과 결정을 하기 위해서는 우리 자신의 긍정적인 감정과 부정적인 감정을 정직하게 직면해야 한다. 영적 분별의 일차적 대상은 신적 체험에서 기인한 신앙적 정서이다. 성부 성자 성령의 삼위에 대한 각각의 체험이 별개의 정서를 유발하지 않는다. 우리가 삼위 하나님을 각각 체험한다고 할지라도 경험되는 신앙적 정서는 한 분이신 하나님에 대한 열정과 갈망, 그리고 사랑으로 표현된다. 그러므로 큰 갈망, 열정, 동기, 사랑과 증오, 그리고 거기서부터 나오는 결정들, 이것이 영적 분별의 재료이다. 영적 분별은 단순히 결정을 내리는 것 그 이상의 것이다. 그것은 삶의 방식이며 특별히 구별하는 삶의 방식을 가리킨다.[40]

---

[39] 고든 스미스, 『분별의 기술』, 83.
[40] 엘리자베스 리버트, 앞의 책, 73.

우리는 감정이 없이 올바른 결정을 내릴 수 없다. 그것들은 지식과 판단의 필수적인 요소가 된다.[41]

로욜라의 이냐시오는 감정을 중요한 영적 분별의 재료로 삼는다. 이냐시오의 영적 분별 규칙은 제1주간의 규칙들(313-327)과 제2주간의 규칙들(328-336)로 구분한다. 제1주간의 영적 분별의 규칙은 영신수련의 초심자들에 해당하는 것으로 죄에 대한 회개와 영 분별을 시행한다.[42] 제1주간에는 비교적 단순하게 정서를 구분하고 영적 분별을 시행하지만, 제2주간의 규칙들은 영적으로 더 높은 단계에 이른 피정자들이 신앙적 정서의 분별을 통한 영적 분별을 시행한다. 이때 영적 분별을 시행하기 위해서 이냐시오는 분별의 세 시기를 제시한다.[43]

이냐시오의 『영신수련』에서 피정자는 첫째 주간에 먼저 양심 성찰과 함께 관상기도를 드린다. 이때 피정자는 준비 기도(Readiness Prayer)를 드리는데, 먼저 의자(또는 앉거나 누울 담요나 방석)에서 몇 걸음 떨어져 서서, 하느님의 현존에 자신을 집중한다. 앞으로의 시간 동안 생각하고 원하는 모든 것, 특히 자신의 전 자아를 하나님께 바친다. 이 기도는 생략하거나 변경하지 않는다.[44] 그런 후 피정자는 관상으로 들어가게 되는데 이냐시오의 관상은 적극적으로 인간의 상상력을 활용한다. 이냐시오의 관상은 성경의 한 구절을 택해서 읽고, 쉬고, 마음을 끌어당기는 부분에 대해 묵

41　앞의 책, 251. 감정을 의미하는 단어 emotion은 파생 부분으로 나누면 e-motion이 되어 "움직임을 향하여(toward motion)"라는 의미를 가지고 있다.
42　이냐시오, 『영신수련』, 27. [32] 양심을 깨끗하게 하고 고해성사를 더 잘하기 위한 일반 양심 성찰. 내 안에는 세 가지 생각들이 있다고 본다. 즉 순전한 내 자유와 원의에서 나오는 내 자신의 생각과 밖으로부터 오는 두 가지 생각들인데 하나는 선한 영으로부터 오는 것이고 다른 하나는 악한 영으로부터 오는 것이다.
43　이냐시오, 앞의 책, 169. 선택을 위한 길라잡이, [175] 건실하고 올바른 선택을 하기 위한 세 시기들. [176], [177].
44　조셉 A. 테틀로, 『사랑의 발걸음-영신수련 주제별 해설』, 95.

상하고 관상하는 베네딕도회의 렉시오 디비나와도 구분된다.[45] 자아 성찰의 기도와 관상기도를 통해서 자신의 기쁨과 슬픔에 대해 성찰하는 훈련을 하게 되면, 그것의 중요성을 알 수 있게 될 것이다. 우리 삶의 분주함이나 막연한 상상을 넘어서서 기도와 성찰의 사람이 될 때, 우리는 진정으로 우리 자신에 대해 알게 될 것이며 하나님께서 주시는 영감과 그분의 격려하심에 주의를 기울일 수 있게 될 것이다.[46]

분별을 위한 세 시기 중에서 첫 번째 시기는 의심할 여지없이 자기에게 제시된 것을 따르게 되는 경우이다.[47] 건실하고 올바른 선택을 하기 위한 첫 번째 시기는 직관적 분별이라고 말할 수 있다. 베르그손에 의하면 직관이란 인간의 직접적 의식이며 무매개적 의식이다.[48] 하나님의 부르심이라는 의심할 수 없는 강력한 내적 확신 때문에 주저함이 없이 선택하는 분별의 시기로서 영적 분별자가 따를 수 밖에 없는 경우이다.

피정자는 관상기도를 드리는 동안 마음속에 경험되는 정서를 느낀다. 기도 중에 느껴지는 정서는 영적 분별의 재료인데 이냐시오는 이때의

---

45 앞의 책, 97.
46 고든 스미스, 『분별의 기술』, 85.
47 이냐시오, 앞의 책, 73. [175] 건실하고 올바른 선택을 하기 위한 세 시기들. 첫 번째 시기는 우리 주 하느님이 의지를 움직이고 이끌어서, 의심 없이 또 의심할 수도 없이, 그 열심인 영혼이 자기에게 제시된 것을 따르게 되는 경우이다. 이는 성 바오로와 성 마태오가 우리 주 그리스도를 따를 때 했던 선택이다.
48 양선진, "지성과 직관에 대한 고찰 - 베르그손과 왕양명을 중심으로 -,"「退溪學論叢」第39輯, (2022년 6월), 222. 베르그손의 직관은 철학의 영역에서 종교의 영역까지 확장된 개념이다. 베르그손의 직관적 인식이란 단번에 완성된다거나 生得的이라는 의미를 지니지 않으며 부단한 인간적 노력의 산물이다.(양선진, 위 논문, 238) 인간 지성의 차원에서 보면 인간의 직관은 기원과 의미를 분명하고 명석하게 파악하고 인식할 수 있는 차원이 아니므로 전혀 인식이라고 할 수 없는 차원, 즉 무의 세계이다. 따라서 인간의 직관은 인간의 사유적 습관인 지성적 사유 방식에서 우회할 기회를 통해서 가능하다. 이러한 점에서 인간에게 직관이 작동되는 경우는 바로 종교적으로 특혜를 받은 영혼들, 즉 영성을 지닌 자들이며 이러한 자들은 신비스러운 것을 파악할 수 있는 직관 능력을 지녔다.

정서를 영적 위로[49]와 영적 실망[50]이라고 말한다. 영적 분별을 시행한다는 것은 우리의 감정에서 무슨 일이 일어나고 있는지를 점검하는 것이다. 우리의 정서는 마음과 몸의 상태에 영향을 받는다. 그러므로 이냐시오는 영적 실망 상태에서는 결정하지 말라고 당부한다.[51] 그러므로 영적 분별을 시행할 때는 심리적으로나 신체적으로 가장 평안하고 안정된 상태에 있어야 한다. 심리적으로 불안정하거나 신체적으로 건강하지 못한 상태에서는 올바른 분별을 할 수 없기 때문이다. 이냐시오는 하나님의 뜻을 분별하기 위해서는 상황도 중요하게 고려해야 하지만, 더 중요한 것은 외부 환경에 대한 내면의 반응이라는 것을 가르쳐 준다. 영적 분별에서 가장 중요한 것은 분별하는 사람 자신이기 때문이다.

하나님은 인간의 영혼에 드나들며 감동을 일으켜 그 영혼을 온전히 하나님께 대한 사랑으로 이끄시는 분이시기 때문에 어떤 이유가 없이도 영혼에 위로를 준다.[52] 그러나 이유가 있는 위로가 주어질 때가 있다. 영

---

49 이냐시오, 앞의 책, 131. [316] 규칙3. 영적 위로에 대하여. 위로란 마음에 어떤 감동이 일어나며 영혼이 창조주 주님에 대한 사랑으로 불타올라 세상의 어떤 피조물도 그 자체로서만 사랑할 수가 없고 그 모든 것을 창조주 안에서 사랑하게 되는 때를 말한다. 또한 자기 죄나 우리 주 그리스도의 수난의 아픔이나 직접 하느님을 위한 봉사와 찬미에 관련된 다른 일들에서 오는 고통 때문에 주님께 대한 사랑으로 이끄는 눈물이 쏟아지는 경우도 마찬가지이다. 결국 믿음, 희망, 사랑을 키우는 모든 것과 창조주 주님 안에서 영혼을 침잠시키고 평온하게 하면서 천상적인 것으로 부르고 영혼의 구원으로 이끄는 모든 내적인 기쁨을 위로라고 한다.
50 앞의 책, 131-132. [317] 규칙4. 영적 실망에 대하여. 실망은 규칙 3과 정반대되는 것으로서, 영혼이 어둡고 혼란스럽고 현세적이고 비속한 것으로 기울어지고, 또한 여러 가지 심적인 동요와 유혹에서 오는 불안감 등으로 불신으로 기울고 희망도 사랑도 사라지며, 게으르고 냉담하고 슬픔에 빠져서 마치 스스로가 창조주 주님으로부터 멀리 떨어져 있는 것처럼 생각되는 상태이다. 위로가 실망에 반대되는 것과 같이 위로에서 나오는 생각들도 실망에서 나오는 생각들과 반대가 된다.
51 앞의 책, 132. [319] 규칙6. 실망 중에는 처음에 세운 목적들을 바꾸지 말아야 하지만 실망에 거슬러서 힘껏 대응하는 것은 크게 도움이 되므로, 기도와 묵상에 더욱 노력하고 더 많이 성찰하고 적당한 형태의 고행을 더 늘리도록 한다.
52 앞의 책, [330] 규칙2, 136.

혼에 이유가 있는 위로를 주는 일은 선한 천사와 악한 천사가 모두 할 수 있지만, 그 목적은 정반대이다. 선한 천사는 영혼의 유익을 위해서, 즉 영혼이 성장하고 선에서 더 큰 선으로 향상되게 하려는 것이고 악한 천사는 그와 반대로 결국 영혼을 자신의 못된 의도와 사악함에로 이끌기 위함이다.[53] 본래 악한 천사는 빛의 천사의 모습을 취하여 열심인 영혼인 척하고 들어가서, 결국 자신의 본모습을 드러낸다.[54] 그렇기 때문에 생각의 진행 과정을 잘 살피면서 영적 위로와 영적 실망에 대한 감정도 분별해야 한다고 이냐시오는 말한다.[55]

조나단 에드워즈는 "참된 신앙은 대체로 거룩한 감정 안에 있다."[56]고 말한다.

참된 신앙은 참된 거룩한 신앙적 정서를 포함한다는 의미이다. 에드워즈에게 있어서 정신(mind)과 마음(heart)은 같은 것인데, 정신과 마음을 더 활기 있게 느끼게 되는 것을 감정(affection)이라고 정의한다.[57] 에드워즈에게 있어서 정서란 단순한 느낌이 아니라 전 인격에 관계하는 것으로서 정서는 의지와 성향이 더 활기차게 감지할 수 있도록 하는 활동이다.

그리고 조나단 에드워즈는 인간의 영혼이 가진 두 가지 기능인 지성

---

53 앞의 책. [331] 규칙3, 136-137.
54 앞의 책. [332] 규칙4, 137.
55 앞의 책. [336] 규칙8, 138-139. 이유 없이 위로가 주어질 때는, 이미 말한 것처럼 [330] 오직 우리 주 하느님으로 말미암는 것이기 때문에 거기에는 속임수가 없지만 하느님에게서 그런 위로를 받은 영적인 사람은 재삼 살피고 주의하여 위로의 시기와 그에 뒤따라오는 시기, 즉 영혼이 지나간 위로의 덕택과 그 여파로 아직 열렬하게 은총 중에 있는 시기를 살피고 식별하여야 한다. 왜냐하면 많은 경우에 이 두 번째시기에, 자신의 고유한 생각과 판단의 습관과 결과에 따라서, 선한 영이나 악한 영에 의해서, 우리 주 하느님에게서 직접 주어지지 않은 여러 가지 생각과 의도들을 갖게 되기 때문이다. 그러므로 그것들을 전적으로 신용하거나 실행에 옮기기 전에 충분히 잘 살피도록 하여야 한다.
56 조나단 에드워즈/ 정성욱 옮김, 『신앙 감정론』(서울: 부흥과개혁사, 2015), 147.
57 앞의 책, 149. 조나단 에드워즈는 같은 책 155쪽에서 "감정이란 의지가 왕성하고 생동감 있고 감지할 수 있게 활동하는 것이다"라고 분명하게 감정을 정의하고 있다.

(understanding)과 성향, 혹은 이끌림(inclination)을 설명한다.

첫째는 인식과 사유할 수 있는 기능 즉 사물을 분별하고 바라보며 판단할 수 있는 기능으로서 지성(understanding)이라고 불리는 것이다. 둘째는 사물을 단순히 인식하고 지각하는 것을 넘어서, 인식하고 지각하는 사물에게 어떤 식으로든 끌리게 되는 기능이다. 이것은 사물에게 호감이 생기게 할 수도 있고, 반감이 생기게 할 수도 있는 기능을 말한다.[58]

조나단 에드워즈는 영혼의 두 번째 기능은 감정이 사물에 개입되게 하는 기능인데, 감정은 호감과 혐오로 나누어진다고 하면서 이 기능을 이렇게 설명한다.

이 기능은 때로는 성향(inclination)이라고 불리기도 하고, 때로는 그에 따라 행동을 결정하고 지배하기 때문에 의지(will)라고 불리기도 하며, 정신(mind)이 기능의 행사와 관련해서는 마음(heart)이라고 불리기도 한다.[59]

조나단 에드워즈에 의하면 하나님이 인간에게 주신 영혼은 지성(understanding)과 정서적 성향(inclination)이라는 두 가지의 능력이 있다. 지성이 대상을 인지하게 되면 동시에 정서도 발생되는데, 지성이 인지한 대상에 대한 지식은 객관적인 것일지라도 성향인 감정은 나누어진다. 그래서 어떤 것은 호감과 애착을 가지는 방향으로 마음이 움직이고, 어떤 것은 반

---

58 앞의 책, 148.
59 앞의 책, 148.

감을 가지고 거절하는 방향으로 움직인다.[60] 그리고 반감이 지나치면 혐오의 정서가 생기는데 호감과 반감의 정서는 그 정서에 맞는 행동을 유발한다.

어떤 의미에서 영혼의 감정은 의지와 성향과 전혀 다르지 않으며, 의지는 감정적으로 영향을 받는 만큼만 행사된다. 다시 말하면 의지는 완전한 무관심의 상태에서는 움직이지 않는다. 의지는 어떤 방식으로든 감정이 자극을 받는 만큼만 움직이고, 그 이상으로는 결코 자발적으로 움직이지 않는다.[61] 그러나 의지와 성향의 많은 활동 가운데서 일반적으로 감정이라고 불리지 않는 것도 많이 있다. 자발적으로 행동하는 모든 것은 의지와 성향의 활동이다. 즉 우리의 행동을 지배하는 것은 우리의 성향이다.[62]

에드워즈는 사랑과 갈망에 대해 "어떤 대상에 대한 영혼의 좋아함과 끌림의 정도가 높고 왕성하고 활발하면 그것이 바로 사랑이라는 감정과 같은 것이다."[63]라고 말한 후, 현존하지 않는 어떤 대상에 대한, 그리고 그 대상을 향한 의지의 모든 활동에서 영혼은 어느 정도 그 대상에 대해서도 끌리게 되는데 이런 끌림의 정도가 커지게 되면 바로 갈망이라는 감정이

---

[60] 앞의 책, 151-152. "의지와 성향의 모든 활동이 환영하고 좋아하는 상태에서 이루어지거나 부인하고 거절하는 상태에서 이루어지듯이 감정에도 두 종류가 있다. 하나는 영혼이 어떤 대상으로 인도되거나 그 대상에게 끌리게 되거나 그 대상을 추구하게 되는 경우고, 또 다른 하나는 영혼이 그 대상을 미워하거나 반대하는 경우다. 전자에는 사랑 갈망 기쁨 감사 만족 같은 것들이 있다. 후자에는 미움 두려움 분노 슬픔과 같은 것들이 있다(조나단 에드워즈『신앙 감정론』, 151.)"고 말함으로써, 감정을 긍정적 감정과 부정적 감정으로 분류하고 있다. 그런가 하면 동정은 긍정적 감정과 부정적 감정이 결합하여 생기는 감정이라고 하면서, "동정이라는 감정에는 고통당하고 있는 사람을 사랑하는 감정이 있는 반면에, 그 사람이 고통당하고 있다는 사실을 슬퍼하는 감정이 공존하게 된다"고 설명한다.
[61] 앞의 책, 149.
[62] 앞의 책, 149-150.
[63] 앞의 책, 150.

된다고 말한다.64 또한 에드워즈는 감정(affection)과 격정(passion)65의 차이에 관해서도 설명한다.

> 일반적으로 감정이라는 말은 격정이라는 말보다는 더 포괄적이다. 감정은 의지의 성향이 모두 왕성하고 생생하게 활동하는 것에 사용한다. 그러나 격정은 본능에 미치는 효과가 더 갑작스럽고 더 격렬하며 정신이 더 충동적인 상태가 되어 통제가 되지 않는 경우에 사용된다.66

이처럼 감정은 다양한 모습을 가지고 있으면서 우리의 행동에 직접적인 영향력을 행사한다. 감정은 행동의 발원지이다. 신앙에서 감정의 역할도 다르지 않다. 성서도 믿음을 사랑이라는 감정, 즉 하나님과 주 예수 그리스도를 사랑하고 하나님의 백성들과 인류를 사랑하는 것이라고 말씀한다.67 감정이 인간의 본질에 필연적으로 속한 중요한 부분인 것처럼, 거룩한 감정은 믿음의 중요한 부분68이다. 그리고 행동을 수반하는 신앙이 참된 것69이라면 참된 신앙 행위를 유발하는 것은 거룩한 신앙 감정이라고 말할 수 있다. 그런데 감정을 부정적인 감정과 긍정적인 감정으로 구분한다면 우리의 신앙에도 부정적인 영향을 미치는 감정과 긍정적인 영향을 미치는 거룩한 감정이 있다고 볼 수 있다. 에드워즈는 참된 신앙은

64　앞의 책, 150.
65　앞의 책, 152. 열정 혹은 격정의 감정에 대해서도 "열정이라는 감정에는 어떤 사람이나 사물에 대한 큰 호감이 있는 반면, 그 사람과 사물에 대립하는 것에 대한 강력한 반감이 함께 나타나게 된다"고 설명한다.
66　앞의 책, 151.
67　앞의 책, 159.
68　앞의 책, 155.
69　"이와 같이 행함이 없는 믿음은 그 자체가 죽은 것이라."(약 2:17)

대체로 거룩한 신앙 감정 안에 있다고 말한다. 신앙적 정서는 그것이 어떤 것인지 분별을 해야 한다. 그러므로 영적 분별의 핵심적인 요소는 신앙적 정서이다. 에드워즈는 영적 분별에서 '우리가 가진 정서의 성질이 어떠한가?'가 가장 중요한 요소라고 말한다.

하나님은 우리에게 다가오셔서 말을 거는 분이지만 우리가 들을 수 있게 말씀하시지 않는다. 하나님은 우리의 감정들, 우리 마음에 남겨진 인상들을 통하여 우리에게 말씀하신다. 우리는 그러한 인상들을 해석함으로써 하나님의 말씀을 분별해야만 한다. 마음의 움직임을 지각하고 그것을 제대로 평가함으로써 그분의 음성을 분별할 수 있다.[70]

② 생각

영적 분별의 또 다른 재료는 인간의 생각 자체이다. 이냐시오는 인간의 생각 중 일부는 자신의 외부에 있는 영으로부터 온 것이라는 교회의 믿음을 제시하고 있다(『영신수련』, [32]). 여기서 개인의 생각은 그들 외부의 영으로부터 온다고 하는 강한 전근대적 믿음에 주목할 필요가 있다.[71] 이냐시오는 인간의 생각은 선신과 악신, 그리고 인간 자신의 본성을 근원으로 하여 나온다고 말한다.[72] 생각의 근원을 생각할 수 있다는 것은 인간만이 할 수 있는 유일한 능력인데, 생각의 근원은 그 생각과 같은 것이라고 규정할 수 있다. 생각의 근원이 선한 것이라면 그 생각도 선한 것이고, 생

70　고든 스미스, 『분별의 기술』, 83.
71　조셉 A. 테틀로, 『사랑의 발걸음-영신수련 주제별 해설』, 82.
72　이냐시오. 앞의 책, [32], 27. 일반성찰; [32] 양심을 깨끗하게 하고 고해성사를 더 잘하기 위한 일반 양심 성찰. 내 안에는 세 가지 생각들이 있다고 본다. 즉 순전한 내 자유와 원의에서 나오는 내 자신의 생각과 밖으로부터 오는 두 가지 생각들인데 하나는 선한 영으로부터 오는 것이고 다른 하나는 악한 영으로부터 오는 것이다.

각의 근원이 악한 것이라면 그 생각도 악한 것이다. 그러므로 생각의 근원에 대한 분별은 생각에 대한 분별이다.

그러므로 내면의 생각을 분별의 재료로 삼는다는 것은 영적 분별의 지평을 넓히는 일이다. 동시에 생각의 근원을 분별하는 것은 영들의 분별과 같은 의미이다. 악한 영의 충동을 받아 생각한 것이라면 당연히 악한 생각이며, 선한 영의 충동을 받아 생각한 것이라면 선한 생각일 것이다.[73] 어떤 경우는 악한 영이 주는 생각이 영적 위로처럼 느껴지는 경우도 있겠지만, 그것은 영적 분별을 통해서 악한 영으로부터 오는 위로는 거짓된 위로라는 것을 알아차릴 수 있다.

2) 영적 분별에 대한 성서적 근거

(1) 구약성서에서의 영적 분별

영적 분별의 주요한 대상은 개인의 신적 경험과 그 경험으로부터 기인한 신앙적 정서이다. 구약성서에서 "영적 분별"이라는 표현은 사용되지 않지만,[74] 성서 전체에는 신적 체험과 그 체험에서 기인한 생동감 있는 신앙적 정서가 표현되고 있으며, 신앙적 정서에 대한 영적 분별이 실천되는 상황은 자주 등장한다.

---

73 앞의 책, 136-137. [331] 규칙 3. 영혼에 이유가 있는 위로를 주는 일은 선한 천사와 악한 천사가 모두 할 수 있으나, 그 목적은 정반대이다. 선한 천사는 영혼의 유익을 위해서, 즉 영혼이 성장하고 선에서 더 큰 선으로 향상되게 하려는 것이고 악한 천사는 그와 반대로 결국 영혼을 자신의 못된 의도와 사악함에로 이끌기 위함이다.
74 김승혜, 위의 책, 37.

① 믿음의 선조들의 영적 분별

이스라엘 민족이 형성되기 이전에도 개인적으로 하나님의 소명을 받고 순종했던 사람들은 있었다. 아브라함은 알지 못하는 미지의 세계로 거처를 옮기라는 하나님의 명령을 받았을 때, 하나님에 대한 절대 신뢰의 감정을 가지고 하나님의 뜻을 분별하고 선택하고 순종하는 모험을 감행했다(창 12:4).[75]

모세는 불이 붙었으나 소멸하지 않는 신비한 떨기나무를 보면서 하나님의 소명을 거절해야 할지 순종해야 할지를 선택해야 했다(출 3:2-4, 17).[76] 그리고 그와 같은 분별과 선택의 과정은 모세의 전 생애를 통해 지속된다.

② 예언자들의 영적 분별

이스라엘의 마지막 사사이자 예언자이며 동시에 제사장직을 수행했던 사무엘은 왕을 세워 달라는 백성의 구체적인 요구와 왕을 세우는 것이 하나님의 뜻이 아니라는 확신 속에서 갈등한다. 두 개의 상반된 상황 속에서 어느 것이 올바른 선택인지 확신할 수 없을 때, 사무엘은 하나님의 말씀에 따라 백성들의 요구에 호응하여 왕을 세우되 왕 제도가 가지고 있는 위험성을 경고함으로써 경각심을 가지고 하나님만을 신뢰하게 하는 새로운 길을 선택한다(삼상 8:4-9).[77]

구약성서에서 자신들의 신적 경험을 생생하게 그려낸 사람은 예언자들이다. 예언자들이 자신의 신적 경험을 자세히 설명하는 이유는 자신

---

75 앞의 책, 37.
76 앞의 책, 48.
77 앞의 책, 48.

의 신적 경험의 정당성을 통하여 예언의 정당성을 주장하기 위함이었다. 그러나 개인의 신적 경험의 진실성은 객관적 타당성을 백성들로부터 인정받아야 했다.

구약성서 시대의 청중들은 거짓 예언과 참 예언을 분별하는 것을 중요하게 생각했다. 엘리야와 엘리사 이래로 예언 제도가 예언 공동체의 형태로 제도화되었으나, 동시에 하나님에 의해 보냄을 받았다는 자의식을 가지고 나타난 고전적인 예언자도 있었다. 백성들은 이 두 예언자 사이에서 누가 참 예언자이고 누가 거짓 예언자인가를 분별해야 했다.[78] 특히 영적 분별의 중요성이 대두되는 때는 국가의 위기 상황 속에서 등장한 예언자들의 예언의 진위 여부였다. 예언자 자신이 신실한가? 아닌가? 의 문제보다 예언자의 예언이 진실인가? 거짓인가? 하는 문제가 예언자가 예언하던 시대 사람들의 관심사였는데, 그것은 심각한 위기의 상황에서 예언이 갈등을 일으킬 때 진정으로 하나님이 보내신 예언자와 참 예언을 분별하는 것은 국가의 존망이 걸린 중대한 문제였기 때문이다. 그러므로 예언자와 그가 전한 예언의 진위를 분별하기를 원했다.

구약성서는 몇 번의 예언 충돌 사건을 기록한다. 그중 가장 중요한 예언의 충돌은 유대가 멸망하기 직전에 있었던 예언자 예레미야와 하나냐의 충돌이다(렘 28장). 예언자 예레미야는 동시대의 예언자인 하나냐의 예언을 거짓이라고 판단했다. 그 이유는 하나님께서 하나냐 선지자를 보내지 않았다고 확신했기 때문이다(렘 28:15). 그리고 예레미야 선지자의 예언과 하나냐 선지자의 예언 중에서 선지자 예레미야의 예언이 현실에서 진실로 확인되었다.[79]

78　유해룡, 『하나님 체험과 영성수련』, 227.
79　김승혜, 앞의 책, 49.

예언이 갈등을 일으킨 또 다른 예는 미가야와 이스라엘의 예언자 400명의 충돌이다(왕상 22:1-38). 유대와 이스라엘의 연합군과 아말렉 군대가 길르앗 라못에서 겨루게 될 전투에서 승리할 것을 예언하는 400명의 예언자와 왕이 전사할 것이라고 예언하는 미가야의 예언이 충돌할 때 두 왕은 어느 예언자가 하나님의 뜻을 전하는 것인지? 를 분별해야 했다. 이스라엘의 선지자 사백명은 한 목소리로 이스라엘과 유다의 연합군이 아람 군대를 격파하고 승리를 얻을 것이라고 예언했다.[80] 그러나 미가야 선지자는 자신의 예언은 여호와와 하늘의 만군이 합의한 것을 자신이 본 것[81]이라고 주장하면서 이 전쟁에서 아합 왕이 화를 당할 것이라고 예언했다.[82] 이 전쟁은 아합왕은 전사하고 여호사밧 왕은 무사히 유다로 귀국하는 것으로 종결되었는데, 이는 미가야 선지자의 예언이 성취된 것이었다. 그러므로 미가야와 그의 예언은 참 예언이고 사백명 예언자의 예언이 거짓으로 판명되었다.

참 예언자와 거짓 예언자가 갈등을 일으킬 때 누가 참 예언자인가? 를 분별하기는 쉽지 않다. 외형적으로 참 예언자와 거짓 예언자가 비슷할 뿐만 아니라 참 예언자와 거짓 예언자를 식별할 수 있는 명백한 기준도 찾을 수 없기 때문이다.[83] 그래서 많은 구약 신학자들은 참 예언자와 거짓 예언자를 분별할 수 있는 유효한 기준이 존재할 가능성이 거의 없다는 논

---

80 "이스라엘의 왕이 이에 선지자 사백 명쯤 모으고 그들에게 이르되 내가 길르앗 라못에 가서 싸우랴 말랴 그들이 이르되 올라가소서 주께서 그 성읍을 왕의 손에 넘기시리이다."(왕상 22:6)
81 "미가야가 이르되 그런즉 왕은 여호와의 말씀을 들으소서 내가 보니 여호와께서 그의 보좌에 앉으셨고 하늘의 만군이 그의 좌우편에 모시고 서 있는데."(왕상 22:19)
82 "이제 여호와께서 거짓말하는 영을 왕의 이 모든 선지자의 입에 넣으셨고 또 여호와께서 왕에 대하여 화를 말씀하셨나이다."(왕상22:23)
83 유해룡,『하나님 체험과 영성수련』, 227.

지를 전개했다.[84] 폰 라드(von Rad)는 『구약 신학』 2권에서 구약 본문을 간략히 살펴본 다음 예언의 진위를 분별할 수 있는 "확실한 기준이 없다"고 하면서, "가짜 예언자들의 거짓은 그 시대를 향한 야웨의 의도를 꿰뚫어 보는 진정한 통찰을 가진 사람, 그리고 이런 통찰을 바탕으로 다른 이들에게는 깨우침이 없음을 밝혀야 하는 사람만이 알아차릴 수 있다"고 말했다.[85]

예언의 실현 여부는 예언의 진위를 분별하는 확고한 기준이 되지 못한다. 케롤은 "예레미야가 21년 동안 한 설교를 요약해보면, 그는 두말할 것 없이 백성을 돌이키지도 못했으며 그들이 돌아서도록 설득하지도 못했다(렘 25:1-7). 백성을 돌이키지 못한 것이 하나님의 회의에 참석하지 않았다는 증거라면, 예레미야도 다른 예언자들처럼 그분의 회의에 참석하지 않은 셈이다"라고 말했다.[86] 요나는 예언자로서 유례없는 성공을 거둔 사람이지만, 그를 참 예언자라고 부르기 어려운 것은, 그는 하나님의 자비를 이해하지 못한 것과 자기 외에 다른 사람들이 그 자비를 누리는 것을 마뜩잖아한 것을 드러내는 역설적 정황만을 드러내고(욘 4:1-3) 있기 때문이다.[87]

결론적으로 예언자와 예언의 진정성은 예언자의 영적, 도덕적 권위에 의존한다. 그러므로 예언의 진정성과 예언자의 영적 권위는 예언자의 영적 삶과 도덕적 삶의 일치에서 찾아야 한다. 하나님과의 올바르고 진지한 관계를 요구하는 예언은 예언자의 삶에 도덕적 올바름이 존재하지 않

---

84 월터 모벌리/ 박규태 옮김, 『예언과 분별』(서울: 새물결플러스, 2015), 50.
85 앞의 책, 50.
86 앞의 책, 156.
87 앞의 책, 159-160.

을 때 예언자가 하나님을 알지 못한다는 사실[88]을 알려주기 때문이다.

③ 제왕들의 영적 분별

영적 분별을 실천하는 과정에서 인간의 자유와 책임과 하나님의 절대적 주권 사이에 존재하는 긴장감을 경험한다.[89] 이와같은 긴장은 이스라엘의 왕정 초기의 사건에서 확연히 드러난다.

초대 이스라엘의 왕 사울은 스스로 통제할 수 없는 선한 영(혹은 여호와의 신)과 악한 영의 충동적인 정서 사이에 갈등하면서, 수동적으로 선한 일과 악한 일을 수행하는 것처럼 보인다.[90] 사울 왕이 선한 영의 감동을 따라서 행동할 때는 사람들의 찬사를 받았지만(삼상 11:6-11), 악신의 충동을 받아 스스로 통제할 수 없는 일을 행했을 때 비난을 받았다(삼상 18:10-12). 사울 왕은 자신의 내적 움직임을 성찰하면서 자신의 생각과 행동을 지배하는 영들을 분별해야 했지만, 사울은 영들의 식별에서 실패했기 때문에 하나님의 뜻을 찾는 일에 실패한 왕이었다.[91]

사울 왕은 아말렉과의 전투에 나가기 전에 아말렉 사람을 포함한 아말렉의 모든 것을 진멸하라는 사무엘의 지시를 받았다(삼상 15:3). 그러나 사울 왕이 전투에서 승리한 후에 전리품 중에서 최상품을 선별하고 그중에서 하나님께 제물로 드린다면 모든 것이 정당화될 것이라는 생각이 일어났다(삼상 15:9). 사람을 포함하여 모든 것을 진멸하라는 하나님의 명령과 전리품 중에서 가장 좋은 것을 하나님께 제물로 드리는 것은 좋은 것이라는 생각(순종과 제사)이 내면에서 혼합될 때 사울 왕은 내면의 생각을 분

---

88 앞의 책, 135-136.
89 유해룡,『하나님 체험과 영성수련』, 222.
90 김승혜, 앞의 책, 222-223.
91 유해룡,『하나님 체험과 영성수련』, 224.

별하고 하나님의 뜻을 찾았어야 했지만, 이때 사울 왕은 영적 분별에서 실패함으로 하나님의 뜻에 순종하는 삶에서도 실패했다(삼상 15:23).[92]

또 다른 제왕의 분별의 예는 유다 왕 여호사밧과 이스라엘 왕 아합이다. 유대 왕 여호사밧이 이스라엘 왕 아합과 동맹을 맺고 아람과의 전투에 출전하기 전에 예언자들을 찾아 하나님의 뜻을 분별하고자 했다(왕상 22:1-40). 이때 이스라엘의 선지자 400명은 이번 출전에서 큰 승리를 거둘 것이라고 예언을 했으나(왕상 22:6), 또 다른 선지자 미가야는 왕이 전사할 것이라고 예언했다(왕상 22:17). 이때 아합 왕과 여호사밧 왕은 두 대립하는 예언 사이에서 진실을 예언하는 예언자가 누구인지를 분별해야 했다. 그러나 이 두 왕은 하나님의 뜻을 분별하는 데 실패했기 때문에 길르앗 라못 전투에서 아람에게 패배하고 아합왕은 전사하였다. 전통적 예언자인 미가야의 예언과 선지 공동체의 예언자 사백 명의 예언이 갈등을 일으킬 때 아합 왕과 여호사밧 왕은 참 예언을 분별하지 못하고 거짓 예언을 따른 결과 아합왕은 전사하고 전쟁은 패배했다.

김승혜는 구약 성서의 식별을 이렇게 요약한다.

구약 성경 전체에 나오는 식별 사상을 종합해보면 구약 성경에서 분별은 함축적으로만 언급되고 있습니다. 그중에서도 예레미야와 하나냐와 같이 참과 거짓을 분별해야 하는 상황에서 식별의 필요성이 가장 부각되었다고 보겠습니다. 예언자들의 역할은 이스라엘 백성들이 하느님의 구원행위를 구체적인 역사 속에서 경험하고 알아보게 하려는 것

---

92 앞의 책, 223-224.

이었습니다. 한마디로 구약 성경은 이스라엘 역사를 하느님의 빛 안에서 해석한 이야기로서, 다양한 영들과 그들 사이의 투쟁에 대해 분별하는 실존적인 판단을 제공합니다.[93]

(2) 신약성서에서의 영적 분별

① 복음서에서의 영적 분별

영적 분별에 대한 그리스도교 전통은 신약성서에서부터 지금까지 이어져 왔다. 영성적인 식별을 해야 하는 이유는 하나님이 우리에게 전하시는 말씀이 매우 다양하고 모호하고 불확실하게 느껴지기 때문이다. 그러나 이것은 하나님의 말씀 자체에 모호성과 불확실성이 있다기보다는 우리의 영혼이 완전하게 열려 있지 않기 때문에 하나님의 말씀을 제한적으로 들을 수 있다는 의미이다.[94]

예수는 복음서에서 '내 때'(마 26:18; 요 2:4, 7:6, 8)와 '때가 찼다'(막 1:15)와 같이 '때'에 관한 언급을 자주 했다. 예수에게 '나의 때'는 '하나님 나라'와 직결되어 있으므로 때를 안다는 것은 하나님의 뜻을 분별하고 하나님의 나라를 수용한다는 것이다. 그래서 예수는 세례자 요한이 잡힌 것을 본 후에 자신이 하나님 나라의 복음을 선포하실 때가 되었음을 알아차리고, 갈릴리에서 '하나님의 복음'(막 1:14)을 선포하기 시작했다.

'때가 찼다'는 말에는 '자연의 때'와 '시대적 때'를 가리키는 두 가지의 의미가 포함되어 있다. 첫째는 자연적 결실의 때를 가리킨다. 열매를 맺을 때가 도래하자 주인이 농부들에게 종들을 보내 소작료를 받으려

---

93   김승혜, 앞의 책, 51.
94   유해룡, 『하나님 체험과 영성 수련』, 231.

했다(마 21:34). 파종한 씨앗이 열매를 맺을 때가 되어 열매를 맺는 것은 자연의 이치이지만, 아무 때나 농부가 원하는 때에 열매를 맺는 것은 아니다. 농부는 씨앗이 싹이 나고 자라 열매를 맺을 때까지 수동적으로 기다려야 한다. 이 외에도 다양한 곳에서 자연적 결실의 때를 말하고 있다(막 11:13).

둘째는 '시대적 때'인데 이는 심판의 의미가 내포되어 있다. 공의로 우신 하나님은 악을 바라만 보시 않고 하나님의 때가 이르면 행위에 대한 책임을 반드시 물으실 것이다. 심판은 하나님의 공의가 드러나는 때이고 그것은 인간의 역사에 직접 개입하심으로 입증된다. 심판을 의미하는 때에 관한 말씀은 몇 군데에서 언급된다(마 13:30; 막 5:7, 11:13).[95]

여기서 '자연의 때'를 알아차리는 분별력과 심판의 '시대적 때'를 알아차리는 분별력은 상호 긴장 관계에 놓이게 된다. '시대적 때'는 하나님 나라를 알아보는 때이기 때문에 '자연의 때'를 분별하듯이 단순하게 분별해서는 안 된다. 시대적 때를 올바로 분별하지 못하면 '이미 우리 가운데 와 있는 하나님의 나라'(눅 21:20-21)를 알아차리지 못하기 때문에, 자연의 때를 볼 수 있는 사람도 시대적 때를 알아보지 못하는 시각장애자가 될 뿐만 아니라, 그들 스스로가 분별의 대상으로 변화된다.

요한복음에서는 때의 개념이 약간 다르게 나타난다. 공관복음에서의 때(kairos)는 하나님 나라의 도래와 직결되어 있어서 하나님이 방문하시는 때라는 신론적 성격이 강하지만, 요한복음에서 때(kairos)[96]는 인간이 선

---

95 김승혜, 앞의 책, 68-69.
96 앞의 책, 71. 요한복음에서 kairos라는 용어는 3번 사용되고 있는데, 공관복음에서 28번 사용되고 있는 것과 비교하면 아주 작은 횟수이다. 요한복음은 '나의 시간(hora)'이라는 용어를 더 즐겨 사용하고 있으면서 예수의 고난과 죽음, 영광의 시간에 초점을 맞춘다(2:4, 11:9, 7:30, 8:20, 12:23, 13:1, 17:1).

택해야 할 결단의 순간을 지칭하고, 시간(hora)은 예수의 죽음과 영광의 시간이라는 그리스도론적 색채가 짙다. 요한복음에서 kairos는 공관복음에서 예수가 말한 '나의 때'와 대비되는 '세상의 때'라는 시간 개념으로 발전한다.[97]

그리스도인들이 영적 분별을 해야 하는 이유는 하나님의 뜻을 분별해야 하는 우리의 상황이 매우 다양하고 변동성이 높을 뿐만 아니라, 영적 분별을 시행하는 사람이 시대적 징표가 드러나는 '시대적 때'를 올바로 분별하지 못하기 때문이다. 그렇기 때문에 때가 빨리 왔다고 불평을 하거나 때가 지연된다고 방심하는 것은 영적 분별을 올바로 하지 못한 경우의 행위로서 실패한 영적 분별의 결과를 반영한다. 복음서에서 드러난 것처럼 영적 분별의 가장 중요한 요인은 예수께서 선포하신 하나님의 나라가 하늘에서 비롯된 것인지 아니면 사람들에게서 비롯된 것인지(눅 20:4)를 헤아리는 것이다.[98]

신약성서에서 가장 탁월하게 식별적인 삶을 보여주신 분은 예수 그리스도이시다.[99] 불확실성과 의혹에 시달리는 예수님은 겟세마네 동산에서 "지금 내 마음이 괴로우니 무슨 말을 하리요 아버지여 나를 구원하여 이 때를 면하게 하여 주옵소서 그러나 내가 이를 위하여 이때에 왔나이다."(요 12:27) 하고 말씀하심으로 예수님의 영적 분별 과정을 보여주고 있다. 요한은 예수님의 신성됨을 언급하면서 동시에 예수님 자신의 정체성과 사명 인식이 점점 자라가고 있다는 것을 암시하고 있다.[100] 그의 신적인 의식으로는 영원한 진리를 파악하고 있었지만, 인간의 의식에 관한 한

---

97   앞의 책, 71.
98   앞의 책, 70.
99   유해룡, 『하나님 체험과 영성수련』, 231.
100 앞의 책, 232.

우리처럼 자라갈 수밖에 없었다.[101]

예수께서 예루살렘에서 당할 수난과 부활을 예고하실 때 예수의 고난 당하심과 죽음을 강력하게 반대했던 사도 베드로를 사탄이라고 지칭하시며 강하게 꾸짖으셨다. 베드로는 영적 분별을 시행하지 않은 채 자신의 고유한 생각과 감정에 따랐기 때문에 하나님의 계획에 동의하지 않은 (마 16:21-23) 잘못된 선택을 했다. 우리는 하나님의 영감이나 움직임에 의해서가 아니라 순전히 인간적이거나 혹은 악마적인 영감에 의해 이끌리도록 우리를 내버려 둘 수 있다.[102] 그러므로 그리스도인은 자신을 일정한 방향으로 견인하는 생각과 감정을 분별해서 주의 깊게 하나님의 뜻을 선택해야 한다.

예수님은 산상수훈의 마지막 부분에서 "거짓 선지자들을 삼가라 양의 옷을 입고 너희에게 나아오나 속에는 노략질하는 이리라 그들의 열매로 그들을 알지니 가시나무에서 포도를, 또는 엉겅퀴에서 무화과를 따겠느냐"(마 7:15-16) 하고 말씀하심으로 영적 분별에 관하여 말씀하셨다. 거짓 선지자는 내면의 실체와 외면적 실체가 다르기 때문에 그들의 정체를 알기 쉽지 않다. 그러나 예수님은 그들의 열매로 그들을 안다는 분명한 공리 하나를 제시하신다(16a). 열매는 나무의 고유한 특성을 알려주기 때문에 열매를 보면 나무의 정체를 즉시 알 수 있다.[103] 또한 열매는 안에 있어서 눈으로 볼 수 없던 것이 바깥으로 드러나는 것이므로 눈에 보이는 열매를 통해 그 나무를 분별할 수 있게 된다.[104] 마찬가지로 눈으로 볼 수 있는 행위("도덕적" 행위)를 보면 눈에 보이지 않는 그의 상태("영혼의" 상태)를 알

---

101 앞의 책, 233.
102 마누엘 루이스 후라도, 앞의 책, 28.
103 월터 모벌리, 『예언과 분별』, 269.
104 앞의 책, 270.

수 있다.105 그러므로 거짓 선지자와 참 선지자는 분별할 수 있다.

복음서에서 영적 분별이 직접 언급된 경우는 마리아와 요셉이다. 마리아는 "은혜를 받은 자여 평안할지어다 주께서 너와 함께 하시도다"(눅 1:28)라는 가브리엘 천사의 말을 들었을 때 "그 말을 듣고 놀라 이런 인사가 어찌함인가 생각"(눅 1:29)했다. 마리아가 '놀랐다'는 말의 헬라어 디에타락스네(διεταράχθη)는 '혼돈하고 당황했다'는 의미다. '생각하였다'는 말의 헬라어 디에로기제토(διελογίζετο)는 그 인사가 무엇을 의미하는지 셈을 하려고 했다는 말이다. 이는 마리아가 다양한 충동과 생각들에 의해 마음이 여러 방향으로 나누어졌다는 것을 의미한다. 그녀는 여러 충동에 사로잡혀 있으면서 어떻게 대답하고 행동해야 할지에 대해서 활발한 식별작업을 벌이고 있었다.106 그녀는 이성적으로 문제를 검토함으로써 혼돈에서 벗어나려 했지만, 간단한 것이 아니라는 것을 인식한 마리아는 "보라 네 친족 엘리사벳도 늙어서 아들을 배었느니라 본래 임신하지 못한다고 알려진 이가 이미 여섯 달이 되었나니 대저 하나님의 모든 말씀은 능하지 못하심이 없느니라(눅 1:36-37)"라는 말씀을 듣고 자신이 직면해 있는 문제에 대하여 이 문제와 비슷한 이전의 사건(눅 1:5-13절의 사건)을 기억해내고 그것과 관련시켜 영적 분별을 실행했다.107 후에 요셉도 결혼하기 전에 잉태한 마리아를 아내로 맞아들일 것인가? 하는 문제로 고심하고 있을 때 하나님의 뜻에 대해 영적 식별을 시행했다(눅 1:35; 마 1:18-20).108

이처럼 신약성서에서 영적 분별 자체에 대한 분명한 언급은 거의 하지 않지만, 성령의 힘에 대한 인식과 악한 영에 대해 승리하기 위해서는

---

105 앞의 책, 270.
106 유해룡, 『하나님 체험과 영성수련』, 236.
107 앞의 책, 236-237.
108 로버트 페리시/ 심종혁 옮김, 『관상과 식별』(서울: 성서와 함께, 2012), 93-94.

영적 분별이 필요하다는 것을 보여준다. 복음서에서 가르치고 있는 분별의 기준은 그의 가르침이나 사역 그 자체뿐만 아니라 더 근본적인 것으로 예수님 자신과 그와의 인격적인 동질성 여부를 통해서 얻어진다.[109] 예수님의 가르침은 윤리적 차원을 뛰어넘는 인격적인 만남의 차원이며, 개념의 문제가 아니고 예수님을 경험함으로써 얻어지는 경험적 지식이다. 이는 예수님을 만나는 그 지점에서 진정한 식별의 기준이 세워진다는 의미이다.[110]

② 서신서의 영적 분별

자신이 추구하는 것과 유혹 사이의 긴장 속에서 선택의 어려움은 영적 분별의 필요성을 증대시킨다. 특히 자신이 추구하는 것이 하나님의 뜻이라면 더욱 유혹을 이기고 하나님의 뜻을 실천해야 하는 당위성은 증대하지만, 선과 유혹 사이의 모호성은 선택을 어렵게 만든다. 그러므로 하나님의 뜻이 분명하게 드러나지 않는 곳에서는 영적 분별의 중요성은 증대된다.

요한 공동체는 하나님을 대언하는 예언자를 분별하는 문제보다는 진정한 믿음이 무엇인지에 대한 판단이 중요했다. 그 이유는 요한 공동체 안에서 예수님의 본질에 관한 논쟁이 일어났기 때문이다. 그러므로 요한 공동체가 당면한 문제는 참 믿음과 거짓 믿음의 분별에 관한 문제였다.

요한 공동체에서 참 믿음과 거짓 믿음을 구별하는 영적 분별의 가장 중요한 기준은 사람의 아들인 예수를 하나님의 아들로 믿느냐? 에 관한 것이었다. 그러므로 그 문제를 해결하기 위해 영들의 분별이 행해졌

---

109 유해룡,『하나님 체험과 영성수련』, 235.
110 앞의 책, 235.

다. 그래서 "영을 다 믿지 말고 오직 영들이 하나님께 속하였나 분별하라 많은 거짓 선지자가 세상에 나왔음이라"(요일 4:1)하고 말씀했다. 영을 모두 믿지 말라는 것은 영의 영역에서는 쉽게 속거나 믿거나 아무 생각 없이 행동하지 말고 도리어 "영들을 검증"하여 "하나님에게서 왔다"는 주장이 정말로 정당한지를 알아내라는 것이다. 이런 영들 중에는 하나님에게서 오지 않은 것도 있기 때문이다.[111]

"하나님께 속하였다"는 "세상에 속하였다"와 대조되는데, 요한 문서에서 이 대조는 창조주께 반응하며 그분을 분명히 표현하는 삶과, 창조주를 멀리하며 그분을 싫어하는 삶 사이의 근본적 상극관계(polarity)를 의미한다.[112] 영들을 검증하여 그들이 하나님에게 속하였는지 알아보라는 명령은 "예언자로서 말하는 이들을 검증하여 그들이 하나님을 아는지 알아보라"라는 말로 다시 표현할 수 있는데,[113] 하나님께 속하였다는 주장들을 검증할 수 있는 명시적인 기준은 예수 그리스도가 육으로 오셨다(en sar'ki elēluthota)고 하는 고백[114]의 여부이다(요일 4:2). 그리고 그 고백의 열매는 사랑이다. 하나님은 사랑이시기 때문이다(요일 4:8). 이것을 아는 것이 중요한 이유는 정당하지 않은 주장을 믿었다가 자칫 참된 길에서 벗어날 수 있기 때문이다. 이런 주장이 거짓임을 변별할 기준은 사랑 없음이다.[115] 요한의 관심사인 사랑을 나타내는 것은 예수가 "육으로 오셨음"을 고백하는 것과 다르지 않다.[116]

---

111 월터 모벌리, 앞의 책, 277.
112 앞의 책, 277.
113 앞의 책, 278-279.
114 앞의 책, 279.
115 앞의 책, 283.
116 앞의 책, 283.

요한은 예수 그리스도가 육으로 오셨다고 고백하는 영은 모두 하나님에게서 왔다고 말한다.[117] 그러나 그 믿음이 진정성을 갖기 위해서는 사랑의 열매를 맺어야 한다. 요한의 관심사인 사랑을 나타내는 것은 예수님이 "육으로 오셨음"을 고백하는 것과 다르지 않다.[118] 결국 예수의 제자들이 그들의 부르심에 진실하려면, 그들이 삶을 살아가고 상대방을 대할 때 하나님이 예수를 보내고 드러내신 바로 그 존재 양식, 곧 사랑 나눔을 본받아야 한다(요일 4:11).[119] 요한은 가시적이고 접근 가능해서 확인할 수 있는 행위, 즉 형제·자매를 사랑하는 행위(도덕 실천의 행위)가 비가시적이고 접근 불가능해서 확인할 수 없는 (영적) 실재이신 하나님을 알고 사랑한다는 주장을 반박하거나 확증할 수 있다[120]는 영적 분별의 기준을 제시한다.

구체적인 상황 속에서 영적 분별의 필요성에 대하여 가장 현실적으로 대면한 사람은 사도 바울이었다. 고린도 교회는 외부 세계의 영향을 받아 비도덕적이고 비진리적인 요소가 교회 안으로 침투해 들어왔을 뿐만 아니라, 교회 내적으로는 성령의 은사에 대한 혼란이 극심했다. 그래서 고린도 교회는 교회의 내적 질서가 무너져가면서 영적인 일로 인한 혼란이 야기되었다. 특히 방언이나 예언에서 파생된 문제들은 영적 분별의 필요성이 증대되고 있었다.[121] 그러므로 바울은 고린도 교회가 영적 분별이 필요한 상황임을 분명히 인식하고 있었다.[122]

고린도 교회의 상황에서 영적 분별의 기초는 예수 그리스도에 대한

---

117 앞의 책, 279.
118 앞의 책, 283.
119 앞의 책, 284-285.
120 앞의 책, 289.
121 유해룡, 『하나님 체험과 영성 수련』, 238.
122 앞의 책, 238.

믿음이다. 성령의 인도하심을 받지 않을 때 할 수 있는 말은 "예수를 저주할 자(ἀνάθεμα Ἰησοῦς)"(고전 12:3)이고, 성령의 인도하심을 받은 사람만이 할 수 있는 말은 "예수는 주이시다(κύριος Ἰησοῦς)"(고전 12:3)이다.[123] 다음으로 영적 분별의 기초는 분별해야 할 대상들의 삶의 열매이다. 사도 바울은 고린도전서 12-14장에서 예언과 방언의 두 가지 영적 선물에 맞추어 영적 분별에 관해 설명한다. 사도 바울은 위험하다는 이유로 은사의 사용을 금지하지 않고 사모하되 질서를 따라야 하며(고전 14:39-40) 예언할 때 듣는 자는 분별을 하라고 권면한다(고전 14:29). 이런 상황에서 사도 바울은 고린도 교회 성도들에게 영적 분별의 규범을 일목요연하게 설명하지 않지만, 분별이 필요한 대상들의 행위를 잘 살펴보면 그의 진실을 알아볼 수 있다고 말한다(고후 11:1-15).[124]

데살로니가 교회에서도 영적 분별의 필요성이 있었다. 그러므로 "성령을 소멸하지 말며 예언을 멸시하지 말고 범사에 헤아려 좋은 것을 취하고 ²²악은 어떤 모양이라도 버리라"(살전 5:19-22)고 권면했다. 하나님의 선물을 잘 못 사용하는 일은 모든 교회들에서 흔히 일어나는 일이기 때문이다. 그러므로 믿음으로 순종한다는 명분이 하나님의 말씀을 전하는 사람들에 대한 비판 능력을 약화시켜서는 안된다. 그래서 사도 바울은 예언에 복종하라고 강요하지 않고 도리어 예언을 철저히 검증해서 좋은 것을 취해야 한다고 말한다. 즉 비판적으로 분별하라고 권면한다(살전 5:21a).[125]

사도 바울은 자신의 경험 속에서 교회에 영적 분별을 가르친 사람이

---

123 월터 모벌리, 앞의 책, 302.
124 유해룡,『하나님 체험과 영성 수련』, 238.
125 월터 모벌리, 앞의 책, 299.

다. 사도 바울은 교회 안에서 문제가 발생할 때마다 스스로 영적 분별을 통하여 선택하였을 뿐만 아니라,126 개인이 성령에 의존한 영적 분별 능력을 함양하도록 권고했다(살전 5:19-22). 사도 바울은 영의 분별을 하나님의 선물로 여겼는데(고전 12:10), 하나님의 선물로서의 영 분별은 얼마든지 계발할 수 있다. 사도 바울에게 있어서 성숙한 그리스도인이란 영적 분별을 하는 사람이다. 다른 사람에게 믿음을 가르치고 안내하는 사람이 잘못된 길로 사람을 안내할 때 그 피해가 심각하기 때문에 가르침을 받는 사람은 가르치는 사람을 영적으로 분별해야 한다. 우리 자신이 원숙한 분별의 사람이 될 때 하나님과의 성숙한 관계도 가능하다.127

2. 웨슬리의 영적 분별

기독교 역사에서 영적 경험을 분별하는 주요한 전통은 많이 있지만, 웨슬리의 영적 분별에 큰 영향력을 미친 사람은 로욜라의 이냐시오(Ignatius of Loyola)와 조나단 에드워즈(Jonathan Edwards)라고 말할 수 있다.

로욜라의 이냐시오는 영적 분별에 관한 가톨릭 전통을 활용해서『영신수련』을 저술함으로써 가톨릭교회의 영적 분별에 큰 영향을 미쳤고,128

---

126 로버트 페리시,『관상과 식별』, 94. 사도 바울은 여러 공동체에 편지를 보내 영적 분별을 실천할 뿐만 아니라 영적 분별을 가르친다. (빌1:9-11; 롬8:14; 엡5:8-10;5, 17)
127 유해룡,『하나님 체험과 영성수련』, 225.
128 루이스두프레, 돈 E. 세일러스 편집.『기독교 영성(III)』, 32.『영성훈련』은 평범한 전거들에 의존하고 있음에도 불구하고, 두 가지 특징 때문에 기독교 영성사에서 가장 중요한 문서들 중의 하나가 되었으며 특별한 설득력을 지닌다. 그 가지 특징은 거기에 제시한 목적 - "자신을 정복하며, 결정을 하는데 있어서 무절제한 감정의 영향을 받지 않고 생활을 정리하는 것"(21) - 성취를 목표로 하는 분명한 의도이다. 그와 같은 목적의 명료성 때문에, 그 책은 노련한 지도자 밑에서 특별히 능력 있는 것으로 증명되는 심리적 활력을 제공했다.

조나단 에드워즈는 칼빈의 신학에 근거해서 영적 대부흥 운동기의 경험을 정리한 『신앙 감정론』을 저술함으로써 개신교의 영적 분별에 지대한 공헌을 했다.

1) 웨슬리의 영적 분별에 영향을 준 사람들

(1) 로욜라의 이냐시오

① 생애와 회심 체험

바스크 출신의 귀족이자 기사인 이냐시오의 11남매(7남 4녀) 중 막내로 태어난 "로욜라의 이냐시오"(1491-1556)의 본명은 '이니고 로페스 데 로욜라'(Inigo Lopez de Loyola)이다. 이니고 로페스 데 로욜라(Inigo Lopez de Loyola)는 나바르(Navarre)의 총독이며 그 지역 방위를 맡은 나헤라(Najera) 공작의 군대에 입대한 후, 팜플로나(Pamplona) 전투에 참가했는데, 전투 중 날아든 대포알에 무릎 아래가 부서지는 상처를 입었다. 이냐시오는 치료를 위해 로욜라로 옮겨져 오른쪽 무릎을 잘라내는 수술을 받아(1521년)[129] 평생동안 절뚝거리며 걷게 되었다. 이냐시오는 이 부상을 치료하기 위해 로욜라 성에 머무르는 동안 인생의 전환점을 맞이하였다.

로욜라의 이냐시오의 그리스도를 위한 헌신은 두 번의 회심을 통해 확고해졌다.

첫 번째는 로욜라 성에서의 체험이다. 1521년 8월 말(혹은 9월 초)부터

(…) 그러나 로욜라가 제공하는 과정과 관련하여 특히 놀라운 것은 그것이 지닌 비규범적 (nonprescriptive) 특성이다. 그것이 특별한 관심을 기울여야 할 이 책의 두 번째 특징이다.

129 조셉 A. 테틀로, 『사랑의 발걸음』, 24.

다음 해 2월까지, 치료를 위해 여섯 달 동안 로욜라 성에 머물렀는데, 그때 작센의 루돌프(Ludolph von Sachsen)가 저술한 『그리스도의 생애(De Vita Christi)』와 야고보 데 보라히네(Jacobus de Voragine)가 저술한 『성인들의 꽃(Flos Sanctorum)』을 읽으면서 큰 영적 깨달음들을 얻었다. 그리고 이는 이냐시오에게 회심의 객관적인 시발점을 제공했다.[130]

로욜라에서 일어난 이냐시오의 회심은 두 단계를 거쳐 이루어진 선택 과정이었다고 볼 수 있다. 첫 단계는 더 원천적인 차원에서의 선택으로서, 세상에 대한 봉사보다는 하느님께 대한 봉사에 자신의 삶을 내어놓고자 하는 선택이었다. 둘째 단계는 여기에서 파생되는 것으로서, 카르투시오적인 은수자의 삶과 『성인들의 꽃』에서 발견되는 보속 순례자의 삶 사이에서 보속 순례자의 삶을 선택하는 것이었다.[131] 건강을 회복한 이냐시오는 순례를 떠나 예루살렘으로 가던 중 몬세라트에 새로 만들어진 베네딕도 수도원으로 가서 고해성사를 한 후 군인 생활을 정리했다.

두 번째 회심은 만레사에서의 경험이었다. 이냐시오 시대의 교황이었던 아드리아노 6세가 여행했던 길과 같은 길을 따라 로마를 향해 가던 중 만레사라는 작은 마을에 머물며 1년 동안 도미니코회 수사들과 함께 고행의 수련 생활을 했다(1522년). 로욜라에서의 깊은 회심은 만레사에서 오랜 정화의 과정을 겪으며 그리스도를 향한 과감한 투신으로 나타났는데, 이 시기는 신앙의 신비에 관해서 체험적이며 영적인 많은 깨달음을 얻은 시기라고 말할 수 있다.[132] 이냐시오가 만레사에 머무르던 어느 날 길가 성당을 가기 위해서 마을의 작은 강, 까르도넬을 따라 걷고 있을 때 그

---

130 심종혁, 『영신수련의 신학적 이해』, 17-18.
131 앞의 책, 18.
132 앞의 책, 28.

는 갑자기 자신이 멈추어진 채 하느님 존재 안에 흡수되어 있음을 느꼈다. 또한 그가 갈망했고 사랑했던 자유뿐만 아니라 알고 이해할 수 있는 직관력까지 얻게 되었다.[133] 1년 후, 그는 순례의 길을 가기 위해 만레사를 떠나 예루살렘으로 갔는데, 그때 이 책(영신수련)의 초반부를 가지고 갔다. 이후 1522년부터 1540년까지 이 작업을 했는데 사실 전체적인 개요는 이미 분명히 드러나 있었다.[134]

② 영적 분별(『영신수련』을 중심으로)

a. 『영신수련』의 목적

이냐시오의 『영신수련』은 1548년 바오로 3세의 승인을 받아 출판된 후 지금까지 꾸준히 사용되어 왔다. 『영신수련』의 본래 의미는 피정자가 그리스도 안에서 하느님을 만나는 영적인 체험들이 그로 하여금 주님을 더 깊고 친밀하게 알게 하고, 깊이 사랑하며, 가까이 따르도록 이끌어 주는 데 있다. 하느님을 만나면서 얻은 영적 체험은 철저한 자기 정화를 시발점으로 하여 궁극에는 하느님을 향한 관대한 응답에 이르는 단계를 거친다.[135]

영신수련의 목적은 '완덕'에 초점을 두느냐, 아니면 '선택'에 두느냐에 따라 다르게 나타난다. 일반적으로 '완덕'에 초점을 두는 해설은 봉사의 신비주의 관점에서 하느님과의 합일을 강조하고, 선택에 초점을 두는 해설은 그리스도의 완전을 삶의 구체적인 상황에서 하느님의 뜻을 식별하고 선택하는 언어로 표현하고 강조하기에 생활 신분의 선택이나 개

---

133 조셉 A. 테틀로, 『사랑의 발걸음』, 30.
134 앞의 책, 31.
135 심종혁, 『영신수련의 신학적 이해』, 44.

선의 문제에 깊은 관심을 보인다.[136]

그렇지만 영신수련의 목적을 크게 두 가지의 중요한 관점으로 요약할 수 있다. 영신수련의 목적은 하느님의 진리의 빛에 입각해서 자신의 삶을 쇄신하는 구원의 체험과 창조주이시며 구원자이신 하느님의 구원 사업에 자신을 몰입하면서 구원의 역사 안에 놓인 자신을 올바른 위치로 복귀하도록 하는 투신의 체험으로 이해할 수 있다. 즉『영신수련』의 주된 관심은 영혼의 내적 쇄신과 이 쇄신이 불러오는 하느님을 향한 더 나은 투신에 있다.[137]

결론적으로『영신수련』은 영신수련을 하는 사람이 항상 모든 일에서 하느님을 선택하는 사람이 되고자 하는 열망을 가지고 전적인 영적 자유 안에서 성장하도록 돕는 것이다. 그럼으로써 그 사람이 식별하는 삶, 즉 모든 것 안에서 하느님을 발견하고 모든 구체적인 삶의 상황에서 하느님의 초대에 응답하는 삶을 살도록 이끌어 준다.[138]

b. 영적 분별을 위한 제1주간의 규칙

이냐시오의『영신수련』의 목적은 식별하는 삶을 살도록 인도하는 것인데, 식별은 기도 안에서 실천되어야 하므로 이냐시오는『영신수련』에서 다양한 기도 방법을 제시하고 있다. 그리고 이냐시오가 가르친 많은 기도 중에서 양심 성찰 기도는 영적 분별에서 핵심적인 기도라고 할 수 있다. 양심 성찰은 하나님과의 친밀감을 형성하기 위해『영신수련』첫 번째 주에 시행하는 기도로써 하나님 앞에서 나 스스로가 나를 어떻게 생각하는 것

136　앞의 책, 45-46.
137　앞의 책, 46.
138　앞의 책, 47-48.

보다 하나님께서 나를 어떻게 생각할까? 에 관해 성찰하는 기도이다.

양심 성찰은 일반성찰[139]과 특별성찰[140]로 나눈다. 일반성찰은 자신의 내면에 있는 생각을 성찰하는 것으로써 내면에서 일어나는 생각들을 분별해서 악한 영으로부터 오는 나쁜 생각들을 거부하고 극복하기 위한 목적으로 시행하고, 특별성찰은 하루에 세 번씩 짧게 성찰을 하는 것이다.

이냐시오가 제시한 성찰 방법은 5가지 요점에 따라 시행한다(『영신수련』, [43]).[141] 첫째, 우리 주 하느님께 받은 은혜에 대해 감사드린다. 둘째, 죄를 알고 떨쳐 버릴 수 있는 은총을 청한다. 셋째, 아침에 일어나서부터 성찰하는 현재까지 시간별로, 혹은 사건별로 헤아려본다. 먼저 생각에 대해서, 말에 대해서, 이어서 행위에 대해서 특별성찰에서[25] 말한 것과 같은 순서로 한다. 넷째, 잘못한 점들에 대해서는 우리 주 하느님께 용서를 청한다. 다섯째, 그분의 은총으로 이를 개선할 결심을 한다. 주의 기도로 마친다.

이냐시오는 성찰을 실천할 때 감사, 죄의 인지, 점검, 용서, 은총의 순서를 생각했지만, 제임스 마틴은 예수회원이 이 기도를 바치는 방법은 다양하다고 하면서, 성찰의 기도를 드릴 때 순서를 약간 수정해서 감사, 점검, 죄의 인지, 용서, 은총의 순으로 진행한다고 말한다.[142]

『영신수련』의 첫째 주간에 속하는 제1주간의 규칙들은 죄로부터 빠져나와 자유로워지기를 원하는 사람들을 위한 규칙이다. 그러므로 제1주간의 규칙은 죄로부터 자유롭기를 원하는 사람들의 생각, 감정, 그리고 행

---

139 이냐시오, 앞의 책, 27. [32] 양심을 깨끗하게 하고 고해성사를 더 잘하기 위한 일반 양심 성찰.
140 앞의 책, 24. [24] 일상적인 특별성찰.
141 앞의 책, 32. [43] 일반 성찰을 하는 방법.
142 제임스 마틴/ 성찬성 옮김, 『모든 것 안에서 하느님 발견하기』 (서울: 가톨릭 출판사, 2016), 204.

동에 대해 선한 영과 악한 영이 어떻게 영향력을 행사하는지에 대하여 상세히 기술한다.143 이와같은 세계관은 현대인의 세계관과 맞지 않다고 말할 수 있지만, 이냐시오는 하나님의 뜻과 반대되는 행동을 하게 하는 것들이 우리 삶에 실제로 존재하고 있다는 것을 특이한 방식으로 설명하고 있다고 생각할 수 있다. 인간에게 악한 생각을 하도록 작용하는 외부의 힘은 악한 영인데, 악한 영은 주로 4가지 방법으로 활동한다.

첫째, 원수는 버릇없는 아이처럼 행동한다. 버릇없는 아이처럼 이라는 것은 단호한 모습을 보이면 기가 죽지만, 잠자코 따라 주면 기세가 등등해지는 특징을 말하는 것이다. 둘째, 원수는 불성실한 연인처럼 행동한다. 원래부터 원수는 유혹이나 의구심 또는 절망을 비밀에 부치기 좋아한다. 셋째, 원수는 군사령관처럼 행동한다. 사령관은 적군의 취약점이 어디에 있는지 정확히 알고 그곳을 표적으로 삼는다. 또한 어떤 성을 공격하려고 할 때, 진지를 구축하고 표적의 장점과 단점을 면밀히 살핀 후, 가장 취약한 지점을 공격한다. 넷째, 빛의 천사인 척하는 원수. 악한 영이 선한 영으로 변장할 수 있다는 사실이다. 악한 영은 처음에는 의로운 영혼에 맞추어서 거룩한 좋은 생각들이 들게 하지만 나중에 차차 제 모습을 드러내어 그 영혼이 자신의 은밀한 속임수들과 사악한 의도에 빠져들게 하는 것이다(『영신수련』, [332]).144

이처럼 제1주간의 규칙은 자신의 생각의 근원을 살피고 악한 영의 영향을 받아 대죄를 지으려는 나쁜 생각들을 이기는 법을 기술하고 있

---

143 조셉 A. 테틀로, 『사랑의 발걸음: 영신수련 주제별 해설』, 176-177.
144 제임스 마틴, 『모든 것 안에서 하느님 발견하기』, 672-680.

다.[145]

c. 영적 분별을 위한 제2주간의 규칙

『영신수련』 제2주간에는 신앙적 정서 분별을 시도한다. 신앙적 정서의 분별을 위해서 이냐시오는 오감을 이용한 기도와 상상력을 활용하여 예수님의 탄생에 관한 관상기도를 드린다. 오감과 상상력을 활용하여 관상기도를 드리는 중에 일어난 신앙적 정서의 분별을 통하여 선택과 결정을 시도한다.

선택과 결정은 모든 사람에게 힘든 일이다. 의도와 결과가 다른 경우가 많기 때문이다. 그렇기 때문에 이냐시오는 "초연하기 위해 노력하라"고 권고했다.[146] 달리 말해 가능한 한 자유로운 마음으로 결정 과정에 임하라는 것이다.[147] 영적 분별은 하나님이 원하시는 것을 제외한 초연한 분위기 속에서 시행되어야 한다. 영적 분별은 기도 중에 하나님께 가까이 가기 위한 종교적 행위가 아니며, 단순히 하나님의 뜻을 찾기 위한 시도도 아니다. 진정한 영적 분별의 목적은 하나님을 믿는 믿음을 생활화하기 위

---

[145] 이냐시오, 『영신수련』, 27-28. [32]-[37] '악신과 선신의 특징'에 대한 설명은 『영신수련』 314, 315, 327에 있다.
[146] 유해룡, 『영성의 발자취』, 228. 『영신수련』에서 말하고 있는 초연(indifference)이란 아리스토텔레스가 보여주고 있는 철학적 중용을 의미하는 것은 아니다. 그것은 그리스 철학자들이 지향하는 그 목적과는 다르다. 윤리적 덕성을 이루어 가는 과정에서보다 나은 상태에 이르는 중용을 말함이 아니다. 이냐시오가 말하는 '초연'이란 "하나님이 원하시는 것을 제외한 모든 것에서의 초연"을 의미할 뿐 아니라 "하나님께 보다 더 큰 영광"과 관련이 있다. 즉 이냐시오의 초연은 덕목을 세우기 위한 객관적 기준을 말하는 것이 아니고, 하나님께 보다 큰 영광이 되는 선택에 묶여 있으면서 일체의 것에 대해서 초연한 상태를 말한다. 그 초연은 스토아 철학에서 이상으로 여기는 감정적 무감동의 상태(apatheia)가 아니라 구체적인 선택적 상황 안에서, 선택하기 위해서 제시되는 행동에 대해 정서적으로 반응하는 상태를 말한다. 이냐시오에게 있어서 이러한 초연은 개인의 결단의 문제라기보다는 우리를 향한 그리스도의 사랑의 지배를 받아 다른 모든 것으로부터 자유로워지는 상태이다. 그리스도를 통해 하나님의 사랑을 체험하고 그 사랑에 강하게 붙들리면서 초연함이 이른다.
[147] 제임스 마틴, 『모든 것 안에서 하느님 발견하기』, 621.

한 과정이다. 그러므로 영적 분별은 실천으로 마무리되어야 한다.

이냐시오의 『영신수련』은 기도와 훈련 속에서 올바른 분별을 통해 개인적으로 중대한 선택을 하고 결정하는 것을 돕기 위한 목적을 가지고 있다. 선택(choice)과 결정(decision) 사이의 구별은 완전하지 않으나, 사람들은 한쪽 손에 다양한 대안을 가지고(그들은 선택한다), 다른 한쪽으로는 그들이 맞닥뜨려야 하는 바꿀 수 없는 삶의 진실을 마주한(그들은 결정한다) 경험을 가지고 있다. 실제 상황에서, 결정은 마음을 바꾸거나 회심이 일어나는 구체적인 문제인 것이다.[148]

d. 영적 분별의 시기[149]

영적 분별에서 중요한 것은 시기이다. 한 사람에 대한 하나님의 뜻이 나타나는 방식이 다르기 때문이다. 이냐시오는 분별에서 세 번의 시기가 있다고 말했다.[150] 첫 번째 시기는 의심할 수 없는 확신을 갖게 되는 경우이다.[151] 이는 베르그손이 말한 자동적 분별과 같은 것으로 직관적으로 선택하는 시기이다.

두 번째 시기는 위로와 실망의 체험을 통해서 상당한 명확성을 얻는

---

148 조셉 A. 테틀로, 『사랑의 발걸음: 영신수련 주제별 해설』, 134.
149 이냐시오는 『영신수련』 [175]에서 '건실하고 올바른 선택을 하기 위한 세 시기들'을 언급하고 있다. 이냐시오는 올바른 선택을 위한 시기들을 영 분별 규칙들보다 앞서서 설명하고 있지만, 선택을 위한 세 시기는 실제로 영 분별 규칙 제2주간의 규칙들: [328]-[336]에서 빈번하게 적용되어야 하기 때문에 필자는 '선택의 세 시기'를 제1주간의 규칙들과 제2주간의 규칙들 사이에 두었다.
150 이냐시오, 앞의 책, 73. [175]-[177].
151 이냐시오, 앞의 책, 73. [175] 건실하고 올바른 선택을 하기 위한 세 시기들. 첫 번째 시기는 우리 주 하느님이 의지를 움직이고 이끌어서, 의심없이 또 의심할 수도 없이, 그 열심인 영혼이 자기에게 제시된 것을 따르게 되는 경우이다. 이는 성 바오로와 성 마태오가 우리 주 그리스도를 따를 때 했던 선택이다.

경우이다.[152] 영 분별 규칙 제1주간의 규칙들: [313]-[327]에서 중요하게 분별해야 하는 신앙적 정서는 영적 위로와 영적 실망이다. 영적 위로란 마음에 어떤 감동이 일어나며 영혼이 창조주 주님에 대한 사랑으로 불타올라 세상의 어떤 피조물도 그 자체로서만 사랑할 수가 없고 그 모든 것을 창조주 안에서 사랑하게 되는 때를 말한다.[153] 반면에 영적 실망이란 영혼이 어둡고 혼란스럽고 현세적이고 비속한 것으로 기울어지고, 또한 여러 가지 심적인 동요와 유혹에서 오는 불안감 등으로 불신으로 기울고 희망도 사랑도 사라지며, 게으르고 냉담하고 슬픔에 빠져서 마치 스스로가 창조주 주님으로부터 멀리 떨어져 있는 것처럼 생각되는 상태이다.[154] 영적 위로와 영적 실망의 정서가 반대인 것같이 영적 위로와 영적 실망에서 나오는 생각들도 반대가 된다.

영적 실망 혹은 영적 고독의 상태에 있는 사람에게는 하나님으로부터 멀어지고 싶은 충동을 느끼게 되므로 영적 실망의 원인을 잘 성찰해서 영적 실망의 상황에 저항해야 한다.[155] 이냐시오는 영적 실망 혹은 영적 고독을 겪고 있는 상황에서는 어떤 결정도 내려서는 안 된다고 경고한다.[156]

---

152 이냐시오, 앞의 책, 73. [176] 두 번째 시기는, 위로와 실망의 체험 및 다양한 영들의 분별 체험을 통해서 상당한 명확성과 인식을 얻는 경우이다.
153 이냐시오, 앞의 책, 131. [316] 규칙3. 영적 위로에 대하여.
154 앞의 책, 131-132. [317] 규칙4. 영적 실망에 대하여.
155 앞의 책, 133. [322] 규칙9. 우리가 실망에 빠지는 데에는 세 가지 중요한 이유가 있다. 첫째는 우리가 영적인 수련들에 대해 미온적이거나 게으르거나 소홀하기 때문인데, 이런 경우는 우리 탓으로 영적 위로가 떠나간 것이다. 둘째는 우리가 얼마만 한 존재인지, 즉 위로와 넘치는 은총의 상급이 없이 우리가 봉사와 찬미에 있어서 얼마나 나아갈 수 있는지를 시험하기 위해서다. 셋째는, 우리에게 참된 지식과 인식을 주어서 우리가 큰 열심과 뜨거운 사랑, 눈물이나 다른 어떤 영적 위로를 일으키거나 갖는 것은 우리 힘으로 되는 것이 아니며, 이 모든 것이 우리 주 하느님의 선물이고 은총임을 마음속 깊이 느끼게 하기 위함이다. 그리고 어떤 교만이나 허영심에서 그러한 신심이나 다른 영적 위로가 우리 자신의 것인 양 생각하며 거기에 우리 마음을 빼앗기는 일이 없게 하려는 것이다.
156 앞의 책, 132. [318] 규칙5. 실망에 빠졌을 때는 결코 변명해서는 안 되며 그런 실망에 빠지기 전에 의도하였던 것들이나 결정한 것, 또는 전에 위로 중일 때 결정한 것에 변함없이 함

영혼에 이유가 있는 위로를 주는 일은 선한 천사와 악한 천사가 모두 할 수 있으나, 그 목적은 정반대이다. 선한 천사는 영혼의 유익을 위해서, 즉 영혼이 성장하고 선에서 더 큰 선으로 향상되게 하려는 것이고 악한 천사는 그와 반대로 결국 영혼을 자신의 못된 의도와 사악함에로 이끌기 때문이다.157 그러므로 이유있는 위로가 주어질 때는 생각의 진행 경과에 매우 주의해야 한다.158

세 번째 시기는 평온한 시기이다(『영신수련』, [177]). 셋째 시기의 특징은 영들에 의해 동요되지 않고 평온함을 유지하는 것이다. 이 시기는 베르그손이 말한 주의 깊은 식별과 유사한 것으로서 평온한 시기에 영적 분별을 위해서 두 가지의 방법을 권고한다.

첫 번째 방법은 6가지 요점으로 구성되는데(『영신수련』, [178]-[183]), 여섯 가지 요점을 다음과 같이 요약하여 설명할 수 있다.

1. 첫째 과정: 다루고자 하는 선택을 객관성 있게 확인하고 앞에 놓는다(제1요소). 이 선택 혹은 그 반대의 선택에 대하여 초연한 개인적 태도를 지니도록 조절한다(제2요소). 충실한 사색을 함으로써 더욱 "그분의 지극히 거룩하고 자비로운 뜻에 맞는" 것이 될 것을 선택하는 방향으로 의지를 움직이고 싶어지도록 주님께 청한다(제3요소). 이어서 오직 "우

구하여야 한다. 왜냐하면 위로 중에 선한 영이 우리를 인도하고 권고하는 것과 같이 실망 중에는 악한 영이 똑같이 하는데, 악한 영의 권고를 따라서는 우리가 올바른 길을 택할 수 없기 때문이다.
157 앞의 책, 136-137.『영신수련』[331] 규칙 3 -[332] 규칙 4.
158 앞의 책, 137.『영신수련』[333] 규칙 5. 시작과 중간, 끝이 모두 좋고 모든 일에 선을 지향하면 이는 선한 천사의 표지이다. 그러나 떠오른 생각들의 진행에 있어서 결과가 악이거나 딴 길로 벗어나거나 처음에 하고자 한 것보다 덜 좋거나, 전에 가졌던 평화와 안정, 침착성을 빼앗아 영혼을 혼란스럽고 불안하게 하면 이는 우리 영혼의 진보와 영원한 구원의 적인 악한 영에서 나왔다는 분명한 표지이다.

리 주 하느님께 대한 찬미와 내 영혼의 구원"만을 겨냥하여, 그런 선택이나 그 반대의 선택이 구체적인 경우에 초래하는 이익이나 손해를 생각해 볼 수 있도록 이성을 사용할 것이다(제4요소). 그리고 일단 고찰이 끝나면, 그 문제에 있어서 제시된 앞의 유일한 목적을 항상 염두에 두고, 신앙으로 비추어진 이성이 "육적(carnal)"인 애호나 변덕도 아니고 욕심도 아닌 어디로 기울어지는지를 보게 될 것이다(제5요소). 심사숙고(혹은 선택)를 한 뒤, 정성을 다해서 우리 주 하느님께 그것을 받아들이시고 확인해 주시도록 봉헌해야 한다(제6요소).159

이냐시오의 두 번째 방법은 네 가지 규칙과 하나의 주로 되어 있다(『영신수련』, [184]-[188]). 이는 다음과 같이 요약하여 설명할 수 있다.

제1요소는, 사람이 "자기가 선택하는 대상에 대해 어느 정도 갖는 그 사랑이 오직 자신의 창조주 주님 때문이라고 스스로 느낄 것이다." 제2요소는, 그가 알지 못하는 어떤 사람에게, 이와 똑같은 선택의 여지를 제시한다고 할 때, 그가 온전히 완덕을 추구하기를 바라면서, 권고할 바를 생각하는 것이다. 그리하여 자기 자신이 그 권고를 따르는 것이다. 제3요소는, 죽음을 앞두고 있다고 가정하면서 이 당면한 경우에 무엇을 선택하기를 바랄 것인가를 생각하는 것이다. 제4요소는, 결정적인 하느님의 판단의 시점에 있다고 생각하고, 이 선택에서 무엇을 선택하기를 바랄 것인가에 대해 그와 똑같은 방식으로 언급한다. 또한 행한 심사숙고나 선택을, 우리 주 하느님께서 그것을 받아들이시고 확인해

---

159 마누엘 루이스 후라도, 앞의 책, 357.

주시도록, 그분께 봉헌하라는 이냐시오의 본문(『영신수련』, 188항)에 첨가한 각주가 적용되는 것처럼 보인다.[160]

우리는 모든 방법을 동원한다고 할지라도 인간은 불완전하기 때문에 자신의 문제에 대한 완전한 해답을 찾는다고 말할 수 없다. 하나님께 시기와 방법을 강요할 수 없기 때문이다. 그러나 영적 분별자는 기도 중에 불편심(indifference)을 가지고 사랑하는 마음으로 희망을 하나님께 두고 그분을 지향하는 겸손한 자세를 잃지 말아야 한다.

올바른 선택을 한다는 것은 결점이 전혀 없는 완전한 선택을 한다는 의미는 아니다. 현명한 선택을 한다는 것은 최선의 결정조차도 결점이 있기 마련이라는 사실을 받아들인다는 의미이다.[161] 사람의 모든 선택에는 긍정적인 면과 부정적인 면이 존재한다. 그러나 좋은 결정이란 그 모두를 수용한다는 의미이다. 불완전함을 받아들이는 것은 우리가 진실을 직면할 수 있도록 도와준다. 모든 선택에는 조건이 붙고, 제한적이며 불완전할 수밖에 없다는 것을 받아들일 때, 역설적이게도 우리의 삶은 더욱 만족스럽고 즐겁고 평화로워진다.[162]

이냐시오가 제시하는 식별법이 복잡해 보일 수 있지만, 이냐시오 영적 분별의 핵심은 하느님이 우리가 현명하고, 사랑으로 가득 차 있고, 건전하며 긍정적이고 생명을 불어넣는 선택을 하기를 갈망하신다고 믿는 것이다.[163]

---

160 앞의 책, 358-359.
161 유해룡, 『하나님 체험과 영성수련』, 681.
162 앞의 책, 682.
163 앞의 책, 683.

③ 웨슬리와 이냐시오의 영적 분별

첫째, 회심 체험의 유사성이다.

웨슬리와 이냐시오는 서로 다른 사회·종교적 배경 속에서 살았지만 두 사람의 삶의 여정에서 두 번의 회심 체험을 통하여 깊은 통찰을 얻었고, 개인의 회심 체험으로부터 경험한 신앙적 정서는 영적 분별에 큰 영향을 미쳤다. 두 사람 모두 독서를 통해서 1차 회심을 경험한다.

이냐시오는 전쟁에서 입은 부상을 치료하는 과정에서 『그리스도의 생애』와 『성인들의 꽃』을 읽으면서 그리스도를 위해 헌신할 것을 다짐했다. 성공회 목사의 가정에서 태어나 철저한 신앙교육을 받으며 자란 웨슬리는 옥스퍼드 대학에 입학했다(1720년). 옥스퍼드에 체재할 때부터 신비주의와 내면의 종교에 관해 관심을 기울였는데, 그는 영국교회의 인물들에만 국한하지 않고 대륙의 가톨릭 신비주의자들에 대해서도 깊은 관심을 갖고 있었다.[164] Holy Club을 결성하여 규칙적인 신앙생활을 하면서 가난한 자들과 병든 자들, 그리고 감옥에 있는 자들을 방문하고 선행을 계속했다. 1725년에는 토마스 아 켐피스의 『그리스도를 본받아』를 읽고 진실한 종교는 마음 중심에 있으며, 하나님의 율법이 생각 뿐만 아니라 말과 행동에도 영향을 미친다는 것을 깨달았다. 제레미 테일러의 『거룩한 삶과 죽음에 이르는 규칙과 훈련』을 읽고 크게 감동하였으며, 윌리암 로의 『그리스도인의 완전』, 『경건과 거룩한 삶을 향한 진지한 부르심』을 읽고 반쪽만의 기독자란 절대 불가능함을 확신하고 하나님께 전적으로 헌신하

---

[164] 한국웨슬리신학회 편, 『웨슬리와 감리교 신학』(서울: 감리교신학대학교 출판부, 1999), 349. 그들은 프랑스 및 스페인의 가톨릭 신비주의자들로서 파스칼(Pascal), 브라더 로렌스(Brother Lawrence), 페넬롱(Fenelon), 마담 귀용(Mme Guyon), 마담 부리뇽(Mme Bourignon), 아빌라의 요한(John of Avila), 로페즈(Lopez), 그리고 몰리노스(molinos)이다.

기로 결단하였다.165

그러나 큰 전환은 2차 회심 후에 있었다.166

웨슬리의 두 번째 체험의 본질은 "나는 구원을 위해 그리스도를, 오직 그리스도 한 분만을 신뢰하였다. (…) 주가 내 죄를 없게 하시고, 나를 죄와 죽음의 법에서 구원하여 주셨다"라는 갑작스럽고 새로운 웨슬리의 확신이었다.167 다시 말하면 웨슬리의 두 번째 회심은 성화와 칭의의 순서를 바꾼 사건이었다. 구원의 필수요소는 성화, 즉 거룩한 삶이 아니라 오직 그리스도만을 신뢰하는 내적 확신, 즉 "칭의(justification)"라고 생각한 것이다. 그런 점에서 이냐시오 로욜라의 만레사에서의 체험과 웨슬리의 올더스케이트 체험은 회심이라기보다는 성령의 조명하심이라고 부르는 것이 더 타당할 것이다.

둘째, 마음의 종교에 대한 강조의 유사성이다.

하나님의 말씀에 귀를 기울이는 것은 내면 의식의 감정적인 방향에 주의를 기울이는 것이다. 그러므로 분별은 마음과 정신으로 경청하는 능력을 발전시킬 것을 요구한다. 이그나티우스 로욜라(로욜라의 이냐시오), 웨슬리, 에드워즈는 이 문제에 대해 서로 다르게 접근하지만, 우리가 앞으로 이해하게 되는 바와 같이 현저한 일치점(하나의 전승에 대한 세 가지 증거)도 보여주고 있다.168

---

165 앞의 책, 350.
166 알버트 C. 아우틀러, 『웨슬리 영성 안의 복음주의와 신학』, 11. 웨슬리 또한 두 번의 회심-1725년 옥스퍼드 회심과 1738년 런던 올더스케이트 회심-을 경험하였다. 아우틀러는 웨슬리의 영적 순례에 있어 그가 한번 회심한 것이 아니라 두 번 회심-1725년 옥스퍼드 시절, 1738년 런던- 하였음을 주목한다. 첫 번째 회심으로 웨슬리는 "거룩한 삶(Holy living)"을 결단하였고, 두 번째 회심으로 웨슬리는 "오직 믿음(Sola fide)"을 붙잡았다고 평가했다.
167 앞의 책, 147-148.
168 고든 스미스/ 남정우 옮김, 『예수의 음성: 성령의 증거와 영적 분별』(서울: Ivp, 2007), 49-50.

정서는 우리가 하나님의 뜻을 찾으려 할 때 집중해야 할 마음의 상태이다. 이냐시오에게 정서는 우리의 내면에서 활동하시는 하나님을 알아차릴 수 있는 핵심 요소이다. 이냐시오의 영적 분별에서 가장 중요한 핵심은 '영적 위로'와 '영적 황폐(영적 실망)'의 정서인데, 이는 전쟁에서 입은 부상을 치료하기 위해 로욜라 성에 머무르면서 깨닫게 된다.

이냐시오 성인은 책을 읽으며 다른 성인들을 열심히 본받아야겠다고 생각하자 평화가 가득 밀려드는 것을 느꼈습니다. 그런가 하면 어떤 귀부인을 감동시키는 등 보다 세속적인 일들을 해내야겠다고 생각하면 삭막한 느낌이 들었지요. 그러다가 성인은 이런 기분을 느끼는 것이 하느님이 자신을 인도하시는 한 가지 방법이라는 것을 서서히 깨닫기에 이릅니다. 이냐시오 성인은 사람이 하느님의 원의에 따라 행동하면 자연스럽게 평화를 느끼게 된다는 사실을 깨달았습니다.[169]

이냐시오의 내면에서 교차하는 두 정서는 하나는 자신을 기쁘게 만들고 다른 하나는 자신을 황폐하게 만들었다. 그리고 자신을 황폐하게 만든 내면적 움직임은 자신의 죄성과 허영심으로부터 온 것이며, 자신을 기쁘게 만드는 내면적 움직임은 하나님으로부터 온다는 것을 깨달았다. 로욜라 성에서의 경험은 이냐시오가 신앙에 있어서 마음의 중요성을 체득하는 계기가 되었다.

웨슬리의 마음이 이상하게 뜨거워지는 올더스케이트의 체험은 웨슬리가 하나님의 사랑을 체험했고 이와 더불어 자신이 개인적으로 용납받

---

[169] 제임스 마틴, 『모든 것 안에서 하느님 발견하기』, 625.

고 용서받았다는 하나님이 주신 확증을 체험했다는 것이다.[170] 그것은 성령께서 웨슬리의 내면에 주신 직접적인 성령의 증거였다. 그리고 성령의 내적 증거가 자리 잡은 곳은 감정이다. 웨슬리는 참된 기독교란 근본적으로 하나님의 사랑과 은혜에 대한 진심에서 우러나오는 응답이라는 확신에 근거하여, 그리스도인의 신앙과 경건에서 마음이 차지하는 우위성을 주장했다.[171] 거룩한 신앙적 정서는 그리스도인의 행동에 강력한 영향력을 발휘하기 때문에 웨슬리도 신앙적 정서를 매우 중요하게 생각했다.

웨슬리와 이냐시오 두 사람이 신앙에 있어서 마음의 우위성을 주장하고 감정의 중요성을 강조하는 것은 지성을 경시하는 것이 아니다. 인간 정체성의 근본적인 요소가 '마음'에 있다고 믿었을 뿐이다.[172]

셋째, 영적 분별에서 겸손을 강조하는 유사성이다.

하나님은 인간에게 말씀하실 때 인간의 언어를 사용하신다. 하나님이 사용하시는 인간의 언어는 생각과 감정이다. 그러므로 우리의 생각과 신앙적 정서를 세심하게 분별하면 하나님의 뜻을 알 수 있게 된다. 그러나 정서는 쉽게 그릇된 길로 사람을 인도할 수 있기 때문에 비판적으로 성찰해야 한다. 정서를 비판적으로 성찰해야 한다는 것은 정서를 지성보다 낮게 평가한다는 의미가 아니라, 정서가 사람들을 잘못 인도할 수 있는 가능성을 예측하면서 세심한 분별을 해야 한다는 의미이다. 이냐시오에게 있어서 내면적 정서가 사람을 그릇된 길로 인도할 수 있는 이유는 악령들이 하나님의 성령처럼 가장할 수 있기 때문이다. 깊은 위안이나 기쁨의 정서적 충동이 성령의 내적 증거로부터 나오는 것이 아니라 악한 영이 거

---

170 고든 스미스, 『예수의 음성』, 57.
171 앞의 책, 58.
172 앞의 책, 58.

짓으로 주는 것일 수도 있다. 내면적 정서가 우리를 올바른 곳으로 인도하는 성령의 내적인 증거라면 거룩한 정서를 따른 결과는 우리를 믿음 소망 사랑이 더 풍성한 사람으로 만들 것이고, 하나님의 부르심에 응답하여 거룩한 삶 사랑의 섬김의 삶의 열매를 맺게 될 것이다.

그러므로 내면적 정서를 올바르게 분별하기 위해서는 겸손한 자세를 가져야 한다.[173] 그리고 겸손하기 위해서는 기도 안에서 거룩한 무관심을 가져야 한다. 하나님의 뜻을 올바로 분별하기 위해서는 세상일에 무관심하고 하나님의 나라와 그의 의를 위해서 우리의 궁극적 사랑을 바치는 겸손이 필요하기 때문이다. 이냐시오의 무관심에 대하여 고든 스미스는 다음과 같이 말한다.

무관심이란 냉담함이나 감정의 결핍이 아니다. 오히려 그것은 자유 안에서 하나님의 창조를 보고 그에 응답하는 정서적인 자세다. 우리는 점차 우리의 삶이 하나님의 사랑에 닻을 내리고 있음을 발견하게 되고 우리의 삶을 위한 하나님의 예비하심을 신뢰하게 되기 때문에 세상의 것들로부터 내면적 평화를 경험한다. 주님이 우리에게 주시는 것이 무엇인지 상관없이, 우리는 어떤 결과든지 받아들이는 무관심의 자유를 얻게 된다. 우리가 무엇에 대해 관심을 갖거나 무엇을 선호하지 않기 때

---

[173] 이냐시오, 앞의 책, 69-70. 이냐시오는 세 종류의 겸손을 말한다. [165] 첫째 방식의 겸손은 구원을 위해서 필요한데, 할 수 있는 한 나를 낮추고 겸손을 다하여 모든 일에서 우리 주 하느님의 법을 따르는 것이다. [166] 둘째 방식은 첫 번째보다 더 완전한 겸손이다. [167] 셋째 방식은 가장 완전한 겸손인데 이는 첫째와 둘째 방식을 포함하며, 하느님께 찬미와 영광을 드림에 있어서 차이가 없는 경우에 우리 주 그리스도를 지금 여기에서 더 본받고 닮기 위해서 가난한 그리스도와 함께 부유함보다는 가난함을, 한없이 업신여김을 당한 그리스도와 함께 영예보다는 업신여김을 당하기를 원하고 선택하며, 이 세상에서 지혜롭고 현명하게 여겨지기보다는 나보다 앞서 쓸모없고 미친 사람으로 여겨진 그리스도를 위해 나도 그렇게 여겨지기를 더 바라는 것이다.

문이 아니라 궁극적으로 중요한 것이 하나님의 사랑 안에서 살아가는 것이기 때문이다.[174]

거룩한 무관심은 바로 그리스도와의 연합에서 일어나는 무관심이다. 무관심은 그 자체가 목적이 아니다. 오히려 우리는 그리스도와 함께 거하기를 갈망하기 때문에 무관심의 겸손을 구하는 것이다.[175]

웨슬리도 그리스도인이 신앙적 경험 속에서 겸손을 강조했다. 웨슬리는 그의 설교 "성령의 증거 1"에서 다음과 같이 말했다.

성경은 하나님의 영의 증거와 동반되는 주님 안에서의 기쁨을 겸손한 기쁨으로 묘사합니다. 이 기쁨은 먼지에 기초한 것이고, 용서받은 죄인이 이렇게 외치도록 만듭니다. "나는 변변치 못한 사람입니다! 나 혹은 내 아버지의 집은 무엇입니까? 이제 나의 눈으로 당신을 봅니다. 나는 먼지와 재 가운데서 자신을 미워합니다." 자기를 낮추는 곳에 온화함과 끈기와 부드러움, 그리고 인내가 있습니다.[176]

웨슬리는 이그나티우스 로욜라(로욜라의 이냐시오)의 사상을 반영하여 여러 가지 관점에서 겸손에 대해 말했다. 근본적인 차원에서 겸손은 죄에 대한 깨달음과 회개의 필요성을 내포한다. 또한 겸손은 하나님과 자신에 대한 정직과 용감한 자기 노출을 촉진한다. 그리고 하나님의 자비 앞에서 뿌리 깊은 온유함을 나타낸다.[177]

---

174 고든 스미스, 『예수의 음성』, 55.
175 앞의 책, 56.
176 존 웨슬리, 『존 웨슬리의 설교』, "성령의 증거 1," 374.
177 앞의 책, 61.

겸손은 하나님이 하시는 일을 위해 마음을 여는 것이다. 겸손이 없이는 하나님에 대한 지식을 가질 수 없고 하나님의 뜻을 올바로 분별할 수 없다. 그러므로 웨슬리에게 겸손은 우리 모두가 자기기만의 가능성을 갖고 살아간다는 깨달음도 내포한다.[178]

(2) 조나단 에드워즈

① 생애와 회심 체험
a. 생애와 첫 번째 회심 체험

미국이 배출한 가장 심오한 사상가이며 위대한 신학자라고 불리는 조나단 에드워즈(Jonathan Edwards, 1703-1758)는 미국 코네티컷 동윈저(East Windsor)에서 청교도 목사인 아버지 티모시 에드워즈와 어머니 에스더 에드워즈 사이에서 11남매 중 유일한 아들로 태어났다. 에드워즈는 칼뱅의 신학을 따르는 청교도 목사로서 회심을 강력하게 촉구한 설교자요, 저술가이다.

에드워즈는 유년기에 두 번의 주목할 만한 각성을 경험했다.[179] 그의 첫 번째 각성 경험은 대학에 입학하기 몇 년 전(그는 13세에 대학에 입학했으므로 아마도 10세 전후의 일이었을 것이다), 자기 아버지의 교회에서 괄목할 만한 각성이 일어났을 때였다. 그때 그는 여러 달 동안 크게 감동된 상태에서 종교적인 일들과 자기 구원 문제에 깊은 관심을 가지고 열심히 종교적 의무를 행했다. 그는 하루에 무려 다섯 번씩 은밀한 기도 시간을 가졌고 다른 소년들과 종교적 대화를 나누는 데 많은 시간을 보내었으며 그들과 함

---

178 앞의 책, 61.
179 양낙홍, 『조나단 에드워즈 생애와 사상』(서울: 부흥과개혁사, 2017), 118.

께 기도하기 위해 모였다. 그러는 중에 그는 "자기 의(self-righteous)"에 기인한 많은 기쁨을 누렸다. 종교적 의무를 수행하는 데서 기쁨을 얻었던 것이다.[180]

b. 두 번째 회심 체험

에드워즈의 강력한 체험이 시작되기 전 일 년은 조나단에게 몹시 고통스러운 영적 싸움의 기간이었다.[181] 어린 시절부터 "하나님께서 자신이 기뻐하시는 자는 선택하셔서 영원한 생명으로 인도하시고, 그렇지 않은 자는 영원히 꺼지지 않는 지옥의 불 속에 들어가도록 내버려 두신다는 하나님의 주권 교리에 대한 강한 반감이 있었다. 그것은 나에게 잔혹한 교리처럼 생각되었다."[182]는 에드워즈의 고백처럼 칼빈주의 교의에 기초한 하나님의 전적인 주권 교리를 믿을 수 없었다. 그러나 그는 자기 자신에게는 아무 소망이 없다는 것도 알았다.[183] 하나님의 주권 교리가 매우 불공평하다고 생각되긴 했지만, 에드워즈는 하나님께 대해 반역하는 자들에게 기다리고 있는 지옥의 타는 불이 몹시 두려웠다.

이런 고투 속에서 그는 갑자기 하나님이 "자신의 선하신 주권에 따라 사람들의 운명을 결정하시는 것"이 참으로 정당하다는 것을 확신하게 되었다.[184] 조나단의 마음은 그가 얻은 통찰력에 "거하게 되었으며", "이전까지 내 인생에 자리를 잡고 있던 회의와 반감들이 사라지게 되었다."

---

180 앞의 책, 119.
181 조지 M. 마즈던/ 한동수 번역, 『조나단 에드워즈 평전』(서울: 부흥과개혁사, 2006), 73.
182 앞의 책, 74.
183 앞의 책, 75.
184 앞의 책, 75.

그러던 어느 날 그는 디모데전서 1장 17절[185]을 읽고 있을 때, 에드워즈는 처음으로 하나님과 신적 일들에 대한 "내면의 달콤한 기쁨"을 발견했다.

> 내가 그 말씀을 읽고 있었을 때, 신적 존재의 영광에 대한 감각sense이 내 영혼 속으로 들어와 퍼져나갔다. 그것은 그전에 내가 경험했던 어떤 것과도 전혀 다른 새로운 감각이었다. 성경의 어떤 말씀도 이 말씀처럼 보였던 것은 없었다. 나는 혼자 그가 얼마나 탁월한 존재이며, 만일 내가 그 하나님을 즐길 수 있다면, 그리고 천국에서 그와 연합할 수 있다면, 그리고 사실상 그분 안으로 삼켜진 바 될 수 있다면 얼마나 행복할 것인가를 생각했다. 나는 혼자 이 성경 말씀을 계속 중얼거리면서 그것으로 노래를 흥얼거렸다. 그리고는 기도하러 갔다. 기도하는 중에 그를 즐기기 위해서였다. 나는 그 전과는 아주 다른 방식으로, 즉 새로운 종류의 감정으로 기도했다. 그러나 거기에 영적인, 혹은 구원하는 성격의 어떤 것이 있다는 생각은 전혀 들지 않았다.[186]

에드워즈는 여기서 "감각"이란 단어를 계속 사용한다. 그에게 있어 신앙, 혹은 종교적 체험은 감각으로 느껴지는 것이었다. 그는 하나님과의 개인적 교제의 깊은 맛을 보고 있었다.[187]

---

185 양낙흥, 『조나단 에드워즈 생애와 사상』, 127, 141. "영원하신 왕 곧 썩지 아니하고 보이지 아니하고 홀로 하나이신 하나님께 존귀와 영광이 영원무궁하도록 있을지어다 아멘."(딤전 1:17) 에드워즈의 두 번째 체험은 그가 예일대학 석사 과정 2년 차인 1721년 즉 그가 18세 되던 해에 일어났다.
186 앞의 책, 141-142.
187 앞의 책, 142.

c. 대각성 운동

조나단 에드워즈는 솔로몬 스토다드 목사의 뒤를 이어 1729년 매사추세츠주 노샘프턴(Northampton) 회중 교회의 목사로 취임하여 목회하던 중, 1734-1735년과 1740-1742년에 일어난 대각성 운동(Great Awakening)을 주도했다.

대각성 운동이라 부르는 회심 운동이 있기 전에도 크고 작은 각성 운동이 있었다. 이 각성 운동들은 1679년과 1718년 사이 노샘프턴에서 솔로몬 스토다드가 경험한 다섯 번의 '영혼 추수'(harvests of souls)로 처음 시작되었고, 1733년 말경 에드워즈가 목회하고 있던 노샘프턴 교회에는 비범한 현상의 조짐이 나타나기 시작했다.[188]

> 12월 말경, 교인들 위에 성령께서 비상한 방식으로 역사하기 시작하셨다. 한 사람 한 사람씩 오륙 명이 갑자기 회심되었다. 그중에는 마을에서 가장 사교적인 젊은 여성이 포함되어 있었다. (중략) 사람들의 대화 주제는 예외 없이 내세와 영혼, 천국과 지옥의 문제에 집중되었다. 어떻게 해야 구원을 얻을 수 있을까 하는 것에 온통 사람들의 관심이 집중되었다. (중략) 그리하여 수개월 동안 날마다 회심자들이 속출했다. 마을은 영광스럽게 변화되기 시작했다. 이듬해인 1735년 봄과 여름 동안에는 하나님의 임재가 온 동네에 가득했다. 집집마다 구원의 기쁨이 넘쳐났고 교회도 변화되었다.[189]

이 각성운동들은 1679년과 1718년 사이 노샘프턴에서 솔로몬 스토

---

188 앞의 책, 229.
189 앞의 책, 229-230.

다트가 경험한 다섯 번의 '영혼추수(harvests of soul)'로 처음 시작되었고, 1734년과 1735년 사이에 열정적인 운동으로 전개되어 간 뒤 1740년대의 대각성 운동에서 절정을 이루었다.[190]

에드워즈는 『감정론』외에 세 권의 다른 책을 저술하여 뉴잉글랜드에서 일어난 성령의 역사를 해석하고 변호했다. 이 세 권의 제목은 『놀라우신 하나님의 역사에 대한 신실한 이야기』(1737년),[191] 『성령의 역사 분별 방법』(1741년) 그리고 『최근 뉴잉글랜드에서 일어난 신앙부흥에 관한 어떤 생각』(1742년)이다.[192]

② 영적 분별(『신앙 감정론』을 중심으로)

a. 『신앙 감정론』의 저술 동기

벤저민 트럼블은 1734년 이전의 코네티컷 골짜기의 상황을 기술하면서 그 시대는 믿음에 관한 가르침이 무시되었고, '생명력 없는 도덕주의'가 신앙을 대체하고 있었다고 말했다.[193] 사회적으로는 도시가 발달하고 상업이 번성하면서 세속화가 빠르게 진행되었고, 유럽의 합리주의, 과학과 이성의 발달, 그리고 계몽주의 사상의 유입으로 신앙의 위기가 다가왔다.[194] 이런 사회적 상황 속에서 대각성 운동이 에드워즈의 영향 아래

---

190 조나단 에드워즈/ 정성욱 옮김, 『신앙 감정론』(서울: 부흥과개혁사, 2015), 18-19.
191 조지 M. 마즈던, 『조나단 에드워즈 평전』, 261. 1738년, "마음이 이상하게 뜨거워지는" 경험을 하고 인생의 전환기를 맞은 존 웨슬리는 그해 10월에 자신이 촉진시키고자 하는 부흥의 좋은 본보기를 제공해 준 에드워즈의 『놀라운 회심 이야기』를 읽고 큰 감동을 받았다. 몇 년 후 감리교 운동이 활발하던 때에, 그는 에드워즈 작품을 직접 요약 출판하여 감리교 신도들의 필독서로 삼았다.
192 조나단 에드워즈, 『신앙 감정론』, 20.
193 앞의 책, 19.
194 조한상, "이냐시오 로욜라와 조나단 에드워즈의 영적 식별 비교 연구," (서강대학교 박사학위 논문, 2018), 260-261.

노샘프턴에서 처음으로 시작되었다.195

에드워즈를 중심으로 대부흥 운동이 진행되면서 대부흥 운동을 지지하는 사람들과 반대하는 사람들이 나타났다. 대부흥 운동을 반대하는 사람들은 이성주의자들이었는데 찰스 촌시(Charles Chauncy)가 대표적인 인물이었고, 부흥 운동을 찬성하는 사람들은 열광주의자들이었는데 존 다벤포트(John Davenport)가 대표적인 인물이었다. 이들은 동일하게 부흥을 왜곡하였다. 에드워즈 자신도 부흥이라는 사건 속에 그리고 성도들 가운데 선한 것과 악한 것이 함께 섞여 있다는 사실을 인식했다. 에드워즈는 알곡 사이에 가라지가 함께 있음을 보았고 하나님의 진정한 사랑을 받는 사람에게도 순수함과 타락적 요소가 함께 섞여 있음을 간과하지 않았다.196

촌시의 합리주의와 다벤포트의 감성주의가 날카롭게 대립하는 상황에서 에드워즈는 이중적인 과업을 수행했다. 첫째는 신앙에서 감정을 제거하고 싶어하는 사람들에 맞서서 감정의 본질적 중요성을 변호하는 것이고, 둘째는 신앙이 감정적 광신주의와 거짓된 열광주의로 타락하지 않도록 감정들의 진위를 구별하는 기준을 제공하는 것이다.197 이성주의자와 열광주의자들이 에드워즈와 날카롭게 대립하는 곳은 신앙적 정서였다. 그러므로 에드워즈는 신앙적 정서에 대해서 비판적인 입장을 견지하는 이성주의자들을 향해서 "참된 신앙은 대체로 거룩한 감정 안에 있다"198는 것을 밝히기를 원했고, 모든 신앙적 감정들을 무비판적으로 옹호하는 열광주의자들을 향해서는 "감정은 본질적으로 중요하지만, 참된

195　조나단 에드워즈, 『신앙 감정론』, 19.
196　앞의 책, 29-30.
197　앞의 책, 38.
198　앞의 책, 147.

감정뿐만 아니라 거짓된 감정이 있기 때문에, 판단의 기준이 필요하다[199]는 입장을 가졌다. 그리고 그런 판단의 정당한 기준들을 확립하기 위해 책을 저술했다.

에드워즈의 『신앙 감정론』이 우리 시대에 제공하는 근본적인 공헌은 세 가지인데, 첫째 공헌은 신앙을 신앙이 아닌 어떤 것으로 환원시키는 것을 막는 길을 보여준다는 것이다. 둘째 공헌은 만일 지식이 독특한 개인적 체험을 무시하지만 않는다면, 지식은 신앙의 영역 안에서 보존될 수 있음을 분명히 해 준다는 것이다. 그리고 셋째 공헌은 부흥주의적인 신앙에 대한 현재의 관심을 해석하고 평가하는 기초를 제공해 준다는 것이다.[200]

b. 영적 분별

영적 분별의 가장 소중한 재료는 신앙적 정서이다.

에드워즈는 신앙적 감정의 근원을 성경에서 찾았다. 에드워즈에 의하면 성경은 도처에서 믿음을 두려움·소망·사랑·미움·갈망·기쁨·슬픔·감사·불쌍히 여김, 그리고 열정과 같은 감정과 깊이 연관시킨다. 성경은 종종 참된 믿음의 사람들에게 있는 특징을 말씀하는데, 그들은 하나님의 말씀을 듣고 두려워한다. 그리고 그들의 육신 또한 하나님을 두려워하면서 떨며 하나님의 심판을 두려워하고 하나님의 영화로우심을 두려워하는 사람들이라고 말한다.[201] 성경은 사랑은 모든 신앙적 감정의 원천이며 그 사랑 안에 참된 믿음이 온전히 들어 있다는 것을 가르친다. 성경이 말

---

199 앞의 책, 40.
200 앞의 책, 75.
201 앞의 책, 158.

하는 굳은 마음이란 경건한 신앙적 정서가 없는 마음을 의미하고, 경건한 신앙적 정서가 없는 마음은 죄로 인해 부패하고 굳어진 마음이다. 그러나 은혜로운 마음과 거룩한 마음은 경건한 감정을 소유하고 있으면서 경건하고 은혜로운 감정에 쉽게 영향을 받는 마음이다.

성향으로서의 감정은 어떤 사물에 대하여 호감과 거부감을 갖게 되는데, 호감을 느끼면 이끌리게 되고 불쾌감을 느끼면 거부한다. 호감은 사랑과 일치하는 끌림의 감정이고 불쾌감은 미움이나 싫어함과 일치하는 거부감의 감정이다. 그리고 어떤 것에 호, 불호를 느끼는 것은 그 사람의 성향과 관련이 있다. 그러므로 사람이 어떤 사물에 대하여 느끼는 감정은 그 사람의 영혼이 움직이는 방향을 알려주는 길잡이의 역할을 하게 된다. 지성과 감정은 개인의 영혼 안에 공존하는 기능이기 때문에 두 감정은 서로를 배제하지 않는다. 따라서 감정은 성향이 지성을 통하여(through the mind) 표현된 것이다.[202]

신앙적 정서는 분별해야 한다.

오늘날 우리가 대각성 운동이라고 부르는 부흥 운동을 주도했던 에드워즈는 비난과 찬사를 한 몸에 받았다. 에드워즈는 부흥 운동을 단순한 열광주의에 불과한 것이라고 비난한 사람들의 주장에 대하여 반박하면서 동시에 수백 명의 사람을 면담하여 신앙적 정서가 그 사람을 어떤 방향으로 인도했는지를 살폈다.

에드워즈는 부흥 운동 속에서 참된 감정을 모방한 거짓된 신앙적 정서가 있음을 발견하고 "사탄이 가라지를 뿌렸다"고 말했다. 사탄은 성령의 활동을 모방하고 자신을 거룩한 영으로 위장하기 때문에 신앙적 정서

202 앞의 책, 33.

를 진지하게 다루어야 한다. 참된 믿음의 소유자에게도 신앙 감정은 다양한 형태로 혼재되어 있기 때문에 모든 신앙적 감정이 은혜의 선물은 아니다. 어떤 신앙적 감정은 본능의 산물일 수 있다. 감정은 몸에 근거하지 않고 마음에 근거하지만, 몸의 상태는 마음에 근거한 감정에 매우 큰 영향을 줄 수 있다. 그리고 거룩한 감정은 습관적이기 때문에 믿음의 정도를 감정이 작용하는 습관의 정도와 강도에 따라서 판단해야지 감정의 작용 자체로 판단해서는 안 된다. 그리고 습관성의 강도는 외부적으로 드러나는 결과나 현상 또는 마음의 생각이 갑작스럽게 변하면서 나타나는 내적인 영향과 항상 비례하지는 않는다.[203]

우리는 마치 참된 믿음이 결코 감정과 무관한 것처럼 모든 감정을 거부하고 정죄하지 말아야 하는 것과 같이, 신앙생활을 통해 생긴 감정을 가진 모든 사람이 참된 은혜를 받았고 성령이 행하시는 구원 역사의 영향을 받는 주체인 것인 양 모든 감정을 승인해서는 안 된다. 따라서 올바른 길은 신앙 감정 가운데서 두 종류를 구별해 내는 것이다.[204]

영적 분별은 열매로 판단해야 한다.
감정은 스스로를 판단하지 않는다.[205] 그러므로 감정은 비판되어야 한다. 감정은 실천력에서 강력한 영향을 행사하기 때문이다. 에드워즈는 신앙적 정서의 경험이 하나님의 임재를 경험했다는 생각을 회의적으로 바라보면서 진정으로 하나님 체험을 했다면 인격적인 변화가 수반될 것

---

203 앞의 책, 179.
204 앞의 책, 191.
205 앞의 책, 80.

으로 생각했다. 그리고 에드워즈는 분별을 가능하게 하고 용이하게 하려고 노력했다.[206] 그래서 『신앙 감정론』에서 신앙 감정이 진정으로 은혜로운 것인지 아닌지에 대한 판단 근거가 될 수 없는 표지들 12가지와 진정으로 은혜로운 거룩한 감정을 뚜렷이 구별해 주는 표지들 12가지를 나열하고 해설했다.

에드워즈는 신앙적 정서의 강도가 강하고 그 정도가 깊다고 할지라도 그 신앙적 정서의 근원이 육체에 있다면 그것은 진정한 신앙적 정서라고 말할 수 없다고 단언한다. 격정에 사로잡힌 육체는 참된 신앙적 정서의 근거가 될 수 없고, 거룩한 마음만이 신앙적 정서의 진정한 근원이 될 수 있기 때문이다. 진정으로 영적이고 은혜로운 정서는 마음 안에서 일어나는 정서이고, 초자연적이고, 거룩한 영향과 작용(operations)으로 일어난다. 다시 말해서 "영적, 초자연적, 거룩한 작용"이 거룩한 정서의 기반이다.[207] 성령은 거룩한 정서를 일으키는 동인이면서 거룩한 정서 안에서 활동하기 때문이다.

개인이 경험한 신앙적 정서는 외부적인 판단이 필요하다. 그러나 사람은 다른 사람의 마음을 분별할 수 없다. 그러므로 다른 사람의 판단은 신뢰할 수 없으며 어쩌면 다른 사람의 신앙적 정서의 진정성을 분별하는 것은 불가능하다. 그러므로 에드워즈에게 있어서 참된 신앙적 정서의 검증은 그 경험이 진정한 영적 성장으로 나아갔느냐, 아니냐를 살피는 것이었다.[208] 에드워즈가 "진정으로 은혜로운 거룩한 감정을 뚜렷이 구별해 주는 표지들"에서 설명한 12가지의 신앙적 정서들을 고든 스미스는 네 가

---

206 고든 스미스, 『예수의 음성』, 67.
207 이강학, "조나단 에드워즈의 영적 분별: 『구별하는 표지』와 『종교적 정서론』을 중심으로", 「햇불 트리니티 저널」 제17권 제1호(2014), 60.
208 고든 스미스, 『예수의 음성』, 64.

지의 결정적인 지표들로 요약하고 압축했다.

- 진정한 영적 감화는 영적인 것에서 생겨난다. 진정한 영적 감화는 우리의 생각이 선한 것, 즉 세상 속에서 일어나는 성령의 활동과 결합되는 것에 초점을 맞출 때 생겨난다.
- 진정한 종교적 감정은 계몽된 지성에서 생겨난다. 참된 정서적 경험은 진리에 대한 응답과 진리에 대한 이해에서 생긴다. 참된 정서적 경험은 지성을 무시하지 않는다. 우리는 감정과 지성으로 진리에 응답한다.
- 에드워즈는 이그나티우스 로욜라(로욜라의 이냐시오)와 웨슬리와 입장을 같이하여 그리스도인의 경험에서 겸손의 중심적 위치를 주장했다. 에드워즈는 교만에 관하여 다음과 같이 썼다. "교만은 악마가 경건의 향상에 열심을 품은 사람들의 마음속으로 들어오는 대문이다." 에드워즈는 교만이(그는 특히 영적 교만의 위험성에 대해 말했다) 자기 자신의 결점을 인정하기보다는 다른 사람의 허물을 헤아리는 경향이 있다고 했다.
- 에드워즈는 웨슬리와 같이 참된 종교적 감정이 성품(말과 행실에서 우리가 행하는 방식)의 변화를 가져온다고 주장했다. 이것은 우리가 생각하는 방식의 갱신, 우리의 언어, 행위, 관습의 갱신이다.209

참된 신앙적 정서를 경험한 사람들은 하나님과 다른 사람들에 대한 기쁨과 사랑이 증진되는 영적 성장으로 나아갔다. 그러므로 에드워즈의 영적 분별에서 가장 핵심적인 요소는 신앙적 감정이 사람의 마음을 하나님과 이웃을 위한 기쁨과 사랑으로 인도하는지의 여부였다. 참된 믿음은

---

209 앞의 책, 67-69.

참된 신앙적 정서의 열매인 사랑과 기쁨을 행동으로 표현되어야 하기 때문이다.

③ 웨슬리와 에드워즈의 영적 분별

웨슬리는 동시대에 활동했던 조나단 에드워즈로부터 많은 영향을 받았다. 웨슬리는 1738년 10월 9일 날 옥스퍼드로 가는 길에서 에드워즈의 저술인 '하나님의 놀라운 일에 관한 신실한 이야기'(Faithful Narrative of a Surprising Work of God)를 읽은 후 큰 감동을 받아 에드워즈의 저술들을 요약해서 출판했다.[210] 그러나 웨슬리는 에드워즈의 모든 것을 수용하지는 않았다. 그것은 웨슬리가 에드워즈의 저술들을 요약해서 출판할 때 자신의 관점에서 불필요하다고 생각하는 것들은 과감하게 생략하고 출판했던 것에서 드러난다. 웨슬리가 과감하게 생략한 것은 두 가지 범주에 해당하는 것인데, 첫째는 칼빈주의적인 것, 둘째는 지나치게 섬세한 것이다.[211] 그럼에도 불구하고 웨슬리와 에드워즈는 신앙적 감정과 종교체험에서 유사한 점들이 많이 있다.

첫째, 감정과 마음에 대한 분별의 필요성에 대한 강조이다.

웨슬리와 에드워즈는 반대자들로부터 열광주의자라는 비난을 받았

---

210 Glen O'Brien, "'A Good and Sensible Man': John Wesley's reading and use of Jonathan Edwards," p.2.
211 Gregory S. Clapper, "True Religion and the Affections: A Study of John Wesley's Abridgement of Jonathan Edwards' Treatise on Religious Affections," p.80-81. 일반적으로 웨슬리는 칼빈주의적인 경향을 가진 '저항할 수 없는 은혜' 혹은 '무조건적인 선택'과 같은 것들은 그의 발췌본에서 조심스럽게 생략했다.(p.79) 웨슬리가 1773년에 요약한 '에드워즈의 종교적 감정에 관한 논문(1746)'에서, 웨슬리는 뉴잉글랜드 대부흥 후 많은 신도들이 믿음에서 떨어져 나간 것을 '신앙인들도 믿음에서 난파당할 수 있는 증거'라고 생각했지만, 에드워즈는 그러한 사람들은 처음부터 진정으로 회개한 것이 아니라고 결론내렸다.(Glen O'Brien. 위의 논문, p.4.)

다. 두 사람 모두 그리스도인의 삶에서 감정의 중요성을 강조했기 때문이다. 웨슬리는 올더스케이트 거리에 있는 한 교회의 예배에서 마음이 뜨거워지는 경험을 한 후에 믿음에서 정서의 중요성을 강조했다. 하나님이 우리를 사랑하신다는 그리스도인의 내적 확신은 그리스도교 신앙의 핵심으로서 마음에 자리를 잡고 있다. 그러나 경험한 모든 신앙적 정서가 하나님의 임재의 징표는 아니다. 자신의 생각을 하나님 성령의 내적 증거라고 오판하거나 하나님의 뜻과 관계없이 일하면서도 자신을 신실한 하나님의 자녀라고 생각하는 경우가 있기 때문에 마음의 일부인 감정은 분별이 요구된다. 웨슬리는 그리스도인은 분별력 있는 사람이 되어야 한다고 강조했다.[212] 웨슬리는 감정과 열정을 구분하고 "열정이란 이성이나 의지와는 무관한 무의식적인 정서이며 지식 없는 열심은 위험한 열심"[213]이기 때문에 이성의 안내를 받아야 한다고 말했다. 웨슬리는 영국 국교회의 유산에 깊이 뿌리내린 성직자였다. 영국 국교회의 유산은 성령의 내적 증거가 성령의 경험을 규제하는 요소들을 제공해 주는 외부적 실체들로 반드시 보완되어야 한다는 확신을 주입했다. 외부적인 규제 요소들이란 세 가지. 즉 성경·교회·이성(理性)이다.[214]

부흥 운동을 주도한 조나단 에드워즈는 그의 부흥 운동이 주정주의(emotionalism)에 지나지 않는다고 비판하는 사람들을 향하여 환상과 기만의 잠재력을 인정하면서도 종교적 경험 속에서 정서의 위치를 변호했다.[215] 이냐시오 로욜라와 웨슬리는 성령의 활동에 대해 알고자 했을 때 자신의 경험을 크게 의식하고 있다. 그러나 에드워즈는 자기 자신의 경험

212　고든 스미스, 『예수의 음성』, 59.
213　앞의 책, 61.
214　앞의 책, 59-60.
215　앞의 책, 63.

을 인정하면서도 다른 사람들의 경험을 이해하는데 초점을 맞추었다.[216] 그래서 에드워즈는 많은 사람을 만나서 그들의 경험과 부흥의 결과에 대해 귀를 기울였다.

에드워즈의 관심은 감정의 깊이와 강도가 아니다. 인간의 본성에 근거한 열정은 감정의 정도가 강하고 깊은 것이라고 할지라도 참된 신앙적 정서의 근거가 될 수 없다. 에드워즈도 감정과 열정을 구분하고, 감정은 확실히 정서이지만, 얕은 감정이나 덧없는 감정 또는 지나가는 공상과 같은 정서가 아니다. 오히려 (우리가 이그나티우스 로욜래이냐시오 로욜라를 읽을 때 발견했던 것과 같이) 감정은 마음의 깊은 내적인 성향이나 지향이다[217]라고 말했다. 변화된 생활이 없는 정서 자체는 의미가 없다. 그러므로 신앙적 정서를 분별하는 에드워즈의 기준은 신앙적 정서의 경험이 기쁨과 사랑 안에서 진정한 영적 성장의 열매를 맺었는가? 하는 것이다.

둘째, 성품의 변화를 강조한다.

경건주의자로 인식되는 웨슬리는 신앙적 정서의 중요성을 강조하기 때문에 광신주의자나 열광주의자로 오해받기도 하지만, 웨슬리는 그리스도인의 신앙적 경험을 통하여 성품의 변화를 요구했다.[218] 칭의는 구원의 목표가 아니다. 구원받은 성도는 그리스도를 닮은 삶을 통하여 기쁨과 사랑 안에서 적극적으로 그리스도의 완전을 향해 가야 한다.

216　앞의 책, 62.
217　앞의 책, 65.
218　앞의 책, 62. 웨슬리 자신도 두 번의 회심 경험을 통해 성품의 변화를 경험했다. 아우틀러, 『웨슬리 영성 안의 복음주의와 신학』, 27-28. "무엇보다 먼저 주목할 양상은 웨슬리의 본질적 변화이다. ① 주된 감정에 있어 '격정(passion)'으로부터 '긍휼히 여김(compassion)'으로의 기질의 변화 ② '하나님의 심판을 외치는 거친 젤롯(zealot)'으로부터 "하나님의 은혜를 증거하는 부드러운 사람"으로의 변화 ③ '신랄한 비판가'로부터 '영향력 있는 목사'로의 변화 ④ '오만한 사람'으로부터 '겸허한 사람'으로의 변화"되었다고 말했다.

웨슬리는 우리가 경험하는 것이 진정 성령에서 나왔다는 증거를 보여주는 징표가 두 가지 있다고 강조했다. 첫 번째 징표는 우리가 하나님의 자녀라는 깊고도 진심에서 우러난 확신, 우리의 기쁨으로 분명하게 나타나는 확신이다. 두 번째 징표는 도덕적 갱신과 개혁이다. 기쁨은 흠 없는 온전한 생활과 그리스도를 닮은 성품을 가져다 줄 때만 진정한 것이 된다. 그렇지 않으면 그것은 거짓 기쁨이요, 공허한 기쁨이다.[219] 기쁨과 사랑이 없는 도덕적 개혁은 성품이 변화됨으로 일어나는 진정한 개혁이 아니라 도덕주의에 불과하다. 기쁨과 사랑 안에서 완전을 향해 갈 때 진정한 성품의 변화가 일어난다.

에드워즈는 영적 분별에서 궁극적인 기준이 자신의 마음에 대한 자신의 검증이라고 말한다.[220] 우리는 자기 자신의 마음만을 분별할 수 있을 뿐이고, 다른 사람의 마음을 분별하는 것은 불가능하다. 로욜라의 이냐시오는 영적 분별에 있어서 개인의 선택을 중요하게 생각하기 때문에 개인의 신앙적 정서는 매우 중요한 기준이 된다. 그러나 에드워즈나 웨슬리는 부흥 운동의 과정에서 깊고 강력한 신앙적 정서를 경험한 사람 중에서 그 열매가 아름답지 못한 사람들이 있음을 알게 되었고, 다른 사람의 신앙적 정서의 진위를 객관적으로 분별할 필요가 있었다. 그렇기때문에 에드워즈는 개인을 철저하게 강조하지만 「신앙감정론」 제2부에서 "경건한 사람들의 승인", 즉 외부적 판단의 필요성 또는 개인의 내면적 경험의 검증에 대해 말했다.[221] 사람은 다른 사람의 내면적 정서를 판단할 수는 없지만, 개인이 경험한 신앙적 정서의 열매인 삶의 변화는 알 수 있다. 그리고

219 앞의 책, 59.
220 앞의 책, 67.
221 앞의 책, 67.

현상적으로 드러난 사람들의 열매는 사랑과 기쁨 안에서 하나님을 향한 믿음과 소망과 사랑이 증진되는 성품의 변화였다. 그러므로 웨슬리와 에드워즈는 다같이 성품의 변화를 요구하였다.

셋째, 그리스도인의 경험 속에서 감정과 이성의 균형을 강조한다.

웨슬리가 그리스도인의 신앙과 경건에서 마음의 중요성을 강조하는 것은 이성을 경시하는 것이 아니다. 성령의 내적 증거가 자리 잡은 곳이 감정이므로 정서적 지향은 그 사람의 성품의 본질을 잘 규정한다는 점 때문에 정서의 중요성을 강조하지만 동시에 정서의 위험성도 인식하고 있었다. 기독교 신앙에서 이성은 본질적 요소 가운데 하나이다. 웨슬리는 하나님이 우리에게 불합리한 사람이 되라고 촉구하지 않으신다고 주장했다. 그는 하나님이 신중함을 침해하거나 인간의 판단력을 메마르게 하지 않으신다고 믿었다. 사실상 웨슬리는 기독교 신학의 형성에서 이성이 본질적 요소들 가운데 하나라고 주장했다.[222] 참된 신앙적 정서는 이성의 안내를 받는다.

에드워즈는 반대자들로부터 열광주의자라고 비난을 받을 때 하나님이 활동하시는 장소와 시간을 인식하려고 노력했다. 거꾸로 말하자면, 하나님에게서 나왔다고 할 수 없는, '영적인' 현상들을 식별하려고 노력했다.[223] 에드워즈는 많은 사람을 만나서 그들의 경험에 귀를 기울이면서 신앙적 정서를 경험한 사람들의 삶에서 겉으로 드러난 현상에 관심을 기울였다. 그리고 하나님의 영이 활동하시는 방법에 대한 몇 가지 결론을 내리게 되었다.[224]

겉으로 드러난 현상들을 관찰하고 성찰하는 것은 이성의 영역이다.

---

[222] 앞의 책, 60.
[223] 앞의 책, 63.
[224] 앞의 책, 63.

웨슬리와 에드워즈는 반대자들로부터 열광주의라는 비난을 받을 때 그리스도인의 삶에서 이성과 정서의 균형을 강조함으로써 그들과 맞섰고, 이성의 중요성을 강조함으로써 열광주의자들과 자신들을 구별시켰다.

2) 영적 분별의 기준으로서의 사변형(Quadrilateral)

지금까지 웨슬리에게 영향을 준 것으로 보이는 서방 교회의 분별 전통에서 괄목할 만한 자취를 남긴 이냐시오와 에드워즈의 분별을 살펴보고 그것이 웨슬리가 영적 분별을 하는 데 어떤 자원들을 활용할 수 있었는지에 대해 정리해 보았다.

여기서 알 수 있는 것은 에드워즈와 이냐시오 공히 신앙적 분별에서는 객관적 기준을 중시하는 이성적 차원 외에 주관적인 반응을 포함하는 정서적 차원의 고려가 함께 종합되어야 함을 강조하고 있다는 점이다. 이러한 이성과 정서의 종합에 대한 강조가 웨슬리의 경우 사변형에 대한 강조에서 나타나고 있다. 이제 이 점에 대해 살펴보고자 한다.

(1) 성서

웨슬리가 복음을 전하던 18세기는 이성의 권위가 종교의 권위를 대체하던 시대였다. 그러나 웨슬리는 성서의 우위성을 인정하며 계몽주의와 이신론의 장점들을 창의적으로 종합하여 성서, 이성, 전통, 경험이라는 자신의 신학적 원리를 완성했다.[225] 웨슬리가 당시의 모든 신조들을

---

225 존 캅/ 심광섭 옮김, 『은총과 책임』(서울: 기독교대한감리회 홍보출판부, 1997), 221-222. "웨슬리 신학의 사대 원리(the Wesleyan quadrilateral)"는 1972년 미국 감리교인의 장정에 처음 등장하

초월하여 최고의 권위를 성서에 둔 것은 신성클럽의 영향이 컸다. 그는 1765년 5월 14일 존 뉴턴에게 보낸 편지에서 "1730년 나는 한 책의 사람(homo unius libri)이 되기를 결단하고 성서 연구에 매진하였습니다."[226] 라고 썼다. 웨슬리에게 성서의 우위성은 교리가 아니라 실재였다. 이 실재는 웨슬리의 생각과 경험의 방법을 결정하였다.[227] 성서의 우위성에 대한 웨슬리의 강력한 선언이 "몇 가지의 경우에 관한 설교 서문(Preface to Sermons on Several Occasions)"에 실려 있다.

"하나님께서는 스스로를 낮추시어 이 길을 가르치려고 내려오셨습니다. 바로 이 목적을 위하여 그분은 하늘나라에서 내려오셨습니다. 그분은 한 권의 책 속에 이 길을 기록하셨습니다. 오! 주님 저에게 그 책을 주소서! 무슨 일이 있더라도 하나님의 책을 저에게 주소서! 나는 그 책을 갖고 있습니다. 여기에 나를 위한 충분한 지식이 담겨 있습니다. 저로 하여금 한 책의 사람(homo unius libris)이 되게 하소서. 그리하여 나는 여기 분주한 인간의 길에서 멀리 떨어져 홀로 앉아있고, 하나님만이 여기 함께 계십니다. 그분의 현존 안에서 나는 하늘나라로 가는 길을 발견하기 위해 그분의 책을 펼쳐 읽습니다."[228]

였고, 1992년 장정에서 다시 상기되었으며, 그리스도교 신앙의 살아있는 핵심은 "성서 안에 계시되었으며, 전통에 의하여 조명되고, 개인적이고 공동체적인 경험 속에서 활력을 얻고, 이성에 의해서 확증을 얻는다."라고 진술한다. 미국 감리교인을 위한 이 네 개의 규범은 웨슬리 시대와는 달리 우리에게 적용된다. 그러나 성서와 이성과 경험의 경우 용어의 의미는 크게 변하지 않았다. 가장 큰 차이는 전통의 의미에서 발견된다.

226 알버트 C. 아우틀러/ 전병희 옮김, 『웨슬리 영성 안의 복음주의와 신학』(서울: 한국신학연구소, 2008), 119-120.
227 존 캅, 『은총과 책임』, 230-231.
228 앞의 책, 231.

웨슬리에게 있어 "오직 성서(sola scriptura)"가 "오직 성서만을 읽어야 한다"는 것을 의미하지 않았다. 웨슬리는 성서를 전통적 관점에서 읽었고, 개인적으로 모진 시련을 체험하면서 그의 통찰들을 검증하였고, 이성의 비평 안에서 이해를 추구하였다.[229] 마찬가지로 "오직 성서"는 결코 "오직 성서 하나밖에 없다(nothing but Scripture)"는 것을 의미하지 않는다. 웨슬리에게 있어 "오직 성서"는 성서가 신학적 토론의 타당성을 시작하는 기준이자 최후의 규범임을 의미한다.[230] 웨슬리는 성서 안에서 살았고, 그의 마음은 어떤 레이더와 같이 성서의 길이와 넓이와 깊이에 조준되어 있었으며, 그가 고심하여 만들었던 모든 핵심 사항들의 타당한 자료는 성서였다.[231]

웨슬리는 설교에서 성서를 자주 인용하였고, 성서의 권위에 대해 의심을 갖지 않았다. 웨슬리에게 정서적인 경험이나 표현은 하나님의 현존의 징표가 아니었다. 웨슬리는 성경이 "어떤 것과 다른 것과 구별되는 명확한 표지들(marks)"을 제공한다고 생각했다.[232] 그러므로 웨슬리는 영적 분별이 필요한 상황에서 성서를 기준으로 삼아 영적 분별을 시행했다.

웨슬리는 그의 설교 "광신의 본성(The Nature of Enthusiasm)"에서 모든 일에 있어서 무엇이 하나님의 뜻인가를 물어야 할 필요가 있지 않은가? 하나님의 뜻이 우리의 실재 삶의 법칙이 되어야 하지 않는가? 하는 등의 질문을 던진 후 "초자연적인 꿈을 기다리지도 않고, 하나님께서 환상 중에 하나님의 뜻을 드러내 주는 것을 기대하지도 않고, 어떤 '특별한 영감'이나, 마음에 갑작스럽게 떠오르는 충동을 간구하는 것이 아니라, 하

---

229 알버트 C. 아우틀러, 『웨슬리 영성 안의 복음주의와 신학』, 48.
230 앞의 책, 121.
231 앞의 책, 123.
232 고든 스미스, 『예수의 음성』, 59.

나님의 말씀을 참고하여 '율법과 증거의 말씀'으로 하나님의 뜻을 찾는 것이다. 이것이 '거룩하고 받아들일 만한 하나님의 뜻을 아는 일반적인 방법이다."[233]라고 말했다.

웨슬리는 성령의 직접적인 계시를 인정하는 것에는 정말 위험이 따른다는 점을 인정했다. 그는 광신에 빠질 가능성이 있다고 보았고, 사람들이 하나님의 목소리를 알 수 있다고 함부로 생각할 수도 있다고 보았다. 그러나 그는 성경을 믿었고, 그 자신이 속한 기독교 전통을 통하여 그리스도인 개개인이 성령의 증거를 알 수 있다는 것도 배웠다.[234]

웨슬리는 그의 설교 "성령의 증거 I (The Witness of the Spirit I)"에서, "영혼의 멸망을 가져오지는 아니하였다 할지라도 많은 사람들이 자기 자신의 상상에서 나오는 음성을 성경에 있는 '하나님의 영의 증거'라고 잘못 생각하여 한편 마귀의 일을 하고 있으면서도 자신들은 하나님의 자녀라고 부질없이 추측하고 있는 것입니다."[235]라고 하였고, "하나님의 영의 증거는 그 성격에 있어서 우리 자신의 영의 증거에 선행하여야 하는 것입니다. 즉 우리는 우리가 마음과 생활이 거룩하다는 것을 우리의 의식 속에서 발견하기 전에, 우리는 실제로 마음과 생활이 거룩하지 않으면 안 되는 것입니다."[236]라고 말했다.

우리가 영적 감각이 올바른 형편에 놓여 있는지의 여부를 알기 위해

---

233 Kenneth J. Collins and Jason E. Vickers, eds, *The Sermons of John Wesley*, "Sermon 37: The Nature of Enthusiam, 1750," (Nashville: Abingdon Press, 2013), p.220.
234 고든 스미스, 『분별의 기술』, 55.
235 존 웨슬리/ 김홍기 옮김, 『존 웨슬리의 설교』 (서울: 땅에 쓰신 글씨, 2001), 79. 종교적 감성이 하나님의 자녀라는 사실을 확증할 수 없고, 종교적 체험만으로 복음의 정수를 결정하는 것은 한계가 있다는 주제는 웨슬리 설교 "성령의 증거 I, II(The Witness of the Spirit I, II)"와 "우리 자신의 영의 증거(The Witness of Our Own Spirit)"에서 다루고 있다.
236 앞의 책, 83.

서는 성령의 내적 열매와 성령의 외적 열매를 살펴보아야 한다. 웨슬리는 성령의 내적 열매는 (갈 5:22-23) "사랑, 희락, 화평, 오래 참음, 자비, 양선, 충성, 온유, 절제이며, 성령의 외적 열매는 모든 사람에게 선을 행하며 누구에게도 악을 행치 아니하는 것입니다. 빛 가운데 걷는 것, 곧 열심히 하나님의 모든 계명을 한마음으로 순종하며 걸어가는 것입니다." (…) "이와같은 열매들에 의해서 마귀의 현혹으로부터 하나님의 음성을 구별할 수 있을 것입니다."[237]라고 말함으로써, '신앙적 정서의 체험' 유무만으로 성령의 증거를 규정할 수 없다고 규정했다.

웨슬리는 영적 분별에 있어서 성경이 객관적인 기준이어야 한다는 점을 명심했다. 주관적인 성령의 증언은 객관적 기준인 성경의 평가를 받아야 한다. 우리가 경험하는 내적인 격려의 목소리가 모두 하나님의 것이라고 말할 수 없으며, 우리가 받은 모든 영감이 성령께서 주시는 것이라고 할 수 없기 때문이다.[238]

성서는 영적 분별에 필요한 풍부한 사례와 영적 분별의 기준을 제공한다. 기도와 관련하여, 감리교인들은 성경을 "자세히 살피라"는 명령을 받았는데, 그것은 규칙적으로 성경을 읽고 묵상하며, 바르게 선포된 성서의 말씀을 경청해야 한다는 의미였다. 여기서 웨슬리는 영적 분별은 항상 기도하는 분위기에서 성령의 조명을 받아 실행해야 한다는 점을 분명하게 지적하고 있다.

성서는 자신의 신앙을 분별하는 기준을 제공하여 구원의 길에서 떠나지 않도록 경계한다. 성서는 어떤 믿음이 구원을 얻을 만한 참된 믿음인가를 알게 해 준다. 성서는 자신의 신앙에 대한 분별을 시행하지 않은

---

237 앞의 책, 91.
238 고든 스미스, 『분별의 기술』, 71-72.

신중하지 못한 신앙인들이 어떤 결말을 가져오는지에 대한 사례들도 제공해 준다. 성서는 기독교 신앙의 근거로써 하나님 자신에 대한 계시와 하나님을 만난 사람들의 다양한 신앙적 정서와 그 결과 변화된 삶의 모습을 풍부하게 담고 있다. 성서 안에는 신앙 지도자들의 진정성을 분별하는 다양한 사례들과 영적 분별에 실패한 사례들도 담겨 있다. 그러므로 영적 분별에 있어서 성서의 인물들과 성서에 계시된 하나님 자신에 대한 말씀을 근거로 하여 영적 분별을 시행하고 비교하여 영적 분별을 검증하는 것은 올바른 영적 분별을 위해 반드시 필요한 과정이다. 이처럼 성서는 자신과 다른 사람의 신앙의 진정성을 분별하는 가장 중요한 일차적 자료로서 가장 확실한 영적 분별의 기준이다.

(2) 전통

교회는 역사가 발전하면서 사람들의 삶이 다양해지고 사회가 복잡하게 분화되면서 성서의 가르침이 사회의 문제를 해결하기 위한 충분한 전거가 되지 못하는 상황을 마주하게 되었다. 그래서 교회 안에서 성서에 규정되어 있지 않은 그리스도인들의 바른 신앙과 실천에 대한 논의가 필요하게 되었다. 그때 신앙의 선조들이 기도하며 앞서갔던 신앙의 길은 지금 우리에게 큰 위로와 경고가 된다.

가톨릭교회는 전통과 성서를 동등한 권위를 가진 것으로 생각했거나 교회가 성서보다 더 높은 권위를 가진 것으로 생각했다. 그래서 외경을 인정했고 공의회의 결정을 높게 평가하여 권위를 인정했다. 영국에서도 종교 개혁 이후에 전통에 대한 논의가 많이 있었다. 엘리자베스 여왕 시대에 "부차적인 것", 즉 사람들의 영원한 구원에 중요하지 않는 것(소맷

자락이 있는 단정한 중백의를 입는 것과 같은 문제)이 무엇인지를 두고 많은 논쟁이 벌어졌고,239 성서에 명백하게 규정되지 않았거나 성서가 금하지 않았기에 구원과 관련된 문제라 말할 수 없던 문제들을 어떻게 해야 하느냐 하는 물음에 대한 답240은 대략 세 가지로 규정했다.

첫째, 전통, 교부들의 논의는 많은 논쟁점과 직접적인 관련이 있으며 성서의 뜻을 분명하게 하는데 도움을 주므로 여기에 권위를 두어야 한다고 생각했다. 둘째, 어떤 사람들은 하느님께서 주신 이성의 능력에 바탕을 둔 교회의 의사결정에 권위를 두고자 했다. 이는 특정 문제에 관해 성서가 침묵할 때 피조물의 법이 성서를 대체했음을 의미한다. 셋째, 어떤 이들은 어떤 사안에 대해 성서가 분명하게 규정하고 있지 않다면 이를 행해서는 안 된다고 생각했다. 그렇기 때문에 성서에 무엇이 담겨 있는지를 두고 심각한 논쟁이 벌어졌다.241

성서에 규정되어 있지 않은 사실들에 대한 공의회의 결정이나 교부들의 가르침은 교회의 전통으로서 그리스도인의 신앙과 삶에 큰 영향을 미치기 때문에 귀중한 것이다. 웨슬리는 그리스도인의 바른 신앙의 실천과 성서를 올바로 해석하기 위해서 전통은 매우 중요하지만, 전통 그 자체는 성서의 가르침을 벗어나서는 안 된다고 생각했다. 왜냐하면 성서가 교회와 교회의 전통을 낳았기 때문이다.

웨슬리는 자기 시대에 필요한 보화를 얻기 위하여 기독교의 과거로 돌아가는 것을 당연히 여기고 연구했다. 그것은 그가 모든 역사적 변화 중에서 지속적으로 이어져 온 본질적인 연속성을 보았기 때문이다. 그에

---

239 마크 체프먼/ 노철래 옮김, 『성공회 신학』(서울: 비아, 2017), 101-102.
240 앞의 책, 102.
241 앞의 책, 102.

게 있어서 이것이 "전통"의 본질이었다.242 성서가 침묵하는 곳에서 전통, 고대 교회의 실천은 후기의 그리스도인과 특히 감리교 신도회를 위하여 부분적으로 독립적인 안내자가 되었다.243

웨슬리가 기독교 전통을 중요하게 여겼다는 것은 교회를 귀하게 여긴다는 뜻이다. 왜냐하면 교회는 기독교 전통의 주체일 뿐만 아니라 전통을 가장 잘 보존하고 있는 곳이기 때문이다. 기독교 공동체가 가진 경험에서 일관성과 연속성을 보았던 웨슬리는 많은 어려움을 겪으면서 성장해 온 교회는 하나님의 영이 인도하고 다스린다고 생각했다. 그러므로 영적 분별은 또한 교회의 유익과 영광을 위한 기준에서 시행되어야 한다.

사도 바울은 영들을 분별하는 것은 교회 공동체를 위한 성령의 은사 가운데 하나라는 사실을 언급하면서(고전 12:10), 성령의 은사는 교회 공동체의 유익을 위해 사용되어야 한다고 말했다. 사이몬 찬(Simom Chan)은 "우리는 교회라고 부르는 유기체 안에서 우리의 진정한 정체성을 발견한다. 그러므로 분별력은, 우리에게 우리 자신이나 타인과 세계에 관해 특권적인 정보를 제공하는 어떤 사적인 계시에 기초하는 것이 아니라, 우리의 정체성을 형성하는 공동체의 실재에 기초하기 때문에, 궁극적으로 신앙 공동체의 일이다. 요약하면, 하나님의 뜻이 실제로 교회를 통해 계시되기 때문에 교회가 모든 분별력의 중심지라는 것이다."244라고 말했다.

영적 분별에 있어서 신앙적 정서 혹은 내적 확신은 주관적이지만 이는 임의적이라는 의미가 아니다. 주관적인 내적 확신의 체험은 그리스도교 전통의 객관적 경험과 일치해야 한다. 즉 주관적인 증언은 성경을 통

---

242 알버트 C. 아우틀러/ 조종남 옮김, 『웨슬리 설교 해설』해설』(서울: 대한기독교서회, 2005), 132.
243 존 캅, 『은총과 책임』, 224.
244 사이몬 찬/ 김병오 옮김, 『영성신학』(서울: 한국기독학생회출판부, 2003), 297.

한 성령의 증거와 그리스도인 공동체를 통한 객관과 균형을 이루어야 한다.[245]

웨슬리는 영적 분별의 기준을 명확하게 언급하지도 않았고, 영적 분별에서 전통의 중요성을 분명하게 언급하지 않았다. 그러나 하나님의 뜻을 분별하며 구원의 완성을 지향하는 사람은 그리스도교 영성이 본질적으로 공동체적이고 실천적이라는 사실을 기억한다면, 영적 분별의 자리는 교회 공동체와 교회의 역사에서 검증된 전통 안에 있어야 한다는 것은 자명하다.

(3) 이성

웨슬리가 살았던 시대는 이성의 중요성을 강조하던 합리주의의 시대였다. 그렇기 때문에 웨슬리도 그 시대의 흐름을 따라 이성의 중요성을 강조하였다. 웨슬리는 "이성을 공평하게 고려함"이라는 글에서 "(이성은) 세 가지 방식으로 자신을 발휘하는 인간 영혼의 능력이다. 단순한 이해와 판단과 담화가 그것이다. 단순한 이해는 사물을 거의 마음에 보듬지 않는 이해의 첫 단계이며 가장 단순한 이해의 행위이다. 판단은 사물을 마음에 보듬기 전에 동의해야 할지 아니면 서로 구분해야 할지를 결정하는 행위이다. 담화는 (엄밀히 말하자면) 하나의 판단에서 또 다른 판단으로 움직이는 마음의 운동과 과정이다."[246]라고 말했다. 이성은 우리의 내적, 외적 성화와 관련된 모든 면에서 우리를 인도한다. 그러므로 영적 분별에서 이성의 역할은 중요하다.

---

245 고든 스미스, 『분별의 기술』, 72.
246 존 캅, 『은총과 책임』, 234.

고든 스미스(Gordon Smith)는 분별(discernment)이란 말은 세 가지 다른 개념을 함축한다고 했다. 첫째로, 그것은 통찰력(insight)이란 개념을 내포한다. 통찰력이란 무엇인가를 분명하게 볼 수 있는 능력, 즉 현상을 인식할 수 있는 예민함이다. 둘째로, 분별은 선별력(discretion)이란 개념을 내포하는데, 이는 좋은 것과 더 좋은 것은 물론 선과 악을 구별할 수 있는 능력이다. 셋째로, 분별은 판단력(judgment)이라는 개념을 내포한다. 분별력 있는 사람이 된다는 것은, 좋은 평가를 할 수 있고 지식과 이해에 입각해서 판단할 수 있는 지혜로운 남녀가 된다는 것이다. 사람은 규칙적으로 분별력을 발휘함으로써 지혜가 자라며, 이 지혜는 선택하는 능력에서 분명하게 드러난다.[247] 스미스가 말하고 있는 것처럼 영적 분별에서 통찰력과 선별력, 판단력은 매우 중요한 요소이고 이는 이성의 영역에 포함된다. 그러므로 영적 분별에 있어서 이성의 역할은 매우 중요하다. 웨슬리는 『그리스도인의 완전』에서 다음과 같이 말했다.

(문) 이성적인 증거란 무엇인가? 모든 죄에서 구원받은 사람을 어떻게 확실히 알 수 있는가?
(답) 하나님께서 기꺼이 우리에게 영들을 분별하는 기적적인 능력을 주시지 않는 한 누가 그러한 구원을 받았는지(아니, 누가 의롭다 하심을 받았는지조차도) 틀림없이 알 수는 없다. 그러나 이성이 있는 사람이라면 다음 몇 가지로서 그 일의 진실이나 깊이를 의심의 여지 없이 알아보기에 넉넉한 증거가 될 것이다. ① 이 변화가 있기 전에 상당한 기간 동안 그의 행실이 모범적이었다는 분명한 증거를 우리가 가지고 있다면 말이다.

---

247 고든 스미스, 『예수의 음성』, 10.

(…) ② 만일 그 사람이 나무랄 데 없는 건실한 말투로 그 변화가 일어난 때와 방식에 대하여 명확하게 설명한다면 말이다. ③ 그 사람이 그 후 우리들 보기에 언행이 거룩하고 비난할 데가 없다면 말이다.[248]

그러나 웨슬리는 이성의 중요성을 강조하는 보편적 시대 흐름을 따르지 않고 성령의 직접적인 증거를 체험해야 한다고 주장했기 때문에 광신자이며 열광주의자라는 비난을 받기도 했고, 영국 국교회로부터는 비판을 받고 배척을 당했다. 웨슬리는 진정한 신앙이란 합리적이고, 사람의 이성으로 이해할 수 있는 합리적인 신념에 속한다고 여겼지만, 이성을 과대평가하지 않았다. 이성을 과대평가하는 사람들을 향해 다음과 같이 말했다.

"이성으로 하여금 이성이 할 수 있는 모든 일을 하도록 하자. 이성이 할 수 있는 것이라면 무엇이나 그것을 적용하라. 그러나, 동시에 이성은 믿음이나 희망 또는 사랑을 줄 능력이 없음을 시인하라. 그리고 결국 참된 가치나 본질적인 행복을 산출하지 못함을 시인하라. 이런 것들은 보다 더 높은 근본에서, 모든 육체의 영들의 아버지에게 기대하라. 이것들을 당신 자신의 권리로서가 아니라 하나님의 선물로서 추구하고 받아들이라."[249]

일반적으로 분별에서는 합리적인 사고와 이성적인 판단이 중요하다. 실천적 지혜로서의 분별은 신중함과 주어진 상황에서 올바른 선택을 위한 건전한 판단력이 필요하기 때문이다. 특별히 감정이 강렬해서 격정

248　존 웨슬리/ 이후정 옮김,『그리스도인의 완전』(서울: 감리교신학대학교 출판부, 2006), 59.
249　존 캅,『은총과 책임』, 234-235.

에 휩싸일 때는 이성의 도움을 받아야 한다. 이성이 맹렬히 활동하여 명확한 방향을 제시하면 마음이 고요해지고 감정을 명확히 볼 수 있기 때문이다.[250] 영적 분별은 신앙의 실천적 지혜를 위한 분별이기 때문에 일반적 분별과는 달리 신앙적 정서와 경험, 그리고 직관 등과 같은 문제도 분별의 대상에 포함된다. 이냐시오는 『영신수련』에서 영적 분별에서 마음이 평온한 시기에는 이성을 활용해야 할 때라고 말한다.[251]

[182] 제5요점. 제시된 것에 대해 이처럼 다방면으로 따지며 궁리한 다음에는 이성이 어느 편으로 더 기우는지를 살핀다. 요컨대, 제시된 것에 대해서 깊이 생각하고 결정하되 결코 감각적인 움직임이 아니라 이성적인 움직임을 따라야 하는 것이다.[252]

합리주의자들은 하나님을 세계 밖에 계신 분으로 생각하여, 세계를 떠나 홀로 계시거나 밖에서 세계를 향하여 행동하시는 분으로 생각했다. 그러나 웨슬리는 하나님을 만물 안에서 만물에게 활력을 주며 생명을 가진 모든 것을 생동케 하는 분으로 생각하였다.[253] 웨슬리는 감상주의자가 아니었고 정서적인 경험이나 표현이 하나님 현존의 징표도 아니었다. 웨슬리는 우리가 분별력 있는 사람이 되어야 한다고 강조했다.[254] 그러므로 영적 분별을 실천하는 사람은 하나님 안에서 재창조되어 인식의 지평과

---

250 슈테판 키홀레, 『이냐시오 영성에 따른 식별: 결정』, 44.
251 이냐시오. 앞의 책, 73. [177]세 번째 시기는 평온한 시기이다. (…) 여기서 평온한 시기라 함은 영혼이 여러 가지 영들에 의해 동요되지 않고 본성의 능력들을 자유롭고 침착하게 활용하는 시기를 말한다.
252 앞의 책, 75.
253 앞의 책, 238.
254 고든 스미스, 『예수의 음성』, 59.

관점이 변화된 새로운 이성으로 하나님의 뜻을 알고 추구하는 사람이 되어야 한다.

영적 분별은 내면에서 일어나는 신앙적 정서를 분별의 대상으로 삼기 때문에 인간의 합리적인 이성의 영역을 넘어선다. 그러므로 영적 분별의 상황에서 이성의 역할은 중요하지만, 동시에 웨슬리가 지적하는 것처럼 이성의 한계 또한 분명히 인식하면서 영적 분별을 시행해야 한다.

(4) 경험

영국 국교회도 성서와 전통 그리고 이성을 중요하게 생각했지만, 영국 국교회 사제인 웨슬리가 신앙적 경험을 강조하는 것은 매우 독특한 것이다. 웨슬리가 강조한 신앙적 경험은 성서를 성서 밖에서 논증하기 위해 반드시 필요한 요소였다.

웨슬리는 '마음이 이상하게 뜨거워지는 것을 느꼈다'는 말로 요약할 수 있는 올더스케이트 경험에서 죄인을 의롭게 하시고 용서하시는 하나님의 은혜에 대한 개인적인 확신을 느꼈다. 올더스케이트에서의 경험이 그의 내면에 주신 직접적이고 구체적인 증거였다고 확신한 웨슬리는 믿음에서 성령의 내적 증거의 생동적인 역할을 강조했다. 그러므로 웨슬리는 체험이나 체험적 혹은 마음의 종교라는 용어를 자주 사용하였다. 그래서 그는 성령의 직접적인 증거를 받았다고 주장하는 사람들에게 흔히 붙여졌던 것처럼 광신주의자, 열광주의자로 알려지게 되었다. 그러나 웨슬리는 자신의 주장을 굽히지 않았다.[255] 웨슬리는 그의 설교 "성령의 증

---

255 앞의 책, 57-58.

거 II"에서 신앙적 정서와 자신의 믿음을 입증하고 분별하는데 체험은 중요한 기준임을 다음과 같이 말했다.

> 첫째, 체험은 성경에 근거를 둔 교리를 확증하는데 충분합니다. 둘째, 비록 많은 사람은 그들이 경험하지 못한 것을 체험했다고 믿고 싶어 하지만, 이것이 실제 체험에 대한 편견은 아닙니다. 셋째, 그 증거의 의도는 우리가 하나님의 자녀라고 우리에게 확신시켜 주는 것입니다.[256]

헨리 D. 랙은 웨슬리의 경험의 특징을 다음과 같이 말했다.

> 성령에 대한 '감각적 경험'으로서의 믿음은 '감리교도들의 주요 교리'였다. (우리가 여기서 주의해야 할 게 있다. 이것은 회심 이후의 초기 웨슬리의 생각이며, 어쨌거나 확인과 결합된 성령의 열매들의 경험을 언급하는 것이다. 웨슬리가 후에도 이런 명제를 그의 주요 교리를 보았을까 하는 의문이다.) 이것의 실체에 대한 증거는 부분적으로는 일상적인 감각들로 인지되는 성령의 열매들(사랑, 기쁨, 평화) 안에 존재하며, 그러나 부분적으로는 우리 자신의 영과 더불어 증거하는 성령 안에 존재한다. 이 증거는 성령에 의해서 주어지는 은사일 수밖에 없다. 하지만 이 은사도 형식에 있어서는 '경험적'이다.[257]

구약성서의 예언자들도 개인적으로 취임 비전(inaugural vision)의 경험을 가졌다(사 6:1-8; 렘 1:4-10; 출 3장; 호 1-3장). 이와같은 개인적인 하나님 체

---

256 존 웨슬리/ 감리교신학대학교·웨슬리연구원 옮김, 『존 웨슬리의 설교』 "21. 성령의 증거 II," (서울: 대한기독교서회, 2022), 398.
257 헨리 D. 랙/ 김진두 번역, 『존 웨슬리와 감리교의 부흥』(서울: 감리교신학대학교 출판부, 2001), 408.

험은 중요한 분별 기준이 된다. 이 비전들은 청중들에 의해서 인식되거나 확증되지 못했지만, 예언자 자신에게는 자신의 예언의 신빙성을 증명해 주는 중요한 단서가 된다. 예언자의 예언의 본질적인 관심은 하나님의 뜻에 대한 확신이었고[258], 예언자의 내적 확신을 입증해주는 것은 예언자의 수동성과 개인적인 하나님 경험이었다. 내적 확신은 제자들처럼 예수님을 몸으로 직접 경험하지 못한 사람일지라도 영에 대한 내적 체험을 통해서 그리스도에 대한 확신을 얻을 수 있는데, 이는 진정한 제자의 표징이다 (요일 3:24).[259]

체험이란 '실존하는 것'과 의식을 가진 존재 사이에 이루어지는 복합적인 만남의 산물이다. 보고, 듣고, 맛보고, 탐구하고, 판단하고, 결정하고, 표현하는 내 활동은 객체를 향한 주체의 의식적인 작용이다.[260] 그러므로 체험은 내가 만나는 존재에 의존하며, 동시에 나의 과거, 내가 학습한 의식된 지각, 내 욕구와 목적, 희망과 꿈에 의존한다.[261] 그러므로 과거의 경험 속에서 형성된 틀이나 구조는 우리가 경험한 것을 분별하는데 중요한 기준을 제공한다. 현재의 지각은 과거의 경험을 통하여 현재를 재해석하고 새롭게 창조함으로 미래를 지향하기 때문이다.

신앙 체험은 인식하기 전에 초월적 존재와의 만남이 일어나고, 그 사실을 하나님으로 인식하고 해석함으로써 비로소 신앙 체험이 구성되고, 성찰을 거친 신앙 체험은 믿음을 더욱 강화시킨다. 하나님을 향한 믿음은 체험에 대한 성찰을 통하여 자리를 잡게 된다.[262] 기독교에서의 종교체

---

258 유해룡, 『하나님 체험과 영성수련』 (서울: 장로회신학대학교출판부, 1999), 230.
259 앞의 책, 237.
260 앞의 책, 206.
261 앞의 책, 206.
262 앞의 책, 207.

험은 살아계신 하나님이 체험의 대상이기 때문에 능동적인 것과 수동적인 것의 혼합이다. 하나님은 우리에게 찾아오시는 분이기도 하지만, 찾는 사람을 만나 주시는 분이기 때문이다. 위니캇(D.W.Winnicott)은 찾아오시는 분과 찾는 사람의 혼합영역을 '인간 삶의 제 삼의 영역'인 '중간영역'이라고 함으로써 신앙의 대상과 신앙 체험의 연결고리를 제시해 주고 있다.[263] 그러므로 믿음과 체험은 서로를 강화한다. 즉 믿는 사람이 신앙 체험을 할 수 있고 그런 체험을 했기 때문에 더욱 강한 믿음을 갖게 된다. 그리고 신앙체험은 사람의 변화를 촉진하고 변화의 결과 그가 맺은 성령의 열매는 신앙의 진정성을 분별하는 기준이 된다.

웨슬리는 우리가 경험하는 것이 진정 성령에서 나왔다는 증거를 보여주는 증표가 두 가지 있다고 강조했다. 첫 번째 징표는 우리가 하나님의 자녀라는 깊고도 진심에서 우러난 확신, 우리의 기쁨으로 분명하게 나타나는 확신이다. 두 번째 징표는 도덕적 갱신과 개혁이다. 기쁨은 흠 없는 온전한 생활과 성품을 가져다줄 때만 진정한 것이 된다. 그렇지 않으면 그것은 거짓 기쁨이요, 공허한 기쁨이다.[264]

웨슬리는 감정과 열정을 구별했다. 열정이란 이성이나 의지와는 무관한 무의식적인 정서이며 지식 없는 위험한 열심이다. 참된 감정은 이성으로부터 정보를 받고 안내를 받는다.[265] 그러므로 그리스도인은 성서적 지식이 없는 열정의 사람이 아니라 성령의 증거가 수반되는 참된 신앙적 정서의 소유자가 되어야 한다. 웨슬리는 "성령의 증거에 수반되는 기쁨은 겸손한 기쁨"이라고 말했다.[266]

263　앞의 책, 206.
264　고든 스미스, 『예수의 음성』, 59.
265　앞의 책, 60-61.
266　앞의 책, 61.

정서는 우리의 삶의 일부이며 우리의 의지적 결정에 매우 중대한 역할을 하지만, 경험에서 비롯된 신앙적 정서만을 전적으로 신뢰하기에는 위험이 따른다. 그러므로 정서는 항상 분별의 대상이 되어야 한다. 이런 사실을 이냐시오는 누구보다 절감하였기 때문에 신앙적 정서에 대해서 신중한 영적 분별을 시행하도록 가르쳤다. 웨슬리도 신앙적 정서만을 신뢰하는 것의 위험성을 잘 알고 있었다. 그러므로 웨슬리는 성서와 이성에서보다 성서와 경험에서 더 큰 긴장을 인식하였다.[267] 웨슬리는 그의 설교 "광신의 본성"에서 그리스도인은 특별한 느낌이 아니라 성서에 나타난 하나님의 뜻을 알고 행해야 한다는 점을 강조했다.

웨슬리는 성령의 직접적인 계시를 인정하는 것에는 정말 위험이 따른다는 점을 인정했다. 그는 광신에 빠질 가능성이 있다고 보았고, 사람들이 하나님의 목소리를 알 수 있다고 함부로 생각할 수도 있다고 보았다.[268] 웨슬리는 "열광주의"에 두려움을 느꼈으며, 몰아적 경험과 특수 계시를 주장하는 가치에 대하여 매우 회의적이었다. 신앙적 경험과 그에 수반되는 내적 확신은 구원의 여정에서 신앙적 실천의 근원이지만 한편으로 위험성도 내포하고 있기 때문에, 주관적으로 경험된 신앙적 정서는 객관적 규범에 의해 분별되어야 한다. 그리고 분별할 수 있는 객관적 규범은 참된 신앙적 정서에 수반된 삶의 변화이다.

267　존 캅,『은총과 책임』, 241.
268　고든 스미스,『분별의 기술』, 55.

3. 요약 및 평가

분별이란 선택해야만 하는 현실적 필요에 의해서 실천된다. 그리고 현실적인 필요에 의해서 실시되는 분별과 결정의 상황은 일상의 문제와 신앙의 문제를 포함한다. 그러나 우리는 일상적인 삶에서의 선택과 결정보다 범위를 좁혀 신앙적인 문제와 관련해서 분별을 시행할 때 영적 분별이라고 정의한다. 그러므로 영적 분별은 실천적 영성에 속한다.

우리는 기도하는 분위기 속에서 사려깊은 영적 분별을 했음에도 불구하고 시간이 지난 다음에 그때의 결정을 후회하는 경우가 종종 있다. 그 이유는 그 당시에는 최선의 것을 선택했지만, 시간이 흘러가면서 환경이 달라졌기 때문이다. 결정이란 무엇이든지 시간이 지나면 생각이 달라질 수 있다. 영적 분별은 진리처럼 언제 생각해도 옳다고 여길 수 있는 선택을 하는 것이 아니다. 유교의 중용이 시의적절함을 의미한다고 할 때 중용과 분별은 같은 의미로 사용될 수 있고, 영적 분별이란 그때 그 상황에서 가장 최선의 것을 선택하는 것이다. 그러므로 언제나 잘못된 영적 분별은 있을 수 없다.

성서에는 다양한 상황에서 영적 분별을 시행한 경험을 담고 있다. 구약 성서에는 제왕들이 전쟁과 같은 생사가 달린 시급한 상황에서 예언자들에게 하나님의 뜻을 구하는 예언을 청했다. 그것은 전쟁을 앞둔 불안한 상황에서 승리의 확신을 가지고 병사들과 함께 전장으로 나가기를 원하는 마음 때문이었을 것이다. 이스라엘 백성들은 예언자들이 전해주는 하나님의 말씀을 듣고 순종해야 하는 상황에 직면하기도 했다. 특히 예언자의 예언이 비극을 예고하고 있을 때, 백성들은 그 예언자의 예언의 진정성을 밝힐 수 있는 표지를 구하려 했다. 그러나 구약 성서에는 예언자가 전해준 예언의 진정성을 확실하게 보장할 수 있는 확고한 원칙은 기록되어 있지 않다.

　　신약 성서에도 순회 전도자들이나 교회 지도자들의 신앙의 진정성을 분별해야 할 상황에 직면하여서 영적 분별을 시행한 기록이 있다. 초대교회는 예수 그리스도의 본질에 대한 논쟁이 심각하게 있었다. 어떤 지도자들은 예수님이 육신으로 이 세상에 임하지 않았다고 주장했다. 예수님을 영적인 특별한 존재로 생각했기 때문이다. 그러나 교회는 확고하게 예수님은 참 신이고 참 인간이라는 점을 주장했고, 이와같은 교회의 가르침에 어긋나는 사람들을 정죄했다. 그럼에도 불구하고 어떤 믿음이 참 믿음이라는 것을 확고하게 규정해 주지 않았다. 이는 영적 분별의 성격이 영구 불변한 기준이나 원칙에 의해서 결정되는 것이 아니라는 점을 말해준다. 특정한 상황에서 발생한 특정한 문제에 대해 올바른 선택을 해야 하는 것이기 때문이다. 그러므로 분별해야 하는 문제의 성격과 시대정신에 따라 결정도 다르게 나타난다.

　　사막 교부들은 신앙의 문제를 결정해야 할 때 마음의 움직임을 매우 중요하게 생각했다. 영적 분별에 있어서 가장 탁월한 업적을 남긴 이냐시오는 영적 전통들을 정리해서 자신의 영적 분별의 기준으로 삼았는데, 가장 중요하게 여긴 것은 신앙적 정서였다. 하나님은 이유가 없는 기쁨과 위안이 되는 긍정적 정서를 일으키시는 분이다. 그래서 이냐시오는 "더 많은 열매"와 더불어 "더 많은 위로"를 분별의 중요한 기준으로 제시했다.

　　가장 지성적인 철학자이면서도 "신앙은 대체로 거룩한 정서"라고 강조한 에드워즈는 올바른 신앙을 분별하기 위한 기준으로 내적 확신과 외적 열매의 중요성을 강조했다. 에드워즈는 자신이 목회하던 교회와 지역에서 일어나는 부흥의 시작과 갑작스런 부흥의 소멸을 경험하면서, 어떤 성향의 사람들이 진정한 회개를 경험한 사람들인가를 분별하기 위해 많은 사람을 만나고 관찰하면서 그들이 경험한 신앙적 정서에 관심을 기울였다. 다양한 신앙적 정서들은 신앙적 열정을 강화했지만, 속히 신앙에서 멀어지는 사람도 있었고 오래도록 신앙의 진보를 이룬 사람들을 보았다. 그리고 그런 차이는 그들이 경험한 신앙적 정서에서 유래함을 보았다. 그리고 외적 열매, 즉 삶의 변화를 가져오는 성령의 열매가 없는 신앙적 정서는 참된 회개의 표지가 되지 못한다는 것을 밝혔다. 그러므로 에드워즈는 참된 회개를 경험한 사람들이 갖는 정서와 참된 회개를 경험하지 못한 사람들이 갖는 신뢰할 수 없는 신앙적 정서를 구분하였다.

웨슬리의 영적 분별에 영향을 미친 사람을 연구하면서 이냐시오와 에드워즈를 연구하는 것은 영성사에서 영적 분별에 관한 탁월한 업적을 남겼기 때문이다. 이냐시오의 저서 『영신수련』은 로마 가톨릭 교회의 영적 분별 전통을 통합한 탁월한 저서이고, 에드워즈의 저서인 『신앙감정론』은 대각성의 시기에 신앙적 정서를 경험한 수많은 사람들을 만나서 그들과 대화하고 관찰한 결과를 기록한 저술로써 개신교의 영적 분별에 관한 저술 중에서 가장 탁월한 저서이기 때문이다. 특히 에드워즈는 웨슬리와 동시대의 사람으로써 그의 저술은 웨슬리에게 많은 영감을 준 사람이었다.

웨슬리는 에드워즈의 신앙적 정서들을 간략하게 두 가지로 요약해서 신앙의 진정성을 분별하려 한다. 웨슬리의 영적 분별의 원칙은 첫째는 내적 확신이고 둘째는 외적 열매이다. 웨슬리는 에드워즈의 신앙의 진정성을 분별하는 많은 정서들을 내적 확신이라는 단순한 것으로 축약했고, 에드워즈의 성령의 열매는 동일하게 강조한 결과이다. 그러므로 웨슬리와 에드워즈는 신앙적 정서의 분별에서 비슷한 점을 찾을 수 있다.

그러나 웨슬리와 에드워즈의 영적 분별은 차이점도 있다. 칼빈의 예정 선택을 믿은 에드워즈는 다양한 신앙적 정서를 '신앙감정이 진정으로 은혜로운 것인지 아닌지에 대한 판단 근거가 될 수 없는 표지들'(12가지)과 '진정으로 은혜로운 거룩한 감정을 뚜렷이 구별해 주는 표지들'(12가지)로 구분했다. 그러나 웨슬리는 신앙은 구원의 완성을 향해 가는 과정으로 보았기 때문에 구원의 순서를 규정하고 그 구원의 순서의 각 단계에서 나타나는 다양한 신앙적 정서를 언급한다. 이는 에드워즈는 예정 선택을 믿었기 때문에 신앙의 발전 과정에 대해서 관심이 없지만, 신인 협동을 주장하고 구원에서 인간의 협력의 중요성을 강조하는 웨슬리의 신학적 차이에서 기인한다고 볼 수 있다.

성서를 열심히 연구하고 신앙에서 성서의 역할을 중요하게 여겼기 때문에 "한 책의 사람(homo Unius libri)"이라는 별명을 가진 웨슬리는 "영적 독서를 위한 조언"(1735)[269]에서 이성과 정서의 종합의 중요성을 강조하였다. 그는 경건 서적 읽기가 영적 성장에 도움을 주는 영적 훈련이 되려면, 반드시 "읽은 것에 알맞은 감동을 구하십시오. 그저 지식만 더할 뿐 감동도 열정도 없는 독서는 무익합니다. 주님을 향한 간절한 열망을 더하

---

[269] 남기정, "존 웨슬리의 영적 독서를 위한 조언," https://www.mtueastus.org/2015/07/02/EC%A1%B4-%EC%9B%A8%EC%8A%AC%EB%A6%AC%EC%9D%98-%EC%98%81%EC%A0%81-%EB%8F%85%EC%84%9C%EB%A5%BC-%EC%9C%84%ED%95%9C-%EC%A1%B0%EC%96%B88/ 웨슬리는 영적 독서를 장려하기 위해서 많은 영성 고전들을 출판했을 뿐만 아니라 독자들이 그것들을 어떻게 읽어야 하는지에 대해서도 소상히 밝혀두었다. 그는 1735년, 토마스 아 켐피스(Thomas à Kempis)의 『그리스도를 본받아(Imitatio Christi)』를 새로 번역하고 축약하여 『그리스도인의 모범(The Christian's Pattern)』이라는 제목으로 출간하면서, 서문에 "영적 독서를 위한 조언"을 담아 두었다. 다섯 항목으로 되어 있는 이 조언은 오늘날 우리가 영성 고전들을 어떻게 대하고 읽어야 하는지에 대한 좋은 지침이 되어준다.

십시오, 그분의 지혜의 빛뿐 아니라 그분의 열정을 구하십시오"라고 하였다.270 "영적 독서를 위한 조언"에서 웨슬리는 영적 독서가 영적 성장에 도움이 된다는 점을 분명히 하고 있다. 영적 독서는 영적 전통과 영적 경험에서 영적 성장의 자양분을 취하는 일이다.

그러므로 필자는 한 걸음 더 나아가 웨슬리 신앙의 성서, 전통, 이성, 경험의 사변형을 영적 분별을 위한 기준으로 삼아야 한다고 생각한다. 성령의 활동, 은혜의 작용 등과 관련된 영적 분별은 성서 안에 가장 풍부하게 나타나고 있을 뿐만 아니라 영적 분별의 원칙도 찾을 수 있다. 또한 기독교 전통 역시 영적 분별에 관한 풍부한 자료들을 보존하고 있는데, 영적 독서는 영적 분별의 전통을 통해 습득할 수 있는 가장 효과적인 길이다. 그러므로 영적 분별을 시행함에 있어서 이성적, 정서적 측면과 함께 영적 전통과 개인과 공동체의 영적 분별 경험을 풍부하게 보존하고 있을 뿐만 아니라 영적 분별의 원칙을 제시하고 있는 성서와 영적 분별 전통은 영적 분별을 위한 기준으로써 충분히 고려되어야 한다.

이제 제 4장에서는 웨슬리의 구원론의 핵심인 구원의 순서의 특징과 그의 설교에서 구원의 순서의 각 단계에서 나타나는 신앙적 정서에 대한 언급에 초점을 두고 살펴보겠다.

---

270 Wesley, John and Charles Wesley "[3] *Advice on Spiritual Reading*," (1735년)," (N.Y; Paulist Press, 1981), 89.

제4장

웨슬리의 구원의 순서에 따른 신앙적 정서분별

웨슬리의 구원의 순서는 웨슬리 구원론의 집약이면서 동시에 웨슬리 영성의 특징을 잘 보여주고 있다. 웨슬리는 신비주의자들의 저술을 읽고 그들의 영향을 받아 마음의 종교를 강조하였다. 신비주의자들은 영적 상승을 단계론(정화, 조명, 일치 혹은 연합)으로 설명하고 있는데, 웨슬리는 이와같은 상승론을 소그룹을 조직할 때 응용하였다. 웨슬리의 구원론의 특징은 칭의와 완전을 중심으로 상승론과 점진론이 상보적으로 작용하면서 구원의 완성을 향해 진보하는 것이다. 특히 칭의와 중생의 단계는 하나님께서 인간의 노력이 전혀 요구하지 않고 하나님이 죄인을 위하여 홀로 행하시는 은혜로서, 하나님의 칭의의 은혜에 인간이 올바로 응답하면 하나님을 향해 상승하게 되는데 이는 위디오니시우스의 조명의 과정과 일치한다고 할 수 있다. 하나님의 거룩한 진리의 빛을 비춤을 받은 사람은 새로운 가치관을 가지게 되어 하나님과 자신에 대한 새로운 통찰력을 얻게 된다. 그리고 점진적으로 구원의 완성인 완전을 향해 인간의 노력이 수반된 진전을 이룬다. 그리고 하나님의 구원의 은혜를 경험한 사람에게는 그 단계에 일치하는 신앙적 정서가 발현된다. 웨슬리는 그의 설교에서 하나님의 은혜를 받은 사람들에게 나타나는 신앙적 정서에 대해 언급했다. 본 장에서는 웨슬리의 구원의 순서의 단계들의 개념과 하나님이 주시는 은혜, 그리고 그 은혜에 응답한 사람들에게 나타나는 특징적인 신앙적 정서를 그의 설교를 중심으로 살펴볼 것이다.

1. 영적 상승모델과 구원의 순서

1) 위 디오니시우스의 상승모델

(1) 위 디오니시우스와 영적 신비

① 위 디오니시우스와 그에 대한 평가

500년경에 시리아에는 동방의 어느 신비가보다 더 강력하게 서방 세계에 영향을 미친 수도적 저술가가 살았다.1 이 저술가는 "신의 이름들," "신비신학," "천상의 위계," "교계의 위계"를 저술했고, "10편의 편지"를 남겼는데, 저자는 사도 바울이 아테네에서 개종시킨 아레오바고의 디오니시우스라는 인물을 빌렸다(행 17:34).2

1세기의 바울과 바울의 제자 히에로테우스(Hierotheus)를 통해 가르침을 받았다고 스스로 주장한 아레오파기테의 디오니시우스(Dionysius the Areopagite)는 결과적으로 사도적인 위상을 지니게 되었으며, 그의 주요 저작들은 바울의 다른 정경적 저서들과 같은 권위를 지니게 되었고,3 편지에서 자신을 사도 바울의 제자인 양 위장하고 있는 위 디오니시우스의 글들은 바울의 제자라는 저자의 명성에 대한 오해와 교회적이고 신비적인 내용으로 인해서 후대의 비잔틴 사상계는 물론, 중세 서방 학계에 광

---

1 위 디오니시우스/ 엄성옥 옮김, 『위 디오니시우스 전집』(서울: 은성출판사, 2007), 9.
2 앞의 책, 9-10. 『신의 이름들』, "제1장 서두에서 '장로 디오니시우스가 함께 장로 된 디모데에게: 이 설교의 목표, 그리고 하나님의 이름들과 관련된 전승'이라고 썼다.(『위 디오니시우스 전집』, 69)."
3 김재현, "디오니시우스의 사상과 중세기독교에 미친 그의 영향", 「종교연구」 제36집 (2004년 9월), 한국종교학회, 73-74.

범위한 영향을 끼치게 되었다.⁴ 디오니시우스의 저작과 사상은 보나벤투라(Bonaventure), 토마스 아퀴나스(Thomas Aquinas), 그리고 에크하르트(Eckhardt)에 이르기까지 다양한 방면에서 적지 않는 영향을 미쳤다.⁵

위 디오니시우스의 개인적인 삶을 밝혀주는 명확한 자료의 부족과 그의 저작들이 어떤 맥락에서 편집되고 구성되었는지? 하는 문제가 분명하게 알려져 있지 않고,⁶ 그가 어떤 사람이었는지에 대해서 정확하게 알 수 없지만, 종교 개혁 시기에 디오니시우스의 역사적 정체성에 대한 질문이 제기되었다. 로렌조 발라(Lorenzo Valla)와 에라스무스(Erasmus)같은 인문학자들이 디오니시우스의 신빙성에 대해 의심을 품기 시작했고, 1520년 루터는 공개적으로 "디오니시우스는 매우 유해한 인물이다. 그는 기독교보다 플라톤 철학을 받들고 있다."라고 공격했다.⁷

최근 학자들의 연구는 디오니시우스가 6세기 초의 어느 정도 영향력을 가진 그리스 사상가들과 연결되어 있었던 시리아 계열의 신학자요, 성직자였을 것이라는 점을 설득력 있게 보여주고 있다.⁸ 이 인물의 정체성을 밝히려는 많은 시도에도 불구하고, 디오니시우스라는 역사적 인물은 여전히 신비로 남아 있으며,⁹ 신조어들로 가득한 거의 주술적이라고 할 수 있을 정도로 특유한 문체로 기록된 그의 저술들은 난해하며 논쟁의 대상이 된다.¹⁰ 위 디오니시우스에 대한 평가는 지금도 엇갈리고 있는데, 잔 바네스트(Jan Vannest)는 "기독교 신학자라기보다는 신플라톤주의 철학

---

4   전광식, "*Theologia Negativa*: 부정신학의 역사와 의미",「석당논총」제45호(2009), 47.
5   김재현. "디오니시우스의 사상과 중세기독교에 미친 그의 영향", 85.
6   위의 논문, 76-77.
7   위 디오니시우스, 위의 책, 10.
8   김재현, "디오니시우스의 사상과 중세기독교에 미친 그의 영향", 74.
9   위 디오니시우스, 위의 책, 10.
10   위의 책, 10.

자"라고 주장하고, 블라디미르 로스키(Vladimir Lossky)는 정반대로 "신플라톤주의자로 가장한 기독교 사상가, 즉 신플라톤주의의 철학적 방법을 통달함으로써 신플라톤주의가 장악하고 있는 기반을 정복해야 한다는 자신의 책임을 제대로 파악하고 있는 신학자"로 보았다.[11]

보편적으로 로마 가톨릭 신자들은 디오니시우스의 사도적 신빙성을 옹호해 왔으며,[12] 그의 신학을 적극적으로 수용했다. 이와는 대조적으로 개신교는 보편적으로 부정신학을 신학의 한 방식으로 수용하지 않기 때문에, 위 디오니시우스에 대해서도 부정적으로 생각하는 경향이 있다.[13] 그러나 위디오니시우스는 부정신학은 긍정신학의 반대가 아니라 긍정과 부정은 서로 아주 긴밀하게 연결되어 있음을 보여준다.[14] 신학적 전통은 이중 측면을 가지고 있다. 하나는 말로 표현할 수 없는 신비한 측면이고, 또 하나는 공개적이고 보다 분명한 것이다. 전자는 상징 사용과 비밀전수에 호소한다. 후자는 철학적인 것으로서 논증의 방법을 사용한다. … 후자는 설득을 사용하고, 주장되는 것의 진실성을 강요한다. 전자는 행동하고, 가르칠 수 없는 신비를 사용하여 영혼들을 하나님의 임재에 확고하게

---

11 위의 책, 11.
12 위의 책, 11.
13 전광식, "*Theologia Negativa*: 부정신학의 역사와 의미", 64-65. 개신교가 부정신학을 수용하기 어려운 이유는 ① 개신교 신학은 기본적으로 인간이 타락한 이후 하나님에 대한 인식은 자연에서 나오지 못하고 오로지 하나님의 자기 계시인 성경에 의거해서 나오는 길밖에 없다고 본다(sola scriptura). ② 개신교 신학은 부정신학은 자연신학과 마찬가지로 성경의 하나님을 말하는 게 아니라 일반적인 절대자 개념을 말하는 것이라고 본다. ③ 개신교 신학은 그런 방식으로 신을 간접적으로 말한다고 해도 성경에서 말하는 신의 기본적인 인격과 속성 등(삼위일체는 물론 심지어 인격성마저)은 확보되지 못한다는 것이다. ④ 개신교 신학은 그 밖에 부정신학의 사상적 뿌리를 경계한다. 사실 그것의 기독교적 초석을 놓은 위 디오니시우스의 정체는 루터와 칼빈이 잘 지적하고 있다. 그는 결코 사도행전 17장에 나오는 아레오바고에서 회심한 사도 바울의 제자가 아니라고 보았고, 위 디오니시우스의 저작들에 나오는 프로클로스의 사상이나 표현들로 인해 그가 '기독교 의상을 걸친 프로클로스'로 보므로 그것이 신플라톤주의와 같은 이교 사상의 유산으로 이해하기 때문이다.
14 유재경, "영적 상승의 방법으로서의 위디오니시우스의 부정신학의 분석," 261.

둔다.[15] 신앙은 하나님의 말씀에 대한 순종과 초월적 존재인 신과의 일치를 추구하는 갈망으로 구성된다. 긍정신학이 계시에 대한 순종을 강조한다면, 부정신학은 신과의 일치를 갈망하는 사람의 열망을 강조한다. 그러므로 부정신학은 배척되고 부정되어야 할 것이 아니라 긍정신학과 상호 보완적으로 수용되어야 한다.

② 긍정과 부정의 신학

위 디오니시우스의 공헌은 만물이 표명되지 않는 근원과 연합하게 하기 위해서 절대적으로 불가지(不可知)한 하나님께서 창조 안에 자신을 현현하신 방법을 탐구하는 데 있다.[16] 그리고 그는 하나님과 연합의 방법으로 부정신학을 제시했다.

부정신학(Apophatic Theology)에서 '부정'을 뜻하는 '$\alpha\pi o\varphi\alpha\sigma\iota\varsigma$'는 '부정', '부인' 또는 '아니라고 말하는 것'을 뜻한다. 전통적으로 Apophasis는 부정에 의한 논증 내지는 논리적 추론의 방법이다. 이 부정이란 어떤 것을 두고 그것이 아닌 것을 말하므로 그것이 무엇인지 말하는 방식이다. 부정신학은 기본적으로 종교적 신앙을 철학 및 이성과 결부시켜 그것에 대해 설명하려는 시도에서 나온 것이다. 이런 점에서 그것은 자연 신학과 유사해 보인다. 하지만 자연 신학과 달리 부정신학은 신 존재 증명과 신에 대한 객관적 지식의 가능성을 거부한다.[17] 부정신학의 기초는 신의 초월성과 인간 이성과 언어의 한계성이다. 이것에 따르면 신은 모든 것을 절대적으로 초월해 계시는 자로서 결코 포착되어질 수 없다는

---

15 위 디오니시우스, 위의 책, 44.
16 위의 책, 17.
17 전광식, "*Theologia Negativa*: 부정신학의 역사와 의미", 55.

사상을 보이는데, 이것은 기독교와 신플라톤주의가 공유하는 것이다.[18]

부정신학은 플라톤에게 나타난 신의 초월성에 근거하여 이미 신플라톤주의자인 플로티노스(Plotinus)와 프로클로스(Proclos)에게서 그 원형이 나타나고, 비잔틴 사상을 지배하는 부정주의(apophaticism) 형태는 카파도키아 교부들의 작품에서 4세기에 이미 발전되었고,[19] 초기 서방에서는 아우구스티노에게서 찾을 수 있다.[20] 프로클로스에게서 빌린 사상으로 기독교적 의미의 부정신학의 토대를 놓은 사상가는 사도 바울의 제자로 위장한 Pseudo-Dionysius Areopagita(위 디오니시우스)였다. 인간 사유와 언어로는 신의 본질을 결코 알 수도, 표현할 수도 없다고 한 그는 하나님은 초월자로서 모든 술어들을 뛰어넘으며 단지 무지의 흑암 가운데서만 접근할 수 있다고 하였다.[21] 신은 실재하기 때문에 신은 '무지' 자체일 수 없다. 하지만 신이 자신을 드러내는 생생함(밝음)으로 인해 우리의 눈이 멀고 만다. 그런 까닭에 신은 '지(知)'의 대상일 수도 없다. 그래서 우리는 신이라 일컫는다.[22] 위 디오니시우스는 신에 대한 인식의 문제를 조직적으로 기술하지 않았지만, 대략 다음과 같은 세 가지 신인식의 방법론을 제시하고 있다.

첫째는 via affirmata(긍정의 길)를 통한 긍정신학(theologia affirmata)인데, 이것은 계시 중심의 하향적 신학(καταφατικαι θεολογιαι)이다. 이 신학의 형태는 하나님 자신과 그의 계시에 의해 시작되는 것이며 신앙의 수

---

18 앞의 논문, 55.
19 곽승룡, "부정신학-동방 그리스도교 신학을 중심으로",「가톨릭신학과사상」제66호 (2010년 12월), 125.
20 앞의 논문, 125.
21 전광식, "Theologia Negativa: 부정신학의 역사와 의미", 33-34.
22 조규홍, "위-디오니시오스의 신비신학",「가톨릭신학과사상」제66호(2010년 12월), 93.

남에 의해서 신적 속성이 긍정되는 것이다. 둘째는 via negativa(부정의 길)를 통한 부정신학(theologia negativa) 내지 상향신학(αποφατικαι θεολογιαι)이다. 이것은 자연으로부터 시작하여 그것이 지닌 모든 유한적 속성을 부정함으로써 하나님의 속성을 간접적으로 표현하는 방식이다. 여기에서는 하나님은 모든 피조물을 능가하여 저 어둠의 초월 가운데 있다는 결론이 도출된다. 셋째는 상징 신학(συμβολικη θεολογια)인데, 이것은 감각적인 것들로부터 개념들을 이끌어 내어 그것들을 하나님에 대한 초월적 의미로 사용하는 것이다.[23]

위 디오니시우스는 신학의 세 가지 유형 가운데 무엇보다 부정신학을 부각시키고 있다. De mystica theologia(신비신학)에서 그는 하나님의 본질적인 불가지성과 초월성을 강조하고 있다. 따라서 그는 apophasis, 즉 부정의 방법을 신적 신비에 접근하는 길로 제시한다. 인간은 이 부정의 방식을 통하여 하나님에게로 회귀할 수 있다고 한다.[24]

기독교는 하나님의 자기 계시에 근거하여 그에 대한 인식과 언표가 가능하다고 보는 긍정신학(kataphatic theology)을 표방한다.[25] 디오니시우스에게서 긍정신학은 비록 신의 본질과 존재가 인간의 인식과 경험을 초월해 있지만, 그 존재와 본질, 그리고 자연(nature) 안에서 신의 현현 등을 긍정적으로 나타내 줄 수 있다는 인식론을 보여준다. 동시에 긍정신학은 절대적 선(Goodness)과 지고의 존재(Supreme Being)로 묘사된 하나님과 삼위일체의 개념을 설명해 준다. 하나님은 절대 선이며, 스스로가 창조의 원천

---

23 전광식, "*Theologia Negativa*: 부정신학의 역사와 의미", 49.
24 앞의 논문, 50-51.
25 앞의 논문, 34.

이 되며, 종말과 창조의 근본적인 존재와 인식의 이유가 된다.²⁶

긍정신학과 부정신학은 주체가 누구냐에 따라 구분되는데, 예를 들어 구원 경륜은 하나님의 입장에서 당신을 드러내고, 하나님께서 인간을 구원하시려는 원의가 능동적으로 드러나기 때문에 긍정성의 신학(oikonomia catafatica)이라고 말한다. 하지만 하나님의 구원 경륜은 인간 편에서 적극적으로 인간이 찾아가는 것이 아니라 인간은 하나님의 구원 계획을 받아들이고 따르는 수동성의 길로 드러난다는 점에서 부정신학이라고 말한다.²⁷ 부정신학은 하나님이 인간의 인식 대상이 아니라 도리어 인간이 그의 인식 대상임을 말하면서 그 하나님의 인식 대상화 내지 객체화, 그리고 그 하나님에 대한 인간의 인식 주체화를 거부한다. 하나님은 너무 초월하셔서 인간의 지성으로는 인식될 수 없으므로 하나님에 대한 언설로서의 모든 종류의 신학을 불가능한 것이면서 모순적인 것으로 간주한다.²⁸ 하나님은 인간의 인식을 통해서 드러나는 것이 아니라 하나님과의 일치, 즉 신화를 통해서 드러나기 때문이다.

부정신학은 신이 무엇인지 서술하는 것이 아니라 신이 무엇이 아닌지를 말하므로 신의 무한성과 절대성을 확보해 두려는 것이다. 그리고 그것은 하나님에 대한 명명과 인식의 불가능성만 얘기하는 것에 머물지 않고 묵상과 침묵 속에서 하나님을 직관하고 합일되는(unio mystica) 신비주의적 길을 제시한다.²⁹ 신은 이성이 아니라 침묵 속에서 관상으로 만날 수 있고 하나가 될 수 있다고 믿기 때문이다. 그러므로 부정신학은 자연스럽게 신비신학으로 옮겨간다. 하느님은 파악할 수 없고, 가까이 갈 수 없으

26　김재현, "디오니시우스의 사상과 중세기독교에 미친 그의 영향," 94.
27　곽승룡, "부정신학-동방 그리스도교 신학을 중심으로", 119.
28　전광식, "*Theologia Negativa*: 부정신학의 역사와 의미", 66.
29　앞의 논문, 34.

며, 말로도 표현할 수 없는 존재임을 느끼는 것이 하느님을 느끼는 하나의 방법이기도 하다. 오히려 사람들이 하느님께 가기 위해 나아간 모든 길들이 막다른 골목임이 사실로 드러난 후에야 도달할 수 있는 것이 신비적 체험이다.[30]

(2) 영적 상승

① 신비신학

신비신학에는 두 가지가 있는데, 하나는 theologia affirmata(긍정신학)에 근거한 긍정적이고 외연적인 긍정 신비주의(kataphatic mysticism)이요, 다른 하나는 theologia negativa(부정신학)에 기초한 부정적이고 내면적인 상향 신비주의(apophatic mysticism)이다. 전자는 세상 어디에서나 하나님을 보고 만날 수 있음을 주창하며, 후자는 만유 가운데서는 어디서도 하나님을 찾거나 알 수 없음을 내세운다. 이런 의미에서 전자는 다소 범신론적이고 진화론적 성격을 지니고, 후자는 불가지론과 직관주의를 표방한다.[31] 긍정 신비주의의 범위에는 vita activa(행위적 삶) 유형의 신비주의가 포함되며, 상향 신비주의의 영역에는 vita contemplativa(사변적 삶) 형태의 전통적인 신비주의가 포함된다.[32]

위 디오니시우스는 『신비신학』에서 다음과 같이 말했다.

만물의 원인에 대해서는 다음과 같이 말해야 합니다. 그분은 만물의 원

---

30   곽승룡, 앞의 논문, 132.
31   전광식, 앞의 논문, 58-59.
32   앞의 논문, 59.

인이시므로, 우리는 존재들과 관련하여 표현할 수 있는 모든 긍정의 표현들을 그분에게 적용해야 합니다. 또한 그분은 모든 존재를 초월하시므로, 이러한 긍정의 표현들을 모두 부정해야 합니다. 우리는 단순히 부정이 긍정의 반대라고 추정하기보다는, 만물의 원인이 이것보다 우선하며 모든 박탈과 부인과 단언들을 초월한다고 추정해야 합니다.[33]

위 디오니시우스는 여기서 긍정신학과 부정신학의 특별한 관계를 체계적으로 설명한다. 긍정의 방법은 하나님에 대해 무엇인가를 표현하는 것이고, 부정의 방법은 하나님에 대한 언어적 표현의 실패이다. 그러나 긍정과 부정은 반대의 개념이 아니라 상호 보완적 관계에 있다고 말한다. 부정의 방법은 긍정의 방법에서 이해가 시작하기 때문이다. 즉 위 디오니시우스 신학의 독특성은 긍정신학 그것 자체에 일종의 부정성을 포함하고 있다는 것이다. 따라서 그의 긍정신학은 부정신학의 반대가 아니라 긍정과 부정은 서로 아주 긴밀하게 연결되어 있음을 보여준다.[34]

우리가 위로 오를수록, 우리의 단어들은 우리가 형성할 수 있는 개념들로 한정됩니다. 이제 우리는 지성을 초월하여 어둠 속으로 뛰어들면서, 우리 자신에게 단어들만 부족한 것이 아니라 말을 못하고 무지하다는 것을 깨달을 것입니다. … 이제는 낮은 것에서 초자연적인 것으로 올라가면서 논증하는데, 논증이 진행됨에 따라 점점 더 말을 더듬게 됩니다. 그리하여 논증이 정점에 달하면 완전히 침묵할 것입니다. 왜냐하면

---

33 위 디오니시우스, 『위 디오니시우스 전집』, "신비신학", 211.
34 유재경, "영적 상승의 방법으로서의 위디오니시우스의 부정신학의 분석," 「신학과 목회」 제31집 (2009년 5월), 261.

나의 논증은 마침내 무어라 묘사할 수 없는 분과 하나가 될 것이기 때문입니다.35

긍정과 부정은 서로 밀접하게 연결되어 있음에도 불구하고 점점 하나님께 다가갈수록 언어적 표현은 실패하고 침묵 속에서만 하나님과 하나가 될 수 있다.

그분은 말이나 이해의 행동의 차원을 초월하시는 분이시므로 말이나 이해의 행동을 소유하지 않습니다. 이것은 좋든 궂든 모든 경우를 통과한 사람, 모든 거룩한 등정의 정상을 넘어서는 사람, 모든 거룩한 빛과 음성과 천국으로부터 오는 말을 초월한 사람, 성경에서 말하는 것처럼 만물을 초월하시는 한 하나님이 거하시는 어둠 속으로 뛰어드는 사람에게만 분명히 드러납니다.36

하나님을 향한 상승의 길에서 긍정은 위로 올라갈수록 자연스럽게 부정으로 바뀌게 되며, 하나님이 거하시는 어둠 속에 뛰어들 때 하나님을 분명하게 인식하게 된다. 그러므로 "긍정의 주장을 할 때는 우선적인 것들에서부터 시작하여 중간에 위치한 것들을 거쳐서 마지막 것들에게 이릅니다. 그러나 모든 존재들 가운데서 지식을 소유하는 모든 것에게 감추어져 있는 무지를 분명히 알기 위해서, 존재들 가운데서 빛으로부터 완전히 감추어져 있는 어둠을 보기 위해서는 마지막 것들에서부터 시작하여

---

35 위 디오니시우스, 앞의 책, 216-217.
36 앞의 책, 211-212.

가장 기본적인 것들을 향해 거슬러 올라가면서 모든 것을 부인합니다."37 라고 말했다. 이처럼 위 디오니시우스는 하나님을 향한 상승의 과정은 긍정의 길보다 부정의 길이 더 효과적이라고 말한다.

② 영적 상승의 과정

하나님의 계시에 의해 인간이 하나님을 인식할 수 있다는 계시 신학을 하향 신학 혹은 긍정신학이라고 한다면, 인간이 이성만으로 신을 찾고 추구하는 신학 방식을 자연 신학 혹은 부정신학이라고 부를 수 있다. 그런데 신플라톤 철학의 형이상학은 일자(一者)에서 다자(多者)로 발출(procession, 發出)과 다자에서 일자로 복귀(return, 復歸)의 이중 구조에 의해서 설명된다. 특히 다자에서 일자로 복귀하는 과정에 부정신학의 방법(apophatic method)이 사용된다. 신플라톤 철학에 있어서 일자에로의 복귀는 언어를 부정하고 개념을 철회함으로써 성취된다.38

위 디오니시우스는 신플라톤 철학의 발출과 복귀의 순환과정을 자신의 저작에서 연속적으로 등장시킨다. 위 디오니시우스에게 있어서 복귀는 하나님을 향해 상승하는 것이고, 하나님을 향한 상승을 위계로 설명한다. 위 디오니시우스의 위계는 거룩한 질서, 신적인 것들에게 가능한 한 가장 근접한 이해와 활동의 상태39이며 이 위계의 목표는 존재들로 하여금 가능한 한 하나님을 닮으며 하나님과 하나가 될 수 있게 하는 것이다.40 위계는 그 자체 안에 하나님의 표식을 지니는데41 이 위계는 일종의

37　앞의 책, 214.
38　유재경, "영적 상승의 방법으로서의 위디오니시우스의 부정신학의 분석," 250-251.
39　위 디오니시우스, 앞의 책, "천상의 위계," 236.
40　앞의 책,「천상의 위계」, 236.
41　앞의 책, 236.

완전한 배열이고 조명의 신비들을 만들어 내시는 하나님의 아름다움을 상징한다.[42] 그리고 이 위계질서가 어떤 존재는 정화되는 상태, 어떤 사람에게는 정화하는 상태, 또 어떤 사람에게는 조명을 받는 상태, 어떤 사람에게는 조명하는 상태, 어떤 사람에게는 온전해지는 상태, 또 어떤 사람에게는 온전함을 야기하는 상태를 명할 때, 각각의 존재들은 각기 자신이 맡은 역할에 알맞은 방식으로 하나님을 본받을 것입니다.[43]라고 말한다.

위 디오니시우스는 그의 저서 "신비신학"에서 부정의 길을 통하여 하나님에게 이르는 길을 집중적으로 다룬다. 그는 이 책에서 인간 언어와 지성의 한계를 가장 잘 지적했을 뿐 아니라 하나님께 이르는 부정신학의 본질을 체계적으로 밝혔고, 나아가 하나님을 향한 영적 고양의 과정을 구체화 시켰다.[44] 위 디오니시우스는 하나님께 이르는 영적 상승의 과정을 모세가 하나님을 만나기 위해 시내산을 오르는 과정을 통해서 설명한다.

그러나 그때에 모세는 그것들, 보여지는 것과 보는 것들로부터 도망쳐서 무지의 신비한 어둠 속에 뛰어듭니다. 그는 여기에서 정신이 인식할 수 있는 모든 것을 부인하고 눈에 보이지 않는 것들과 만질 수 없는 것들 안에 둘러싸입니다. 그는 완전히 모든 것을 초월하시는 분의 소유가 됩니다. 여기에서 우리는 지식의 활동을 정지함으로써 완전히 알려지

---

42 앞의 책, 237.
43 앞의 책, 237-238. "김재현. '디오니시우스의 사상과 중세기독교에 미친 그의 영향,' 80. '교회의 위계' 제6장은 일반 신자에 대한 내용을 담고 있는데, 삭발(tonsure)과 서원 의식과 함께 아직도 정화가 필요한 자(the purified), 조명된 신실한 자들(the illuminated), 그리고 완전하게 된 수도자들(the perfected)이라는 중요한 삼중의 위계를 설명해 주고 있다. 제6장은 정화, 조명, 완전이라는 세 가지 측면을 보다 개념적으로 설명하고 있다. 이 세 가지 개념은 수도 생활에서 뿐만 아니라 사상적 체계에서도 아주 중요한 개념이다."
44 유재경, "영적 상승의 방법으로서의 위디오니시우스의 부정신학의 분석," 248.

지 않은 것과 연합하며, 아무것도 알지 않음으로써 정신을 초월하는 것을 압니다.[45]

하나님께 이르는 방법은 정화의 길, 조명의 길, 그리고 완성(혹은 일치)의 세 단계로 구성되는데,[46] 하나님이 계신 곳에 오르기 위해 모세는 먼저 자신을 깨끗하게 하고(정화), 깨끗하며 풍성하게 흐르는 광선을 가진 빛을 본다(조명). 그리고 하나님이 계신 곳을 본다(일치). 신비주의적인 합일은 모든 이해를 초월하고 인간의 정상적 지식에서의 단절을 의미하고 따라서 오로지 무지 속에서 도달할 수 있다는 것이다.[47]

복된 모세가 먼저 자신을 깨끗하게 하고, 그 다음에는 정결하지 않은 사람들을 떠나라는 명령을 받은 데에는 이유가 있습니다. 완전히 성결하게 된 모세는 나팔 소리를 듣습니다. 그는 깨끗하며 풍성하게 흐르는 광선을 가진 많은 빛을 봅니다. 그 후에 그는 선택된 제사장들과 함께

---

45 위 디오니시우스, 『위 디오니시우스 전집』, "신비신학," 212.
46 버나드 맥긴, 존 마이엔도르프, 장 레크레르크 편집, 『기독교 영성(1)』, 238. "김재현. '디오니시우스의 사상과 중세기독교에 미친 그의 영향,' 80. '세 가지 방법'은 겉으로 보이는 것처럼 뚜렷하게 구분되지는 않는다. 디오니시우스는 도덕적 정화와 합일적 완전이 중간의 능력인 인식적 조명과 구분되는 것임을 의미하기 위해서 이 세 가지 구분을 사용한 것이 아니다. 세 가지 능력 모두의 근본적인 관심사는 다양한 단계의 영적 지식이다. 정화의 개념은 도덕적 결함들에 관심을 기울일 수 있지만, 또한 상대적 무지로부터의 정화도 포함한다(EH 6, 537ABC). 물론 조명은 신적 상징들에 대한 조명 되어진 관상에 관심을 기울인다(EH 6, 532BC). 완전이란 완전한 결합을 의미하는 것이 아니라, '완전해진 이해를 가지고서 거룩한 사물들을 보거나' 또는 '신적 조명에 대한 완전한 이해 안에서 조명' 되는 완전한 지식을 의미한다(CH 3, 165D, 45-48; EH 5, 504B. 12-20). 그러므로 정화, 조명, 완전이라는 트리오는 특히 전례적인 관상과 관련하여 영적 이해의 길에서 출발하는 것에 관심을 갖는다." 위 디오니시우스. 『위 디오니시우스 전집』, '천상의 위계,' 238. "정화된 사람들은 오염되지 않아야 하며, 부동의 흠이 전혀 없어야 합니다. 거룩한 조명을 받고 있는 사람들은 하나님의 빛을 완전히 받아야 하며, 또 하나님을 완전히 볼 수 있게 되려면 정신의 거룩한 눈이 들려 올려져야 한다고 생각됩니다."
47 전광식, "Theologia Negativa: 부정신학의 역사와 의미," 51.

무리를 떠나서 거룩한 산 정상을 향해 올라갑니다. 그러나 그는 아직 하나님을 만나지 못합니다. 그는 보이지 않는 하나님을 보는 것이 아니라 하나님이 계신 곳을 봅니다.[48]

모세가 시내산 정상으로 올라가서 하나님을 만나는 과정은 '정화 조명 일치'라는 상승의 방향과 과정을 잘 설명하고 있다.[49] 그러나 정화 조명 일치의 하나님을 향한 삼중의 상승 운동은 인간의 노력으로 성취되는 것이 아니라, 우리에게 다가오시는 하나님의 은혜와 사랑에 의해서만 가능하다. 하나님에게 상승하는 힘은 전적으로 하나님으로부터 나온다. 하나님은 만물을 자신에게로 들어 올리시는 힘이시기 때문이다.[50] 따라서 세 단계의 과정에는 하나님 사랑의 힘이 작용하고 그 사랑의 힘에 의해서 하나님과 일치에로 향한다. 따라서 위디오니시우스의 부정신학 즉 하나님과 일치를 위한 상승의 과정은 언어의 부정을 통한 인식론적 변화와 존

---

[48] 위 디오니시우스, 앞의 책, "신비신학," 212.
[49] 소피아 로비기, 『성 보나벤투라』, xxii-xxiii. 정화는 상승의 첫 번째 과정으로서 이기적 자아 포기, 십자가를 지는 것을 뜻한다. 극기의 훈련이 필요하다. 조명은 상승의 두 번째 과정으로서 정화의 길을 걷는 사람에게 내리시는 하나님의 빛이시다. 이 빛으로 인해 인간은 어둠 속에 헤매지 않고 밝은 데로 나아갈 수 있게 된다. 신적인 빛이 두루 인간 내부를 비출 때 인간은 죄인으로서의 처지를 절감하고 어떤 깊은 깨달음을 얻게 된다. 일치는 상승의 마지막 단계이다. 하느님과 일치하게 될 때 인간은 탈혼과 영적 붙잡힘 속에서 지복을 맛보게 된다. 이제 인간은 하느님을 열망하게 되고, 그분과 하나되는 원의만을 가지게 된다. 이 단계는 말로 표현할 수 없는 단계이다. 불립문자의 세계, 언어도단의 세계이다. 여기서는 관조와 깊은 침묵만이 흐를 뿐이다. 이런 가운데 인간은 열락의 경지에 젖어드는 것이다. 이러한 일련의 단계들은 시간적인 연속성으로 체험되는 것은 아니다. 보나벤투라의 견해는 이런 것들이 영혼의 상승 여정 안에서 만나게 되는 단계임을 지적할 뿐이다. 각 단계는 세 가지 내적 수련, 즉 묵상, 기도, 관상을 수반한다. 동시에 각 단계는 여정의 마지막 단계인 일치를 지향하고 있다. 그러면서도 각각의 특정적 면들이 유지되는데, 특히 정화는 내적 평화를, 조명은 진리의 빛을, 일치는 사랑의 맛을 그 특징적 결실로 맺게 된다.
[50] 위 디오니시우스, 앞의 책, "신의 이름들," 119. "또 하나님은 만물을 움직이고 자신에게로 들어 올리는 힘이시므로, 사람들은 그분을 열망이요 사랑이라고 부릅니다."

재론적 변화 그리고 하나님의 사랑의 은혜가 그 속에 내포되어 있다.[51]

위 디오니시우스가 제시한 부정신학의 구조, 부정의 정도에 따른 단계별 부정의 과정, 그리고 정화·조명·완덕의 연속적 영적 상승의 과정과 하나님과 일치를 향한 방향과 목적에서 우리는 기독교 영성 신학의 영적 상승의 구체적 방향, 과정 그리고 목표를 확연하게 이해할 수 있다.[52]

2) 보나벤투라의 상승모델

(1) 보나벤투라와 영적 신비

① 보나벤투라와 그에 대한 평가

토마스 아퀴나스(Thomas Aquinas)와 더불어 중세 스콜라 철학의 전성기를 주도한[53] 보나벤투라(1217-1274)[54]는 13세기의 탁월한 신학자이자 신비 사상가였다. 보나벤투라는 비테르보 인근의 바노레지오 다 조반니(Bagnoregio da Giovanni)에서 피단자 귀족 가문의 아들로 태어났으나 요한으로 세례를 받아 조반니 피단자(Ioannes Fidanza)[55]가 그의 이름이 되었다. 그러나 그의 어린 시절에 대해서는 알려진 것이 거의 없다.[56]

---

51 유재경, "영적 상승의 방법으로서의 위디오니시우스의 부정신학의 분석," 267.
52 앞의 논문, 267.
53 원유동, 『보나벤투라의 빛의 형이상학』, 「가톨릭 철학」 제5호(2013), 202.
54 보나벤투라/ 박주영 옮김, 『6일간의 세계창조에 대한 강연』(서울: 도서출판 길, 2019), 11. 보나벤투라의 출생연도에 관한 학자들의 견해는 1217년에서 1222년까지 무려 5년 정도의 차이를 보이고 있지만, 보편적으로 1217년을 출생연도로 본다.
55 박주영, "모든 학문의 신학으로의 환원", 「중세철학」 제19호(2013), 185. 보나벤투라가 요한으로 세례를 받았기 때문에 영어권에서는 보나벤투라를 요한 피단자(Ioannes Fidanza)라고 부른다.
56 보나벤투라, 『6일간의 세계 창조에 대한 강연』, 11. 요한으로 세례를 받았기 때문에 조반니 피단차가 그의 이름이었다. 그런데 그가 어린 시절 병치레가 잦자 성 프란체스코에게 도움

그는 1234년경에 파리로 유학을 떠나 공부를 시작했고, 1238년 프란체스코회에 입회하면서 보나벤투라로 개명하였다. 보나벤투라는 1248년 강의 자격을 받았으나, 재속 성직자 교수들이 수도회 회원들이 대학에서 강의를 하지 못하도록 투쟁하는 내부 갈등으로 강의를 하지 못하였지만, 교황 알렉산더 4세가 파리대학 신학부에 보나벤투라와 토마스 아퀴나스를 교수로 받아들이라고 압력을 가함으로 1253년부터 파리대학 신학부에서 가르치는 일을 시작하였다.[57]

그는 1257년에 36개의 분파로 갈라져 혼란한 상태에 있던 프란체스코수도회 7대 총장으로 취임했는데, 이때 그는 탁월한 지도력을 발휘하여 조직을 재정비하고 수도회를 재결합시킴으로써 분열된 교단을 통합하는 위업을 이루었다. 그래서 많은 이들은 보나벤투라를 제2의 프란치스꼬회 창설자라고 칭송한다.[58] 1274년에 알바노의 대주교이자 추기경으로 임명을 받은 보나벤투라는 작은형제회 총장에서 물러나 제2차 리옹 공의회를 성공적으로 개최하기 위해 힘쓰던 중 선종(善終)하였다.[59]

보나벤투라는 토마스 아퀴나스와 돈독한 우정을 지니면서도 학문의

을 청했고, 그를 본 프란체스코 성인이 'Oh, buona ventura(오, 복된 잉태여)'라고 했다고 한다. 1238년 프란체스코회에 입회하면서 피단자에서 보나벤투라로 개명하였다.

[57] 박주영, "모든 학문의 신학으로의 환원", 185-186. 소피아 로비기, 『보나벤투라』, 7-8. "그러나 소피아 로비기는 '1253년 강의 자격을 받았으나, 재속 성직자 교수들이 수도회 회원들이 대학에서 강의를 하지 못하도록 투쟁하는 내부 갈등으로 강의를 하지 못하였지만, 교황 알렉산더 4세가 파리대학 신학부에 보나벤투라와 토마스 아퀴나스를 교수로 받아들이라고 압력을 가함으로 1257년부터 파리대학 신학부에서 가르치는 일을 시작하였다'라고 썼다."

[58] 조던 오먼/ 이홍근·이영희 옮김, 『가톨릭 傳統과 그리스도교 靈性』(경북: 분도출판사, 2007), 190.

[59] 원유동, "보나벤투라의 신 존재 논증에 대한 이해", 71. 보나벤투라와 토마스 아퀴나스는 헌신적으로 2차 리옹공의회를 준비했으며, 토마스 아퀴나스는 이 리옹공의회에 참석하러 가는 도중에 서거했고, 보나벤투라는 폐막 될 무렵(1274.7.15.)에 서거했다. 그 때문에 이 둘은 동반자처럼 함께 기억되기도 하고, 그들의 사상도 자연스럽게 비교되기도 한다.

길에서만은 달리하였다.60 이 두 사상가는 신학과 신앙으로부터 철학을 분리시키지 않았다는 점에선 일치하지만, 토마스 아퀴나스는 아리스토텔레스의 노선을 채택하여 지성적 방법을 통하여 특별한 철학과 신학에 새로운 주지주의(主知主義) 길을 열었던 반면, 보나벤투라는 플라톤·아우구스티누스 노선을 따라 전통에 충실하여 그의 철학과 신학을 주의주의(主意主義)로 이끌어 갔다61는 차이가 있다.

② 형이상학

토마스 아퀴나스가 이성을 학문의 중심으로 삼은 아리스토텔레스의 방법론을 따라 13세기 스콜라 신학의 전성기를 이끌었다면, 보나벤투라는 신플라톤주의의 아우구스티누스의 전통 노선 안에서 신학 연구에 온 정열을 쏟았다.62 그 결과 보나벤투라는 이성이 아니라 직관을 신학 방법론으로 삼아 아우구스티누스의 신학을 완성했다고 할 수 있다.

보나벤투라는 형이상학을 '이 세상 만물의 기원, 창조의 모형, 만물의 완성에 대하여 최고의 지혜로서 밝히는 것이다.'라고 말하면서, 이것을 그는 "유출(exitus)-모형(模型, exemplarísmus)-귀환(reditus)"이라는 도식으로 압축하였다. 이 세상은 하느님에게서 창조되어 나오는데, 거기에는 하

---

60 보나벤투라, 『6일간의 세계창조에 대한 강연』, 27. 보나벤투라는 아리스토텔레스의 크나큰 세 가지 오류를 지적했다. 이 오류는 첫째, 하느님 안에 사물의 원형이 있다는 것을 부정함, 또는 하느님은 인간에 앞서 앎을 갖고 있다는 것과 하느님의 섭리를 부정함, 그리고 마지막으로 신적인 세계 질서를 부정함이다. 이것들을 부정함으로써 심각한 맹목적 앎이 나온다. 이 맹목적 앎은 세상의 영원성에 대한 학설, 지성 단일성에 대한 학설, 영원한 삶의 부정으로 이어진다.
61 원유동, 『보나벤투라의 빛의 형이상학』, 202. 원유동, "보나벤투라의 신 존재 논증에 대한 이해", 72. 이런 이유 때문에 이 두 학자는 '하나의 신앙과 두 개의 철학' 혹은 '쌍벽', '평행선'이라는 말로 묘사되곤 한다.
62 원유동, "보나벤투라의 신 존재 논증에 대한 이해", 102-103.

느님의 영원한 이데아가 창조의 모형으로 존재하고, 만물은 하느님의 영원한 계획에 따라 다시 하느님에게로 돌아가 완성에 이른다는 것이다. 이것은 하나에서 여럿, 일(一)에서 다(多)가 나오는 것을 설명하는 신-플라톤주의의 사상과 일맥상통한다.[63]

a. 빛의 형이상학

'빛의 형이상학자'들은 빛과 관련하여 빛의 상징성과 은유로 의미를 언급하고 있다. 고대 철학자로서는 플라톤이 최초의 '빛의 형이상학자'이고, 교부철학 시기에는 플로티누스의 작품을 탐닉했던 아우구스티누스가 있다. 그리고 스콜라 철학 전성기에는 보나벤투라가 그 중심에 있다.[64] 플라톤은 빛을 '자연 현상'으로만 사유한 것이 아니라 '형이상학'으로 발전시킨 최초의 형이상학자이다. 이로 인해 그는 존재를 이데아로 해석하며, 그 결과 이런 이데아는 바로 빛이며, 따라서 참된 존재는 빛이며, 빛으로의 모든 형상이 가능하다. 그리고 지식은 존재에 빛을 비춰 주며, 빛과 진리는 일치하게 된다. 한마디로 빛은 존재의 원인이며 동시에 인식의 근거이다. 따라서 플라톤에게 조명(照明)은 존재론적이다.[65]

13세기에 처음으로 '빛의 형이상학'[66]을 하나의 이론으로 정립한

---

63 소피아 로비기/ 이재룡 옮김,『성 보나벤투라』(서울: 가톨릭대학교출판부, 2001), xi.
64 원유동, "보나벤투라의 신 존재 논증에 대한 이해", 69.
65 원유동,『보나벤투라의 빛의 형이상학』, 204.
66 보나벤투라,『6일간의 세계 창조에 대한 강연』, 19-20. '빛의 형이상학'의 사전적 의미는 "절대자 또는 신을 시원적(始原的)인 빛으로서 유한한 존재자의 출현 또는 존재를 규정"하려고 하는 형이상학의 한 종류로서, "신을 근원적인 빛이라 생각하여 이 광원에서 쏟아져 나오는 광선의 양태에 의해서 여러 가지 유한적인 존재를 설명하려고 하는 형이상학적인 사상"을 말한다. 원유동.『보나벤투라의 빛의 형이상학』, 203. 일반적으로 보나벤투라의 빛에 대한 사유를 '빛의 형이상학'이라고 일컫는다. '빛의 형이상학'이란 이론을 정립한 최초의 인물로 우리는 영국의 자연철학자이자 광학자, 신학자인 로버트 그로스테스트(Robert Grossetest, 1175?-1253)를 꼽을 수 있다. 그의 이론 중에서 중요한 것이 '빛의 형이상

보나벤투라[67]는 아우구스티누스의 조명설을 근간으로 하여 빛의 형이상학을 말한다. 즉 신(하느님)은 근원적인 빛이며 이 빛으로부터 모든 생성 소멸하는 존재와 모든 학문까지도 빛과 조명으로서 발광한다는 것이다.[68] 그러므로 보나벤투라에게 있어서 신은 근원적 빛이며 신의 활동은 빛의 활동이다. 따라서 만물은 빛에 의해 조명된 신의 명암으로 밝거나 혹은 어두운 형상일 뿐이다. 그리고 만물은 '빛의 흐름' 속에 존재하기에 빛의 흐름이 근원에서 출발했듯이 다시 근원으로 되돌아가야 하는 것이다. 여기서 근원적 빛은 보나벤투라에게 있어 바로 신이고 철학의 제1 원리이다.[69] 그러므로 보나벤투라에게는 학문까지도 빛과 조명으로 전개된다. 그는 삼위일체의 내적인 상호 관계인 성부, 성자, 성령의 관계를 빛lux과 밝음(splendor), 열(calor)로 설명한다. 그리고 신은 최고의 존재로 '가까이 갈 수 없는 빛'이며, '빛의 아버지'로 표현하면서 이 빛의 신을 삼위일체로 표현하고 있다. 즉 광원(lux)은 모체로서 광선(lumen)을 낳는다. 밝음과 빛은 열을 내고 열은 이 둘의 자손과 같은 방법으로는 아니라 하더라도 이 둘로부터 생긴다. 따라서 신은 밝음과 열의 본질과 실체를 이루고 있는 가까이 갈 수 없는 빛이고, 세계는 '빛의 흐름'을 말하고 있다.[70]

학' 이다. 그로스테스트는 무엇보다도 아리스토텔레스 작품의 번역과 자연철학적 저서, 학문이론적 저서로 커다란 영향력을 발휘했다. 그는 『빛에 관해서 혹은 형상의 시작에 관해서』라는 형이상학적 저서와 디오니시우스의 『신명론』에 대한 신학적 주해 등을 저술했다. 『신명론』 주해에서 그로스테스트는 자신의 빛에 대한 형이상학을 신학적 숙고와 결부시킨다. 그는 최초의 빛을 신과 동일시한다. 그로스테스트에 따르면, 모든 피조물은 신의 모상(模像)으로 불릴 수 있는데 모상이 최초의 빛의 산물이기 때문이다. 이런 사유를 우리는 '빛의 형이상학'이라는 용어로 표현한다.

67 보나벤투라, 『6일간의 세계창조에 대한 강연』, 39.
68 원유동, 『보나벤투라의 빛의 형이상학』, 「가톨릭 철학」 제5호(2013), 229.
69 원유동, "보나벤투라의 신 존재 논증에 대한 이해", 「중세철학」 No 11(2005), 69.
70 앞의 논문, 69.

b. 삼원성

보나벤투라는 플라톤·아우구스티누스처럼 존재를 삼중적 눈으로 보고 학문 안에서 '셋으로 나누기'를 즐겨한다.[71] 보나벤투라의 '셋으로 나누기'는 디오니시우스의 삼중적인 체계–정화(puraficatio), 조명(illuminatio), 연합(unio)–의 영향을 받았다고 말할 수 있다.[72]

보나벤투라는 세 가지 정신적인 의미를 구분한다. 하나는 비유적인 의미다. 이 의미는 우리가 그리스도의 신성과 인성에 대해 무엇을 믿어야만 하는지를 우리에게 가르친다. 두 번째는 도덕적인 의미다. 이 의미는 우리가 어떻게 살아야 하는지를 우리에게 제시한다. 세 번째 의미는 신비 상징적 의미이고, 이 의미는 우리가 하느님에게 매달려 있어야 하는 방식으로 우리를 이끈다.[73] 보나벤투라의 신학, 아니 그의 지식 전체의 원천은 성서이다.[74] 성서의 모든 책에서는 말씀이 밖으로 알리는 문자대로의 의미 이외에 영적인 세 가지 의미가 파악된다. 이들은 신성과 인성에 대해 믿어야 하는 것을 가르치는 비유적인 의미, 그리고 우리가 어떻게 살아야 하는지를 가르치는 도덕적인 의미, 우리가 어떻게 하느님의 곁에 붙어 있을 수 있는지를 가르치는 신비 상징적 의미이다.[75] 그러므로 성서 전체는 이 세 가지를, 즉 그리스도의 영원한 출생과 강생을, 삶의 질서를, 그리고 하느님과 영혼의 결합을 가르친다. 첫 번째 것은 신앙을, 두 번째 것은 도덕을, 세 번째 것은 이 두 가지의 목적을 고려한다. 첫 번째 것을 위해서

---

71 보나벤투라/ 원유동 옮김,『하느님께 이르는 영혼의 순례기(해설판)』(서울: 누멘, 2012), 15.
72 이준섭, "정감적 신비주의자로서 보나벤투라",「신학논단」제78집(2014), 194.
73 박주영, "모든 학문의 신학으로의 환원", 184.
74 보나벤투라/ 김광식 역,『하나님과 하나되어』, '보나벤투라의 생애와 사상,' (서울: 대한기독교서회, 1982), 198.
75 박주영, "모든 학문의 신학으로의 환원", 203.

선생들은 연구에 진력해야 하고 두 번째 것을 위해서는 설교자가 연구에 진력해야 하고 세 번째 것을 위해서는 명상가(冥想家)가 연구에 진력해야 한다.76

　　보나벤투라는 대자연은 창조주의 흔적으로, 인간은 창조주의 모상으로, 천사는 창조주의 유사성으로 구분함으로써 그 닮음의 정도를 표시하였다. 흔적이란 발자취요, 그림자를 의미하고(측량·수·무게), 모상이란 정신과 영의 유사성을 의미하고(정신·인식·사랑), 유사성은 더 탁월한 의미에서 영체들의 특권적 닮음과 공통성(至福直觀)을 의미한다.77

(2) 보나벤투라와 영적 상승

① 영적 상승

　　자연은 하나님의 흔적이라고 말한 보나벤투라에게 있어서 이 세계는 하나님께 이르는 계단이다. 참된 형이상학자는 물리적 존재의 외면적인 표피를 통과하여 사물의 가장 깊은 근거를 본다. 우리가 물질적 존재에서 하나님의 흔적을 발견할 때 유한과 무한이 만난다. 유한 속에서 무

76　앞의 논문, 203. 박주영, "모든 학문의 신학으로의 환원", 228-229. 이 빛은 정신적인 세 가지 의미인 비유적인, 도덕적인 그리고 신비 상징적인 의미에 따라 성서에 있는 구원의 인식을 비춘다. 첫째, 비유적인 의미는 신앙과 관계하는데, 아우구스티누스와 안셀무스가 신앙을 가르쳤다. 둘째 도덕적인 의미는 도덕 및 설교와 관계있는데 이 영역의 대표자는 그레고리우스와 베르나르두스이다. 마지막으로 신비 상징적인 의미는 신앙과 도덕의 목적 및 명상가와 관계있는데, 이 부분의 대표자는 디오니시우스 및 리카르두스이다. 아우구스티누스와 그레고리우스로 이어지는 신비 사상의 전통은 베네딕트회에 계승되어 안셀무스와 베르나르두스를 낳았다. 그들과 거의 같은 시대의 리카르두스, 13세기 이후의 알베르투스 마그누스, 보나벤투라, 마이스터 에크하르트, 타울러 등이 종교개혁 때까지의 대표적인 신비 사상가라 할 수 있다. 후고와 리카르두스는 생 빅토르 학파의 대표적인 인물들이라고 할 수 있다. 이 학파는 단순히 신비주의를 중시했을 뿐만 아니라, 철학과 신학의 통합을 지향해서 이에 적합한 신비신학을 구축하여, 12세기의 신학 부흥의 일익을 담당하였다.
77　소피아 로비기, 『보나벤투라』, xvii.

한을 발견하는 것은 영적인 상승이라고 말할 수 있는데, 이를 상징주의라고 부른다. 이 상징주의는 사물로부터 하나님께로 올라가는 인간 정신의 상승을 위한 뿌리이다.[78]

이 세상 만물의 기원과 완성을 "유출(exitus)-모형(exemplarismus)-귀환(reditus)"의 도식으로 압축한 보나벤투라는 '은총의 인간은 이렇게 그리스도의 조명하에서 인간의 원래 능력을 깨닫고 인식하여 그리스도와 더불어 하느님께 올라가는 상승의 길을 밟는 사람'이라고 하면서 '인간이라면 누구든지 이런 상승의 길을 걸어가야 한다'고 말한다. 보나벤투라는 인생의 여정을 하느님에게서 나와 하느님을 닮아 가는 가운데 최종적으로 하느님께 다시 돌아가는 것으로 보았다. 지상에서의 인간의 목표는 끊임없는 정화의 길을 거쳐 신의 조명을 받으면서 신과 일체를 이루는 데에 있다(정화·조명·일치). 그럴 때 형이상학의 핵심인 창조-모형-귀환의 여정을 완성하는 것이다.[79] 따라서 인간은 세상에 살면서 부단히 하느님을 닮는 과정을 계속해야 하는 것으로 생각하였다. 그것이 인생의 과정이요, 길이다. 바로 이것을 영성 생활이라 할 수 있다.[80]

보나벤투라는 위 디오니시우스와 동일하게 하나님과 하나 되기 위한 영성 생활을 세 가지 방식-정화, 조명, 일치-으로 분류한다. 정화는 상승의 첫 번째 과정으로서 이기적 자아 포기, 십자가를 지는 것을 뜻한다. 극기의 훈련이 필요하다. 쉼 없이 이 과정을 걸어가는 것이다. 조명은 상승의 두 번째 과정으로서 정화의 길을 걷는 사람에게 내리시는 하느님의 빛이시다. 이 빛으로 인해 인간은 어둠 속에 헤매지 않고 밝은 데로 나아

78　보나벤투라,『하나님과 하나되어』,'보나벤투라의 생애와 사상,' 202.
79　소피아 로비기,『보나벤투라』, xviii.
80　앞의 책, xxi.

갈 수 있게 된다. 신적인 빛이 두루 인간 내부를 비출 때 인간은 죄인으로서의 처지를 절감하고 어떤 깊은 깨달음을 얻게 된다. 이 조명 사상은 보나벤투라로 하여금 빛-형이상학과 조명- 인식론을 지지하게 하였다. 하느님의 빛으로 인해 인간은 깨달음을 얻게 되고 구원의 시작에 들어서게 된다. 일치는 상승의 마지막 단계이다. 하느님과 일치하게 될 때 인간은 탈혼과 영적 붙잡힘 속에서 지복(至福)을 맛보게 된다.[81]

비록 정화 조명 일치가 발전적이고 분리된 단계처럼 보일 수 있지만, 어느 시기에 그중 하나가 우세할지라도 모든 그리스도인의 궁극적 목표는 거룩함이고 그들이 영적 성장의 여러 단계를 통과함에 따라, 각 단계는 그 자체의 은사를 부여한다. 따라서 정화의 길은 영혼의 평화를 가져오고 묵상과 양심의 성찰 및 그리스도의 수난에 대한 고찰을 그 특징으로 한다. 조명의 길은 진리로 인도하고 그 탁월한 기능은 하느님으로부터 받은 은혜를 생각하고 그리스도의 수난과 죽음을 자주 묵상하는 것이다. 일치의 길은 애덕, 사랑을 통한 하느님과의 결합 및 삼위일체께 대한 관상을 통해 신적 아름다움을 아는 것에서 종결된다.[82]

보나벤투라는 믿음, 소망, 사랑을 영적인 오감에 비유하여 그리스도를 향한 영혼의 사랑의 깊이를 표현한다. 믿음은 영적인 청각과 시각을, 소망은 영적인 후각을, 사랑은 영적인 미각과 촉각을 영혼으로 하여금 회복하게 한다. 영적인 청각과 시각의 회복은 그리스도의 말씀과 빛의 광채를, 후각의 회복은 영감 있는 말씀을 받아들이도록 갈망하게 하며, 미각과 촉각은 영혼이 신랑을 껴안고 그로부터 환희와 황홀경적인 사랑에 빠지도록 만든다. 그것은 이성적인 고려보다 정감적인 체험을 통한 내적인 감

---

[81] 앞의 책, xⅹii-xⅹiii.
[82] 조던 오먼, 『가톨릭 전통과 그리스도교 영성』, 193.

각들의 회복이라는 차원에서 최상의 미, 최상의 조화, 최상의 향기, 최상의 달콤함, 최상의 환희를 경험하는 것이다.[83]

믿음과 소망이 하나님과 영혼과의 연합을 가능하게 하는 반면에, 사랑은 오직 하나님을 향한 상승을 성취하도록 한다. 따라서 하나님과 영혼과의 연합이 주로 정감적이라는 보나벤투라의 입장은 사랑의 본질에 의해서 결정된다: "사랑은 사랑받은 자와 관련한 애착을 의미한다. 디오니시우스에 따르면 우리는 사랑을 연합이라 부른다."[84] 사랑의 능력은 영혼이 하나님과 연합되고, 영혼을 변형시키는 역동적인 과정이자 하나님의 사랑 안에서의 진보의 과정인 동시에, 하나님이 주도하는 결합의 과정이다.[85]

하나님과의 연합을 갈망하지 않는 사람은 하나님과의 연합을 이룰 수 없다. 그러므로 하나님과의 연합을 추구하는 사람은 하나님을 갈망하는 사람이 되어야 한다. 인간은 상승의 시작부터 끝까지 영혼 스스로의 움직임에 의해서가 아니라 사랑받을 자의 이끌림에 의하며, 갈망은 영혼 자체를 초월하여 밖에서 활동한다. 하나님을 향한 정감의 전이는 모든 영혼의 보다 더 높은 작용과 자기 움직임의 포기를 의미한다.[86] 상승의 목표는 하나님 자신과의 연합이다. 하나님과의 연합은 상승의 완성이고 완성은 지적인 활동의 완전한 포기와 더불어 초자연적인 속성을 지닌 타오르는 정감을 통해서 성취된다. 그 결과, 상승의 정점에서 영혼의 죽음 혹은 넘어감이 일어나고, 이와 더불어 인간의 영혼은 하나님으로 변형된다

83 이준섭, "정감적 신비주의자로서 보나벤투라", 202.
84 앞의 논문, 204.
85 앞의 논문, 210.
86 앞의 논문, 209.

(transformetur in Deum).⁸⁷ 보나벤투라에게 있어서 하나님과의 일치는 영적 상승의 마지막 단계로서 창조주께서 육일 간의 창조 후 쉬신 것처럼 우리 영혼도 정화와 조명을 거쳐 일치(완성)의 길로 나아가는, 즉 신인합일 된 정신의 신비적 탈혼(脫魂) 상태를 말한다.⁸⁸ 탈혼 상태에 이르면 지성은 안식하고 사랑만이 하나님 앞에 나아간다.

② 영적 상승과 『하느님께 이르는 영혼의 순례기』

『하느님께 이르는 영혼의 순례기(Itinerarium Mentis in Deum)』⁸⁹는 보나벤투라가 1257년 프란치스코 수도회 7대 총장으로 선출되었을 때, 성(聖) 프란치스코가 오상을 받았던 아레초의 라베르나 산에서 쓴 영적 체험기이다.⁹⁰ 보나벤투라는 이 저서로 인해 유명해졌다고 볼 수 있을 만큼 『하느님께 나아가는 영혼의 여정』은 보나벤투라의 모든 사상을 망라하고 있다고 볼 수 있다.

보나벤투라는 이 저서에서 신에 대한 명상에서 이루어질 수 있는 인간과 신의 신비적인 합일을 서술하며 그의 사상의 백미라고 할 수 있는 조명설을 대변하고 있는데⁹¹, 이 작품에서 보나벤투라가 탐구해 나가는 것은 진리와 지혜, 그리고 하느님에 의한 조명이다.⁹² 신비주의자들은 대개 말보다는 상징이나 은유를 통해서 자신들의 사상을 설명하는데,⁹³ 피조된

87　앞의 논문, 207.
88　보나벤투라, 『하느님께 이르는 영혼의 순례기(해설판)』, 13.
89　『하느님께 이르는 영혼의 순례기』는 『하나님께 나아가는 영혼의 순례서』, 『하느님께 나아가는 정신의 여정』등으로 번역되어 있다.
90　원유동, 『보나벤투라의 빛의 형이상학』, 214.
91　박주영, "모든 학문의 신학으로의 환원", 187.
92　앞의 논문, 187.
93　보나벤투라, 『하느님께 이르는 영혼의 순례기(해설판)』, 8.

세계로부터 하나님께 올라가는 것은 아우구스티누스에게 있어서 하나님의 핵심적인 사상이다. 이러한 사상은 초기와 전성기의 스콜라주의에서 더 지속되었으나, 본서에서는 그러한 사상이 성 프란시스의 상징주의로 말미암아 특별한 특색을 갖게 되었다.[94]

『하느님께 이르는 영혼의 순례기』에 나타난 보나벤투라의 영적 상승은 정화, 조명, 일치(완성)의 3원성을 기본으로 하여 위 디오니시우스의 위계질서 사상의 도움을 받아 영혼의 상승 단계를 설명하고 있으므로 신을 향하여 올라가는 단계는 3차원 6단계로 나누어진다. 하나님은 첫째 우리 밖의 외부적인 물질 속에 존재하고, 둘째 피조(被造)된 우리 자신의 지성 속에 존재하며, 셋째 스스로 존재하시는 초월적인 하나님 자신의 3가지 차원으로 존재한다. 그러므로 인간은 인간 정신의 세 가지 기능의 범주 -'우리 밖에서 extra nos', '우리 안에서 intra nos', '우리를 넘어서 supra nos'-에서 신의 존재를 인식할 수 있다. 그러므로 하나님을 향한 영적 상승을 위한 관상은 피조물을 통하여', '그분의 형상 안에서' 그리고 '존재와 선인 그 자체를 관조함'의 세 가지 단계를 따라야 한다.[95] 하느님은 알파와 오메가(묵시 1: 8)이시기에 인간은 이 세 길-'우리 밖에', '우리 안에', 그리고 '우리 위에' 있는 세계- 중 어느 길을 가더라도 (하느님을) 원리와 궁극적인 목적으로 관상할 수 있다.[96]

또한 보나벤투라는 하나님의 피조물을 흔적과 형상과 유사성의 3가지로 구분한다. 물질은 하나님의 흔적이고, 인간의 영혼은 하나님의 형상(模像, imago Dei)이고,[97] 천사는 하나님의 유사성이다. 흔적은 모든 피조

94　보나벤투라, 『하나님과 하나되어』, 「하나님께 나아가는 영혼의 순례서」, 19.
95　원유동, "보나벤투라의 신 존재 논증에 대한 이해", 87.
96　보나벤투라, 『하느님께 이르는 영혼의 순례기(해설판)』, 130.
97　앞의 책, 123.

물 속에서 발견되고, 형상은 이성적 창조물이나 이성적 정신 속에서 발견되지만, 유사성은 단지 신적인 것에서만 발견된다. 하나님의 존재 양식의 각 차원은 다시 플라톤의 질료와 형상의 개념을 따라 '… 통하여'와 '… 안에서'로 나누어짐으로써 3차원 6단계를 형성한다.

이 책은 두 종류의 은유를 사용하여 영혼이 하나님께 상승하는 단계를 설명하고 있다. 하나는 하느님의 성전(탈출기 25장)이라는 표현이고, 다른 하나는 여섯 날개 달린 세라핌(이사 6: 1 이하 참조)[98]의 표현이다.[99] 이 두 은유적 표현을 사용하여 보나벤투라는 우리 영혼이 하나님에게 상승하는 6단계를 설명한다.

a. 여섯 날개 달린 세라핌의 은유

세라핌 박사라고 알려진 보나벤투라는 하나님께로의 상승을 세라핌의 여섯 날개로 그린다.[100] 세라핌(이사 6:1 이하 참조)은 여섯 날개를 지닌 천사의 모습으로 오상을 입은 프란체스코가 탈혼 상태에서 본 형상이다.[101]

하나님을 향한 영적 상승의 첫 단계는 발을 가리고 있는 세라핌의 두 날개를 관상하는 것인데, 발을 가리고 있는 세라핌의 두 날개의 비유는 우리 밖의 가시적 세계인 감각적 사물에 대한 고찰로써 하느님을 관상[102]하

---

98 "웃시야 왕이 죽던 해에 내가 본즉 주께서 높이 들린 보좌에 앉으셨는데 그의 옷자락은 성전에 가득하였고 스랍들이 모시고 섰는데 각기 여섯 날개가 있어 그 둘로는 자기의 얼굴을 가리었고 그 둘로는 자기의 발을 가리었고 그 둘로는 날며 서로 불러 이르되 거룩하다 거룩하다 거룩하다 만군의 여호와여 그의 영광이 온 땅에 충만하도다 하더라."(사 6:1-3)
99 보나벤투라, 『하느님께 이르는 영혼의 순례기(해설판)』, 8.
100 앞의 책, 10.
101 앞의 책, 10.
102 원유동, "보나벤투라의 신 존재 논증에 대한 이해", 77. 보나벤투라는 『하느님께 나아가는 정신의 여정』에서 피조물을 '신의 서책(書冊)'이며 '신의 흔적' 그리고 '신에게 오르는 사다리'로 표현한다. 따라서 모든 사물은 신의 존재를 선포하는 것이나 다름없다.

는 단계이다. 창조된 대우주를 오관을 통해 지각하고 판단하여 하느님이 우주의 근원, 규범, 광원(光源)이심을 관상함을 통하여, 이성을 통해서 사물의 원리(만물은 數)와 숨겨진 놀라움인 하느님의 능력, 지혜, 그리고 하느님의 선하심을 발견하게 될 때 어우러진 자연 현상 속에서 기뻐하며 결국에 가서는 사물에 감추어진 제일 원리를 발견한다.103 자신의 발을 가리고 있는 스랍의 두 날개는 하나님의 현존을 인식하는 첫 번째 차원으로써 정화의 첫 단계인데, 먼저 박식한 지성보다는 애정적 사랑에 주의를 기울이고, 우리 영혼의 고양(高揚)을 위해서는 인간의 노력도 필요하지만 신의 도움이 반드시 필요하기에 기도는 상승에 필수 조건104이라고 말한다.

세라핌의 첫 번째 날개는 가시적인 모든 '피조물 안에서' 하나님을 관상하는 영적 상승의 1단계이다. 보나벤투라는 창조된 모든 존재 사물은 신의 흔적이기 때문에 우리 영혼이 가시적인 세계의 특성을 헤아리면서 신의 권능과 지혜와 선하심을 고찰하고, 신앙의 눈길로 창조된 세계 질서를 보면서 제일원리(第一原理)를 관상할 것을 권고한다.105 하느님을 피조물 안에서 인식한다는 것은 피조물 속에서 그분의 현존(現存)을, 그리고 피조물 속에서 그분의 작용(作用)을 아는 것이다.106 세라핌의 둘째 날개는 '피조물을 통하여' 하나님을 관상하는 영적 상승의 2단계를 상징한다. 피조물을 통하여 하느님을 인식한다는 것은 양극의 중간인 사다리를 통해 피조물의 인식으로부터 하나님의 인식에까지 올라가는 것을 뜻한다.107 보나벤투라는 지각(知覺)의 과정에서 영원하고 성육신하신 하나님

---

103 보나벤투라, 『하느님께 이르는 영혼의 순례기(해설판)』, 원유동, 11.
104 앞의 책, 11.
105 앞의 책, 11.
106 앞의 책, 131.
107 앞의 책, 131.

아들의 형상을 본다.108 우리 밖에 있는 자연은 여전히 하나님의 흔적을 간직하고 있지만, 인간이 죄에 빠짐으로 눈이 어두워져서 더 이상 그것의 내면적인 깊은 의미를 이해하지 못한다. 그는 전에 만물 가운데서 하나님을 보았고 피조물 전체가 그에게 하나님의 명성을 크게 전하였으나, 이제는 그 하나님이 그에게 알려지지 않고 있다. 그는 하나님 인식과 함께 사물의 바른 인식을 상실하였다. 피조물은 하나님께 인도하는 인도자가 되는 대신 이제부터는 그에게 덫이 되었다.109 그렇기 때문에 자연 안에 흔적으로 현존하시는 하나님을 명확하게 알려주는 다른 수단이 필요하게 되었다. 그것은 성서이다. 피조물의 책에 쓰여진 사물의 비유와 속성과 형상이 있다. 그러니까 성서는 피조물 전체를 회복시켜서 하나님의 인식과 찬양과 사랑에 이르게 한다.110

날고 있는 세라핌의 두 날개는 영적 상승의 두 번째 차원으로 조명의 단계인데, 이는 내 안에 계시는 하나님을 관상하는 단계이다. 영혼은 물론 기억, 오성, 의지 등 영혼의 정신적 능력에 있어서 하나님의 자연적 형상, 즉 하나님의 형상(imago Dei)이다.111

셋째 날개의 은유는 모든 사물에 각인된 그분의 형상을 통하여 정신적인 것을 통해 감각적인 것을 고찰하면서 하느님을 관상함이다. 이제 순례자는 자신의 영혼(mens) 안으로 들어간다. 우리의 영혼은 하느님의 모상이며 하느님을 볼 수 있는 거울이다. 영혼의 기관들, 즉 기억, 지성적 인식, 의지 등은 우리로 하여금 우리 안에서 하느님의 모상을 보도록 우리를

---

108 보나벤투라, 『하나님과 하나 되어』, "하나님께 나아가는 영혼의 순례서," 10.
109 보나벤투라, 앞의 책, "예술의 신학적 환원," 154.
110 앞의 책, 156.
111 보나벤투라, 앞의 책, "하나님께 나아가는 영혼의 순례서," 10.

인도한다.112 우리 마음 안에 계시는 하느님의 모습을 보기 위해서 우리는 우리 정신 안에 지니고 있는 삼위일체의 반영인 기억력(memoria), 지성(intellectus), 그리고 의지(voluntas)를 사용해야 한다.113 넷째 날개의 은유는 내 영혼을 통하여 하나님을 관상하는 단계이다. 제3단계가 우리 안에서 하나님을 관상하는 것이라면, 넷째 날개인 제4단계는 우리의 영혼 속에 깊이 파고드는 성찰에 머무는 것이다. 거기에 이르는 문은 그리스도이다. 영혼은 그리스도를 통하여 신적인 덕으로 옷 입게 되고 영적인 감각에 다시 도달하게 된다. 우리를 이 단계에까지 인도하는 것은 특히 대체로 성서 연구이다.114 여기서 특히 빛의 형이상학자인 보나벤투라의 조명론과 그리스도 중심주의를 엿볼 수 있다. 은총의 선물 없이는 우리 영혼은 제일원리를 조명받을 수도 없고 발견할 수도 없다. "아담 안에서 무너진 첫 번째 사다리를 회복시킨 새로운 사다리인 그리스도의 진리를 힘입지 않고서는 영혼은 그 스스로 신성을 관상할 수 없다(조명론)." 115

자기의 얼굴을 가리고 있는 두 날개는 영적 상승의 세 번째 차원으로써 연합의 단계이다. 다섯째 날개(케루빔의 형상)는 감각적인 것을 통해 도달할 수 있는 것이 아닌 이성으로 이해할 수 있는 지성적 실재, 즉 신의 일차적인 이름인 존재(存在)를 통하여 한 분이신 하느님의 유일성을 관상한다. 하느님의 본질인 유일성에 속하는 보이지 않는 하느님을 관상하기 바란다면 우리는 존재 그 자체를 바라보아야 한다.116 여섯째 날개(케루빔의 형상)는 지성이 발견할 수 없고 알 수도 없는 지성적인 선이신 삼위일체를

---

112 소피아 로비기, 『보나벤투라』, 47.
113 보나벤투라, 『하느님께 이르는 영혼의 순례기(해설판)』, 11-12.
114 보나벤투라, 『하나님과 하나되어』, "하나님께 나아가는 영혼의 순례서," 11.
115 보나벤투라, 『하느님께 이르는 영혼의 순례기(해설판)』, 12.
116 앞의 책, 12.

관상함이다. '빛의 자기확산(自己擴散)'과 '선의 자기확산'을 통하여 삼위일체의 박사인 보나벤투라는 삼위일체를 "신적 자기확산"으로 설명한다.[117]

하나님을 향한 영적 성숙의 단계를 기술한 보나벤투라는 『하느님께 이르는 영혼의 순례기』의 결론과도 같은 7장[118]에서 신비적 탈혼 상태에 대해 설명한다. 여섯 단계로 된 여섯 가지 고찰이 참된 솔로몬의 왕좌에까지 이르렀다면 이제 (사람들은) 평화에 도달한 것이다. 거기서는 참 평화가 내면적 예루살렘인 영혼의 깊은 안식 속에서 쉬고 있다.[119] 여섯 날개로 영혼(mens)은 초월적인 지혜의 빛으로 가득 차서 참된 관상을 향해 날아오를 수 있다.[120] 이제 최고의 목표에 도달되었다. 영혼은 모든 오성(悟性) 상태를 뒤로 남기고 사랑의 연합으로 하나님을 얼싸안는다. 영혼은 십자가에 달리신 분과 함께 죽어서 하늘 예루살렘의 평화 속으로 들어가서 주님의 감미로움을 음미하게 된다.[121] 사실 이 마지막 단계에서는 많은 것들이 변형되고 전이(轉移) 되는데, 이성은 신앙으로, 지성은 의지로, 인간 영혼은 하느님의 모습(神人合一)으로 바뀐다.

지금까지의 6단계를 우리 영혼이 능동적 활동을 할 수 있었던 불완전한 관상이라면, 7단계는 인간의 편에서는 할 수 있는 것이라고는 오로지 사랑밖에 없는, 아무것도 할 수 없는 수동적 상태이다. 이는 신이 활동하시는 소위 완전한 관상이다. 그래서 7단계는 순례자의 종착점으로 신과

---

117 앞의 책, 13.
118 "지성은 휴식을 취하나 정감은 완전히 하느님께로 건너가는 신비적 탈혼 상태에 대하여"이다.
119 보나벤투라, 『하느님께 이르는 영혼의 순례기(해설판)』, 102.
120 앞의 책, 102.
121 보나벤투라, 『하나님과 하나되어』, "하나님께 나아가는 영혼의 순례서," 14.

의 합일의 체험, 즉 탈혼 상태를 일컫는다. 즉, 하느님께 대한 정서적 사랑이라 말할 수 있는 정감(affectus)만이 신에게로 전이되는 이 상태에서 지성은 멈추고 인간의 모든 능동적 행위가 여기서는 수동적 행위로 전이(轉移)된다. 그러므로 이 장에서 우리는 '보는 것'이 아니라 '보이는 것'을 보고, '말하는 것'이 아니라 '들음'이 중요하다는 것을 느낀다.[122]

b. 하나님의 성전의 은유

『하느님께 이르는 영혼의 순례기』에서 사용한 두 번째 은유는 하나님의 성전이다. 성전에 대한 유비는 제3장에 기록되어 있다.

그리하여 우리는 세 번째로 우리 자신에게 들어선다. 즉, 바깥뜰을 지나 지성소(至聖所, sancyum) 안에서, 더욱이 성막(聖幕, tabernac[ul]lum)의 전면 부분에서 거울을 통하여 하느님을 보고자 시도해야 한다. 여기서는 높은 등잔대(candelabrum)에서 비추듯이 진리의 빛이 우리 영혼의 얼굴을 비춘다.[123]

본서는 성전의 구조와 맥을 같이하면서 3단계 6차원으로 구성된다. 성전의 정문을 들어서면 뜰과 함께 물두멍이 나타난다. 그 다음에는 성막이 나타나는데 이 성막을 휘장으로 전면에는 성소(聖所), 후면에는 지성소(至聖所)로 나누어져 있다.[124] 즉, 첫 두 단계는 앞뜰[125]에 해당하고, 성막(聖

---

122 보나벤투라, 『하느님께 이르는 영혼의 순례기(해설판)』, 14.
123 앞의 책, 62.
124 앞의 책, 9.
125 성전의 뜰에는 번제단과 물두멍이 있다. "또 번제단을 회막의 성막 문 앞에 놓고 또 물두멍을 회막과 제단 사이에 놓고 그 속에 물을 담고."(출 40:6-7)

幕)의 전면인 성소126는 셋째와 넷째 단계이며, 마지막 지성소127는 다섯째와 여섯째 단계이다.128 바로 "성령의 궁전"인 우리가 "하느님의 성전"으로 순례한다는 것은 인간과 신의 조우(遭遇)인 신인 합일을 의미한다. 보나벤투라가 하느님께 이르는 영혼의 순례기를 구약의 성전(탈출기 25장)의 구조와 관련시키고 있는 것도 이러한 의미를 내포한다. 즉, 성전 앞뜰에서 정화된 '관조의 눈'으로 시작하여, 성소를 거쳐 마지막으로 신을 깊이 체험할 수 있는 성궤가 머무는 지성소까지 순례하는 것이다.129

구원을 단계적 점진적 과정으로 설명하는 것은 기독교 영성사에서 구원을 향한 영성 생활에 관해 설명할 때 일관되게 나타나는 특징이다. 디오니시우스와 보나벤투라의 영적 상승의 전통은 좋은 예이다. 그리고 이런 입장은 웨슬리가 구원을 설명하는 가르침을 구축하는데 토대가 되었다. 이러한 점은 사이몬 찬이 그의 『영성신학』에서 잘 요약하였다. 그는 이렇게 말한다. 기독교 영성사에서는,

> 영적 성장을 그 시작부터 끝까지 이해하려고 노력한다. 그래서 영성에 관한 저술 활동을 했던 고대의 작가들은 영적인 삶의 발전을 성장의 각 단계들로서 추적해 간다. 아마도 가장 잘 알려진 것은 정화(purgation), 조명(illumination), 연합(union)이라는 '세 가지 방법'일 텐데, 이것은 역사 내내 영성에 관계된 저술들에서 반복적으로 출연하는 하나의 도식이다. (…) 전통적인 개신교 신학에서, 그리스도인의 삶은 '구원의 서정

---

126 성소 안에는 촛대와 떡상이 있다. "또 상을 들여놓고 그 위에 물품을 진설하고 등잔대를 들여놓아 불을 켜고."(출 40:4)
127 지성소 안에는 법궤가 있고 법궤 안에는 십계명을 기록한 돌판이 있다. "내가 네게 줄 증거판을 궤 속에 둘지며."(출 25:16)
128 보나벤투라, 『하느님께 이르는 영혼의 순례기(해설판)』, 9.
129 앞의 책, 9.

(ordo salutis) 즉 칭의, 성화, 영화의 순서로 진보하는 것으로 이해된다.[130]

이러한 기독교 영성의 영적 상승에 관한 이해 전통을 토대로 웨슬리의 구원론을 살펴보자.

3) 웨슬리의 구원의 순서와 영적 상승

(1) 구원론의 특징

① 목적론적 성격

웨슬리 구원론의 첫번째 특징은 목적론적이다. 웨슬리에게 있어서 구원의 전체 과정의 목적은 인간을 완전히 성화시키는데 있다. 이것은 종국적인 의인, 즉 종국적인 구원과 영화의 조건이다.[131] 성화는 복음의 종착적(termimus ad quem), 완성적 차원이다. 그래서 웨슬리는 그리스도교인의 완전을 목표로 하는 성화의 순례와 여정을 매우 강조했다. 복음의 기초적 차원이 회심과 칭의라면 그 완성적 목표의 차원은 성화이다.[132]

그러므로 웨슬리에게 있어서 신앙은 방향과 목표가 중요하다. 그리스도인의 회심과 중생은 성화를 향한 여정의 시작이다. 성화의 순례 여정에는 성장, 진보와 성숙이 있다. 웨슬리는 그 순례의 목표를 완전한 사랑이라고 칭하였다. 이러한 그리스도인의 완전은 하나님의 은혜에 온전히 응답하여 성령으로 충만해져서 하나님과의 일치에 이르는 구원의 종국적

---

130 사이몬 찬, 『영성신학』, 22.
131 H. 린드스트룀/ 전종옥 역, 『웨슬리와 성화』(서울: 기독교대한감리회홍보출판국, 1998), 131.
132 한국기독교영성학회 편, 『하나님을 향한 영혼의 여정』(서울: 장로교출판사, 2018), 317.

목표이다.133 웨슬리 구원론의 목적론적(teleological) 관점은 그리스도인의 영성을 균형 잡힌 온전한 형태가 되게 했다.134

웨슬리의 구원론에서 은총의 역할과 함께 구원의 목적론적 관점은 지속적인 진보를 허용하지 않는 정적인 완전 개념을 거부한다. 그러므로 웨슬리 신학에서는 영적으로 "우리가 이미 도달했다."라는 개념이 존재하지 않는다. 그리스도의 피로 마음이 정결해진 사람들은 지식과 은총과 은사에서 지속적으로 자라나야 한다.135 그러므로 구원의 순서는 웨슬리 구원론에서 필연적인 것이 된다.136

② 구원을 향한 순례 : 의인에서 성화로

웨슬리 구원론의 두 번째 특징은 구원을 향한 순례 모델이다. 웨슬리 구원론의 핵심적 요소는 의인(義認, Justification)과 성화(聖化, sanctification)이다. 개신교의 이신칭의(以信稱義) 교리는 '그리스도의 의' 때문에 죄인을 의롭다고 선언하시는 하나님의 행위는 으뜸이 되는 가장 심오한 경험적 실재이다.137 하나님은 사람 안에 있는 어떤 의 때문이 아니라 '그리스도의 의' 때문에 그 사람을 의롭다고 '칭하신다.'138 그러므로 의인은 그리스도의 죽음을 통하여 하나님이 자신과 세상을 화해시켰다는 것을 의미할 뿐만 아니라 이 일이 '나를' 위해서 이루어졌다고 하는 개인적인 의식이다.139

---

133 앞의 책, 339.
134 앞의 책, 322.
135 케네스 콜린스/ 이세형 옮김,『존 웨슬리의 신학』(서울: kmc, 2014), 420.
136 앞의 책, 399.
137 앞의 책, 120.
138 앞의 책, 121.
139 헨리 D. 랙,『존 웨슬리와 감리교의 부흥』, 415.

그러나 하나님이 우리를 의로운 사람이라고 여기신다고 해서 실제로 우리가 의인이 된 것은 아니다. 의인은 속죄의 개인적인 적용이므로[140] 하나님이 믿음에 의해서 죄인인 나를 받아주셨다는 객관적인 증거를 찾을 수 없다. 단순히 그리스도의 의가 우리에게 전가됨으로 죄를 용서받고 하나님과 새로운 관계를 맺게 되었다는 사실을 믿음으로 고백하는 것이다. 그러므로 의인은 용서이며 따라서 믿음에 의해서만 의인으로 받아들여진다. 그 믿음은 신적인 것이며 초자연적인 '증거', 즉 우리의 육체적인 감각들로는 분별할 수 없는 것들에 대한 '확신'[141]이 수반된다.

의인의 주도권은 하나님에게 있다. 그러므로 의인은 어느 순간 갑자기 일어나는 사건이 아니라, 하나님 홀로 인간을 향한 움직임이 의인보다 먼저 있게 된다. 하나님이 죄인인 나를 의롭다고 인정해 주신다는 사실을 믿음으로 받아들이기 전에 모든 사람에게 차별 없이 주시는 하나님의 선행은총이 자신의 죄를 어렴풋이 인식하게 한다. 이 인식을 소멸하지 않고 적극적으로 하나님께 나아가면 하나님은 그에게 회개의 은총을 주신다. "회개 은총(convincing grace)" 혹은 "확신 은총"은 자기의 죄를 더욱 깊이 알 수 있도록 인도해 줌으로써, 돌처럼 굳은 마음에서 건짐 받도록 인도해 준다. 즉 회개 은총에 의해 자신이 죄인임을 확신하게 된 인간은, 그 죄를 하나님 앞에 자백하며 뉘우침으로써 돌 같은 마음이 부드러운 마음으로 화하게 하는 것이다. 이 회개는 "법적인 회개"로서 칭의를 위한 것이다. 법적인 회개는 종교의 현관(the porch of religion)과 같은 역할을 한다.[142] 하나님의 선행은총과 회개의 은총으로 인하여 웨슬리의 구원론은 자연스럽

---

140 H. 린드스트룀/ 전종옥 역, 『웨슬리와 성화』 (서울: 기독교대한감리회 홍보출판부, 1998), 96.
141 헨리 D. 랙, 『존 웨슬리와 감리교의 부흥』, 415.
142 최승태, "존 웨슬리의 구원론 탐구-그의 인간론의 관점에서", 「한국조직신학논총」 제64호 (2021, 9), 225.

게 순서를 형성하게 된다.

웨슬리의 구원론에서 두 번째 중요한 핵심 요소는 성화(완전)이다.

완전은 거룩하게 하는 믿음으로 인간에게 주어지는 하나님의 역사[143]이며, 동시에 그리스도의 형상을 닮아 가는 지속적인 과정이다.[144] 웨슬리는 그리스도인의 완전이란 "우리의 마음과 뜻, 영혼과 힘을 다해 하나님을 사랑하는 것이다. 이것은 사랑에 역행하는 어떤 나쁜 기질도 영혼에 남겨서는 안 되며, 모든 생각, 말과 행동이 순수한 사랑의 지배를 받아야 한다는 의미다."라고 정의했다.[145]

웨슬리에 의하면 성화의 영성은 긍정적 차원과 부정적 차원이 있다.

먼저 '긍정적으로' 볼 때, 완전한 성화의 은혜를 받아 충만한 정도로 하나님의 생명을 누리는 데까지 변모되어 나가는 것이다. 더 특정하게 말해서 그것은 '거룩하고 완전한 사랑'으로 충만해지는 변화이다.[146] 다음으로 '부정적 차원'에서 성화는 사랑의 증가의 반대 면에서, 죄의 지배의 약화로 설명되었다. 결국 웨슬리는 죄와 정욕의 세력들로부터 정결하게 되고 순화되어 하나님의 온전한 형상을 회복하는 것을 성화의 영성의 또 다른 핵심으로 본 것이다. 완전 성결, 성화의 의미는 죄를 범하지 않는 것이니, "하나님으로부터 태어난 자는 죄를 짓지 않는다".[147] 적극적 의미에서의 완전은 무엇보다 완전한 사랑이요, 소극적으로 보면 죄에서의 완전 구원을 의미한다.[148] 그러므로 그리스도인의 완전은 죄의 점진적 약

---

143 H. 린드스트룀, 『웨슬리와 성화』, 144.
144 사이먼 찬, 『영성신학』, 126.
145 앞의 책, 128.
146 한국기독교영성학회, 『하나님을 향한 영혼의 여정』 (서울: 장로교출판사, 2018), 323.
147 앞의 책, 325.
148 H. 린드스트룀, 『웨슬리와 성화』, 142.

화와 소멸, 사랑의 증가와 성장의 두 면으로 구성되어, 마침내 완전한, 성결한 사랑의 충만함에서 절정에 도달한다.[149] 웨슬리에게 있어서 완전이란 생 전체를 하나님께 바치는 의지의 순결이다. 완전은 우리의 온 마음을 하나님께 드리는 것이며, 그것은 우리의 유일한 소원이며 우리의 모든 성품을 지배하는 하나님의 뜻(design)이다.[150] 완전은 믿음을 조건으로 주어지며, 믿음이 시작될 때 시작되며, 믿음이 증가할 때 증가한다. '완전한' 그리스도인이 된다는 것은 온 마음과 정신과 영혼과 힘을 다하여 하나님을 사랑하는 것이다. 그러나 누가 이것을 성취했는가를 알 수 있는 확실한 방법은 없다. 다만 행위로부터 '인식할 수 있는 증거들'이 있을 뿐이다. 죄를 제거해 가는 과정은 눈으로 볼 수 없고, 죽음 직전에 가서야 완성될 수 있을 것이다.[151]

웨슬리 완전[152]의 특징은 두 가지로 정의할 수 있는데, 첫째 절대적인, 혹은 죄 없는 완전은 이 세상에서 도달할 수 없다. 그것은 결코 단 한 번에 얻을 수 있는, 확정적인 성취가 아니며 이 땅에서 궁극적으로 도달할 수 있는 것도 아니다.[153] 다음으로 그리스도인의 완전은 사랑의 완전함과 관계가 있다. 프랑수아 페넬롱에 의하면, 완전이란 사랑 안에서 하나님께

---

149 한국기독교영성학회, 『하나님을 향한 영혼의 여정』, 339.
150 H. 린드스트룀, 『웨슬리와 성화』, 142-143.
151 헨리 D. 랙, 『존 웨슬리와 감리교의 부흥』, 427.
152 H. 린드스트룀, 『웨슬리와 성화』, 143. 웨슬리는 '완전에 관하여'라는 설교에서 다음과 같은 술어로 완전을 정의하였다. 완전이란 ① 마음을 다하여 하나님을 사랑하고 이웃을 내 몸과 같이 사랑하는 것이다 ② 그리스도 안에 있는 마음 ③ 성령의 열매(갈라디아서 5장에 나타난 성신의 열매를 말함) ④ 하나님의 형상, 즉 이것은 인간을 하나님의 도덕적인 형상대로 회복하는 것을 말하는데 여기에는 의와 진정한 성화가 포함된다 ⑤ 내적 외적 의, 이것은 마음의 순결에서 오는 생활의 성결이다 ⑥ 하나님께 인간의 몸과 마음과 영혼을 성화시키는 것 ⑦ 하나님에 대한 인간 자신의 완전 헌신 ⑧ 예수를 통하여 찬미와 감사의 하나님께 인간의 생각과 말과 행동을 계속 희생 제물로 바치는 것 ⑨ 모든 죄에서의 구원 등이다
153 사이먼 찬, 『영성신학』, 137.

완전히 자기를 내려놓은 것이다.[154] 이는 우리 자신을 사랑하지 않은 채 하나님만을 사랑하는 것이다. 자아(self)를 생각하는 경우에도, 그것은 항상 하나님을 위한 것이다.[155]

성화는 중생(신생)에서 시작한다. 칭의와 신생은 동시적이기 때문에 시간적으로 어느 것이 앞선다고 말할 수 없지만, '사고의 순서' 곧 논리적인 순서에 있어서 칭의가 신생보다 앞선다.[156] 그러나 의인과 중생은 완전히 다른 것이기 때문에 쉽게 구별할 수 있다. 의인은 상대적인 변화를 의미하지만, 중생은 참된 변화를 의미한다. 중생으로 인하여 우리의 내적인 영혼이 변하여 죄인인 우리들이 성자가 된다. 의롭다 함을 얻음으로 하나님의 사랑이 회복되고, 성화함으로 잃어버렸던 하나님의 형상을 다시 찾을 수가 있다. 전자는 우리를 죄책에서 해방시키나 후자는 우리를 죄의 세력으로부터 해방시킨다.[157] 칭의는 하나님과 우리의 외적인 관계를 변화시키지만[158] 실제로 정의롭고 의롭게 되는 것은 성화다. 정의롭고 의롭게 되는 것은 어느 정도 칭의의 직접적인 열매라고 하지만 이는 하나님의 독특한 선물이다.[159] 그러므로 그리스도인의 완전에 이르기 위해서는 먼저 명목적 의인에서 실질적 의인으로 변화하는 중생(거듭남)이 있어야 한다.

의인과 성화는 서로 밀접하게 관련되어 있으나 웨슬리는 이 둘을 구별할 필요가 있다고 생각한다.[160] 일면으로 보면 성화는 칭의의 열매이다.

154　앞의 책, 138.
155　앞의 책, 138-139.
156　최승태, "존 웨슬리의 구원론 탐구-그의 인간론의 관점에서", 230.
157　H. 린드스트룀, 『웨슬리와 성화』, 97.
158　케네스 콜린스, 『존 웨슬리의 신학』, 247.
159　앞의 책, 247.
160　H. 린드스트룀, 『웨슬리와 성화』, 96.

하나님과의 올바른 관계에 있는 사람은 의로운 삶의 열매를 맺을 것이다. 그러나 이 신학적인 현실이 항상 실제적인 현실로 나타나는 것은 아니다. 많은 그리스도인들이 인정하듯이, 칭의로 인해 관계가 변화되었다고 해서 자동적으로 삶의 변화가 일어나지 않는다. 따라서 전가된 의(imputed righteousness)는 쉽사리 법적인 허위(legal fiction)로 바뀔 수 있다.161

웨슬리는 의인과 성화의 차이를 하나님의 은혜의 사역의 차이에서 발견했다. 웨슬리는 하나님의 은혜를 자신의 설교 "신생(The New Birth)"에서 하나님께서 '우리를 위해(for us)' 행하신 사역(칭의)과 하나님께서 '우리 안(in us)'에서 행하신 사역(성화)으로 구분함으로써 실천에서는 아니더라도 개념적으로는 칭의와 신생의 두 교리를 구분했다.162 하나님이 '우리를 위하여 행하신 은혜'는 죄인을 향한 '하나님의 호의'이고, 하나님이 '우리 안에서 행하신 은혜'는 우리가 하나님의 일을 할 수 있는 능력을 부여하는 '하나님의 선물'이다.

웨슬리의 구원론은 순간적인 은혜와 지속적인 응답이 적절하게 조화를 이룬다. 웨슬리 구원론의 핵심적 요소인 의인(義認, Justification)과 성화(聖化, Sanctification)는 즉각적인 동시에 점진적이다. 이것은 의인의 순간에 시작되지만, 우리가 모든 죄로부터 깨끗해질 때까지 점차 성장해 간다는 것이다.163 사람들은 삶의 여러 단계에서 여러 가지 형태-선행적 은혜, 의롭게 하는 은혜, 성화하는 은혜-로 은혜를 만난다.164 웨슬리가 생각하는 완전은 "순간순간의 삶(moment by moment life)"이다. 다시 말하면, 완전의 상태에 이른 순간, 그냥 그 상태가 계속되는 것이 아니라, 그 완전한 순

---

161 사이몬 찬, 『영성신학』, 112-113.
162 케네스 콜린스, 『존 웨슬리의 신학』, 247.
163 헨리 D. 랙, 『존 웨슬리와 감리교의 부흥』, 414.
164 루이스두프레, 돈 E. 세일러스 편집, 『기독교 영성 (Ⅲ)』, 490.

간들이 이어지는 것165인데, 즉각적인 성화는 일반적으로 하나님을 향하여 방향을 재설정한 최초의 회심을 말한다.166

그러나 한편으로 성화는 실제로 매일 자신을 죽이고 새롭게 태어나는 지속적인 사건이다. 인간적 관점에서 보면, 그것은 회개이고, 회개란 "겸손과 신뢰 안에서 우리 자신의 더 많은 부분을 하나님께 바치면서 점점 더 깊은 차원까지 가는 계속적인 훈련이다.167 그래서 성화는 점진적인 '나아짐(more and more)'을 나타낸다.168

웨슬리가 과정(완전에 이르는 길)과 순간(온전한 성화 자체)을 구분한 것은 가능성과 현실성 사이의 긴장을 들여다보는 중요한 창이다. 그러므로 아우틀러가 말했듯이, 완전 자체가 과정적인 구도 아래 와해되어 언제나 움직여 저 멀리 날아가 버리는 목표라면, 삶의 일상(날실과 씨실)에서 현실화되거나 실현될 수 없다. 이렇게 이해된 완전은 언제나 지평 너머에 존재하며 영원히 잡히지 않는 목표가 된다.169 하나님의 은혜인 순간적인 성화는 실천적인 면에서 인간의 순종이 있을 때, 완전의 가능성인 순간적인 성화는 현실적으로 실현 가능한 성화가 된다.

(2) 구원의 순서와 영적 상승

① 구원의 순서(ordo salutis)

웨슬리의 중요한 관심사는 완전에까지 이르는 성결의 성취로서의

---

165 최승태, "존 웨슬리의 구원론 탐구-그의 인간론의 관점에서", 241.
166 사이몬 찬, 앞의 책, 125.
167 앞의 책, 126.
168 앞의 책, 126.
169 케네스 콜린스, 『존 웨슬리의 신학』, 412.

개인의 구원에 관한 교리170였고, 해답은 점진적인 발전에 관한 관념171이었다. 그리고 그리스도인의 진정한 목표가 완전에까지 이르는 성화와 성결이며 웨슬리는 이 목표를 포기한 일이 없다.172 웨슬리는 회개와 믿음과 성결의 교리를 다른 모든 교리들을 포괄하는 주요 교리들(Our main doctrines)이라고 말하면서, 첫 번째 것을 종교의 현관(porch)이며, 그 다음은 문(door)이고, 세 번째 것은 종교 그 자체(religion itself)173라고 말했다.

웨슬리에게 있어서 구원은 그리스도인이 가진 구원의 은혜를 받기 전에 본래부터 우리에게 주어진 선재 은혜의 효과로 시작한다고 할 수 있으며 영화로서 끝을 맺는 구원과정을 포함한다고 생각할 수 있다.174 그러나 웨슬리의 구원의 순서175에서 영적 상승을 언급하는 것은 구원은 하나

170 헨리 D. 랙,『존 웨슬리와 감리교의 부흥』, 402.
171 H. 린드스트룀,『웨슬리와 성화』, 132.
172 헨리 D. 랙,『존 웨슬리와 감리교의 부흥』, 424.
173 앞의 책, 414.
174 H. 린드스트룀,『웨슬리와 성화』, 119.
175 케네스 콜린스, 앞의 책, 430. 실제로 구원의 순서라는 용어는 "죄로부터 구원되는 과정에서 어떻게 하나님이 역사하는가"를 신학적으로 표현하고자 했던, 17세기 루터 주의자들과 경건주의자들로부터 비롯되었다. 이들이 말한 구원의 과정에는 "소명, 조명, 회심, 중생, 칭의, 성화, 갱신"과 같은 여러 단계의 여정을 포함하고 있다. 웨슬리는 후기에 가서도 구원의 순서를 한 단계씩 명백하고 분명하게 정의하였다고 말할 수 없다. 어떤 때 웨슬리는 거듭나는 방법만을 취급하였고 성화에 관하여서는 조금씩 언급한 듯하지만 자세히 설명하지는 않았다. 1755년에 출판된 저서『신약성서 약주』(Explanatory Notes upon the New Testament)에 보면 구원의 순서를 다음과 같이 설명하였다. 첫째 죄에 속박, 둘째 율법으로 죄를 알게 됨, 즉 하나님의 진노와 내적인 사망을 의식함, 셋째 복음을 통하여 그리스도 안에 있는 하나님의 의가 나타남, 넷째 믿음이 모든 것의 중심이 되어 그 의를 깨달음, 다섯째 하나님이 죄인을 용서하시고 받아들이시는 행위로서의 의인, 여섯째 성령의 은사로 하나님의 사랑을 깨닫고 내적인 새 생활의 상태에 들어감, 일곱째 의의 대가 없는 봉사다(H. 린드스트룀,『웨슬리와 성화』,124). 또 어떤 때는 이와는 정반대로 하나님의 역사의 전체 과정을 다음과 같이 표시하기도 한다. 첫째 하나님이 믿는 자를 예지하심, 둘째 예정, 셋째 의인, 넷째 성화, 다섯째 영화다(H. 린드스트룀,『웨슬리와 성화』, 124-125). '성서적인 구원 방법' (1765)이라는 제목의 설교에서 우리는 구원의 방법에 관한 퍽 자세한 설명을 찾아볼 수 있다. 주로 의인과 성화를 취급한 이 설교문에는 다음과 같은 요소가 지배적인 위치를 차지하고 있다. 선재 은혜의 작용, 의롭다 함을 얻기 전의 회개, 의인 즉 죄 사하심, 중생, 의롭다 함을 얻은 후의 회개와 점진적으로 발전하는 성화, 완전 성화다(H. 린드스트룀,『웨슬리와 성화』, 125). 웨슬리는 후에 구원의 과정이란 이러한 은총의 선물로 시작되는 것이며, '생명'을 향한 하나의 경향

님의 찾아오심에 대한 인간의 응답이기 때문이다. 인간의 선한 행위가 없어도 혹은 인간의 선한 행위가 있기 이전에 그리스도의 공로의 전가를 통하여 죄인이 하나님의 자녀로 칭함을 받고(칭의), 새로운 피조물(신생)이 되는 것은 하나님의 은혜가 우리 안에서 우리를 위하여 일하심에서 시작된다. 즉 칭의와 신생의 은혜는 하나님이 죄인을 찾아오심에서 시작된다.

하나님의 은혜가 우리를 위하여 일하실 때 죄인은 하나님 앞에서 자신이 어떤 상황에 있는지를 인식하게 되고 성령의 조명을 받아 새로운 삶을 지향하게 되는데, 이때는 하나님을 향한 도약(상승)의 순간이다. 하나님을 사랑할 수 없는 존재가 하나님의 은혜로 하나님을 갈망하게 된다는 것은 바람이 어디에서 와서 어디로 가는지를 알지 못하지만 바람을 인식할 수 있는 것처럼, 우리도 그 근원을 헤아리기 어렵지만 분명하게 내 속에서 일어나는 변화는 감지할 수 있다. 이 순간은 죄인이 하나님을 향하여 위로 떨어지는 순간이다. 그러므로 이 단계에서는 가장 중요한 덕목은 믿음이다.

한편 웨슬리가 구원을 순간적인 일회성 사건이 아니라 점진적인 과정으로 이해한 것은 구원의 방향과 목표를 제시하는 것인데, 성경에서 구

으로 묘사하였다. 만일 그 은총이 발휘된다며, 그 이상의 은총이 주어지게 되는데, 그것은 '죄를 깨닫게 하는 은총(Convincing grace)', 또는 '회개'라는 이름을 붙일 수 있을 것이다. 그리고 그 은총은 회심을 향하여 전진하게 되는데, 그것은 '거대한 두 개의 가지들'로 표현된다. 하나는 의인(義認, Justification)이며, (이것에 의해서 우리는 죄로부터 구원을 받는다) 다른 하나는 성화(聖化, sanctification)이다. (이것에 의해서 우리는 죄의 뿌리로부터 구원을 받으며 하느님의 형상을 회복하게 된다). 이것은 즉각적이며 동시에 점진적이다. 이것은 의인의 순간에 시작되지만, 우리가 모든 죄로부터 깨끗해질 때까지 점차 성장해 간다는 것이다. 이러한 도식적인 규명은 늦게야 이루어진 것이며, 오랜 기간 경험과 갈등의 산물이었다(헨리 D. 랙, 『존 웨슬리와 감리교의 부흥』, 414). "구원의 순서"를 하나님의 형상이 회복되는 과정으로 보는 그의 기본적 개념은 분명히 성 이레니우스의 저 유명한 ἀνακεραλσιωδις의 교리(그리스도의 회복하는 사역을 모든 구원의 근거로 보는 것)에서 채택한 것이다. 그의 중심적인 주제(곧 인간이 하나님의 성품에 참여하는 것)는 그 대부분이 마카리우스(Macarius)와 니사의 그레고리(Gregory of Nyssa)와 에프렘 사이러스(Ephrem Syrus) 등에게서 배워온 것이다(알버트 아우틀러, 『웨슬리 설교 해설』, 133).

원은 완료시제(즉 계속되는 영향력을 가진 완성된 행동)로, 그리고 (계속적인) 현재 시제와 미래 시제로도 표현[176]되는 것과 관련이 있다. 믿음에 의해 받아들여지는 용서는 시작된 구원이며, 사랑에 의해서 역사하는 믿음인 성결은 지속되는 구원이며, 믿음에 대한 보상인 천국은 완성된 구원이라고 말할 수 있다.[177]

웨슬리는 "상대적 변화(a relative change)"인 칭의를 넘어 "그리스도 안에서 새로운 피조물"이 되게 하는 우리의 심령과 삶과 사랑 안에서 발생하는 "실제적 변화(the real change)"에도 똑같은 강조점을 두었다. 그러므로 웨슬리는 구원을 "하나의 과정(a process)"으로 설명할 수 있었다. 구원은 칭의와 함께 시작하지만, 그 이후에도 지속되어지고, 거듭난 사람을 은혜 안에서 성장시키며, 최종 목표인 성화를 향해 나아가게 한다. 칭의가 "하나님이 우리를 위해 하신 일(what God dose for us)"이라면, 성화는 "하나님이 우리 안에서 하신 일(what God dose in us)"이다. 칭의 안에서 우리는 하나님의 은혜를 얻고, 거룩한 삶을 통해 은혜의 보유를 추구하는 삶의 과정을 겪는다.[178]

하나님의 은혜로 새로운 피조물이 된 사람은 하나님의 은혜에 응답하는 삶을 살아야 한다. 그러므로 죄인이 성화의 삶을 살기 위해서는 믿음 위에 선한 믿음의 행위가 수반되어야 한다. 칭의는 인간의 행위가 요구되지 않는 명목상의 변화라면 성화는 인간의 실질적인 변화를 의미하는 것인데, 실질적인 변화는 믿음에 합당한 인간의 선행이 삶에서 드러날 때 시작된다. 그래서 하나님은 성화된 사람에게는 믿음의 선행을 요구하

---

176 사이몬 찬, 『영성신학』, 120.
177 헨리 D. 랙, 『존 웨슬리와 감리교의 부흥』, 417.
178 알버트 C. 아우틀러, 『웨슬리 영성 안의 복음주의와 신학』, 173-174.

신다. 믿음만으로 사람은 성화되지 않는다. 믿음으로 성화된 사람은 믿음에 합당한 열매를 맺어야 한다. 그런데 믿음의 열매는 사람의 성품에 오랫동안 붙어있는 죄악의 습관을 벗고 믿음의 선한 습관을 몸에 익힐 때 가능하다. 그러므로 죄의 습관을 벗고 선한 믿음의 습관을 몸에 익히기 위해서는 하나님의 은혜에 응답하는 인간의 지속적인 노력이 수반되어야 한다. 그러므로 구원의 순서는 구원의 완성을 향한 지속적인 믿음의 순례의 성격을 갖는다.

원래는 단순한 것으로 생각되었던 의인, 신생, 확신, 성화의 개념, 그리고 이 모든 것들이 한순간에 이루어진다는 개념을 웨슬리는 경험의 압박을 통해서 분명하게 구분되는 몇 가지 단계들로 이루어지는 하나의 과정으로 발전시켰고, 그런 과정이 완전의 은사로 절정을 이루는 것으로 규명하게 되었다.[179]

대부분의 개신교도들이 잘 알고 있는 전형적인 개혁주의적 구원의 서정(ordo salutis)[180]의 세 축은 칭의, 성화, 영화이며, 이 용어들을 하나로 묶어보면 그것들은 개인이 죄에서 벗어나 하나님께로 가는 전 과정과 영광스러운 완성에 이를 때까지 거룩성이 진보되는 것을 의미한다.[181] 웨슬리는 죄를 "죄책", "죄의 권세", "죄의 존재" 등으로 구분하면서, 칭의에서는 죄책, 곧 죄의 형벌에서 해방되고, 신생에서는 죄의 권세에서 해방되지만, 죄의 존재는 여전히 우리 안에 남아 있다고 한다. 다시 말하면, 죄의 존재, 곧 "죄의 본성(sinful nature)"이 우리 안에 여전히 살아있고, 그것이 우리로 성령께 순종하지 못하게 할 뿐 아니라, 하나님을 대적하도록 충동질

---

179 헨리 D. 랙, 『존 웨슬리와 감리교의 부흥』, 426-427.
180 구원의 과정(process of salvation), 구원의 질서(order of salvation), 구원의 서정(ordo salutis)은 같은 의미로 사용한다(필자).
181 사이먼 찬, 『영성신학』, 120.

한다. 따라서 칭의를 얻은 사람은 자신 안에 있는 죄성의 뿌리가 뽑힐 때까지 나아가야 한다.[182]

신생한 사람은 하나님의 사랑으로 회복되어, 원죄에서 벗어났지만, 즉 "영혼의 전적 부패와 전적 무능"에서는 벗어났지만, 그럼에도 그의 영혼은 여전히 "어느 정도" 부패하고 무능한 상태에 머물러 있어서, 영혼의 이해력과 의지와 정서의 작동이 아직 하나님의 마음을 흡족하게 해 드릴 만큼 완전하지 못하다. 그러므로 우리는 계속해서 남아 있는 악한 기질들을 극복하고, 완전한 성화를 이루어 하나님의 마음을 기쁘게 해드려야 할 목적을 갖게 된다.[183] 이처럼 웨슬리의 완전은 죄의 권세에서 벗어나 인간의 본성 안에 남아 있는 죄의 존재까지 내면에서 제거하고 새로운 인품의 창조를 지향한다.

웨슬리 구원의 목적론적 관점은 웨슬리의 전체 사상에서 가장 중요한 요소이며, 웨슬리 특유의 구원의 순서를 형성한다. 웨슬리에 의하면 구원은 인간이 계속적으로 통과하지 않으면 안 되는 과정인데 각 단계는 상이하고 보다 높은 평면을 표시한다.[184] 웨슬리에게 있어서 구원의 과정의 목적은 인간을 완전히 성화시키는데 있다. 이것은 종국적인 의인, 즉 종국적인 구원과 영화의 조건이다.[185]

② 구원의 순서와 위디오니시우스의 영적 상승 비교

a. 유사점

신플라톤주의 철학의 영향을 받은 위디오니시우스 신학은 발출과

---

182 최승태, "존 웨슬리의 구원론 탐구-그의 인간론의 관점에서," 233.
183 앞의 논문, 234.
184 H. 린드스트룀, 『웨슬리와 성화』, 118.
185 앞의 책, 131.

머무름, 그리고 회귀의 구조로 구성된다. 위디오니시우스 신학의 발출과 머무름, 회귀의 삼원성은 긍정신학(theologia affirmata)과 부정신학(theologia negativa), 그리고 상징 신학(συμβολικη θεολογια)으로 드러나는데, 발출은 하강이고 긍정신학이며, 머무름은 상징 신학이고, 회귀는 상승이고 부정 신학이다.

    위디오니시우스 신학의 주된 관심은 하나님에로의 상승에 있고 영적 상승을 통한 하나님에로의 회귀의 궁극적인 목표는 신과의 합일[186]에 있는데, 신과의 신비적인 합일에 이르기 위해서는 영혼은 세 단계의 상승 과정을 거쳐야 한다고 보았다. 위디오니시우스 신비주의 영적 상승의 최고 단계가 하나님과의 탈아적 합일[187]과 신성화라는 것은 웨슬리의 구원의 순서에서 목표가 인간의 완전 성화인 것과 같다. 그러므로 웨슬리와 위디오니시우스의 공통점은 목적론적 관점을 가지고 있다는 점이다.

    웨슬리와 위디오니시우스는 하나님의 은혜와 사랑의 중요성을 강조한다. 웨슬리의 완전 성화의 목적은 인간의 내면에 남아 있는 죄의 존재를 완전히 제거하여 하나님을 닮은 새로운 인격을 형성하는 것이다. 이는 하나님과의 새로운 관계인 칭의를 통한 죄의 권세를 극복하는 것을 넘어서는 것인데, 죄의 존재를 제거하는 완전 성화는 사랑의 증가를 통하여 이루어진다. 그런데 이 모든 과정은 전적으로 하나님의 은혜에 의존한다.

---

186 버나드 맥긴, 존 마이엔도르프, 장 레크레르크 편집, 『기독교 영성(1)』, 243. 디오니시우스의 경우에, 모든 상징과 개념들을 통한 인식론적 상승 과정의 최종 목표는 하나님과의 합일인데, 이것은 신화(deification), 즉 "테오시스(theosis)"라고 표현되기도 한다. 신화-"가능한 한 하나님처럼 되며 하나님과 합일하는 것"(EH 1, 376A.1f.; 373AS.10-13도 보라)-는 고양적인 상승의 결과이다.

187 위의 책, 242. 인간 영혼이 하나님에 대해 올바르게 이해하고서 인간의 언어와 개념을 모두 버려두고서 부정을 통하여 상승하여 완전히 하나님에 속한 자가 될 때에 그 영혼은 완전히 그 자체를 벗어나게 된다. 신적인 "엑스타시"는 발출(procession)하는 과정에서 발생하며, 인간의 엑스타시는 복귀(return)과정에서 발생한다.

웨슬리에게 있어서 하나님의 은혜는 두 가지인데, 첫째는 우리를 위한 하나님의 은혜(for us)이고 둘째는 우리 안에서 일하시는 은혜(in us)이다. 칭의의 은혜는 우리를 위한 그리스도의 사역에 근거한 은혜이고, 성화의 은혜는 우리 안에서 일하시는 성령의 일하심에 근거한 은혜이다. 그리고 우리 안에서 일하시는 하나님의 은혜는 하나님을 닮은 온전한 인격을 창조한다.

웨슬리의 완전은 사랑의 완전이라고 할 수 있는데, 사랑은 하나님의 본성이기 때문에 사랑으로 완전한 사람이 되었다는 것은 하나님을 닮은 사람이 되었다는 것을 의미한다. 웨슬리의 완전 성화는 인간의 하나님의 본성에로 참여, 변형되는 것이다. 이는 베드로후서 1장 5절에 의거해 동방 교부 전통에서 나타난 위대한 구원의 완성적 목표인 '신화(theosis)'에 해당하는 것으로서,[188] 웨슬리가 어느 정도 정통적인 그리스도교 영성에 있어서의 신비주의적 변형일치(합일)의 목표를 '실천적으로' 받아들인 것이 된다.[189] 이후정은 "성화와 완전의 영성을 인격의 완성의 관점에서 보는 것은 웨슬리의 영성에서 매우 중요한 의의를 가진다. 완전한 사랑은 완전한 인격(person, 위격)이신 그리스도의 인격적인 품격(character, 성품)에서 찾아져야 하기 때문이다. 그러므로 성화란 그리스도의 인격 혹은 신·인적 위격으로 모방, 변모, 연합되는 것이어야 한다. 그것은 더는 자기

---

188 한국기독교영성학회, 『하나님을 향한 영혼의 여정』, 324. 신화란 거룩한 탄생을 소유하는 것입니다. 거룩하게 출발하지 않은 사람은 하나님으로부터 받은 진리들을 이해할 수 없고 실천할 수도 없습니다. 『위 디오니시우스 전집』, "교회의 위계", 306. "이로써 그 보배롭고 지극히 큰 약속을 우리에게 주사 이 약속으로 말미암아 너희가 정욕 때문에 세상에서 썩어질 것을 피하여 신성한 성품에 참여하는 자가 되게 하려 하셨느니라."(벧후1:4) 구원(salvation)과 동의어인 신화(deification)는 디오니시우스의 상승 과정의 목표인 하나님과의 합일을 의미한다. 버나드 맥긴, 존 마이엔도르프, 장 레크레르크 편집, 『기독교 영성(1)』, 248-249.

189 위의 책, 325.

중심적인 삶을 살지 않고 그리스도처럼 하나님으로 충만해져서 성결하고 완전한 사랑으로 불타오르는 삶을 사는 것이다."[190]라고 말한다. 이처럼 웨슬리의 완전 성화는 위디오니시우스의 탈아적 일치의 개념과 유사성을 가진다.

위디오니시우스는 신에게로의 회귀와 상승을 심리적인 측면에서 이해하지 않고, 위계질서의 존재론적 차원에서 접근한다. 위계는 하나님을 닮게 하기도 하고, 또 그에게로 상승하고 회귀하게도 한다. 그리고 이 상승은 하나님을 할 수 있는 한에서 닮게 하는 것이다.[191] 위디오니시우스는 정화·조명·완덕을 통한 하나님과의 일치를 향한 길은 인간 존재 자신의 노력이나 기계적 환원으로 성취되는 것으로 생각하지 않았다. 그에 의하면 영적 상승의 길은 우리를 향하여 다가오시는 하나님의 은혜와 사랑에 의해서 가능하다. 따라서 정화 조명 일치의 세 단계의 과정에는 하나님 사랑의 힘이 작용하고 그 사랑의 힘에 의해서 하나님과의 일치로 향한다.[192] 따라서 위디오니시우스의 부정신학, 즉 하나님과 일치를 위한 상승의 과정은 언어의 부정을 통한 인식론적 변화와 존재론적 변화, 그리고 하나님의 사랑의 은혜가 그 속에 내포되어 있다.[193] 하나님의 상승시켜주시는 에로스에 의해서만 연합되고 신화되기 때문이다. 신화는 생득적인 것이 아니라 선물이다.[194]

웨슬리의 완전 성화는 하나님의 은혜를 긍정하고 순종하는 믿음에서 성취되고, 위디오니시우스의 부정신학의 탈아적 신인 합일 혹은 일치

---

190 앞의 책, 328-329.
191 전광식, "*Theologia Negativa*: 부정신학의 역사와 의미", 61.
192 유재경, "영적 상승의 방법으로서의 위디오니시우스의 부정신학의 분석", 267.
193 유재경, 앞의 논문, 267.
194 위디오니시우스, 『위 디오니시우스 전집』, 56.

는 하나님과의 일치를 갈망하는 에로스적 사랑에서 성취된다.[195] 결국 부정신학이건 신비신학이건 구원 경륜의 긍정의 길이건 분명한 것은 모두가 그 길들을 통해서 이해할 수 없는, 그러나 늘 흘러넘치는 하느님의 사랑을 만난다는 것이다.[196]

b. 차이점

위디오니시우스의 상승 과정에는 두 단계가 있다. 첫째는 감각적인 상징들로부터 그것들에 의해 상징된 개념들로 올라가는 해석적 움직임이다. 둘째는 모든 개념을 버리고 부정하는 것이다.[197] 그러므로 부정신학은 하나님을 향하여 상승하는 가장 좋은 방법이다.

위디오니시우스에게 있어서 위계는 인간의 영혼을 상승시키고 회귀시키는 진정한 힘인데, 위계의 목표는 존재들로 하여금 가능한 한 하나님을 닮으며 하나님과 하나가 될 수 있게 하는 것[198], 즉 위계에 대한 전체적

---

195 앞의 책, 30. 『위 디오니시우스 전집』, 28. 플라톤은 에로스가 성적으로나 영적으로 자신에게 없는 것을 소유하고 싶어하는 열망이라고 주장했다. 에로스를 신들에게 속한 것으로 생각할 수는 없지만, 그것은 우리로 하여금 신들처럼 되기를 갈망하게 만들어 준다. 즉 그것은 미(아름다움)를 향해 올라가는 영혼 안에 있는 원동력이다. 『위 디오니시우스 전집』, 32. 디오니스우스는 하나님에 대해서 그의 신플라톤주의 선배들과 동일한 변증적 견해를 소유하지만, 이 변증적인 이해를 에로스(Eros)이신 하나님이라고 표현한 최초의 인물이다.

196 곽승룡, "부정신학-동방 그리스도교 신학을 중심으로", 134-135.

197 버나드 맥긴, 존 마이엔도르프, 장 레크레르크 편집, 『기독교 영성(1)』, 240. 『위 디오니시우스 전집』, "신의 이름들", 73-74. ① 그것들은 성경과 교회의 전승들이 감각의 세계로부터 파생된 것들로 정신의 진리를 덮는 데 사용되는 것, 즉 인간을 향한 사랑의 거룩한 베일에 싸여서 우리에게 주어집니다. 또 형상이 없는 초자연적인 단순성이신 분의 다양한 속성을 전하기 위해서 무수히 많은 상징들이 사용됩니다. 『위 디오니시우스 전집』, "신의 이름들", 75-76. ② 모든 지적 활동이 정지될 때에 신화(神化)된 정신들과 모든 신성을 초월하는 빛의 연합이 발생하므로, 이러한 천사들을 모방하는 하나님을 닮은 통합된 정신들은 모든 존재들을 부인함으로써 적절하게 그것을 찬양합니다.

198 위디오니시우스, 앞의 책, "천상의 위계", 236. 유재경. "영적 상승의 방법으로서의 위디오니시우스의 부정신학의 분석", 255. 위디오니시우스의 작품에는 위계란 개념이 많이 등장하는데, 위계는 신성한 질서와 신적 존재에 얼마나 가까이 접근해 있는지의 상태를 묘사하는 핵심적 개념이다. 따라서 위디오니시우스에 의해 구체화된 위계의 기본적 원리는 개인

계획의 궁극적 관심은 신성화에 있다.[199] 그러므로 위디오니시우스에게 있어서 위계란 일종의 완전한 배열, 위계에 대한 이해와 순서와 수준 안에서 그 자체 조명의 신비들을 만들어 내시는 하나님의 아름다움을 상징 한다.[200]

천상과 교회의 위계를 통해서 하나님을 향한 영적 상승의 길을 제시한 위디오니시우스는[201] 궁극적 실체를 향한 "출발과 복귀(procession and return)", 하강과 상승이라는 신플라톤주의의 틀을 사용하여 영적 고양의 길, 신적 정상으로의 신비적 상승을 나타내는[202] 정화 조명 일치의 단계는 하나님과의 탈아적 합일을 목표로 진행된다. 위디오니시우스는 교회의 직분의 위계는 신비적 상승의 정도를 나타낸다고 말한다.

> 위계질서가 어떤 존재는 정화되는 상태, 어떤 사람에게는 정화하는 상태, 또 어떤 사람에게는 조명을 받는 상태, 어떤 사람에게는 조명하는 상태, 어떤 사람에게는 온전해지는 상태, 또 어떤 사람에게는 온전함을 야기하는 상태를 명할 때, 각각의 존재들은 각기 자신이 맡은 역할에 알맞은 방식으로 하나님을 본받을 것입니다.[203]

또한 그는 정화 조명 완전을 교회의 위계에서 교회의 직분과 연관 지어 설명한다.

적 존재의 질서를 설명하는데 있는 것이 아니라 최고 높은 존재의 지성적 질서를 강조하기 위해 고안되었다.
199 유재경, "영적 상승의 방법으로서의 위디오니시우스의 부정신학의 분석", 256.
200 위디오니시우스, 앞의 책, "천상의 위계", 237.
201 유재경, "영적 상승의 방법으로서의 위디오니시우스의 부정신학의 분석", 268.
202 버나드 맥긴, 존 마이엔도르프, 장 레크레르크 편집, 『기독교 영성(1)』, 229.
203 위디오니시우스, 앞의 책, "천상의 위계", 237.

거룩한 성례전들은 정화와 조명과 온전함을 일으킵니다. 부제들은 정화하는 계급을 형성합니다. 사제들은 조명해 주는 계급입니다. 하나님과 일치하여 사는 주교들은 완전하게 하는 계급입니다. 정화되는 사람들은 정화의 단계에 머무는 한 거룩한 광경을 보거나 성찬에 참여하지 못합니다. 거룩한 사람들은 관상적인 계급입니다. 온전해진 사람들의 계급은 전심으로 살아가는 수도사들의 계급입니다." 204

교회 안에서 정화하는 부제보다 조명해 주는 사제의 계급이 높은 것처럼 정화보다 조명이 더 높은 단계이다. 사제보다 더 높은 계급인 주교는 스스로가 온전해졌을 뿐만 아니라 다른 사람을 온전하게 해 주는 사람이다. 즉 교회의 계급의 높낮이는 영적 높낮이의 단계와 일치한다. 그러므로 위디오니시우스의 정화 조명 완전은 하나님을 향해 상승하는 수직적 단계라고 말할 수 있다. 그러나 웨슬리의 구원의 순서는 구원의 단계도 아니고 위계가 아니다. 이에 대해 사이먼 찬은 다음과 같이 말했다.

웨슬리의 구원의 서정(ordo)은 시간적 순서보다는 논리적 순서로 봐야 한다. 성화는 칭의보다 '더 높은 단계'를 의미하지 않는다. 칭의는 그리스도인의 삶을 관계적인 관점에서 보는 반면, 성화는 인격적 성숙과 발달의 관점에서 본다. 칭의는 하나님의 법적인 행위와 관련이 있다는 의미에서 즉시성을 지닌다. 칼빈의 지적대로, 인간에게는 "그의 의를 증언하고 확정하시는 하나님이 계시는데" 그의 의는 그리스도의 전가된 의를 말한다. 그러나 "하나님의 사랑으로 우리를 의인으로 받아주

204　앞의 책, 369.

신다는 용납"의 확신은 지속적인 상태이지, 두 번째 단계로 나아가기 위한 디딤돌이 아니다.[205]

웨슬리의 완전은 이 세상을 수도원으로 만들어 가고 있던 유쾌한 수도자들을 위한 하나의 이상이다.[206] 그런데 웨슬리의 구원의 순서를 동시적이며 지속적인 실재가 아니라 구원의 단계로 이해하면 칭의를 낮은 단계로, 성화를 더 높은 단계로 인식하게 되어, 자신이 더 높은 단계에 이른 것처럼 위장하고 자신의 우위성을 드러내기 위해 자신의 독특성을 강조하는 위선적 행동으로 인해 제한적인 자기 정체성을 극복하지 못하는 불완전한 영성으로 변한다.[207] 웨슬리의 구원론에 나타나는 질서는 초기 스콜라주의에서 온 것이 아니라 목회적 상황에 규범적인 신학적 요인들(성서, 특히 도덕법, 이성, 전통)을 적용한 결과로써 나타난 것이다.[208] 그러므로 웨슬리의 구원의 순서는 질서와 연속성(병행)을 강조하면서 칭의와 온전한 성화에 초점을 맞추고 있지만, 웨슬리의 구원의 순서는 매 단계마다 구원을 열망하는 자들에게 방향 감각을 주고 적절한 목회적 권고를 제시한다.[209]

③ 구원의 순서와 보나벤투라의 영적 상승 비교
a. 유사점
플라톤·아우구스티누스 노선을 따라 전통에 충실하여 그의 철학과

---

205 사이몬 찬,『영성신학』, 125.
206 헨리 D. 랙,『존 웨슬리와 감리교의 부흥』, 447.
207 사이몬 찬, 위의 책, 125.
208 케네스 콜린스,『존 웨슬리의 신학』, 431.
209 앞의 책, 457.

신학을 주의주의(主意主義)로 이끌어 갔던 보나벤투라는[210] 많은 면에서 위 디오니시우스의 신학을 계승하고 있다.[211] 오먼은 보나벤투라와 위디오니시우스의 관계를 다음과 같이 설명한다.

보나벤뚜라(보나벤투라)는 영성 생활을 세 가지 방식으로 분류하였는데 위디오니시우스와 동일한 용어(정화, 조명 및 일치)를 사용한다. 그는 그것들을 발전적이고 분리된 단계로 보지 않는다. 비록 어느 시기에 그중 하나가 우세할지라도 모든 그리스도인의 궁극적 목표는 거룩함이고 그들이 영적 성장의 여러 단계를 통과함에 따라, 각 단계는 그 자체의 은사를 부여한다. 따라서 정화의 길은 영혼의 평화를 가져오고 묵상과 양심의 성찰 및 그리스도의 수난에 대한 고찰을 그 특징으로 한다. 조명의 길은 진리로 인도하고 그 탁월한 기능은 하느님으로부터 받은 은혜를 생각하고 그리스도의 수난과 죽음을 자주 묵상하는 것이다. 일치의 길은 애덕, 사랑을 통한 하느님과의 결합 및 삼위일체께 대한 관상을 통해 신적 아름다움을 아는 것에서 종결된다.[212]

그러나 이러한 일련의 단계들은 시간적인 연속성으로 체험되는 것

210　원유동,『보나벤투라의 빛의 형이상학』, 202.
211　소피아 로비기,『보나벤투라』, xi. 보나벤투라는 형이상학의 핵심을 다음과 같이 짚었다. 즉 형이상학은 이 세상 만물의 기원, 창조의 모형, 만물의 완성에 대하여 최고의 지혜로서 밝히는 것이다. 이것을 그는 "유출(exitus)-모형(exemplarismus)-귀환(reditus)"이라는 도식으로 압축하였다. 이 세상은 하느님에게서 창조되어 나오는데, 거기에는 하느님의 영원한 이데아가 창조의 모형으로 존재하고, 만물은 하느님의 영원한 계획에 따라 다시 하느님에게로 돌아가 완성에 이른다는 것이다. 보나벤투라는 이것이 형이상학의 핵심이라고 짚은 것이다. 이것은 하나에서 여럿, 일(一)에서 다(多)가 나오는 것을 설명하는 신·플라톤주의의 사상과 일맥상통한다 하겠다.
212　조던 오먼,『가톨릭 전통과 그리스도교 영성』, 193.

은 아니다. 보나벤투라는 이런 것들이 영혼의 상승 여정 안에서 만나게 되는 단계들임을 지적할 뿐이다. 각 단계는 세 가지 내적 수련, 즉 묵상, 기도, 관상을 수반한다. 동시에 각 단계는 여정의 마지막 단계인 일치를 지향하고 있다. 그러면서도 각각의 특징적 면들이 유지되는데, 특히 정화는 내적 평화를, 조명은 진리의 빛을, 일치는 사랑의 맛을 그 특징적 결실로 맺게 된다. 하여간 이것은 인간이 상승의 여정을 계속하게 될 때 만나게 되는 단계요, 특징이요, 결과이다.213

웨슬리가 구원의 순서에서 과정(완전에 이르는 길)과 순간(온전한 성화 자체)을 구분한 것은 가능성과 현실성 사이의 긴장을 들여다보는 중요한 창이다.214 온전한 성화를 향한 점진적 과정은 하나님의 직접적인 개입으로 중단되는데 그 순간 하나님은 인간을 더 높은 평면으로 끌어 올리신다. 그것은 한 단계씩 위로 올라가는 것과 같다.215 노년의 웨슬리는 구원의 순서에서 과정과 순간 사이의 섬세한 균형을 이루면서도 동시에 순간을 강조했다. 1784년 웨슬리는 킨(Arthur Keene)에게 보낸 편지에서 "점진적인 은총의 행위는 항구적으로 칭의와 성화의 순간적인 행위에 앞서지만, (칭의와 성화) 행위 자체는 의심할 바 없이 순간적이다."(Telford, Letters, 7:222)라고 밝혔다.216

모든 사람은 믿음 안에서 다양한 하나님의 은총을 경험한다. 그리고 그 은총은 자신의 영적 상태에 따라 새로움을 창조한다. 확신 은총은 확신으로 안내하고, 중생 은총은 신생으로 안내하며, 온전한 성화은총은 온전한 성화를 실현한다. 따라서 어떤 은총의 상태는 다른 은총의 상태와

---

213 소피아 로비기, 『성 보나벤투라』, xxii-xxiii.
214 케네스 콜린스, 『존 웨슬리의 신학』, 412.
215 H. 린드스트룀, 『웨슬리와 성화』, 133-134.
216 케네스 콜린스, 『존 웨슬리의 신학』, 269.

혼돈되지 않고[217] 정도에서가 아니라 질적인 면에서 존재의 변화와 차이를 가져와 하나님을 향하여 상승한다. 웨슬리는 '하나님이 영혼에 생명을 가져다주시고, 영혼을 죄의 죽음으로부터 의의 생명으로 들어 올리실 때에 하나님이 영혼 안에서 이루어내시게 되는 큰 변화'를 신생이라고 정의했다.[218] 즉 신생(new birth)은 사람들이 죄와 정죄의 상태에서 구원의 상태로 변화되는 것을 나타내는 포괄적 용어[219]인데, 신생은 중생 은총이 주입되어 존재가 변화하는 순간이다. 믿음을 감각적으로 경험하게 되는 중생의 은총 경험은 새로운 각성을 불러일으켜 새로운 가치관을 형성하고 하나님을 향하여 상승하게 한다.

하나님을 향한 상승을 가져오는 순간성은 '빛의 형이상학자'[220]인 보나벤투라의 조명론과 연관을 갖는다. 조명이란 상승의 두 번째 과정으로서 정화의 길을 걷는 사람에게 내리시는 하나님의 빛이시다. 이 빛으로 인해 인간은 어둠 속에 헤매지 않고 밝은 데로 나아갈 수 있게 된다. 신적인 빛이 두루 인간 내부를 비출 때 인간은 죄인으로서의 처지를 절감하고 어떤 깊은 깨달음을 얻게 된다.[221] 새로운 깨달음으로 인하여 새로 태어난 사람은 그 변화를 지속, 발전시켜 나가면서 하나님을 닮은 새로운 인격을 창조(완전)하는데 이르러야 한다. 이것이 인생의 과정이요 길인데, 이를 보

217　앞의 책, 432.
218　헨리 D. 랙, 『존 웨슬리와 감리교회의 부흥』, 422.
219　앞의 책, 422.
220　원유동, 『보나벤투라의 빛의 형이상학』, 203. 사전적 의미를 빌려 설명하자면, '빛의 형이상학'이란 "절대자 또는 신을 시원적(始原的)인 빛으로서 유한한 존재자의 출현 또는 존재를 규정하려고 하는 일종의 형이상학이다"라고 정의를 내린다. 이 의미는 "신을 근원적인 빛이라 생각하여 이 광원에서 쏟아져 나오는 광선의 양태에 의해서 여러 가지 유한적인 존재를 설명하려고 하는 형이상학적인 사상"을 말하는 것이다.
221　소피아 로비기, 『성 보나벤투라』, xxii.

나벤투라는 영성 생활이라고 하였다.[222]

웨슬리에 의하면 구원은 개인이 계속적으로 통과하지 않으면 안 되는 과정으로 각 단계는 상이하고 보다 높은 평면을 표시하는데,[223] 단계적인 상승으로서의 구원관은 감리회(Methodist Societies)를 조직하는데 적용되었다. 감리회 회원들은 각자의 영적 상태와 체험에 따라서 적합한 단체에 가입하였다. 제일 처음 범주에 속한 사람들은 임박한 하나님의 진노를 모면하기를 간절히 원한 사람들이었고, 제2 범주에 속한 이들은 거듭났거나 완전히 성화한 사람들이었다. 이 범주는 구원과정의 여러 단계와 부합하였다.[224]

그러나 웨슬리의 구원의 순서는 확정된 단계가 아니므로 구원의 순서에 도달한 사람은 영구히 그 자리에 머무르지 않는다. 은혜는 불가항력적으로 작용하는 것이 아니며 은혜의 효과는 인간의 타협 여하에 따라서 결정된다. 따라서 그리스도를 믿는 모든 사람은 타락할 수가 없다고 생각하지 않는다. 신앙의 파선을 당한 신자는 벌써 하나님의 자녀가 아니다.[225] 순간적인 하나님의 은혜로 현재의 구원을 받은 자는 궁극 구원을 얻기 위해서 계속 신앙에 머무름으로써 궁극 구원을 얻어야 한다.[226]

b. 차이점

보나벤투라는 위디오니시우스처럼 하나님을 향하여 3단계로 상승하지만, 정화 조명 일치의 단계가 아니라 세라핌의 여섯 날개로 하나님께

---

222 앞의 책, xxi.
223 H. 린드스트룀, 『웨슬리와 성화』, 118.
224 앞의 책, 134.
225 앞의 책, 230-231.
226 앞의 책, 212.

나아가는 상승 구도를 그려낸다.227

하나님의 유일성을 관상하는 세라핌의 다섯 번째 날개와 여섯 번째 날개의 단계에서는 하나님의 존재 그 자체를 바라보는228 단계이지만 하나님을 향한 상승은 관상 그 자체가 상승의 목표가 아니라 탈아적 일치가 진정한 목표인데, 탈아적 일치는 수동적으로 신을 체험하고 맛 들임(sapor)이다.229

그러므로 보나벤투라의 상승은 여섯 단계가 끝이 아니라 탈아적 일치를 이루는 일곱 번째 단계가 형성된다. 그리고 일곱 번째 단계인 탈아적 일치에 이르게 된 영혼은 많은 것들이 변형되고 전이(轉移) 되는데, 이성은 신앙으로, 지성은 의지로, 인간 영혼은 하느님의 모습(神人合一)으로 바뀐다. 지금까지의 6단계를 우리 영혼이 능동적 활동을 할 수 있었던 불완전한 관상이라면, 7단계는 인간의 편에서는 할 수 있는 것이라고는 오로지 사랑밖에 없는, 아무것도 할 수 없는 수동적 상태이다.230 하느님과 일치하게 될 때 인간은 탈혼과 영적 붙잡힘 속에서 지복을 맛보게 된다. 이제 인간은 하느님을 열망하게 되고, 그분과 하나 되는 원의(原意) 만을 가지게 된다. 이 단계는 말로 표현할 수 없는 단계이다. 불립문자(不立文字)의 세계, 언어도단(言語道斷)의 세계이다. 여기서는 관조와 깊은 침묵만이 흐를 뿐이다. 그런 가운데 인간은 열락(悅樂)의 경지에 젖어 드는 것이다.231

그러나 웨슬리의 구원의 순서의 목표 혹은 목적은 하나님과의 일치

---

227 보나벤투라, 『하느님께 이르는 영혼의 순례기』, 10.
228 앞의 책, 12.
229 앞의 책, 14.
230 보나벤투라, 『하느님께 이르는 영혼의 순례기(해설판)』, 14.
231 소피아 로비기, 『성 보나벤투라』, xxii.

에 있지 않고 구원의 완성에 있다. 구원이란 인간이 점진적으로 정화되고 완전하여져서 궁극적인 목적을 달성하는 성화의 한 과정이다.[232] 그리고 모든 그리스도인이 도달해야 할 성화는 마음과 뜻과 정성을 다하여 하나님을 사랑하는 완전한 사랑이다. 이러한 그리스도인의 완전은 하나님의 은혜에 온전히 응답하여 성령으로 충만해져서 하나님과의 일치에 이르는 구원의 종국적 목표이다.[233] 그러므로 웨슬리의 완전은 하나님과의 탈아적 일치 혹은 사랑의 일치를 추구하는 것이 아니라 실질적인 인격의 변화를 통하여 죄의 존재를 극복하고 사랑의 극대화를 이루는 것이다. 그러므로 그리스도인의 완전은 사랑의 완전인 동시에 인격의 완전이다.[234] 케네스 콜린스는 다음과 같이 말했다.

> 온전한 성화는 죄를 대신한 사랑이고 모든 악한 정욕과 기질을 정복한 거룩한 사랑이다. 온전한 성화는 "하나님께 헌신된 마음과 삶"을 포함할 뿐 아니라 하나님과 인간의 관계를 정결케 함으로써 하나님의 형상, 특히 도덕적 형상을 영광과 광휘 가운데 새롭게 한다. 죄에 빠졌던 피조물은 이제 놀라운 방법으로 창조자의 선함을 드러낸다. 따라서 기독교인의 완전을 다른 말로 표현하면 거룩한 사랑이 된다. 거룩함으로 은총 안에 새롭게 된 믿는 자들이 죄의 불순함과 함정으로 자유하게 되고, 사랑함으로 존재의 목적인 하나님을 사랑하고 이웃을 사랑하게 된다.[235]

---

232 H. 린드스트룀, 『웨슬리와 성화』, 182.
233 한국기독교영성학회, 『하나님을 향한 영혼의 여정』, 339.
234 H. 린드스트룀, 『웨슬리와 성화』, 170.
235 케네스 콜린스, 『존 웨슬리의 신학』, 423.

성도는 이 세상에서 영적 여정과 순례의 길을 가는데, 거기서 지속적인 발전과 진보를 통해 그처럼 온전하고 거룩한 분량에 도달하기를 추구해야 한다. 그 완전의 목표는 바로 그리스도처럼(Christlike) 성결하고 의롭고 선하게 되는 것이다. 모든 정욕과 악과 죄의 세력에서 정화되고 자유롭게 되어 빛나는 하나님의 형상으로 변모함으로써 순결한 그리스도의 신부로 화하게 된다[236]고 이후정은 말한다. 이 점에서 웨슬리는 어느 정도 정통적인 그리스도교 영성의 신비주의적 변형일치(합일)의 목표를 '실천적으로' 받아들인 것이 된다.[237]

웨슬리 구원론의 특징과 가치는 모든 그리스도인은 구원의 완성(성화)을 향해 나아가야 한다는 점을 강조하고 있다는 점이다. 또한 구원의 완성을 향해 가는 과정에서 은총의 수단을 통하여 구원의 순서의 각 단계에 합당한 은혜를 받는데, 그 은혜에 올바르게 응답함으로써 하나님의 은혜로 영적 진보를 이룬다는 점을 강조하고 있다. 이 모든 과정에서 믿음은 가장 중요한 역할을 한다. 그리고 하나님의 은혜에 믿음으로 올바로 응답하면 그에 합당한 신앙적 정서가 발현된다.

웨슬리는 기독교는 마음의 종교라고 정의했다. 신앙적 정서란 하나님과의 만남의 결과로 마음에 창조된 것이다. 웨슬리 자신도 올더스케이트 거리의 작은 교회에서 예배를 드리던 중에 '이상하게 마음이 따뜻해진'(strangely warm) 경험을 했다. 이는 하나님을 향해 가는 영적인 사람에게 성령은 위로를 준다는 이냐시오의 가르침과 연결되고, 참된 신앙에는 참되고 거룩한 신앙적 정서가 나타난다고 말한 에드워즈의 주장과 일치한다고 할 수 있다. 여기서 기독교 영성사 전통 속에 있는 영적 분별을 웨

---

[236] 한국기독교영성학회, 『하나님을 향한 영혼의 여정』, 325.
[237] 앞의 책, 325. 그러므로 웨슬리의 영성은 실천적 신비주의로 부른다.

슬리에게서도 발견할 수 있다.

　　웨슬리는 구원의 순서의 각 단계마다 독특한 신앙적 정서가 나타난다고 그의 설교에서 말했다. 그리고 구원의 각 단계에서 드러난 신앙적 정서는 신자들이 구원을 향하여 올바른 길을 가고 있다는 확신을 갖게 해 준다. 그러므로 개인은 자신에게 나타나고 있는 신앙적 정서를 점검함으로써 하나님의 은총에 올바로 응답하고 있는가를 확인하면서 구원의 길을 가야 한다.

　　이러한 가르침들을 기억하면서 웨슬리의 설교에서 언급한 영적 여정과 그 여정의 단계에서 드러난 신앙적 정서에 관한 통찰을 정리해 보겠다.

2. 구원의 순서에 따른 신앙적 정서 분별

1) 선행은총

(1) 선행은총의 개념

　　웨슬리의 구원론은 "인간은 근본적으로 구원을 필요로 하는 존재라는 가정"을 전제로 하여[238] 의인과 성화를 핵심으로 하는 타원형의 형태이지만, 이 둘은 연속으로 흐르는 시간과 경험 속에서 서로 구분되면서[239] 유기적으로 연속되는 구원의 순서(ordo salutis)를 형성하게 되는데, 이는 하

---

[238] 존 캅, 『은총과 책임』, 108. 웨슬리 구원론의 전제는 전통적으로 원죄론과 인간의 타락에 대한 교리이다.
[239] 알버트 C. 아우틀러, 『웨슬리 설교해설』, 142.

나님의 형상을 회복해 가는 점진적인 과정이다. 웨슬리가 말하는 구원의 순서는 일정한 간격으로 일어나는 사건이 아니라 연속해서 일어나는 심리적 순서로서,[240] 하나님의 형상을 회복하여 신의 성품에 참여하는 과정이며, 그리스도인의 완전을 목표로 하는 신앙생활이다. 그러므로 구원의 순서에서 믿음은 하나님의 형상을 회복하는 가장 소중한 수단이며, 모든 과정에서 믿음은 가장 필수적인 요소이다.[241]

웨슬리 구원의 순서는 하나님이 값없이 주시는 보편적 은혜인 선행은총으로부터 시작된다. 웨슬리는 그의 설교 "우리 자신의 구원을 성취함에 대하여"에서, "여러분 자신의 구원이라는 말에서 구원은 일반적으로(그리고 매우 적절하게) '선행은혜(preventing grace)'라고 하는 것에서 시작됩니다."[242]라고 말하였다.

인간이 하나님을 전혀 알지 못하는 것은 원죄 때문에 전적으로 타락했기 때문이다. 웨슬리는 "원죄는 모든 인간의 본성에 있는 결함과 부패이다. 이것은 아담의 후손들에게 자연적으로 생기는 것이며, 이 때문에 인간은 원래의 의로움과는 멀리 떨어져 있으며 본성상 악에 기우는 경향이 있다."[243]고 말하면서, '원죄(original sin)'를 '타고난 죄(inbred Sin)' 혹은

---

240 알버트 C. 아우틀러, 『웨슬리 영성 안의 복음주의 신학』, 189-190. 웨슬리는 심리적 순서를 다음과 같이 언급하고 있다. "① 통회와 회개(진정한 자기인식) ② 오직 믿음으로 얻는 칭의(공식적인 원인, formal causes)일 뿐만 아니라 공로(meritorious)로써의 그리스도의 속죄, 이것이 칼빈주의자들과의 다툼에 있어 핵심이었음을 기억하라. ③ 신생(거듭남) ④ 그리스도인의 성장(가식없이 진지한 집중적인 소그룹 안에서) ⑤ 두 가지 측면을 가진 '거룩'을 향한 성장 '내적 거룩'(하나님 사랑)과 '외적 거룩'(이웃 사랑) ⑥ 성령의 가장 큰 선물인 하나님과 이웃 사랑에 대한 '완전한 사랑' 이것이 위의 모든 과정이 겨냥하는 최종 목표이다."
241 존 웨슬리, 『존 웨슬리의 설교』, "하나님 나라로 가는 길", 144. 신앙은 신조의 조항이나 성서의 내용에 대한 단순한 동의가 아니다. 신앙은 예수 그리스도로 말미암아 하나님의 사랑을 확실하게 신뢰하는 것이다. 그리고 그 열매는 화목과 포용이며, 성령 안에 있는 희락이다.
242 앞의 책, "우리 자신의 구원을 성취함에 대하여," 166.
243 앞의 책, "4. 원죄", 75.

'내재하는 죄(inbeing sin)'라고 하였다.244 전적으로 타락한 인간은 아무런 감각이 없는 어린아이처럼 혹은 잠자는 사람처럼 본성적 상태에 있는 사람이다. 웨슬리는 "잠자는 것은 사람의 본성적인 상태를 의미합니다. 이는 영혼의 깊은 잠이요, 아담의 죄가 모든 자손에게 전해진 상태입니다. 나태하고, 게으르고, 어리석고, 자신의 진짜 모습에 무감각한 상태입니다. 모든 사람은 그런 상태로 세상 안으로 들어오고, 하나님의 음성이 그를 깨우기 전까지 계속 그렇게 존재합니다.245" "그러므로 영적 감각과 영적 지식을 가지지 못한 '자연인(the natural man)'은 하나님의 영의 일들을 받아들이지 못합니다"246 라고 말했다.

그런데 하나님의 은혜가 임하면 영적 감각이 살아나서 자신의 본성을 깨닫고 "선악을 분별하는 지각"(히 5: 14)247을 갖게 된다. 하나님과 인간은 무한자와 유한자라는 엄청난 질적 차이가 있음에도 불구하고 인간에게는 하나님을 경험할 수 있는 특권이 주어졌고, 하나님과의 만남을 인식할 수 있는 능력을 부여받았다.248 하나님과의 만남을 인식할 수 있는 영적 감각 능력은 그리스도인에게 주어진 영적인 본능이요, 감각이다. 이 영적 감각이 예민하게 작용할 때 외적으로 일어나는 여러 가지 현상을 내적인 움직임으로 재해석해 낼 수 있다.249 웨슬리는 그의 설교 "성경적 구원의 길"에서 다음과 같이 말했다.

> 선행적 은혜란 하나님 아버지의 이끌어주심, 하나님을 사모함(곧 우리가

---

244 앞의 책, "4. 원죄", 75.
245 앞의 책, "9. 잠자는 자여 일어나라," 177.
246 앞의 책, 180.
247 앞의 책, 180.
248 유해룡, 『하나님 체험과 영신수련』, 221.
249 앞의 책, 221.

사모할수록 점점 증가하는), 하나님의 아들이 세상에 사는 모든 사람을 깨우치는 모든 빛, 모든 사람에게 "공의를 행하고 인자를 사랑하고 겸손히 하나님과 동행하도록" 이끌어주시는 것, 성령께서 때때로 모든 사람에게 역사하시어 깨닫게 하시는 것 전부를 의미합니다.[250]

즉 선행적 은총이란 내가 아무것도 하지 않았음에도 불구하고 하나님께서 값없이 주시는 은총으로써, "아버지"의 모든 "이끄심", 아버지를 향한 마음, 우리가 그 마음에 순종하면 점점 더 증가하는 그 마음, "세상에 와서 각 사람에게 비춰는" 하나님의 아들의 모든 "빛", 그리고 모든 사람 안에서 그의 성령이 가져오는 모든 깨달음이다.[251] 그래서 선행은 총은 "회개의 신앙 이전에 모든 사람에게 일반적으로 주어지는 은총"이며,[252] "예방적인(선행적) 은총"[253]이다. 인간은 전적으로 타락한 존재이지만 값없이 주시는 하나님의 은총이 모든 사람에게 주어졌기 때문에 하나님의 은총 없이 순수하게 자연인의 상태인 사람은 없다.

그러나 웨슬리는 모든 사람에게 값없이 주시는 보편은총인 선행은총조차도 인간이 거부할 수 없는 불가항력적 은혜라고 생각하지 않았다. 인간은 자유의지를 따라 선행은총조차도 거부할 수 있다. 그래서 "모든 사람이 이러한 선행은혜를 가지고 있는 것은 확실하지만, 가능한 한 속히 질식시켜 버리고 그 후에는 잊어버리든지 또는 거부하고 맙니다."[254]라고 웨슬리는 말했다. 그럼에도 불구하고 선행은총은 인간 안에서 믿음을 일

---

250 존 웨슬리, 『존 웨슬리의 설교』, "성경적 구원의 길," 429-430.
251 알버트 C. 아우, 러. 『웨슬리 설교 해설』, 141.
252 김홍기, 『존 웨슬리 구원론』, 104.
253 데오도르 러년/ 김고광 옮김, 『새로운 창조』(서울: 기독교대한감리회 홍보출판부, 1999), 38.
254 존 웨슬리, 위의 책, "성경적 구원의 길," 430.

으키고 선을 향한 충동을 일으키려는 목적을 향해 다양한 방법으로 움직인다.

선행은총은 인간의 이성과 양심을 회복시킨다. 이성은 한계를 가지고 있음이 분명하지만,[255] 웨슬리는 이성을 하나님이 주신 촛불, 하나님이 훌륭한 목적을 위하여 우리의 영에 주신 은혜임을 강조한다.[256] 그리스도께서 가지셨던 마음과 그리스도께서 걸어가신 그 길을 걷는 것이 무엇인지 이성을 통해서 알게 된다. 다시 말해서 믿음의 정확성과 신빙성을 이성이 제시해 준다는 것이다.[257] 양심 역시 웨슬리에게 있어서 선행은총의 결과이다. 웨슬리는 그의 설교 "우리 자신의 구원을 성취함에 대하여"에서 아래와 같이 말한다.

> 성령을 소멸하지 않는 한, 하나님의 은혜가 전혀 없는 사람은 없습니다. 살아있는 사람치고 흔히 자연적 양심이라고 불리는 것을 전혀 갖고 있지 않은 사람은 없습니다. 그런데 이와 같은 양심은 자연적인 것이 아닙니다. 그것은 선행은혜라고 하는 것이 더 맞습니다. 모든 사람이 크든 작든 어느 정도 이 선행은혜를 가지고 있습니다. 그 은혜는 사람이 요청하기를 기다리지 않습니다.[258]

양심이란 우리의 말과 행동뿐만 아니라 동시에 그것들의 선함과 악함까지도 아는 것을 의미하는데, 웨슬리에게 있어서 양심은 인간의 선천

---

255 김홍기, 『존 웨슬리 구원론』, 108-109.
256 앞의 책, 109.
257 앞의 책, 108.
258 앞의 책, "8. 우리 자신의 구원을 성취함에 대하여," 170-171.

적 본성이라기보다는 선재적 은총이다.²⁵⁹ 살아있는 사람치고 세속적으로 타고난 양심이 없는 사람은 없다. 그러나 이것은 타고난 것이 아니다. 이것을 선재 은혜라고 부름이 더욱 타당하다.²⁶⁰

(2) 선행은총의 신앙적 정서: 선한 열망

자연적 상태에 있는 인간은 자신의 구원에 관하여 전적으로 무능력자일 뿐만 아니라, 영적 감각과 영적 지각이 없어서 선을 향한 경향성 대신에 악을 향한 경향성만 갖게 된다. 자연적 상태에 있는 인간은 "총명이 어두워져 하나님이나 하나님의 일을 분별하지 못합니다.(엡 4:18) 무지와 오류의 구름이 당신 위에 걸려 있고, 그 구름이 사망의 그늘로 당신을 덮고 있습니다. 당신은 마땅히 알아야 할 하나님도, 세상도, 당신 자신도 아직 아무것도 알지 못합니다."²⁶¹라고 웨슬리는 말한다.

하나님을 아는 지식이 없는 사람은 하나님을 사랑할 수 없다. 알지 못하는 자를 사랑할 수 없기 때문이다.²⁶² 하나님을 알지 못하는 불신앙의 사람은 "하나님만이 받으시기에 합당한 것을 자기 자신에게 돌리는"²⁶³ 교만의 죄를 범하게 되고, 이런 사람은 두려움이나 수치심을 갖지 않는다.²⁶⁴ 불신앙의 교만에서는 "쓰고 악한 것만이 계속 나올 것입니다. 교만에서 나오는 것은 다툼(잠 13:10)과 헛된 자랑과 사람의 칭찬을 구하고 받는

---

259 김홍기, 『존,웨슬리 구원론』, 111.
260 H. 린드스트룀, 『웨슬리와 성화』, 62.
261 존 웨슬리, 앞의 책, "7. 하나님 나라로 가는 길," 152.
262 앞의 책, "4. 원죄," 82.
263 앞의 책, 83.
264 앞의 책, 84.

것뿐입니다. 이는 하나님이 다른 이에게 나눠줄 수 없는 영광을 그분에게서 도적질하는 것입니다. 육신의 정욕에서 나오는 것은 식탐이나 술 취함, 사치나 호색, 음행, 불결함입니다. 곧 성령의 전으로 세우신 몸을 여러가지로 더럽히는 것입니다(고전 6:19)."[265]라고 웨슬리는 말한다.

선행은총은 성령의 주도적인 역사로써 인간 구원의 가능성을 의미한다. 웨슬리는 "원죄 아래 있는 인간이지만, 성령의 선재적 은총으로 믿는 성도나 안 믿는 자연인들 속에도 부분적으로 자유의지의 회복이 이루어졌다고 해석한다. 이 선재적 은총은 자유의지일 뿐 아니라 양심과 종교성으로도 나타난다."[266]

선행은총으로 인하여 자신의 실존적 상황을 의식하게 된 사람에게서 발생하는 다양한 정서에 관하여 웨슬리는 그의 설교 "하나님 나라로 가는 길"에서 아래와 같이 말하였다.

> 이와같이 당신의 내적이고 외적인 죄에 대한 선명한 확신, 당신이 전적으로 죄에 대한 책임이 있으며 무력하다고 하는 확신 외에도 다음과 같은 감정을 더 예로 들 수 있습니다. 당신이 베푼 자비를 멸시한다고 하는 마음의 슬픔, 당신이 미처 다 말하지 못한 것에 대한 후회와 자기 정죄, 눈을 들어 하늘을 쳐다보지도 못하는 부끄러움(눅 18:13)이 그것입니다. 또한 하나님의 진노가 당신 위에 머물러 있는 것에 대한 두려움, 그의 저주가 당신 머리 위에 드리워져 있는 것에 대한 두려움, 그리고 하나님을 잊고 우리 주 예수 그리스도께 순종하지 않는 자들을 집어삼키려고 하는 그 불타는 분노에 대한 두려움도 있습니다. 나아가 그 분노

---

265 앞의 책, "8. 하나님 나라로 가는 길," 153.
266 김홍기, 『존 웨슬리 구원론』, 30.

에서 벗어나 행악을, 그리고 선행을 배우려는 진지한 열망도 있습니다 (사 1:16, 17)²⁶⁷.

선재적 은총으로 인하여 내면에서 일어나는 정서인 구원의 은총을 열망하는 열심과 사모하는 마음에 관하여 웨슬리는 "우리 자신의 구원을 성취함에 대하여"라는 설교에서는 다음과 같이 말했다.

"선행은총은 하나님을 기쁘시게 하고자 하는 그 첫 번째 소원, 하나님의 뜻을 어렴풋이나마 처음으로 밝히 깨닫게 되는 것, 그리고 하나님께 죄를 지었다는 것을 처음으로 조금이나마 일시적으로 확신하게 되는 것을 포함합니다. 이 모든 것은 생명을 향한 어떤 경향성을 암시합니다. 즉 어느 정도의 구원을 향한 경향성을 가리키며, 눈멀고 무뎌서 하나님에 대해 둔감하던 마음에서 벗어나기 시작하는 것을 의미합니다." ²⁶⁸

또한 웨슬리는 설교 "우리 자신의 구원을 성취함에 대하여"에서 다음과 같이 말했다.

빌립보서 2장 12-13절에 즉 우리가 "소원하신다"로 번역한 이 말은 우리의 성품과 관련이 있든, 혹은 말이나 행동과 관련이 있든 분명히 모든 선한 열망을 포함하고 있습니다. 즉 우리가 "행하신다"로 번역한 이 말은 분명히 위로부터 오는 모든 능력, 곧 우리 안에서 모든 올바른 기질을 작동시켜 우리가 모든 선한 말과 일을 하도록 해 주는 바로 그 모

267　존 웨슬리, 『존 웨슬리의 설교』, "7. 하나님 나라로 가는 길," 156.
268　앞의 책, "8. 우리 자신의 구원을 성취함에 대하여," 166.

든 에너지를 의미합니다(살후 2:17).²⁶⁹

모든 사람은 시간의 차이만 있을 뿐 선한 열망을 가지고 있습니다. 비록 많은 사람이 그와 같은 선한 열망이 깊이 뿌리를 박거나 어느 정도 열매를 맺기 전에 억눌러버리지만, 그 열망은 모두 다 가지고 있습니다. 모든 사람이 어느 정도는 그 빛을 가지고 있습니다. 곧 세상에 오는 모든 사람은 이르든 늦든, 많든 적든 자신을 비추는 희미하게 반짝이는 어느 정도의 빛을 가지고 있습니다(요 1:9).²⁷⁰

이처럼 선행은총의 결과 마음에 일어나는 가장 중요한 신앙적 정서는 하나님을 따르고자 하는 인간의 선한 열망이다. 뽕나무로 올라갔던 삭개오의 열심, 엘리야의 영감을 갑절이나 받으려고 사모했던 엘리사의 선한 열망은 선재 은총으로부터 나온다.²⁷¹

2) 회개

(1) 회개의 개념

자신이 스스로의 힘으로 구원받을 수 없는 죄 아래 있는 존재라는 자기 인식에 이른 사람은 자신의 삶을 돌이키게 된다. 회개란 인간에게 후회를 불러일으키며, 우리가 해놓았던 일이나 하지 않은 일에 대한 유감

---

269 앞의 책, 165.
270 앞의 책, 171.
271 김홍기, 『존 웨슬리 구원론』, 116.

과 같은 하나의 행동이 아니다. 회개의 참된 원인은 우리의 이런 실제 형편을 그대로 가지고 하나님 앞으로 나오도록 하는 성령의 자극이다.[272] 즉 회심(conversion)은 성령의 회개하게 하시는 선재적 은총에 대한 응답으로써,[273] 죄의식으로부터 순전한 양심으로, 절망으로부터 하나님에 대한 신뢰로 돌이키는, 마음과 뜻과 의지에 있어서 결단적 변화이다.[274] 회개란 죄를 깨닫게 할 뿐 아니라 깨달은 나머지 모든 죄에서 거룩한 것으로 마음을 바꾸는 것, 자기 의를 신뢰하던 것에서 그리스도를 전적으로 신뢰하는 것으로 변화되는 것을 의미한다. 이 회개는 우리의 양심 속에 일하는 성령의 선재적(先在的) 은총에 의해서 우리를 율법의 심판 아래로 끌어들이는 것이다. 그러므로 회개는 성령의 역사이다.[275]

회개는 하나님의 나라로 가는 첫걸음으로써[276] 자신을 올바로 아는 것이고 진정으로 통회하는 것"[277]으로써 "죄를 깨닫게 하시는 은혜(convincing grace)"로 이루어진다.[278] 그러므로 웨슬리는 회개에 대한 가르침을 중요하게 생각하여 회개를 "주요 교리들" 가운데 하나로 보았지만, 회개는 종교의 문도 아니고 종교 자체도 아니라 "종교의 현관"에 지나지 않는다고 생각했다.[279]

회개와 의롭다 하심의 관계에서는 회개가 의롭다 하심(칭의)에 앞선

272　데오도르 러년, 『새로운 창조』, 45.
273　김홍기, 『존 웨슬리 구원론』, 121.
274　알버트 C. 아우틀러, 『웨슬리 영성 안의 복음주의 신학』, 63.
275　김홍기, 『존 웨슬리 구원론』, 121.
276　존 웨슬리, 앞의 책, "22. 신자의 회개," 403. 회개와 믿음은 기독교의 입구(the gate of religion)라고 일반적으로 알려져 있습니다. 즉 회개와 믿음은 우리가 그리스도인으로서 여정을 시작하는 지점에서 하나님의 나라를 향해 출발할 때 필요한 것으로 여겨집니다.
277　앞의 책, "7. 하나님 나라로 가는 길," 143-144.
278　앞의 책, "8. 우리 자신의 구원을 성취함에 대하여," 166.
279　케네스 콜린스, 『존 웨슬리의 신학』, 227.

다. 웨슬리는 "하나님이 칭의 전에 회개를 주십니다. 그러나 이 회개는 모든 선에 대한 부족과 모든 악의 현존에 대한 깊은 감각 그 이상도, 그 이하도 아닙니다."[280]라고 말했다. 회개가 영적 여정의 출발점이라는 사실을 웨슬리는 그의 설교 "신자의 회개"에서 다음과 같이 말했다.

> 회개와 믿음은 기독교의 입구(the gate of religion)라고 일반적으로 알려져 있습니다. 즉 회개와 믿음은 우리가 그리스도인으로서 여정을 시작하는 지점에서 하나님의 나라를 향해 출발할 때 필요한 것으로 여겨집니다.[281]

잔느 귀용은 그녀의 저서 『하나님과의 연합』에서 다음과 같이 말했다.

> 회심(conversion)이 무엇인가? 그것은 당신 본래의 성품으로부터 돌아서서 당신의 중심에 거하기 시작하신 하나님께로 되돌아가는 것이다. 당신의 회심은 단지 죄로부터 돌아서는 것만을 의미하지 않는다. 죄로부터 은혜로 돌아서는 것은 구원에 있어서 필수적이지만, 구원에 관한 전부는 아니다. 구원이 완성되기 위해서, 회심은 외면적인 것들로부터 돌아서는 것일 뿐만 아니라, 주께서 거하시기 시작한 당신의 가장 깊은 부분으로 돌아서는 것까지 포함되어야 한다.[282]

---

[280] 존 웨슬리, 앞의 책, "15. 믿음으로 얻는 칭의," 288.
[281] 앞의 책, "22. 신자의 회개," 403.
[282] 잔느 귀용/ 박선규 옮김, 『하나님과의 연합』(서울: 도서출판 순전한나드, 2014), 15.

그러므로 회개는 자신을 더 많이 알게 되고 돌 같은 마음에서 더 멀리 벗어나는 것이며(겔 11: 19), 회개 후에 합당한 의미에서 그리스도인의 구원을 경험하게 된다.283 그러나 회개는 일회성으로 끝나는 것이 아니라 구원의 순서의 모든 과정에 있는 신자의 삶에서 지속되어야 하는 신앙적 삶의 일부분이다. 그러므로 웨슬리는 두 종류의 회개를 말한다.284 첫째는 율법적 회개(Legal Repentance)이고, 둘째는 복음적 회개(Evangelical Repentance)이다.

① 율법적 회개(Legal Repentance)

잔느 귀용은 "하나님께로 나아가는 당신의 여정은 당신이 회심하는 날로부터 시작된다. 왜냐하면 회심은 당신의 혼이 처음으로 하나님께 돌아선 것을 의미하기 때문이다. 그 순간부터 당신은 진정한 의미에서의 삶을 살기 시작하고, 하나님의 은혜로 말미암아 당신의 존재를 인식하기 시작한다."285 라고 말했다. 웨슬리도 첫 번째 회개에 대하여 그의 설교 "하나님 나라로 가는 길"에서 아래와 같이 말했다.

"이것이 바른 길이니 너희는 이리로 가라"(사 30: 21) 그리고 먼저 "회개하라", 즉 자신을 알라, 이것이 믿음 이전의 첫 번째 회개입니다. 곧 자신에게 죄 있음을, 자신을 아는 것입니다. 그러므로 "잠자는 자여, 깨어나십시오"(엡 5:14). 자신이 죄인임을, 어떤 종류의 죄인인지를 아십시오. 당신 내면 깊은 곳의 본성이 부패하였음을 아십시오. 그 부패함으

---

283 존 웨슬리, 앞의 책, "8. 우리 자신의 구원을 성취함에 대하여," 166.
284 김홍기, 『존 웨슬리 구원론』, 120.
285 잔느 귀용, 『하나님과의 연합』, 14.

로 인해 당신은 본래의 의에서 아주 멀리 떨어져 있습니다. 그로 인해 "육체의 소욕은" 항상 "성령을 거스르고"(갈 5:17), 또한 그 때문에 "육신의 생각은 하나님과 원수가 되며, 하나님의 법에 굴복하지 아니할 뿐 아니라 할 수도 없습니다."(롬 8:7)[286]

또한 그의 설교 "신자의 회개"에서 다음과 같이 말했다.

그리스도인 여정의 그 출발점에서 다른 무엇보다 더 필요한 것이 회개와 믿음이라는 것은 의심할 여지가 없는 사실입니다. '회개'는 우리의 전적인 죄성(罪性), 죄책(罪責), 무력함에 대하여 확실히 하는 것이며, 또한 우리 주님이 "너희 안에 있느니라"(눅 17:21)라고 말씀하신 그 하나님 나라를 우리가 받아들이기에 앞서서 일어납니다. 여기서 '믿음'은 우리가 이로써 하나님의 나라를 받아들이는 것입니다.[287]

회개는 흔히 하나의 내적 변화, 곧 죄에서 거룩해지는 믿음의 변화를 의미합니다. 그러나 우리는 지금 전혀 다른 의미에서 회개에 대해 언급하고 있습니다. 그것은 일종의 자아 인식, 즉 우리 자신이 죄인임을 아는 것입니다. 그렇습니다. 비록 우리가 하나님의 자녀임을 알고 있지만, 우리는 여전히 가책(呵責)을 느끼는 무력한 죄인이라고 스스로 인식하고 있습니다.[288]

---

286 존 웨슬리, 앞의 책, "7. 하나님 나라로 가는 길," 152.
287 앞의 책, "22. 신자의 회개," 404.
288 앞의 책, 404-405.

웨슬리가 말한 첫 번째 회개는 율법의 가르침과 명령에 의해 죄를 철저히 깨닫는 것이다. 이 회개는 자연적 인간(natural man)을 회개에 이르게 하는 것이다. 자연적 인간은 내면적 도덕적 율법을 통해서 선재적 은총의 역할을 하여 양심과 함께 회개에 이르게 된다.[289]

율법적 회개는 영혼이 하나님께로 향하는 첫걸음이며 기독교 신앙으로 들어가는 현관이다. 율법적 회개는 인간의 죄성과 죄책을 느끼지만 자신의 힘으로 구원받을 수 없다는 확실한 깨달음인데, 이는 새로운 자아 각성과 관련된 것으로써, 주로 자범죄와 관련된다. 이는 마치 고넬료가 그리스도를 믿고 의롭다 하심을 받기 전에 선행을 한 것과 같고,[290] 신앙 의인화 이전의 회개와 회개에 합당한 열매(행위)는 재산을 나누어 주는 삭개오의 회개와 탕자가 아버지께 돌아가는 것과 같다.[291]

② **복음적 회개**(Evangelical Repentance)

믿음에 의하여 의롭다고 인정을 받은 사람일지라도 완전한 성화를 이룬 것이 아니기 때문에 죄의 권능은 남아 있다. 그리스도인일지라도 "하나님의 뜻과 반대되는 자기 의지(self-will)가 마음속에 남아 있음을 느끼며"[292] 끊임없이 죄의 유혹을 받게 된다. 그러므로 두 번째 회개 즉 "칭의 후에 오는 회개는 우리 마음속에 아집과 하나님을 부정하는 생각과 우상숭배, 특히 불신앙으로 기울어지는 타락한 본성을 깨닫는 것으로

---

289 김홍기, 『존 웨슬리 구원론』, 120.
290 앞의 책, 121.
291 앞의 책, 121-122.
292 존 웨슬리, 앞의 책, "22. 신자의 회개," 406.

부터 나오는 것"293이라고 웨슬리는 말했다. 그러므로 그리스도인은 "그리스도 예수 안에서 하나님이 위에서 부르신 부름의 상을 위하여 달려가기"(빌 3:14) 위하여 처음에 가졌던 생각 중에서 많은 것을 버려야 한다. 웨슬리는 그의 설교 "신자의 회개"에 두 번째 회개의 필요성을 다음과 같이 말했다.

> "믿는 자마다 하나님께로부터 났나니"(요일 5:1), 또한 "하나님께로서 난 자마다 죄를 짓지 아니하나니"(요일 3:9)라는 말씀을 우리가 주저함 없이 인정하지만, 믿는 자가 자기 마음속에 있는 죄에 대하여 전혀 느끼지 않는다고는 인정할 수 없습니다. 곧 '지배하지는' 않지만, 여전히 '남이 있는' 것입니다. 그래서 우리 마음속에 '남아 있는' 이 죄에 대한 자각이 우리가 지금 언급하는 '회개'에 속하는 커다란 한 가지 부문입니다.294

> 우리가 이미 '복음을 믿은'(막 1:15) 이후에도 회개와 믿음이 필요합니다.295

> 복음을 받아들인 이후 이어지는 그리스도인 여정의 각 단계에서 회개와 믿음은 계속 필요합니다. 그렇지 않으면, 우리는 "우리 앞에 당한 경주를 달릴"(히 12:1) 수가 없습니다. 그러므로 우리가 하나님 나라에 들어가기 위하여 먼저 언급한 그 '회개와 믿음'이 필요한 것처럼, 우리

---

293 앞의 책, "23. 성경적 구원의 길," 438-439.
294 앞의 책, "22. 신자의 회개," 405.
295 앞의 책, 404.

가 은혜 안에 계속 머무르며 성장하기 위해서는 이 '회개와 믿음'이 전적으로 필요한 것입니다.[296]

또한 웨슬리는 그의 설교 "성경적 구원의 길"에서 다음과 같이 말했다.

칭의 전에 회개가 있는 것과 같이, 칭의 후에도 회개가 필연적으로 따르는 것이라고 인정합니다. 칭의를 얻은 사람은 모두 선행에 열심이어야 할 의무가 있음도 인정합니다.[297]

그것은 다른 것이 아니라 바르게 이해된 두 가지 회개, 즉 칭의 전과 후에 있어야 하는 회개와 모든 선한 일의 실천, 곧 경건의 행위와 자비의 행위(이것이 믿음에서 나온 까닭에 그렇게 부를 수 있습니다), 이 모든 것이 어떤 의미에서 성화를 위해서 필요하다는 것입니다.[298]

또한 그의 설교 "성경적 구원의 길"에서 다음과 같이 말했다.

신자의 마음에도, 삶에도 죄가 없다고 믿는 사람에게는 회개할 여지가 없습니다. 따라서 그런 신자에게는 사랑 안에서 완전해질(perfected in love) 여지도 없는 것입니다. 사랑 안에서 완전해지기 위해서는 칭의 후에 계속 따르는 회개가 반드시 필요한 것입니다.[299]

---

296 앞의 책, 404.
297 앞의 책, "23. 성경적 구원의 길," 437.
298 앞의 책, 438.
299 앞의 책, 440.

복음적 회개는 영적으로 더 성숙한 삶을 살고자 하는 거룩한 열망을 가진 사람과 관계된 회개로써 원죄, 즉 타고난 죄와 죄의 권능과 관련이 있다. 회개는 구원에 있어서 전적으로 무능하다는 자기 인식에서 출발하지만, 인간은 끊임없이 죄의 유혹을 받는 자기 의지를 가진 자이다. 체험적으로 우리 마음속에 죄가 '여전히 남아 있다'는 것을 알고 있으며, 심지어 그중에 거듭해서 재생되는 자만심, 자기 의지, 세상에 대한 사랑, 분노, 그리고 '하나님께로부터 벗어나려고 하는' 일반적인 성향을 제거할 수 없다. 또한 우리의 모든 노력에도 불구하고, 우리의 모든 말과 행동에 '착 달라붙어 있는' 악을 없앨 수 없다.300 그러므로 "그리스도의 도의 초보를 버리고 죽은 행실을 회개하고 하나님께 대한 신앙"(히 6:1)을 굳게 하여 하나님의 구원을 완성하기 위하여 회개는 끊임없이 지속되어야 한다.

　　회개는 그 열매로서 알 수가 있는데, 회개의 열매는 두 가지로 분류된다. 그것은 경건한 일과 자선사업이다. 전자에 속하는 것으로는 공중 기도, 골방에서의 기도, 주의 만찬에 참여하는 것, 성경을 탐구하고 읽고 명상하는 것, 육체적 건강이 허락하는 한도 내에서 금식이나 절제 방법을 이용하는 것 등이다. 자선사업이란 이웃의 몸과 영혼을 위한 사랑의 행위에서 나타난다.301

(2) 회개의 신앙적 정서 : 절대적 무력감

　　웨슬리는 신자의 죄를 내적인 죄와 외적인 죄로 구분한다. 내적인

300　앞의 책, "22. 신자의 회개," 416.
301　H. 린드스트룀, 『웨슬리와 성화』, 129.

죄는 죄된 기질을 의미하고 외적인 죄는 행위로 드러난 죄를 의미한다.³⁰²

선행은총의 결과로 신자들은 영적 감각을 회복하게 되는데, "만일 신자들의 양심이 철저히 깨어 있다면, 그들의 '행동에 고착된' 죄를 인식"³⁰³하게 된다. 타락한 인간은 하나님의 뜻과 반대되는 자기 의지(self-will)에 의하여 육신의 생각을 갖게 되는데, "육신의 생각"은 자만, 자기 의지, 분노, 복수심, 세상에 대한 사랑의 성정이며, 그리고 온갖 악의 성정, 곧 잠깐이라도 규제 장치가 제거되면 즉시 솟아오르는 '쓴 뿌리'(히 12:15)의 성정³⁰⁴이다. 웨슬리는 1741년 "옥스퍼드 안에 있는 위선"(Hypocrisy in Oxford)이라는 설교에서 초기의 법적인 회개를 구성하는 여러 요소들을 나열하였다.

> 회개는 하나의 일이 아니라 말하자면 여러 요소로 이루어져 있습니다. 왜냐하면 회개의 범주에서 다음과 같은 것들이 파악되기 때문입니다. ① 죄로 인한 슬픔 ② 하나님의 손 아래에서 면목 없어 함(humiliation) ③ 죄를 미워함 ④ 죄의 고백 ⑤ 치열하게 하나님의 자비를 구함 ⑥ 하나님의 사랑 ⑦ 죄를 멈춤 ⑧ 확실한 목표로서의 새로운 순종 ⑨ 부정한 방법으로 취한 소유를 되돌려줌 ⑩ 우리에게 지은 이웃의 죄를 용서해 줌 ⑪ 자비와 구제의 사역.³⁰⁵

---

302 김홍기, 『존 웨슬리 구원론』, 123. 신자의 죄라 함은 내적인 죄(Inward sin)를 말하는 것으로 어떤 죄된 기질, 악한 의욕, 감정을 말하는 것이다. 즉 그 어떤 종류나 어떤 정도의 것이란 사람 속에 있는 자만, 이기주의, 세상에 대한 사랑 같은 것을 말한다. 또한 이는 정욕, 분노, 불평, 즉 그리스도 안에 있는 생각과 반대되는 성질을 말한다. 이러한 내적 죄악성은 신자들 속에도 남아 있다(remain)는 것이다. 하지만 외적인 죄(Outward Sin)는 자범죄(actual sins)로 의롭다 함을 얻고 거듭날 때에 사함을 받는다는 것이다.
303 존 웨슬리, 앞의 책, "22. 신자의 회개," 412.
304 앞의 책, 410.
305 케네스 콜린스, 『존 웨슬리의 신학』, 227.

회개란 자신의 과거를 송두리째 부정하고 새로운 길을 모색하는 과정이기 때문에 회개하는 마음에는 한가지로 규정하기 어려운 복잡한 정서가 있다. 그리고 복잡하고 다양한 심리적 정서 중에서 죄책은 중요한 신앙적 정서 가운데 하나이다.

그러나 죄책과는 별개로 자신의 행동과 생각에 고착된 죄를 스스로 해결할 수 있는 능력이 전혀 없다는 '절대적 무력함'을 깨닫게 되는데, 웨슬리는 이것을 회개라고 말했다.[306] 회개는 죄에 대하여 죄책을 느끼지만, 죄책을 느끼는 죄에 대하여 스스로 할 수 있는 일이 아무것도 없다는 사실을 철저히 깨닫는 '절대적 무력함'의 감정 속에서 일어난다.[307] 절대적인 무력함을 깨닫는 것은 우리가 이미 받은 어떤 것을 지키는 데 전적인 무능함을 깊이 깨닫는 일이며, 더욱이 우리의 마음과 삶에 여전히 남아 있는 "불의의 세계"(약 3:6)에서 자신을 구원하는 일에 대한 전적인 무능함을 깊이 깨닫고[308] 하나님의 구원하시는 은혜를 구하는 것이 회개다. 웨슬리는 그의 설교 "신자의 회개"에서 다음과 같이 말했다.

'절대적 무력함'이라는 말에는 두 가지 의미가 있습니다. 첫째로, 그들이 지금 스스로 선한 생각을 해내거나, 선한 의도를 품거나, 선한 말을 하거나, 혹은 선한 일을 행할 수 없는 것은 그들이 의롭다 함을 얻기 전

---

306 존 웨슬리, 앞의 책, "22. 신자의 회개," 415.
307 케네스 콜린스, 『존 웨슬리의 신학』, 198-199. (웨슬리의 설교 "노예의 영과 양자의 영") 노예의 영 아래 있는 사람들은 슬픔과 회한을 느낀다. 죽음과 악마, 인간 됨을 두려워한다. 또한 죄의 사실을 끊고 싶어 하지만 그럴 수 있는 능력이 없다. 이들의 절망의 외침은 바울의 표현 속에 잘 나타난다. "오호라 나는 곤고한 사람이로다, 누가 나를 이 사망의 몸에서 구원할 것인가?"
308 존 웨슬리, 앞의 책, "22. 신자의 회개," 426.

과 마찬가지라는 것입니다.[309]

둘째로, 내가 이러한 '절대적인 무력감'으로 의미하는 바는, 우리가 여전히 의식하고 있는 그러한 죄책이나 형벌로부터 우리 자신을 도저히 구원할 수 없다는 절대적인 무능입니다.[310]

회개하는 마음에 담긴 복잡한 신앙적 정서들 중에서 '절대적 무력감'은 회개의 단계에서 경험되는 가장 중요한 신앙적 정서이다. 그러나 그 절대적 무력감은 우리를 절망으로 이끄는 것이 아니라 우리의 영적 교만과 자기 의를 확인하고, 우리의 모든 죄를 용서할 수 있고 용서하시는 분이 하나님이요, 우리 심령 안에 있는 죄와 사망의 권세를 깨뜨리는 것이 그리스도의 공로라는 사실을 깨닫게 한다. 따라서 회개는 우리를 신앙으로 부를 뿐만 아니라, 우리 존재의 체제를 고치시는 하나님을 신뢰하게 만든다.[311]

3) 의롭다 하심

(1) 의롭다 하심(稱義)의 개념

신자는 날마다 회개하는 것을 배우고 하나님의 은혜를 신뢰하는 것

---

309 앞의 책, 415.
310 앞의 책, 416.
311 알버트 C. 아우틀러, 『웨슬리 영성 안의 복음주의와 신학』, 154.

을 배우고 그 은혜 안에서 성장하는 것을 배움으로써, 신앙의 문지방(稱義)을 넘어 신앙의 충만(聖化)을 향해 나아간다.312 그러므로 그리스도인은 더 이상 무력하게 죄의 사실에 매여있지 않으며 그의 마음에 솟아오르는 하나님과 다른 사람에 대한 참된 사랑의 출발점을 발견한다.313 죄인을 구원하시는 하나님의 은혜는 하나님의 의롭다 하시는 은혜에서 비로소 시작된다. 그러므로 칭의는 하나님께서 그리스도를 통하여 우리를 위하여(for us) 일하시는 것으로서 구원의 문이다. 웨슬리는 그의 설교 "믿음으로 얻는 칭의"에서 다음과 같이 칭의를 정의한다.

> 의롭다 여김을 받는다는 것은 무엇을 의미합니까? 칭의란 무엇입니까? (중략) 이미 살펴본 것들에 비추어 보면 이것은 실제로 올바르며 의롭게 되는 것이 아니라는 것이 분명합니다. 이것은 성화입니다. 물론 성화는 어느 정도 칭의의 즉각적인 열매이지만, 그럼에도 불구하고 하나님의 또 다른 구별된 선물이며 전혀 다른 본질을 가지고 있습니다. 하나(칭의)는 하나님이 당신의 아들을 통해 우리를 위해(for us) 일하시는 것을 의미합니다.314

> 칭의의 분명한 성경적 개념은 용서, 즉 죄 사함입니다. 이것은 하나님의 아들의 보혈에 의해 이루어진 속죄를 통해 과거 죄를 사해주심으로 그의 의(혹은 자비)를 드러내신 성부 하나님의 행위입니다.315

---

312 앞의 책, 155-156.
313 존 캅, 『은총과 책임』, 121.
314 존 웨슬리, 『존 웨슬리의 설교』, "15. 믿음으로 얻는 칭의," 281-282.
315 앞의 책, 283.

하나님은 경건한 자가 아니라 경건하지 않은 자를 의롭다 여기십니다. 이미 거룩한 사람들이 아니라 거룩하지 않은 사람들을 의롭다 여기십니다.[316]

의롭다 하심은 본질상 진노의 자녀[317]인 죄인이 구원받을 만한 선행이 없음에도 불구하고 죄를 용서받는 것이다. 그러므로 '의롭다 하심'의 보편적인 은유는 죄인을 재판하는 법정(courtroom)이다. '의롭다 하심'(칭의)은 판사가 죄 있는 사람을 죄가 없다고 판결함으로써 죄를 용서받고 '과거의 모든 죄와 죄책을 구원받는다.'[318] 죄인이 죄가 없다고 판결을 받을 수 있는 근거는 그리스도의 공로이다. 웨슬리는 그의 설교 "믿음으로 얻는 칭의"에서 다음과 같이 말했다.

하나님의 사랑하는 아들이 그 죄인을 대신해 고통을 당하셨기 때문에 하나님은 그가 마땅히 당해야 할 고통을 그에게 주지 않으실 것입니다. 그리고 우리가 하나님의 사랑하시는 아들을 통해 하나님께 열납되고 그의 피를 통해 하나님과 화해된 때부터 마치 우리가 결코 죄지은 일이 없는 것처럼 하나님이 우리를 사랑하시며, 축복하시고, 평안으로 지켜 주십니다.[319]

죄 있는 사람을 용서하시는 하나님의 은혜는 예수 그리스도의 공로

---

316 위앞 책, 285.
317 "전에는 우리도 다 그 가운데서 우리 육체의 욕심을 따라 지내며 육체와 마음의 원하는 것을 하여 다른 이들과 같이 본질상 진노의 자녀이었더니."(엡 2:3)
318 존 웨슬리, 앞의 책, "15. 믿음으로 얻는 구원," 266.
319 앞의 책, "15. 믿음으로 얻는 칭의," 283.

때문인데, 그리스도의 공로는 예수 그리스도를 믿는 믿음을 통하여 죄인에게 전가된다. 웨슬리는 그의 설교 "우리의 의가 되신 주님"에서 다음과 같이 말했다.

> 그리스도의 의가 모든 신자에게 전가되고, 비신자에게는 전가되지 않습니다. 그리스도의 의가 언제 전가됩니까? 우리가 믿을 때입니다.[320]

그러므로 칭의의 유일한 수단은 믿음이다. 웨슬리는 그의 설교 "믿음으로 얻는 칭의"에서 다음과 같이 말했다.

> 그러므로 믿음이 칭의의 필요조건입니다. 그렇습니다. 칭의의 유일한 필요조건입니다. 하나님이 일한 것이 없는 경건하지 않은 자에게 믿음을 주시는 (왜냐하면 믿음은 하나님의 선물이기 때문입니다) 바로 그 순간에 그 믿음은 그를 위해서 의로 여겨집니다.[321]

> 즉 용서와 열납 됨의 조건은 우리에게가 아니라 우리를 부르신 그분에게 달려 있음이 틀림없습니다.[322]

칭의의 유일한 수단인 믿음은 단순히 예수 그리스도에 대한 객관적 사실에 대한 지적인 긍정이 아니다. 그리스도에 대한 확고한 신뢰와 구원의 내적 확신을 포함하는 믿음이다. 웨슬리는 그의 설교 "믿음으로 얻는

---

[320] 앞의 책, "16. 우리의 의가 되신 주님," 299.
[321] 앞의 책, "15. 믿음으로 얻는 칭의," 290.
[322] 앞의 책, 291.

칭의"에서 다음과 같이 말했다.

> 칭의의 믿음은 하나님이 그리스도 안에 계셔서 세상을 그 자신과 화해시킨다는 것에 대한 신적 증거나 확신일 뿐만 아니라 그리스도께서 나의 죄를 위해 죽으셨다는 것, 주께서 나를 사랑하사 나를 위해 그분 자신을 주셨다는 것에 대한 확고한 신뢰와 확신을 포함합니다.[323]

또한 그의 설교 "우리의 의가 되신 주님"에서 다음과 같이 말했다.

> 믿음과 그리스도는 분리될 수 없습니다. 왜냐하면 우리가 성경을 따라 믿을 때, 그 믿음은 바로 그리스도의 의에 대한 것이기 때문입니다. 그리스도의 의를 목적으로 갖지 않는 믿음은 참된 믿음, 곧 칭의 하는 믿음이 아닙니다.[324]

> 다음의 것들은 우리의 칭의에서 반드시 필요한 것입니다. 그것은 하나님 편에서의 자비와 은혜, 그리스도 편에서의 하나님의 정의에 대한 만족, 그리고 우리 편에서의 그리스도 공로에 대한 믿음입니다. 우리의 칭의에 있어서 하나님의 은혜는 하나님의 의를 차단하지 않고, 단지 인간의 의를 차단할 뿐입니다. 우리의 칭의를 정당화시키는 것은 하나님의 의이기 때문입니다.[325]

---

323 앞의 책, 288.
324 앞의 책, "16. 우리의 의가 되신 주님," 299.
325 앞의 책, 301-302.

칭의의 단계에서는 선한 행위보다 믿음 안에서 갖는 내적 확신이 더 중요하다. 칭의는 선한 행위 이전에 하나님께서 믿음을 선물로 주시는 것이기 때문이다. 그러므로 칭의의 증거는 믿음 안에서 갖는 신자의 내적 확신이다. 웨슬리는 그의 설교 "하나님 나라로 가는 길"에서 다음과 같이 말했다.

그것은 단순한 동의를 넘어서 그리스도 예수로 말미암아 하나님의 자비를 확실하게 신뢰하는 것입니다. 그것은 용서하시는 하나님에 대한 확신입니다. 그것은 하나님이 그리스도 안에 계시사 세상을 자기와 화목하게 하시고 그들의 이전 죄를 그들에게 돌리지 아니하셨다고 하는 하나님이 주시는 증거요, 확신입니다.(고후 5:19)[326]

칭의의 믿음은 행위와 상관이 없다. 모든 참된 의미의 선행은 칭의 뒤에 온다.[327] 칭의는 실질적 변화가 아니라 하나님과의 형식적인 관계의 변화를 의미하기 때문이다. 이 사실에 대하여 웨슬리는 그의 설교 "신자의 회개"에서 다음과 같이 말했다.

우리가 의롭다 함을 얻는 순간 우리는 "거듭납니다"(요 3:7; 벧전 1:23). 그 순간 우리는 "어두운 데서 불러내어 그의 기이한 빛에 들어가게 하시는"(벧전 2:9) 내적인 변화를 체험하고, 또한 잔악한 마귀의 형상에서 하나님의 형상으로의 내적인 변화, 즉 땅에 속한 감각적이고도 악마적인 마음에서 "그리스도 예수 안에 있는 마음"(빌 2:5)으로의 내적인 변

---

326 앞의 책, "7. 하나님 나라로 가는 길," 157.
327 앞의 책, "15. 믿음으로 얻는 칭의," 286.

화를 체험하게 됩니다. 그러나 그렇다고 해서 우리가 '완전히' 변화된 것입니까? 우리를 창조하신 하나님의 형상으로 완전히 변형된 것입니까? 전혀 그렇지 않습니다. 우리는 여전히 죄를 깊숙이 간직하고 있습니다.[328]

그러므로 진정한 의미에서의 선행은 칭의 다음에 온다. 웨슬리는 그의 설교 "믿음으로 얻는 칭의"에서 선행과 칭의의 관계를 다음과 같이 말했다.

모든 참된 의미의 선행은 칭의 뒤에 오는 것입니다. 그리고 그것들은 참되고 살아 있는 믿음으로부터 나오는 것이기 때문에 그리스도 안에서 하나님께 좋은 것이며 열납되는 것입니다. 유추해 볼 때 기독교적 의미에서 "예수 그리스도를 믿는 믿음에서 나온 것이 아닌 한", "칭의 이전에 행해진 모든 일은 선하지 않습니다." 그렇습니다. 이 행위들은 하나님이 뜻하시고 명하신 대로 된 것이 아니기 때문에 그것들이 죄의 본질을 가지고 있다는 것을 의심하지 않습니다.[329]

(2) 의롭다 하심의 신앙적 정서 : 자유와 평강

영적 감각이 없는 사람은 자신의 진실한 모습을 알지 못한다. 웨슬리는 그의 설교 "잠자는 자여 일어나라"에서 영적 감각이 없는 자연인에

---

328 앞의 책, "22. 신자의 회개," 424.
329 앞의 책, "15. 믿음으로 얻는 칭의," 286.

대해서 이렇게 말했다.

> 깨어나지 않은 불쌍한 죄인은 다른 것들에 관하여 어느 정도 많은 지식을 가졌을지라도 자기 자신에 대하여는 알지 못합니다. 이런 점에서 그는 마땅히 알 것을 알지 못합니다.(고전 8:2) 그는 자신이 타락한 영이라는 것을 모릅니다.[330]

그러나 회개할 때 하나님이 선물로 주시는 믿음 안에서 영적 감각이 살아나기 시작한다. 영적 감각이 살아나는 과정은 어린아이가 태어나서 자라는 과정과 비슷하다. 디아도코스(Diadoco, s. V)도 영적 감성은 활동에 있어서 육체적 감성을 닮는다고 말한다.[331] 웨슬리는 그의 설교 "신생"에서 다음과 같이 말한다.

> 한 아이가 세상에 태어나기 전에는 눈을 지녔지만 보지 못하고, 귀를 가졌지만 듣지 못합니다. … 한 사람이 태어날 때 비로소 우리는 그가 살기 시작한다고 말합니다. 왜냐하면 그가 태어나는 순간 빛과 주변의 것들을 보기 시작하고, 연속적으로 자신을 자극하는 소리를 듣기 시작하기 때문입니다. 이때 다른 모든 감각 기관도 적절하게 움직이기 시작합니다.[332]

---

330 앞의 책, "9. 잠자는 자여 일어나라," 177.
331 미누엘 루이스 후라도, 『영적 식별』, 116. "육체가 현세의 기쁨을 맛볼 때 감각들의 체험에 있어 틀림이 없는 것처럼, 그렇게 영혼(νοῦς = mente)도, 육의 권고들을 넘어 그 위에서 즐길 때, 성령의 위로를 오류 없이 맛볼 수 없으며-'너희는 맛보고 눈여겨보아라, 주님께서 얼마나 좋으신지!' (시편 34: 9)- 사랑의 작용을 통해서 이 맛에 대한 기억을 보존할 수 있다. 그리하여 성인이 말한 대로 더 나은 것을 틀림없이 식별할 수 있다.
332 존 웨슬리, 앞의 책, "17. 신생," 320.

이처럼 의롭다 함을 얻은 영혼 안에 영적 감각이 깨어나기 시작하면 '죄과'(demerit, 어떤 의미에서는 '죄책')를 깊이 깨닫게 되어[333] 죄책과 두려움이 마음속에서 발생한다. 그러나 하나님의 용서는 그 용서가 없었더라면 조종되고, 남용되고 희생되었을 사람들이 갖는 '마지막 자유'를 표상하며, "가해자에게 향했던 자신의 부정적인 생각과 감정, 행동을 뿌리째 뽑아버리고 긍정적인 생각과 감정, 행동을 갖는 것"을 포함한다.[334] 믿음으로 의롭다 함을 얻은 사람의 마음에 하나님의 사랑이 부어지고(롬5:5) 하나님이 먼저 사랑하셨기 때문에, 하나님의 사랑을 받은 사람은 하나님을 사랑하게 된다.(요일 4:19) 그리고 "사랑, 화평, 희락"으로 충만해 있기에 "오래 참음, 자비, 충성, 양선, 온유, 절제"(갈 5:22-23)와 또한 동일한 성령의 다른 열매인 거룩한 성품으로 가득하게 된다.[335]

칭의는 죄인을 용서하시는 하나님 아버지의 행위이다. 아들의 피 값으로 산 속죄를 위해, 아버지는 칭의로 말미암아 '과거의 죄를 사면하여 아버지의 의로움(혹은 사랑)'을 보여준다.[336] 하나님으로부터 죄의 용서를 받은 사람은 마음 깊은 곳으로부터 말할 수 없는 기쁨을 느끼게 된다. 이에 대하여 콜린스는 다음과 같이 말했다.

"칭의는 죄인에게 하나님과의 올바른 관계를 회복시킨다. 이 관계는 더 이상 소외와 과도한 두려움에 의해 지배되지 않는 관계이다. 죄책으로부터 구원받은 이들은 자식의 불편한 두려움이 아니라 노예의 두려움으로부터, '고통을 주는 두려움으로부터', 형벌과 하나님 진노의 두려

---

333 앞의 책, "22. 신자의 회개," 425.
334 케네스 콜린스, 『존 웨슬리의 신학』, 276.
335 존 웨슬리, 앞의 책, "7. 하나님 나라로 가는 길," 158.
336 케네스 콜린스, 앞의 책, 249-250.

움으로부터 구원받았다. 분명코 이 은총의 단계에서 영적 감각이 깨어나기 시작할 뿐 아니라 진정한 영혼의 치유가 일어나기 시작한다. 그로 인해 우리는 이제 진노의 하나님이 아니라 사랑의 하나님을 본다."[337]

그러므로 믿음으로 하나님과 올바른 관계를 회복한 사람은 죄책으로 인한 두려움에서 벗어나 진리 안에서 참된 자유와 평강을 경험한다.[338] 웨슬리는 그의 설교 "하나님 나라로 가는 길"에서 다음과 같이 말했다.

당신은 더 이상 지옥이나 죽음이나 혹은 한때 죽음의 권세를 가졌던 자인 마귀를 두려워하지 않습니다. 또한 괴로워하며 하나님을 두려워하지도 않습니다. 단지 당신은 하나님의 마음을 상하게 한 것에 대해 자식으로서 약간의 두려움을 가질 뿐입니다.[339]

당신이 그렇게 믿습니까? 그렇다면 하나님의 평강이 당신의 마음에 있고, 슬픔과 탄식이 사라집니다(사 35:10). 당신은 더 이상 하나님의 사랑을 의심하지 않습니다.[340]

또한 그의 설교 "성경적 구원의 길"에서 다음과 같이 말했다.

칭의에 따르는 즉각적인 결과는 '하나님의 평안', 곧 '모든 지각에 뛰어난 평안', '말할 수 없는 기쁨과 충만한 영광'(벧전 1:8)으로서 '하나

---

337 앞의 책, 250-251.
338 앞의 책, 276.
339 존 웨슬리, 앞의 책, "7. 하나님 나라로 가는 길," 157.
340 앞의 책, 157.

님의 영광을 바라는 소망' 안에서 기뻐하는 것입니다.341

칭의는 광의의 차원에서 보면, 그리스도를 믿음으로 죄인의 영혼에 실제로 임한 그리스도의 속죄로 말미암아 죄책과 벌로부터의 구원을 포함하며342 영혼의 자유 속에서 사랑의 열망을 느낀다.

4) 거듭남(新生 혹은 重生)

(1) 거듭남의 개념

원죄로 인하여 누구든지 하나님의 진노와 형벌의 두려움에서 벗어나야 할 필요가 인간의 내면에 있다. 그러므로 인간은 하나님과 살아 있는 관계를 가진 사람으로 거듭나야 한다. 웨슬리는 그의 설교 "신생"에서 거듭나기 전의 상태에 대해서 다음과 같이 말했다.

인간은 하나님과의 연합 속에서 자신의 영적인 생명을 유지했는데, 이제 그 하나님에게서 분리되었습니다. 몸은 영혼에서 분리되는 순간 죽고, 영혼은 하나님에게서 분리되는 순간 죽습니다. 하나님으로부터의 분리는 아담이 금지된 열매를 먹은 그날 그 시각에 이루어졌습니다.343

그는 결국 하나님의 형상을 유지하는데 필요한 하나님에 대한 지식과

---

341 앞의 책, "23. 성경적 구원의 길," 430.
342 케네스 콜린스, 앞의 책, 251.
343 존 웨슬리, 앞의 책, "17. 신생," 317.

하나님에 대한 사랑을 모두 잃게 되었습니다. 그는 하나님의 형상을 잃은 동시에 불행할 뿐 아니라 불의하게 되었습니다. 바로 여기에서 그는 악마의 형상이 교만과 자기-의지의 상태로 가라앉았고, 멸망하는 짐승의 형상인 정욕과 욕망의 상태로 전락하였습니다.[344]

그러므로 모든 인간은 거듭나야 할 필요성이 있는데, 웨슬리는 이에 대하여 그의 설교 "신생"에서 다음과 같이 말했다.

당신이 세례를 받았든, 안 받았든 "당신은 거듭나야 한다는 것"입니다. 거듭나지 않는다면, 당신은 내적으로 거룩하게 될 수 없습니다. 내적으로나 외적으로 거룩하지 않다면, 당신은 이 세상에서 행복할 수 없고, 오는 세상에서는 더더욱 행복할 수 없습니다.[345]

하나님의 뜻에 맞지 않는 모든 열망은 '많은 슬픔으로' 우리를 '찌를 수' 있습니다. 죄의 일반적인 근원, 즉 교만과 자기 의지와 우상숭배는 일반적인 비참의 근원입니다. 그러므로 이것들이 영혼 안에서 지배하고 있는 한, 행복은 어디에도 존재하지 않습니다. 우리 본성의 왜곡이 회복될 때까지, 즉 우리가 거듭날 때까지 이것들이 우리를 다스립니다. 결론적으로 신생은 오는 세상에서뿐 아니라, 이 세상에서의 행복을 위해서도 절대적으로 필요합니다.[346]

---

344 앞의 책, 317-318.
345 앞의 책, 329.
346 앞의 책, 324.

거듭난다는 표현은 "사람이 두 번째로 모태에 들어갔다가 날 수 있다"는 식의 문자적인 의미가 아니라, 자연적인 출생과 매우 유사한 방식으로 사람이 위에서부터, 하나님으로부터, 성령으로부터 날 수 있다는 영적인 의미를 담고 있다.347 그러므로 신생은 성화로 들어가는 문, 즉 입구로서, 사람이 거듭날 때, 우리의 성화, 곧 내적·외적 성결이 시작된다.348

웨슬리는 그의 설교 "신생"에서 자연인의 상태에 있는 사람은 하나님에 대해 전혀 알지 못하고, 그분과 전혀 소통하지 못하며, 그분과 전혀 아는 사이가 아니며, 신적인 것들, 곧 영적인 혹은 영원한 것들에 대한 참된 지식을 갖고 있지 못하지만,349 그가 하나님으로부터 태어나는 순간, 이 모든 것에서 완전한 변화가 일어난다.350고 말했다. 그러므로 웨슬리는 "거듭남" 혹은 "신생"을 은혜를 통한 하나님의 형상의 실질적 회복의 시작으로, 참여(impartation)의 실질적 회복의 시작으로, 우리의 본래적 의로움(original justice)의 실질적 회복의 시작으로 여겼다.351 즉 거듭남은 '죄를 아는 것"으로부터 "죄를 피하거나 중지할 능력을 회복하는 시작"352으로 인도한다.

웨슬리는 신생의 본질을 자연적 출생의 유비로 설명한다. 그의 설교 "신생"에서 영적인 출생과 자연적 출생을 다음과 같이 비유했다.

> 영적인 출생과 자연적 출생이 얼마나 유사합니까? 한 사람이 하나님으로부터 나기 전, 자연인의 상태에 있는 동안 그는 영적인 의미에서 눈

347　앞의 책, 320.
348　앞의 책, 326.
349　앞의 책, 320.
350　앞의 책, "17. 신생," 321.
351　알버트 C. 아우틀러, 『웨슬리 영성 안의 복음주의와 영성』, 175.
352　앞의 책, 176.

을 지녔지만 두꺼운 막이 가려져 보지 못하고, 귀를 지녔지만 듣지 못합니다. 그는 가장 듣고 싶은 것에 대해 철저히 청각이 막힙니다. 그의 다른 영적인 감각도 모두 닫혀 있습니다. 그는 그것들을 전혀 갖고 있지 않은 것과 같은 상태가 됩니다. 따라서 그는 하나님에 대해 전혀 알지 못하고, 그분과 전혀 소통하지 못하며, 그분과 전혀 아는 사이가 아닙니다. 그는 신적인 것들, 곧 영적인 혹은 영원한 것들에 대한 참된 지식을 갖고 있지 못합니다. 그는 살아있지만 죽은 그리스도인입니다. 그러나 그가 하나님으로부터 태어나는 순간, 이 모든 것에서 완전한 변화가 일어납니다.[353]

웨슬리는 그의 설교 "신생"에서 신생의 본질에 대하여는 다음과 같이 말했다.

신생은 하나님이 영혼을 살리시는 순간, 하나님이 영혼을 죄의 죽음에서 의의 생명으로 일으키시는 순간, 그 영혼 안에서 행하시는 위대한 변화입니다. 신생은 영혼이 "예수 그리스도 안에서 새롭게 창조"되는 순간, 하나님의 전능하신 영에 의해 영혼 전체에 일어나는 변화입니다. 이때 영혼은 "하나님의 형상을 좇아 의와 참된 거룩으로 갱신"되고, 세상 사랑이 하나님 사랑으로, 교만이 겸손으로, 울화가 온화함으로, 미움과 질투와 악이 신실하고 부드러우며 무차별적인 인류에 대한 사랑으로 변화됩니다. 한마디로 신생은 세상적이고 정욕적이며 악마적인 마음이 "지상의 예수 그리스도 예수 안에 있던 그 마음"으로 바뀌는 것

---

353 존 웨슬리, 앞의 책, "17. 신생," 320-321

입니다. 이것이 신생의 본질입니다.354

그러므로 "신생은 아주 큰 내적 변화, 성령의 역사에 의한 영혼 안에서의 변화, 우리 존재의 모든 방식 안에서의 변화를 의미한다. 왜냐하면 하나님으로부터 태어나는 순간부터 우리는 전에 살던 방식과 완전히 다른 방식으로 살기 때문이다. 이를테면 우리는 다른 세계에 있는 것이다"355라고 웨슬리는 말했다. 사람은 바람이 분다는 사실을 알지만 바람이 부는 방식은 정확하게 모르듯이,356 어떻게 사람이 새롭게 되는지에 대해서 정확히 아는 것은 어렵지만, 사람이 새롭게 변화되었다는 사실은 알 수 있다. 그러므로 웨슬리는 그의 설교 "신생"에서 거듭난 사람의 삶의 양태를 호흡에 비유하면서 다음과 같이 설명한다.

하나님이 계속해서 그의 영혼에 숨을 불어넣으심으로써 그의 영혼이 하나님을 향해 숨을 쉬고 있는 것입니다. 은혜는 그의 마음으로 내려오고, 기도와 찬양은 하늘로 올라갑니다. 일종의 영적인 호흡작용과 같은, 이런 하나님과 인간 사이의 교류를 통해, 즉 아버지와 아들의 교제를 통해 그 영혼 안에 있는 하나님의 생명이 유지됩니다.357

그의 설교 "하나님으로부터 난 자의 특권"에서 다음과 같이 말했다.

하나님의 숨과 성령은 즉시 영감을 주었고, 새로 난 영혼 안으로 숨을

---

354 앞의 책, 322.
355 앞의 책, "19. 하나님으로부터 난 자의 특권," 350.
356 앞의 책, "17. 신생," 319.
357 앞의 책, 321-322.

불어넣어 주셨습니다. 그리고 하나님으로부터 나온 숨은 다시 하나님에게로 돌아갑니다. 그것이 믿음으로 계속해서 받아지는 것처럼, 그것은 사랑과 기도와 찬양과 감사에 의해 다시 계속해서 주어집니다. 사랑과 찬양과 기도는 참으로 하나님으로부터 난 자의 영혼의 숨입니다. 그리고 새로운 종류의 영적인 호흡에 의해 영적인 생명은 유지될 뿐 아니라 날마다 영적인 힘과 움직임과 감각은 함께 증가합니다. 영혼의 모든 감각이 이제 깨어나고 영적인 선과 악을 알아차릴 수 있습니다.[358]

이처럼 신생은 관념이나 심리적인 현상이 아니라 하나님이 주시는 실제적인 현실로서, 신생은 그리스도의 성품으로 변화시키는 하나님의 능력[359]인 표적을 동반한다. 웨슬리는 거듭난 사람의 삶에 나타나는 표적은 믿음과 사랑, 그리고 내적 확신이라는 것을 그의 설교 "신생의 표적"에서 다음과 같이 말하였다.

신생의 표적 가운데 첫째, 그리고 나머지 모든 것의 근거는 믿음입니다.[360]

참된 살아있는 기독교 신앙은, 누가 갖고 있든지, 하나님으로부터 납니다. 그것은 동의나 이해의 행위가 아닙니다. 오히려 그것은 하나님이 그의 마음속에 해놓으신 기질, 즉 "그리스도의 공로를 통해 자신의 죄가 용서받고 하나님의 총애를 회복했다는 하나님 안에서의 확고부동한

---

358 앞의 책, "19. 하나님으로부터 난 자의 특권," 352.
359 앞의 책, "18. 신생의 표적," 331-332.
360 앞의 책, 333. "너희가 다 믿음으로 말미암아 그리스도 예수 안에서 하나님의 아들이 되었으니."(갈3:26)

신뢰와 확신"입니다. 이것은 먼저 인간이 자신을 포기하는 것을 의미합니다. 즉 믿음이란 인간이 "그리스도 안에서 발견되기" 위하여, 그리스도를 통해 용납되기 위하여 모든 "육에 대한 신뢰"를 철저히 거부하는 것입니다.[361]

하나님으로부터 난 자들의 영적인 표적은 사랑입니다. 이것은 가장 큰 표적입니다. "우리에게 주신 성령으로 말미암아 하나님의 사랑이 우리 마음에 부은 바 됨이니"(롬 5:5), "너희가 아들이므로 하나님이 그 아들의 영을 우리 마음 가운데 보내사 아빠 아버지라 부르게 하셨느니라."(갈 4:6)[362]

칭의와 신생은 정확하게 구분하기 어렵지만 각각의 특징이 있기 때문에 구별할 수 있다. 웨슬리는 칭의와 신생의 관계 및 상이점에 대해서 그의 설교 "신생"에서 다음과 같이 말했다.

칭의는 하나님이 우리 죄를 용서하시는 가운데 행하시는 위대한 사역과 관계되어 있고, 신생은 하나님이 우리의 타락된 본성을 갱신하시는 가운데 행하시는 위대한 사역과 관계되어 있습니다. 시간의 순서에서는 이것들의 선후가 존재하지 않습니다. 즉 예수 안에 있는 구속을 통해 하나님의 은혜로 우리가 칭의 되는 동시에 '성령으로 태어나는' 것입니다. 그러나 사고의 순서에서는 칭의가 신생에 앞섭니다. 우리가 먼저 하나님의 진노에서 벗어난 다음에 우리 마음 안에 있는 그의 영이

---

361 앞의 책, 334.
362 앞의 책, 341.

역사하시는 것입니다.363

또한 설교 "하나님으로부터 난 자의 특권"에서 다음과 같이 말했다.

칭의와 신생이 어느 시점에 이르면 서로 분리될 수 없음을 인정하지만, 쉽게 구별할 수는 있습니다. 그들은 같지 않고, 크게 다른 본질을 가졌습니다. 칭의는 오직 상대적인 변화를 의미하고, 신생은 현실적인 변화를 의미합니다. 우리를 의롭게 하시는 것 안에서 하나님은 우리를 위해 일하십니다. 그리고 우리를 거듭나게 하셔서 우리 안에서 일하십니다. 전자는 하나님에 대한 우리의 외적인 관계를 변화시킵니다. 그래서 원수이던 우리는 하나님의 자녀가 됩니다. 후자는 우리의 가장 깊은 곳의 영혼들을 변화시킵니다. 그래서 죄인인 우리는 의인이 됩니다. 전자는 우리에게 하나님의 은혜로, 후자는 하나님의 형상으로 회복시킵니다. 전자는 죄책감을 없애주고, 후자는 죄의 힘을 없애줍니다. 그래서 그들이 어떤 시점에 만날지라도 그들은 완전히 구별된 본질을 가집니다.364

회개와 신생은 인간의 경험과 관계된 것이지만, 특히 신생은 순간적으로 새로운 존재가 되는 특별한 경험이다. 그러나 순간적인 성화의 경험이 지속적으로 생명의 하나님과 교통하게 될 때 신자는 의롭고 거룩한 삶을 살 수 있도록 실질적으로 변화되는 것이다. 본질적으로 신생은 은혜를

---

363 앞의 책, "17. 신생," 315.
364 앞의 책, "19. 하나님으로부터 난 자의 특권," 349.

통한 하나님의 실질적 형상이 회복되기 시작365하는 순간으로 성화의 한 부분이자 성화의 입구일 뿐이며 성화 자체는 아니다. 성화는 거듭남의 목표이다.366 그리스도인의 삶은-성장·경건·행동·기대의 역동적인 관계 안에서- 이 출발점으로부터 더 나아간다.367

(2) 거듭남의 신앙적 정서: 평화

웨슬리는 거듭난 사람이 경험하는 신앙적 정서는 소망과 사랑의 정서라고 그의 설교 "신생의 표적"에서 다음과 같이 말한다.

하나님으로부터 난 자들의 두 번째 영적 표적은 소망입니다.368

베드로는 또 말하기를 죽은 믿음 뿐 아니라, 하나님으로부터 오지 않고 오히려 하나님의 원수와 인간에게서 오는 죽은 소망이 있으므로, 산 소망이 있다고 했습니다. 죽은 소망은 분명히 그것의 열매들에 의해 나타납니다. 그것은 교만의 결과이고, 따라서 모든 악한 말과 행실의 근원입니다.369

---

365 알버트 C. 아우틀러, 『웨슬리 영성 안의 복음주의 영성』, 175.
366 이후정, "요한 웨슬리의 영성세계," 『하나님을 향한 영혼의 여정』, 한국기독교영성학회 지음(서울: 한국장로교출판사, 2018), 321.
367 알버트 C. 아우틀러, 『웨슬리 영성 안의 복음주의 영성』, 192.
368 존 웨슬리, 앞의 책, "18.신생의 표적," 337.
369 앞의 책, 338. "우리 주 예수 그리스도의 아버지 하나님을 찬송하리로다 그의 많으신 긍휼대로 예수 그리스도를 죽은 자 가운데서 부활하게 하심으로 말미암아 우리를 거듭나게 하사 산 소망이 있게 하시며"(벧전 1:3).

셋째, 하나님으로부터 난 자들의 영적인 표적은 사랑입니다. 이것은 가장 큰 표적입니다. "우리에게 주신 성령으로 말미암아 하나님의 사랑이 우리 마음에 부은 바 됨이니"(롬 5:5), "너희가 아들이므로 하나님이 그 아들의 영을 우리 마음 가운데 보내사 아빠 아버지라 부르게 하셨느니라"(갈 4:6).370

신자가 하나님의 거듭나게 하시는 은총을 받아 산 소망을 가졌다고 할지라도 마음속에 살아 있는 경건하지 못한 모든 기질은 불안한 기질이어서 악과 미움과 시샘과 질투와 복수와 같은 마음에 지옥을 만드는 악한 감정을 갖게 하고, 기쁨보다는 고통을 안겨 주기 때문에 악한 사람은 행복하지 않다.371 그러나 신생의 은혜를 경험한 사람은 아담이 "여호와의 낯을 피하여 동산 나무 사이에 숨으려 했던(창 3:8)" 것과 같은 공포로부터 벗어나 하나님의 평화를 경험한다.

거듭난 사람이 맺는 신앙의 열매는 평안인데,372 이는 모든 이해를 초월할 뿐만 아니라 원인을 알 수 없는 평화와 하나님의 사랑 안에서 경험하는 평안이다. 이는 "언제 어디서나 하나님의 자녀들의 마음과 생각을 지켜 주며, 평온하든 고통 중에 있든, 건강하든 병중이든, 풍요롭든 궁핍하든 그들은 하나님 안에서 행복을 느낀다."373 그리고 거듭남의 경험을 통하여 하나님과 살아 있는 관계를 맺은 거룩한 사람은 하나님 안에서

---

370 앞의 책, 341.
371 앞의 책, "17. 신생," 324.
372 앞의 책, "18. 신생의 표적," 337. 7. 살아있는 신앙의 또 다른 열매는 평안입니다. "그러므로 우리가 믿음으로 의롭다 하심을 받았으니 우리 주 예수 그리스도로 말미암아 하나님과 화평을 누리자."(롬 5:1)
373 앞의 책, 337.

행복을 느낀다. 거룩한 사람만이 본질적으로 행복할 수 있기 때문이다.374 웨슬리는 그의 설교 "신생의 표적"에서 거듭난 사람이 느끼는 정서를 다음과 같이 설명했다.

> 거듭난 사람에게 나타나는 표적은 믿음 외에도 평안과 사랑이 있다. 평안은 인간의 이해와 상식을 뛰어넘고, 상황을 초월한다. 따라서 이 평안은 일시적이거나 잠정적인 것이 아니라 영원하다. 또한 거듭난 사람들에게는 사랑의 표적이 나타난다. 이 사랑은 인간적인 사랑이 아니라 성령께서 주시는 하나님의 사랑이다.375

또한 그의 설교 "신생"에서 다음과 같이 말했다.

> 그는 "모든 이해를 초월하는 평화"를 느낍니다. 즉 그것을 의식합니다. 그는 "말로 다 할 수 없는 영광으로 가득 찬" 하나님 안에서의 기쁨을 많이 느낍니다. 그는 "자신에게 주어져 있는 성령에 의해서 하나님의 사랑이 그의 마음속에 골고루 퍼져 있음"을 느낍니다.376

거듭난 사람이 경험하는 평안은 세상의 현실적 상황에 근거한 것이 아니라 하나님의 은혜와 사랑으로 주시는 것이기 때문에 누구도 빼앗아 갈 수 없다는 것을 "신생의 표적"에서 다음과 같이 말했다.

---

374 앞의 책, "17. 신생," 324.
375 앞의 책, "18. 신생의 표적," 331.
376 앞의 책, "17. 신생," 321.

이것은 "모든 이해를 넘어서는 하나님의 평안"입니다. 즉 그것은 자연으로서는 결코 생각할 수 없고, 심지어 영적인 사람조차도 말로 다 할 수 없는 영혼의 평온입니다. 이 평안은 지상과 지옥의 어떤 힘도 빼앗을 수 없습니다.377

이처럼 하나님의 거듭남의 은혜 안에서 경험되는 신앙적 정서는 다양하지만, 웨슬리가 첫 번째로 언급하고 있는 가장 강력한 거듭남의 신앙적 정서는 모든 이해를 초월하는 하나님의 평화이다.

5) 성화

(1) 성화의 개념

웨슬리는 이신칭의(以信稱義)의 순간 칭의와 성화가 한 번에 일어나, 기본적인 인간의 문제가 해결된다고 생각하는 루터의 전통을 이어받았다. 그러나 어떤 사람은 하나님의 은총을 잃기도 하였으며, 삶의 모든 측면이 칭의에서 그리스도의 법 아래에 있지 않다는 점을 웨슬리는 경험을 통하여 알게 되었다. 특히 그는 거듭난 자 중에서 돈과 관련해서 복종하는 자가 아주 희귀하다는 사실에 매우 실망했다. 전통 속에서 지속된 경험은 어떤 점에서의 전환이 모든 점에서의 전환을 보증하지 않는다는 많은 증거를 웨슬리에게 제공하였다.378

---

377 앞의 책, "18. 신생의 표적," 337. "이것을 너희에게 이르는 것은 너희로 내 안에서 평안을 누리게 하려 함이라 세상에서는 너희가 환난을 당하나 담대하라 내가 세상을 이기었노라."(요 16:33)
378 존 캅, 『은총과 책임』, 180.

또한 웨슬리는 많은 사람이 구원은 하나님의 일일 뿐으로 자신의 인격적인 도덕성과 구원은 무관하다는 반율법주의적 생각을 가지고 거리낌 없이 죄를 짓는 것을 보면서 놀랐다. 그러므로 웨슬리의 성화론은 주로 반율법주의에 반대하여 발전되었다[379]고 말할 수 있다.

행동으로 나타나지 않는 믿음은 살아 있는 믿음이라고 말할 수 없다. 그러므로 웨슬리는 그리스도인이 내면의 죄를 극복하고 외적인 선행을 실천하는 단계인 성화를 매우 중요하게 생각했다. 그래서 회개는 종교의 현관(porch)이고, 믿음은 종교의 문(door)이요, 성화는 종교 자체(religion itself)라고 말했다.[380] 칭의가 신앙의 입구(threshold)라면 성화는 신앙의 충만(fullness)이다.[381]

웨슬리의 영성은 한 마디로 '성화의 영성'이라고 할 수 있는데, 웨슬리에게 있어서 성화는 복음의 종착적(termimus ad quem), 완성적 차원이다. 그래서 그는 그리스도교인의 완전을 목표로 삼는 성화의 순례와 여정을 매우 강조했다. 복음의 기초적 차원이 회심과 칭의라면 그 완성적 차원은 성화이며[382] 성화는 신생에서 시작된 구원의 과정을 완성하는 것이다.[383]

성화(sanctification)는 의롭다 함을 받음(稱義)과 동시에 시작된다. 칭의를 얻는 바로 그 순간에 우리는 위로부터 탄생하고 성령으로 탄생한다.[384] 칭의와 신생이 순간적인 변화이며 내면적인 변화라면, 성화는 하나님의 은총 안에서의 점진적인 성장이다. 웨슬리는 그의 설교 "마음의 할례"에

---

379 앞의 책, 141.
380 김홍기, 『존 웨슬리 구원론』, 150.
381 알버트 C. 아우틀러, 『웨슬리 영성 안의 복음주의와 신학』, 174.
382 이후정, "요한 웨슬리의 영성세계", 『하나님을 향한 영혼의 여정』, 317.
383 존 캅, 『은총과 책임』, 151.
384 존 웨슬리, 앞의 책, "23. 성경적 구원의 길," 430.

서 성화를 이렇게 정의한다.

> 일반적으로 말해서, 마음의 할례385는 성경에서 '성결'이라고 불리는 '영혼의 습관적인 성향'이라고 볼 수 있습니다. 그리고 그 영혼의 습관적인 성향은 곧바로 죄에서 정결하게 된 상태, 곧 "육과 영의 모든 더러움에서"(고후 7:1) 깨끗해진 상태를 의미하며, 또한 그리스도 예수 안에 있는 모든 덕으로 "입혀진"(눅 24:49) 상태, 곧 "하늘에 계신 우리 아버지의 온전하심과 같이 온전한"(마 5:48) 정도로 "심령이 새롭게 된"(엡 4:23) 상태를 의미합니다.386

웨슬리는 구원의 순서에서 일관되게 믿음의 중요성을 강조한다. 믿음은 성화의 유일한 수단이며 조건이라는 사실을 그의 설교 "성경적 구원의 길"에서 다음과 같이 말한다.

> 우리는 믿음으로 의롭게 되는 것과 동일하게 믿음으로 성화 됩니다. 이 믿음이 성결의 조건입니다. 그러므로 믿음이 칭의를 얻기 위한 유일한 조건인 것처럼 또한 믿음은 성화를 얻기 위한 유일한 조건입니다. 누구든지 믿지 않으면 칭의를 얻는 사람이 없고 또한 누구든지 믿지 않으면 성화 되지 못합니다. 믿음 없이는 아무도 칭의와 성화를 얻지 못합니

---

385 존 웨슬리, 『그리스도인의 완전』, 9-10. 웨슬리는 "마음의 할례"를 다음과 같이 설명하였다. "마음의 할례란 영혼의 저 습득된 성품으로서, 성경에 기록된 거룩함이라고 일컬어진 바입니다. 그것은 직접적으로는 죄에서 깨끗함을 받는 것, 즉 육과 영의 모든 더러움에서 깨끗해지는 것을 의미하며, 그 결과로 그리스도 예수 안에 있던 덕들을 부여받는 것, '하늘에 계신 우리 아버지께서 온전하신 것같이 온전하도록' 우리의 '심령이 새로워지는' 것을 의미합니다."

386 존 웨슬리, 앞의 책, "24. 마음의 할례," 449.

다. 그러므로 믿음이 단 하나의 조건이요, 또 성화를 얻기에 충분한 조건입니다. 믿는 자는 그가 무엇을 가졌든 못 가졌든 성화됩니다. 다른 말로 하면 아무도 믿기 전에는 성화되지 못하고, 누구든지 믿을 때는 성화됩니다.[387]

회개와 그 열매를 가졌든지 못 가졌든지, 또 많이 가졌든지 적게 가졌든지 믿는 순간에는 성화되는 것입니다.[388]

여기서 믿음은 칭의를 위해서만이 아니라 성화를 위해서도 유일한 조건이요, 즉각적이고 직접적으로 필요한 것입니다.[389]

결국 이 말속에 들어있는 가장 깊은 의미는 "우리는 믿음에 의하여 구원을 받으며, 칭의되며, 또한 성화된다."는 것입니다.[390]

성화는 전적으로 하나님의 일이지만, 웨슬리는 자신이 성화되었다는 것을 알 수 있다고 말한다. 이에 대하여 웨슬리는 그의 설교 "성경적 구원의 길"에서 다음과 같이 말했다.

이 확신, 곧 하나님은 우리를 성화하실 수 있고 또 지금 우리를 성화하려고 하신다는 확신 외에 한 가지 더 말해야 할 것이 있는데, 그것은 곧 하나님이 이것을 행하신다는 신적인 증거, 확신입니다. 이것은 하나님

---

[387] 앞의 책, "23. 성경적 구원의 길," 437.
[388] 앞의 책, 441.
[389] 앞의 책, 441.
[390] 앞의 책, 434.

이 행하시는 바로 그 시간에 이루어지는 것입니다.391

또한 그의 설교 "마음의 할례"에서 다음과 같이 말한다.

두 번째로, 나는 그러한 고찰로부터 자연스럽게 생겨나는 몇 가지 견해에 대해 언급하려고 합니다. 즉 단순한 규정으로서 마음의 할례에 의해 모든 사람이 각각 자신이 세상으로부터 난 자인지, 아니면 하나님께로부터 난 자인지를 스스로 판단할 수 있을 것입니다.392

그러나 칭의의 점진적 과정으로서의 성화는 '확신의 신앙(faith of assurance)' 혹은 '확고의 신앙(faith of adherence)' 393을 넘어, 하나님의 은총에 응답하여 믿음을 실천하는 단계이다. 행함이 없는 믿음은 죽은 믿음으로서 생명을 구원하지 못한다. 이에 대하여 웨슬리는 그의 설교 "거의 된 그리스도인"에서 행함이 없는 믿음에 대하여 다음과 같이 말한다.

그러나 여기에서 자기 자신의 영혼을 속이는 사람이 없게 합시다. 회개, 사랑, 그리고 모든 선행을 낳지 못하는 믿음은 성경에서 말하는 '바르고 살아 있는 믿음'이 아니라 '죽어 있고 마귀적인 것'임을 늘 주목합시다.394

그러므로 웨슬리는 믿음의 실천으로서 하나님의 성품에로의 참여가

391 앞의 책, 442-443.
392 앞의 책, "24. 마음의 할례," 457-458.
393 앞의 책, "23. 성경적 구원의 길," 434.
394 앞의 책, "10. 거의 된 그리스도인," 202.

그리스도인 존재의 정수395라고 말한다. 웨슬리는 하나님의 은혜에 참여하는 믿음의 실천에 관하여 그의 설교 "성경적 구원의 길"에서 다음과 같이 말했다.

> 그러면 우리의 성화를 위해서 필요한 실천적인 선행(善行)은 무엇입니까? 첫째로, 모든 경건의 행위(works of piety)로서의 공적인 기도, 가족 기도, 골방 기도, 주의 만찬에 참여하는 것, 성경 말씀을 듣고 읽고 묵상하는 것 또는 신체의 건강이 허락하는 대로 금식하고 절제하는 것 등입니다.396

믿음으로 의롭다 함을 받는 순간 과거의 행위적 죄악은 모두 용서를 받는다. 그러나 죄를 지을 가능성, 즉 죄악성(원죄)은 사라지지 않고 남아 있다. 이런 현실을 웨슬리는 그의 설교 "성경적 구원의 길"에서 다음과 같이 말했다.

> 죄가 일시적으로 정지되었던 것이지 완전히 소멸된 것이 아니라는 것을 알게 됩니다. 다시 유혹이 찾아오고 죄는 살아납니다. 다만 잠시 동안 죄가 기절한 것이지 죽은 것이 아니라는 것을 우리는 알게 됩니다. 지금 그들은 자기들 속에 두 가지 세력, 곧 상반되는 두 세력이 있음을 느낍니다. 쉽게 말해서 성령을 거스르는 육체의 정욕이 있는데, 그것은

---

395 앞의 책, "24. 마음의 할례," 447. 웨슬리는 그리스도인 존재의 정수로서 하나님 안에 있는 그리스도인의 참여를 상세히 설명한다. 또한 이 유일한 목표를 위한 수단을 서술한다. 그 수단은 '오직 믿음'이 아니라, '겸손'(회개), '믿음', '소망', 그리고 '사랑'이라는 것이다.
396 앞의 책, "23. 성경적 구원의 길," 440.

곧 하나님의 은혜에 저항하는 인간의 본성입니다.[397]

그들은 하나님을 사랑하고 그리스도를 믿는 힘을 경험하고 또한 하나님의 영이 그들의 영과 더불어 그들이 하나님의 자녀임을 증거하는 것을 감지하지만, 그들은 자신 안에 있는 교만, 고집, 분노, 그리고 불신앙이 일어나는 사실을 부인하지 못합니다. 이런 것들이 성령을 이기지는 못한다 하더라도 종종 발동합니다.[398]

그러나 죄는 성화의 상태에 있는 사람을 지배하거나, 다스리거나, 조종하지 못한다. 죄는 성화된 사람 안에서 그 권능을 상실하기 때문이다. 즉 성화의 단계에서 죄(원죄)는 성도의 내면에 존재하지만, 죄의 권세가 더 이상 지배하지 못하므로 행위의 죄는 짓지 않는다. 사람을 거룩하게 만드는 믿음은 구원의 확신을 넘어 모든 것을 사랑으로 실천하는 믿음인데 이 믿음을 가진 사람은 죄를 짓지 않는다. 웨슬리는 그의 설교 "하나님으로부터 난 자의 특권"이라는 설교에서 다음과 같이 말했다.

사랑에 의해 역사하는 믿음은 기도하는 영혼으로부터 내적이고 외적인 죄 모두를 배제합니다. 그럼에도 불구하고 우리는 유혹에 빠지기 쉬운 죄에 쉽게 넘어갑니다. 만약 영혼의 사랑의 눈이 하나님에게 변함없이 고정되어 있다면, 그 유혹은 곧 사라져버립니다.[399]

---

397 앞의 책, 431.
398 앞의 책, 431.
399 앞의 책, "19. 하나님으로부터 난 자의 특권," 360.

성화는 하나님의 성품에 참여하여 그리스도를 닮은 사람이 되기를 열망할 뿐만 아니라 실제로 변화된 사람이 되는 것이다.400 그러므로 성화된 사람은 성령의 외적인 증거로 나타나는 열매를 맺게 되어, 죄의 욕망을 가지고 있지만 실제적으로 죄를 범하지 않는 성결한 삶을 산다. 그러므로 하나님의 은총 안에서의 점진적인 성장은 죄의 동기들을 약화시키는 습관을 형성할 수 있다. 야망, 탐욕, 욕망에 대한 강력한 소원들이 진정될 수 있다. 격노하는 경향이 퇴보할 수 있다.401 성화는 죄의 감소와 사랑의 증가의 두 가지 방향으로 발전하는데, 죄의 감소는 선한 행위가 증가하는 결과를 가져온다. 그러므로 그리스도인에게 중요한 것은 삶을 점진적으로 그리스도 화(Christianization)하는 일이다.402

칭의와 신생은 내면의 신앙적 확증을 중요하게 여기는데, 내적 확증은 자연스럽게 내적인 성령의 열매를 맺는다. 하나님의 영은 우리가 하나님의 자녀라고 증언하는데, 그 증언의 직접적인 결과는 성령의 열매(갈 5: 22절)이기 때문이다. 성령의 열매가 없이는 하나님의 자녀라는 증언은 지속될 수 없다.403 "성령의 열매를 맺은 모든 사람은 하나님의 자녀이다"404 라고 웨슬리는 말했다. 웨슬리는 그의 설교 "성령의 증거 I"에서 성화의 외적 증거로서 성령의 열매에 대하여 다음과 같이 말했다.

400　앞의 책, "24. 마음의 할례," 447.
401　존 캅, 『은총과 책임』, 154.
402　앞의 책, 181.
403　존 웨슬리, 앞의 책, "20. 성령의 증거 II," 383. 웨슬리는 '성령의 증언'은 '영혼의 내적 인상(각인)'을 의미한다고 말한다. 그리고 성령의 내적 인상(印象)으로 나는 '하나님의 자녀'(롬 8:16)이며, '예수 그리스도께서 나를 사랑하사 나를 위하여 자기 자신을 버리셨으며'(갈 2:20), 또 모든 나의 '죄 씻음을 받았으며'(행 3:19), 나는 심지어 내가 '하나님과 화목하게 되었다'(롬 5:10)는 것을 하나님의 영이 즉각적으로, 그리고 직접적으로 나의 영혼에 증언하신다.("성령의 증거 II," 384.)라고 말했다.
404　앞의 책, 385.

마음속에서 다스리는 즉각적인 성령의 열매는 "사랑과 희락과 화평과 오래 참음과 자비와 양선과 충성과 온유와 절제"(갈 5:22, 23)입니다. 또한 외적인 열매는 모든 사람을 향해 선을 행하는 것, 그리고 아무에게도 악을 행하지 않는 것입니다(요일 1:7). 이것은 하나님의 모든 계명에 한결같이 순종하는 것입니다.[405]

또한 그의 설교 "성경적 구원의 길"에서 다음과 같이 말했다.

둘째로는, 모든 자비의 행위(works of mercy)입니다. 이것은 사람의 몸과 영혼을 위한 것으로서 굶주린 자를 먹이며, 헐벗은 자를 입히고, 나그네를 대접하며, 감옥에 갇힌 자와 병든 자와 여러 어려움에 처한 자를 찾아서 돌보는 일입니다.[406]

성화의 본질은 믿음과 이에 따른 선행의 결합이라는 것을 김홍기는 이렇게 말했다.

성화는 믿음 뿐 아니라 행위로 이루어진다. 성화는 믿음으로 시작한다. 그러나 성화의 완성에는 인간의 참여, 곧 선행이 있어야 한다. 따라서 성화의 완성인 마지막 구원은 믿음과 선행으로 성취된다. 그리하여 웨슬리는 의인화의 순간에 그리스도의 의(justitia Christ)가 주어지고 전가되는 은총이 다가오지만, 믿음과 선행에 의해서 그리스도의 의가 우리

---

405 앞의 책, "20. 성령의 증거 Ⅰ," 378.
406 앞의 책, "23. 성경적 구원의 길," 440.

의 본성으로 화(化)하는 은총(impartation), 곧 성화를 받는다고 한다.[407]

선행은 믿음의 증거일 뿐 아니라, 믿음의 열매이다.[408] 그러므로 성화는 믿음이 선한 행위에 의해 입증될 때 성취된다.

(2) 성화의 신앙적 정서 : 사랑

웨슬리는 성화의 단계에서 상호 연관된 다양한 신앙적 정서들에 대하여 설명하고 있다. 웨슬리는 그의 설교 "마음의 할례"에서 성화의 신앙적 정서로서 믿음, 소망, 사랑을 말하면서도 참된 겸손 또한 중요한 성화의 열매라는 사실을 다음과 같이 말했다.

좀 더 상세히 말하자면, 마음의 할례는 겸비, 믿음, 소망, 그리고 사랑을 의미합니다. "겸비"는 우리 자신에 대한 올바른 판단입니다. 겸비는 우리 자신의 뛰어난 점에 대한 높은 자만심으로부터 우리 마음을 정결하게 하며, 그리고 타락한 본성에서 생겨나는 열매는 자기 자신의 재능과 성취에 대한 지나친 평가로부터 우리 마음을 깨끗하게 합니다.[409]

사람은 자신을 자각한 후에 어느 정도 겸손해진다. 그러나 이는 그리스도인의 겸손과 다르다. 참된 겸손은 하나님의 사랑의 대상이며 하나님과 더불어 화해함을 의식할 때 온다.[410] 완전히 성화한 인간에게 겸손이

407　김홍기, 『존 웨슬리 구원론』, 164-165.
408　앞의 책, 165.
409　존 웨슬리, 앞의 책, "24. 마음의 할례," 449.
410　H. 린드스트룀, 『웨슬리와 성화』, 126.

란 전적으로 하나님에게 의존한다는 의식을 과거 어느 때보다 더 심각하게 가진다는 것을 의미한다.411 그러므로 그리스도인의 겸손은 성화의 강력한 신앙적 정서이다. 웨슬리는 믿음과 소망 또한 성화의 중요한 신앙적 정서임을 그의 설교 "마음의 할례"에서 다음과 같이 말했다.

> 그들의 질병에 대한 이런 지식에 의하여 그들은 그 질병의 일부인 교만과 자만심으로부터 더욱더 깨끗해지며, 더욱이 그 지식으로 그들은 '마음의 할례'가 의미하는 두 번째 것을 기꺼이 받아들이려고 준비합니다. 그 두 번째 것이란 바로 '믿음'입니다. 오직 믿음만이 그들을 온전하게 할 수 있으며, 믿음은 하늘 아래 그들의 질병을 치유하기 위해서 주어진 유일한 약입니다.412

> 믿음으로 "하나님에게서 난"(요일 3:9)자들은 또한 "소망으로 확고히 안위"(히 6:18)를 받습니다. 이 소망이 '마음의 할례'가 의미하는 그 다음 사항입니다. 즉 그들의 영이 성령과 더불어 자신들을 하나님의 자녀라고 그들의 마음속에서 제시하는 증거입니다.413

겸손과 마찬가지로 성화의 신앙적 정서로서의 소망은 자연인이 갖는 세속적 소망과 본질에 있어서 다르다는 것을 그의 설교 "마음의 할례"에서 다음과 같이 말했다.

---

411 앞의 책, 168.
412 존 웨슬리, 앞의 책, "24. 마음의 할례," 451.
413 앞의 책, 453.

하나님의 손에서 모든 좋은 것을 받을 것이라는 생동감 넘치는 소망을 그들에게 주시는 분은 바로 하나님이십니다. 즉 하나님은 그들을 위해서 "하늘에 마련되어"(벧전 1:4) 있는 "영광의 관"(벧전 5:4)에 대한 기쁨 넘치는 소망을 그들에게 주십니다.[414]

만일 그가 자기 앞에 놓인 상과 면류관을 바라보며, "하나님의 영광을 소망하고 즐거워하지" 않는다면, 누구라도 진정으로 "하나님의 영으로 인도함을 받는 사람"(롬 8:14)이 결코 아니라는 사실을 알 수 있습니다. 즉 하나님을 섬길 때, 우리 자신의 행복에 대한 관점을 가지지 말아야 한다고 가르친 사람들은 지금까지 큰 실수를 범한 것입니다. 그러나 그뿐만 아니라, 우리는 흔히 그리고 분명하게 하나님에 대하여 "보상으로 보답해주시는 일에 관심을 두시며"(히 11:26), 십자가의 고난을 "우리 앞에 놓인 기쁨"(히 12:2)과 같게 여기시는 분으로, 즉 "환란의 경한 것"(고후 4:17)을 "지극히 크고 영원한 영광의 중한 것"(고후 4:17)과 동일하게 여기시는 분으로 가르침을 받습니다.[415]

그러나 웨슬리는 모든 성화의 신앙적 정서에 우선하는 사랑에 대하여 그의 설교 "마음의 할례"에서 다음과 같이 말했다.

즉 '사랑'입니다. 이 사랑 안에 완전한 영광과 행복이 있습니다. 하늘과 땅의 가장 고귀한 율법은 이것입니다. 곧 "네 마음을 다하며 목숨을 다하며 힘을 다하며 뜻을 다하여 주 너의 하나님을 사랑하라"(눅 10:27)

414　앞의 책, 453.
415　앞의 책, 460-461.

라는 것입니다.416

성화의 신앙적 정서로서의 사랑은 단지 최초의 위대한 계명이 아니라 모든 계명이 하나로 된 것417이기 때문에 중요하다. 그렇기 때문에 이 사랑 안에는 많은 것을 내포하고 있다. 웨슬리는 그의 설교 "마음의 할례"에서 다음과 같이 말했다.

깊은 겸손과 견고한 믿음에 이르기까지 강렬한 소망과 결합하였으며, 그럼으로써 여러분 마음을 본성적 더러움에서 상당한 정도로 깨끗하게 되었으나, 만일 여러분이 완전하게 되려고 한다면, 이 모든 것에 '사랑'을 더하십시오. 사랑을 추가하면 여러분은 '마음의 할례'를 받게 됩니다. "사랑은 율법의 완성이며"(롬 13:10), "계명의 목적"(딤전 1:5)입니다.418

이처럼 성화의 신앙적 정서로서의 사랑은 믿음과 소망이 별개가 아니라 서로 긴밀하게 연결된 사랑이며, 이 사랑은 믿음 안에서 하나님의 사람들을 향한 사랑이다. 웨슬리는 그의 설교 "성경적 구원의 길"에서 다음과 같이 말했다.

여기에는 실제적인 변화와 상대적인 변화가 일어납니다. 우리는 하나님의 능력에 의하여 내적으로 새로워집니다. 이때부터 우리는 성령의

416　앞의 책, 455.
417　앞의 책, 455.
418　앞의 책, 455.

역사로 말미암아 우리 마음에 부어진 하나님의 사랑을 느낍니다. 이제 우리는 모든 사람에게 특별히 하나님의 자녀들에게 사랑을 생산하며, 동시에 우리는 세상에 대한 사랑, 그리고 세상의 쾌락과 안일과 명예와 돈에 대한 사랑을 내버리며, 우리 속에 있는 교만과 분노와 고집과 그 밖의 여러 가지 악한 성질을 내쫓으며, 세속적이고 육욕적이고 악마적인 마음을 씻어내고 그리스도 예수 안에 있는 마음으로 변화하게 됩니다.[419]

그러므로 성화의 신앙적 정서로서의 사랑은 세상의 것들에 대한 사랑을 버리고 믿음 안에서 소망을 가지고 하나님의 자녀들을 향한 그리스도 중심적인 사랑에 더 집중하는 사랑이라는 특징을 가지고 있다.

6) 완전

(1) 완전의 개념

그리스도인의 완전은 믿음의 목표이며 구원의 완성이다. 웨슬리는 그의 설교 "그리스도인의 완전"에서 그리스도인의 완전을 다음과 같이 정의했다.

그리스도인의 완전이란 진정으로 성결이라는 말을 달리 표현한 것뿐입니다. 완전과 성결이란 같은 사실에 대한 두 가지 명칭입니다. 따라서

---

[419] 앞의 책, "23. 성경적 구원의 길," 430-431.

거룩한 자는 누구든지 성경적인 의미에서 완전합니다.[420]

또한 그의 저서 『그리스도인의 완전』에서 다음과 같이 말했다.

완전에 대한 처음 생각은 '그리스도의 마음을 품는 것이요, 그가 행하신 대로 행하는 것'이었으며, 그가 품으셨던 마음 전체를 품는 것이요, 항상 그가 행하신 대로 행하는 것이었다. 달리 말하면 내적으로 및 외적으로 하나님께 헌신하는 것, 마음과 삶 전체로 헌신하는 것이다.[421]

좀 더 구체적으로 말하자면, 성경에 '완전한 사람'이라고 표현한 자는 그의 안에서 하나님이 '내가 너희 모든 더러운 것에서와 모든 우상에서 너를 정결케 할 것이며 내가 너희를 모든 부정함에서 구원하리라'고 하신 신실하신 말씀을 이룬 사람이라고 우리는 이해한다. 우리가 이로써 이해하는 완전한 사람이란 하나님께서 '몸과 혼과 영을 성화하신' 자, '하나님의 아들 예수 그리스도의 피가 그를 모든 죄에서 깨끗하게 하셨으므로 주께서 빛 가운데 계신 것처럼 빛 가운데 행하고 그 안에 어두움이 전혀 없는' 사람이다.[422]

그러므로 그리스도인의 완전은 하나님의 은총이며 이를 이루는 수단은 온전한 믿음이다. 웨슬리는 그의 설교 "거의 된 그리스도인"에서 다음과 같이 말했다.

---

420 앞의 책, "25. 그리스도인의 완전," 473-474.
421 존 웨슬리, 『그리스도인의 완전』, 36-37.
422 앞의 책, 35.

(거의 그리스도인)이들도 악을 피하고 선을 행하며 은혜의 방편을 활용한다. 반면에 온전한(진정한) 그리스도인은 '사랑으로 역사하는 믿음'의 소유자이다. 그는 진정으로 하나님을 사랑하고 이웃을 사랑한다.[423]

그 안에 거하는 하나님의 권능에 의해서 모든 불의로부터, 육과 영의 모든 더러움으로부터, 교만·분노·정욕으로부터 마음을 정화시키는 이 믿음을 소유한 사람은 누구든지 단지 '거의 그리스도인'이 아니라 '온전한 그리스도인'입니다.[424]

그러나 "완전한 사람이 된다는 것은 '온전히 성화되는' 것"[425]인데, 이는 본성이 완전히 하나님의 형상으로 변형되어 그리스도의 충만함과 완전에까지 이른 사람이다. 그러므로 그리스도인의 완전에 도달한 사람은 순수한 본성을 갖게 된다. 웨슬리는 그의 저서 『그리스도인의 완전』에서 다음과 같이 말했다.

하나님의 이 위대한 선물인 우리 영혼의 구원은 다른 것이 아니라 우리 마음에 새롭게 인처진 하나님의 형상이다. 그것은 '믿는 자들이 저희를 창조하신 자의 형상을 따라 심령으로 새롭게 되는 것이다.'[426]

그러므로 완전 성화를 이룬 사람은 그리스도 중심적인 삶을 산다. 이에 대하여 웨슬리는 그의 설교 "그리스도인의 완전"에서 다음과 같이

---

423 존 웨슬리, 앞의 책, "10. 거의 된 그리스도인," 194.
424 앞의 책, 203.
425 존 웨슬리, 『그리스도인의 완전』, 36.
426 앞의 책, 27.

말했다.

> 이러한 그리스도인은 누구나 사도 바울과 함께 말할 수 있습니다. "내가 그리스도와 함께 십자가에 못 박혔나니 그런즉 이제는 내가 산 것이 아니요 오직 내 안에 그리스도께서 사신 것이라."(갈 2:20)[427]

또한 그의 저서 『그리스도인의 완전』에서 다음과 같이 말했다.

> 이제 이 사람은 모든 인류에게 '내가 그리스도와 함께 십자가에 못 박혔나니 그런즉 이제는 내가 산 것이 아니요 오직 내 안에서 그리스도께서 사신 것이라'고 증거할 수 있다. 그는 마음과 온갖 행실이 '그를 부르신 하나님이 거룩하신 것처럼 거룩하다.'[428]

그러므로 완전 성화를 이룬 사람은 그리스도 안에서 그의 본성이 하나님의 형상으로 변화되어 순결한 마음을 갖게 된다. 웨슬리는 그의 저서 『그리스도인의 완전』에서 다음과 같이 말했다.

> 그러므로 이러한 그리스도인들 안에 사시는 그분은 믿음으로 말미암아 그들의 마음을 순결하게 하셨다. 무릇 그리스도께서 그 안에 계신 자마다 '영광의 소망이 있어 그분의 순결하심과 같이 자신을 순결하게 한다'.[429]

427　존 웨슬리, 앞의 책, "25. 그리스도인의 완전," 490.
428　존 웨슬리, 『그리스도인의 완전』, 35.
429　앞의 책, 25.

그러면 '완(온)전한 자'란 어떠한 사람을 두고 하는 말인가? 우리가 뜻하는 것은 '그리스도의 마음을 품은 자'요, '그리스도께서 행하신 대로 행하는 자'요, '손이 깨끗하고 마음이 순결한 자'이며, '육과 영이 더러운 것에서 깨끗해진 자', 즉 '어떠한 경우에도 실족하지 않는 자'요, 따라서 '죄를 범하지 않는 자'이다.[430]

웨슬리는 그의 설교 "마음의 할례"에서 그리스도인에게 마음의 깨끗한 의도를 가질 것을 권면했다.

"여러분의 영혼이 하나님의 온전한 사랑으로 가득 차게 함으로써, 여러분은 하나님을 위해서가 아니면 어떤 것도 사랑하지 마십시오." "마음의 깨끗한 의도를 가지십시오. 즉 여러분은 모든 행동에서 하나님의 영광에 대하여 변함없이 존중하십시오."[431]

그러므로 넓은 의미에서 그리스도인은 완전하다고 말 할 수 있는데, 웨슬리는 그의 설교 "그리스도인의 완전"에서 다음과 같이 말했다.

그러나 다음과 같은 의미에서는 그리스도 안에 있는 어린아이일지라도 완전합니다. 곧 하나님으로부터 태어났다는 (이 말에도 여러 가지 뜻이 있습니다만) 의미에서 완전한 것입니다. 왜냐하면 첫째로, 그들은 죄를 범하지 않기 때문입니다.[432]

---

430 앞의 책, 35.
431 존 웨슬리, 앞의 책, "24. 마음의 할례," 464.
432 앞의 책, "25. 그리스도인의 완전," 475. "죄란 '알려진 율법을 자의적으로 위반' 하는 것을 말합니다"라고 『웨슬리 설교 전집 6』, 설교 107. "완전에 대하여" (115쪽)에서 말했다.

따라서 완전 성화를 이루어 성결한 마음을 가진 그리스도인은 죄로부터 자유를 얻는다. 죄로부터 자유를 얻는다는 말은 단순히 죄책으로부터의 자유가 아니라 실제로 죄를 범하지 않을 뿐만 아니라 죄의 유혹을 받지 않는 상태, 즉 죄의 본성이 사라졌다는 것을 의미한다. 그것은 구원받은 그리스도인의 본성이 완전히 그리스도의 형상으로 변화되어 순결한 마음을 가졌기 때문이다. 이에 대하여 웨슬리는 『그리스도인의 완전』에서 다음과 같이 말했다.

> 그러므로 결론은, 그리스도인들은 이 세상에서 모든 죄와 모든 불의에서 구원을 받는다는 것과, 그들은 죄를 범하지 않으며 또한 악한 생각과 악한 성질에서 벗어난다는 의미에서 현재 완전하다고 하는 것이다.[433]

또한 그의 설교 "그리스도인의 완전"에서 다음과 같이 말했다.

> 이와같이 예수님은 그의 백성을 저희 죄에서 구원하십니다. 외적인 죄뿐 아니라 마음의 죄로부터도 구원합니다. 악한 생각으로부터, 그리고 악한 성품(기질)으로부터 구원하시는 것입니다.[434]

그러기에 그리스도인은 이 세상에서 모든 죄와 불의에서 구원함을 받은 것이요, 죄를 범하지 않으며 악한 생각과 성품에서 자유함을 얻는다

---

433 존 웨슬리, 『그리스도인의 완전』, 26.
434 존 웨슬리, 앞의 책, "25. 그리스도인의 완전," 491.

는 의미에서 그리스도인은 완전하다고 하는 것입니다.[435]

웨슬리는 완전 성화가 먼 미래의 일이 아니라 이 세상에서 성취할 수 있다는 점을 강조한다. 그 이유가 예수는 자기 백성을 그들의 죄로부터 구원하시되, 외면적인 죄뿐만 아니라 마음의 죄에서도 구원하시기 때문이다.[436] 웨슬리는 그의 설교 "그리스도인의 완전"에서 다음과 같이 말했다.

여기서 사도 요한은 모든 반대를 넘어서 자기 자신과 그리고 다른 살아 있는 그리스도인들에 관하여 말하고 있는데 (마치 죽기 전에는 안된다는 이런 주장을 미리 예견하고, 자신이 그것을 근본에서부터 뒤집어놓으려는 듯이), 그는 사람이 죽을 때나 죽음 뒤뿐만 아니라 "이 세상에서도" 그들의 주님과 같이 된다는 것을 확실히 주장하고 있습니다(요일 4:17).[437]

여기에서 사도 요한은 이 죄에서의 구원이 "이 세상에서" 이루어짐을 말하고 있음이 분명합니다. 그것은 그가 그리스도의 보혈이 죽음의 때나 심판 날에 우리를 깨끗게 하실 것이라고 말한 것이 아니라, 우리, 즉 살아 있는 그리스도인들을 모든 죄로부터 현재의 시간에 깨끗하게 하신다고 말씀하셨기 때문입니다.[438]

그리스도인의 완전을 이룬 사람은 삶에서 열매를 맺는다. 웨슬리는 "감리교도는 자기의 마음을 다하고 목숨을 다하고 생각을 다하고 힘을 다

---

435 앞의 책, "25. 그리스도인의 완전," 493.
436 존 웨슬리, 『그리스도인의 완전』, 25.
437 존 웨슬리, 앞의 책, "25. 그리스도인의 완전," 492.
438 앞의 책, 492.

하여 주 하나님을 사랑하는 사람"439이라고 말하면서, 하나님을 사랑하는 사람의 특징적인 삶 세 가지를 말한다. ① 항상 기뻐하는 삶을 산다. 그는 하나님 안에서 행복하기 때문이다.440 ② 범사에 감사하는 삶을 산다. 그는 신실하신 창조주의 손에 자기의 육체와 영혼을 전적으로 의지하기 때문이다.441 ③ 쉬지 않고 기도하는 삶을 산다. 그의 영혼의 사랑하는 시선이 하나님께 고정되어 있어 어디서나 '보이지 않는 그분을 보고' 있으므로 그는 계속 하나님과 동행한다.442 그러므로 웨슬리는 내가 견지하는 완전, 즉 '항상 기뻐하며 쉬지 않고 기도하며 범사에 감사하는 사랑'은 그것과 온전히 양립하는 것이다. 누구든지 그렇지 않은 완전을 주장한다면, 주의해야 할 것이다443 하고 말했다. 린드스트룀은 다음과 같이 말했다.

> 따라서 완전히 성화한 인간은 그 사랑과 불가분리의 것인 열매를 통해서도 구별된다. 즉 그 사랑의 열매는 '항상 기뻐하며, 쉬지 않고 기도하며, 범사에 감사하는 것'이다. 이와 같은 마음의 상태를 완전히 성화한 인간의 특색이라고 볼 수 있다.444

웨슬리는 완전 성화를 이룬 사람들을 분별할 수 있다고 말했다. 웨슬리는 그의 저서 『그리스도인의 완전』에서 어떻게 성화되었다는 것을 알 수 있는가? 하는 질문에 대한 대답 형식을 취하여 다음과 같이 말했다.

---

439 존 웨슬리, 『그리스도인의 완전』, 15.
440 앞의 책, 15.
441 앞의 책, 16.
442 앞의 책, 16.
443 앞의 책, 93.
444 H. 린드스트룀, 『웨슬리와 성화』, 149.

(답) 어떤 의미에서든지, '우리가 하나님께 속한 것을 아는 것'은 '그가 우리에게 주신 성령으로 말미암는' 것이다. 우리는 그것을 성령의 증거와 열매로 안다. 첫째, 성령의 증거로 알 수 있다.[445]

(문 22) 어떠한 '성령의 열매로서 우리가 최고의 의미에서 '하나님께 속한 자'임을 알 수 있는가?
(답) 사랑과 희락과 화평이 항상 거하고 있는 것으로 알 수 있고, 변함없는 오래 참음과 인내와 포기함으로, 모든 노여움을 초월하는 온화함으로, 심령이 양선하고 온순하고 사랑스럽고 부드러움으로, 충성됨과 단순함과 경건한 성실함으로, 심령이 온유하고 평온하며 흔들리지 않음으로, 음식과 수면뿐만 아니라 모든 본성적, 영적 일에 절제함으로 알 수 있다.[446]

또한 이성적인 증거를 통하여 객관적으로 그리스도인이 완전을 이루었다는 사실을 분별할 수 있다. 이 사실을 웨슬리는 그의 저서 『그리스도인의 완전』에서 다음과 같이 말했다.

(문) 이성적인 증거란 무엇인가? 모든 죄에서 구원받은 사람을 어떻게 확실히 알 수 있는가?
(답) 하나님께서 기꺼이 우리에게 영들을 분별하는 기적적인 능력을 주시지 않는 한 누가 그러한 구원을 받았는지(아니, 누가 의롭다 하심을 받았는지조차) 틀림없이 알 수는 없다. 그러나 이성이 있는 사람이라면 다음

445　존 웨슬리, 『그리스도인의 완전』, 95.
446　앞의 책, 99.

몇 가지로서 그 일의 진실이나 깊이를 의심의 여지 없이 알아보기에 넉넉한 증거가 될 것이다. ① 이 변화가 있기 전에 상당한 기간동안 그의 행실이 모범적이었다는 분명한 증거를 우리가 가지고 있다면 말이다. 이것은 그가 '하나님을 위한다는 핑계로 거짓말을 하지' 않고 자기가 느낀 대로 가감 없이 말하리라고 믿는 이유를 제공한다. ② 만일 그 사람이 나무랄 데 없는 건실한 말투로 그 변화가 일어난 때와 방식에 대하여 명확하게 설명한다면 말이다. ③ 그 사람이 그 후 우리들 보기에 언행이 거룩하고 비난할 데가 없다면 말이다.[447]

그럼에도 불구하고 웨슬리는 계속적인 성장이 필요하지 않을 만큼 완전한 완전은 이 세상에서 실현할 수 없다는 것을 그의 설교 "그리스도인의 완전"에서 다음과 같이 말했다.

우리는 이런 면에서 절대적인 완전이란 이 땅 위에서는 없다는 것을 압니다. "정도의 완전(perfection of degree)"이란 없습니다. 즉 계속적인 성장을 허용할 여지가 없는 그런 완전이란 있을 수 없다는 말입니다. 그런 까닭에 설사 누군가가 어느 정도만큼 도달했든지 혹은 어느 높은 정도로 완전해졌든지 간에, 그는 아직도 "은혜 안에서 자라가야"(벧후 3:18)할 필요가 있습니다.[448]

그러므로 웨슬리는 그의 설교 "마음의 할례"에서 다음과 같이 당부했다.

---

447 앞의 책, 59-60.
448 웨슬리, 앞의 책, "25. 그리스도인의 완전," 473-474.

유일하고 완전한 선(善)이 여러분의 유일하고 궁극적인 목적이어야 합니다. 그 목적 자체를 위하여 여러분이 소원하는 단 한 가지는 바로 "모든 것 안에서 모든 것이 되시는 하나님께서"(고전 15:28) 이루시는 것입니다. 여러분이 자신의 영혼에 제안해야 하는 단 하나의 행복은 자신의 영혼을 만드신 분과의 연합, 즉 "하나님 아버지와 또 그의 아들 예수 그리스도와 함께하는 사귐"(요일 1:3)을 가지는 일, 바로 "한 영으로 주님과 결합하는"(고전 6:17)일입니다.[449]

케네스는 결론적으로 온전한 성화에 대하여 다음과 같이 말했다.

긍정적으로 말한다면, 온전한 성화는 하나님의 전능한(ever-potent) 은총을 통해 실제적인 갱신, 변화, 정결뿐 아니라 온전한 영혼의 치유(therapeia psuches)를 가져온다. 웨슬리는 "내가 '완전'이라 했을 때 그 의미는 모든 기질과 말, 행동과 온전한 마음, 삶을 지배하는 겸손과 온유, 인내함으로 하나님을 사랑하고 인간을 사랑하는 것을 뜻한다"고 말했다. 다시 말하지만, "이 사랑은 죄를 몰아내며, 마음을 채우고, 영혼의 온전한 능력을 회복하는 사랑이다"(Outler, Sermons, 2:160).[450]

웨슬리가 "그리스도 안에 있는 구속을 통해 그분의 은혜에 의해 값없이 의롭다 여김을 받고 예수 그리스도를 통해 우리가 하나님과 화평케 되었음을 깨달으며(롬 5:1), 하나님의 영광 가운데 있는 소망을 즐거워하고(롬 5:2), 우리에게 주어진 성령에 의해 우리 마음에 부어진 하나님 사랑을

449　앞의 책, "24. 마음의 할례," 456.
450　케네스 콜린스, 『존 웨슬리의 신학』, 423.

소유함으로 '온전한 그리스도인'이 되는 것이 어떠한 것인지를 체험하기를 기원합니다."451 하고 말한 것처럼, 그리스도인은 하나님 은혜의 참여를 통하여 신의 성품452으로 변화된 본성으로 하나님과의 일치를 이루는 사람이 되어야 한다.

(2) 완전의 신앙적 정서 : 완전한 사랑

사람의 정서는 복합적이기 때문에 하나의 경험은 하나의 정서만 발현하는 것이 아니라 그와 연관된 다양한 정서들이 발현된다. 그러므로 발현된 하나의 정서는 다양한 정서들과 연관되어 있다. 특히 사랑의 정서는 다양한 정서들과 폭넓게 연결되어 있으므로 사랑의 정서는 궁극적인 신앙적 정서의 종합이라고 말할 수 있다. 그러므로 하나님이 신자의 마음에 채우신 사랑은 율법의 완성으로써 모든 것을 종합하는 신앙적 정서로서의 사랑이므로 그리스도의 완전은 사랑의 완전이다. 웨슬리는 그의 설교 "하나님 나라로 가는 길"에서 다음과 같이 말했다.

이러한 사랑이 "율법의 완성"이 아니겠습니까?(롬 13:10) 모든 그리스도인의 의, 곧 모든 내적인 의의 전부가 아니겠습니까? 그 사랑은 필연적으로 "사랑은 교만하지 아니한다"(고전 13:4)라는 말을 볼 때, "긍휼, 마음의 겸손"(골 3:12)을 의미하며, 사랑은 "성내지 아니하며", 오히려 "모

---

451 존 웨슬리, 앞의 책, "10. 거의 된 그리스도인," 205.
452 "이로써 그 보배롭고 지극히 큰 약속을 우리에게 주사 이 약속으로 말미암아 너희로 정욕을 인하여 세상에서 썩어질 것을 피하여 신의 성품에 참예하는 자가 되게 하려 하셨으니 이러므로 너희가 더욱 힘써 너희 믿음에 덕을, 덕에 지식을, 지식에 절제를, 절제에 인내를, 인내에 경건을, 경건에 형제 우애를, 형제 우애에 사랑을 공급하라."(벧후 1:4-7)

든 것을 믿으며 모든 것을 바라며 모든 것을 견디기에"(고전 13:5, 7) "자비, 온유, 오래 참음"(골 3:12)을 의미합니다. 또한 사랑은 모든 외적인 의의 전부이기도 합니다.[453]

죄가 사라진 마음에는 하나님의 사랑으로 채워진다. 웨슬리는 그의 저서 『그리스도인의 완전』에서 죄가 제거된 신자의 마음에 깃들인 다양한 신앙적 정서에 관하여 다음과 같이 말했다.

그리하여 곤고한 중에 그들이 주께 부르짖으매, 주께서는 그들에게 저희 죄가 제거되었음을 보여주시고 그들의 마음속에 천국을 열어주시어 '성령 안에서 의와 평강과 희락이' 있게 하신다. 슬픔과 고통은 쫓겨나고 죄는 더 이상 그들을 지배하지 못한다. 주의 피를 믿는 그 믿음으로 값없이 의롭다 하심을 받은 줄 아는 고로, 그들은 '예수 그리스도로 말미암아 하나님으로 더불어 화평을 누리며', '하나님의 영광을 바라고 즐거워하며', '하나님의 사랑이 그 마음에 가득히 부어지는' 것이다.[454]

또한 그의 설교 "하나님 나라로 가는 길"에서는 다음과 같이 말했다.

그러나 참 종교에는, 곧 하나님과 사람을 향한 올바른 마음에는 성결과 더불어 행복도 있습니다. 그것은 "의"일 뿐만 아니라 "성령 안에 있는

---

453 존 웨슬리, 앞의 책, "7. 하나님 나라로 가는 길," 148.
454 존 웨슬리, 『그리스도인의 완전』, 30.

평강과 희락"이기 때문입니다(롬 14:17). ⁴⁵⁵

또한 설교 "거의 된 그리스도인"에서 다음과 같이 말했다.

이 믿음은 하나님과 모든 인류를 향한 죽음보다 더 강한 사랑, 즉 모든 사람을 위해서 쓰고, 쓰임 받는 것을 자랑으로 여기며 하나님의 일을 행하는 사랑으로 채워집니다. 그리고 모든 사람으로부터 받은 조롱, 멸시, 증오, 즉 그리스도의 치욕뿐만 아니라 하나님의 지혜가 허락하면 사람과 사탄의 악의가 가하는 것이 무엇이든지 기쁨으로 인내하는 사랑으로 채워집니다. ⁴⁵⁶

그러나 그리스도인의 완전에 도달한 사람에게서 나타나는 가장 강력한 신앙적 정서는 사랑이다. 성경적 완전은 순전한 사랑만이 마음과 삶을 지배하기 때문이다. ⁴⁵⁷ 그 사랑은 본질적으로 그리스도를 사랑하는 삶이다. 1759년 연회에서 그리스도인의 완전이란 무엇인가? 하는 문제에 대하여 다음과 같이 결정하였다.

(답) 우리의 마음과 뜻과 목숨과 힘을 다해서 하나님을 사랑하는 것이다. 이것은 사랑에 위배되는 그릇된 기질이 조금도 그 영혼에 남아 있지 않고 그의 모든 생각과 말과 행동이 순수(결)한 사랑으로 지배되는 것을 의미한다. ⁴⁵⁸

---

455 존 웨슬리, 앞의 책, "7. 하나님 나라로 가는 길," 149.
456 앞의 책, "10. 거의 된 그리스도인," 203.
457 존 웨슬리, 『그리스도인의 완전』, 64.
458 앞의 책, 52.

완전한 사람이란 완전한 사랑을 이룬 사람이다. 완전 성화는 완전한 사랑이기 때문이다.[459] 웨슬리는 그의 저서 『그리스도인의 완전』에서 다음과 같이 말했다.

성경적 완전은 순결한 사랑이 마음에 충만하여 모든 말과 행실을 지배하는 것이다. 만일 당신의 생각이 이 이상의 것이나 이 밖의 그 무엇을 포함한다면, 그것은 성경적인 것이 아니다.[460]

웨슬리는 그의 설교 "성경적 구원의 길"에서 다음과 같이 말했다.

이와같이 우리는 사도가 "완전한 데로 나아갈지니라"라고 말한 대로 충만한 성화, 즉 우리의 모든 죄와 교만과 고집과 분노, 불신앙 등에서 떠나서 충만한 구원을 기다리는 것입니다. 그러면 완전이란 무엇입니까? 완전이란 말은 다양한 의미를 가지고 있지만 여기서는 완전한 사랑을 의미합니다. 이는 '죄를 몰아내는 사랑(love excluding sin)'이며, 또한 온 마음을 가득 채우며, 온 영혼을 들어 올리는 사랑입니다. 이것이 곧 항상 기뻐하며, 쉬지 않고 기도하며, 범사에 감사하는 사랑입니다.[461]

그러므로 그리스도인의 완전에 도달한 사람은 기본적으로 하나님을 사랑하는 사람이지만, 하나님을 사랑하는 사랑은 독점하지 않는 사랑이다. 하나님을 사랑하는 사랑은 현재에 머무르지 않고 그 범위를 확장해

---

[459] 웨슬리, 앞의 책, "24. 마음의 할례," 446. 그리스도인의 완전은 하나님과 이웃에 대한 완전한 사랑이며, 그리스도께서 그 사랑과 능력을 드러내셨다는 확고한 믿음에 근거한다.
[460] 웨슬리, 『그리스도인의 완전』, 64.
[461] 웨슬리, 앞의 책, "23. 성경적 구원의 길," 432.

간다. 사랑의 범위를 만물까지 넓히는 것은 하나님의 뜻일 뿐만 아니라 그런 사랑은 사랑하는 사람 자신에게 진정한 기쁨을 주기 때문이다. 그래서 웨슬리는 "사랑 안에는 완전과 영광과 행복이 있습니다!"[462]라고 말했다. 웨슬리는 그의 설교 "마음의 할례"에서 다음과 같이 말했다.

> 왜냐하면 하나님은 우리에게 주신 생명을 유지하는데 필요한 피조물들을 사용하는 것에 기쁨을 더하셨기 때문입니다. 이런 맥락에서 "하나님 외에는 다른 어떤 것을 사랑하지 마라"라는 말씀은 결코 하나님이 주신 계명이 될 수 없습니다.[463]

이처럼 하나님의 사랑은 자연스럽게 이웃을 향한 사랑으로 확장된다. 웨슬리는 그의 설교 "신생의 표적"에서는 다음과 같이 말했다.

> 하나님에 대한 사랑은 반드시 우리 이웃, 곧 하나님이 지으신 모든 영혼에 대한 사랑으로 열매 맺습니다.[464]

또한 그의 설교 "하나님 나라로 가는 길"에서 다음과 같이 말했다.

> 너는 사랑하라, 가장 온화한 선의로, 가장 진심 어린 따뜻한 애정으로, 그리고 모든 악을 막거나 제거하고자 하며 네 이웃을 위해 가능한 모든 선을 얻고자 끓어오르는 소원을 가지고 그를 포용하라.[465]

---

462 웨슬리, 『그리스도인의 완전』, 10.
463 웨슬리, 앞의 책, "24. 마음의 할례," 455-456.
464 웨슬리, 앞의 책, "18. 신생의 표적," 342.
465 앞의 책, "7. 하나님 나라로 가는 길," 148.

또한 그리스도인의 완전을 이루는 온전한 사랑은 정서적으로 내가 사랑할 수 없는 이웃에게까지 범위를 더욱 확장한다. 그의 설교 "하나님 나라로 가는 길"에서는 다음과 같이 말했다.

> 그는 '마음을 다하여 주 그의 하나님을 사랑하며', '힘을 다하여' 그를 섬긴다. 그는 '이웃 즉 모든 사람을 제 몸과 같이 사랑한다.' 참으로 그리스도께서 우리를 사랑하신 것 같이 사랑한다. 특히 '아들도 그 아버지도 모르기 때문에 자기를 욕하고 핍박하는 자'를 그렇게 사랑한다. 그의 영혼은 실로 사랑으로 충만하다. 즉 '긍휼과 자비와 겸손과 온유와 오래 참음으로 충만하다.' 그의 생활도 이에 부합되어 '믿음의 행위와 소망의 인내와 사랑의 수고'로 충만하다. '그리고 그가 무엇을 하든지 말이나 행실에나 주 예수의 이름으로' 주의 사랑과 능력을 힘입어서 행한다. 한마디로 말해서, 그는 '하늘에서 하나님의 뜻이 이루어진 것처럼 땅에서 하나님의 뜻을' 행하는 것이다.[466]

그러므로 완전한 사람으로 만드는 완전한 사랑은 모든 피조물을 사랑하는 사랑까지 사랑의 경계를 확장된다. 웨슬리는 그의 설교 "마음의 할례"에서 다음과 같이 말했다.

> 어떤 일이라도 그것이 하나님을 기뻐하는 목적에 이바지하는 한, 그것들을 갈망하십시오. 피조물이 창조주께로 나아갈 때, 그 피조물을 사랑하십시오. 그러나 여러분이 걸어가는 한 걸음 한 걸음에서, 하나님을

---

[466] 웨슬리, 『그리스도인의 완전』, 35-36.

기뻐하는 일이 자기 생각을 마무리하는 영광스러운 지점이 되도록 하십시오.[467]

또한 그의 저서 『그리스도인의 완전』에서 다음과 같이 말했다.

여러분의 영혼에게 제안할 행복도 하나뿐입니다. 그것은 그 영혼을 지으신 분과 연합하는 것이요, '성부와 성자로 더불어 사귐'이 있는 것이며, '주와 합하여 한 영이 되는 것'입니다. 여러분이 끝까지 추구할 목표는 오직 한가지, 즉 시간과 영원에 있어서 하나님을 기뻐하는 그것입니다. 다른 것들은 이 일로 향하는 한에서 갈망하십시오. 즉 창조주에게로 인도하는 길이 되도록 피조물을 사랑하십시오.[468]

그러나 완전한 사랑은 말에 있지 아니하고 선을 실천하는 사랑에 있다(요일 3:18). 행동으로 표현되지 않는 사랑은 진정한 사랑이 아니기 때문이다. 웨슬리는 그의 설교 "하나님 나라로 가는 길"에서 다음과 같이 말했다.

말로든 행동으로든 "사랑은 그 이웃에게 악을 행하지 않기"(롬 13:10) 때문입니다. 사랑은 선뜻 누구라도 상하게 하거나 슬프게 하지 않습니다. 오히려 사랑은 선한 일을 열심히 합니다(딛 2:14). 인류를 사랑하는 사람은 누구나 기회가 있을 때마다 "모든 이에게 착한 일을 하며"(갈 6:10,

---

[467] 웨슬리, 앞의 책, "24. 마음의 할례," 456.
[468] 웨슬리, 『그리스도인의 완전』, 10.

"편견과 거짓이 없나니") "긍휼과 선한 열매가 가득합니다"(약 3:17).**469**

그리스도인의 완전을 이루는 완전한 사랑은 넓이에 있어서 사랑할 수 없는 이웃을 사랑하는 것을 넘어 피조물에까지 이르고, 깊이에 있어서 하나님을 닮은 사랑을 실천하는 데까지 이르고, 높이에 있어서는 하나님과 사랑의 연합을 이루어 하나님의 형상으로 변화되는 곳까지 이른다.

7) 영화(榮化: glorification)

(1) 영화의 개념

성경에서 구원은 완료시제(즉 계속되는 영향력을 가진 완성된 행동)로, 그리고 (계속적인) 현재 시제와 미래 시제로도 표현된다. 웨슬리가 구원을 점진적인 과정으로 이해하는 방식은 구원의 방향과 목표를 제공한다.**470**

웨슬리의 미래의 구원에 관한 개념은 죽음 이후의 문제에 관한 서술로서 종말론적 성격을 갖기 때문에 인간 경험의 한계를 뛰어넘는다. 그러므로 웨슬리는 성서에 근거해서 구원의 완성을 설명한다. 지상에서 믿음의 삶은 육체의 죽음으로 끝이 난다. 그러나 육신의 삶이 끝난 존재는 망각 대신 자신의 존재를 자각할 만한 자아 인식을 가지고 하나님의 나라에 간다. 웨슬리는 그의 설교 "믿음에 대하여 II"에서 죽음 이후의 상태에 대해서 다음과 같이 말했다.

---

469   웨슬리, 앞의 책, "7. 하나님 나라로 가는 길," 148-149.
470   사이몬 찬, 『영성신학』, 120.

내 영혼이 몸으로부터 벗어나면, 나는 어떤 종류의 존재로 들어가게 될까요? 어떻게 내 스스로를 느낄 수 있습니까? 어떻게 내 존재를 자각할 수 있겠습니까? 어떻게 내 주변의 일들과 물질, 또는 영적 대상들을 분간할 수 있겠습니까?[471]

우리는 천국에 거룩한 기질을 영원히 가지고 갈 것입니다. 그 점을 인하여 주님께 감사드립니다. 그러므로 영원히 우리의 기질들은 남아 있을 것이며 우리에게 은혜를 베푼 은인에 대한 감사의 생각은 사라지지 않고 남아 있을 것입니다.[472]

또한 그의 설교 "믿음에 대하여"에서 육체적 죽음 이후에는 영혼이 어떤 상황에서 어디에 살게 될 것인지에 대하여 다음과 같이 말했다.

먼저 거룩하지 못한 영혼들이 죽음에서부터 부활까지 어떻게 무엇을 하고 있을지 생각해 봅시다. 육신을 떠나는 순간, 아마 인간은 악마와 마찬가지로 스스로가 그들 자신의 영혼으로 둘러싸인다는 것을 발견한다는 점은 의심할 수 없습니다.[473]

그리스도께서 음부(Hades)에 내려가심에 따라 그의 몸이 죽음으로부터 부활하기까지 무덤에 남았고, 그의 영혼은 분리된 영혼들이 거하는 음부(Hades)에 계셨습니다.[474]

---

471   웨슬리,『웨슬리 설교전집 7』, "설교 150. 믿음에 대하여 II," 384.
472   앞의 책, "설교 150. 믿음에 대하여 II," 392.
473   앞의 책, 388-389.
474   앞의 책, 385.

음부에는 "거대한 웅덩이"가 있어 거룩한 영혼과 악한 영혼 사이에는 아무도 건널 수 없습니다.[475]

지상에서 경험하는 완전은 상대적이지만, 천상에서 경험하는 영화는 절대적 완전의 상태로써 구원의 목표에 도달했음을 의미한다. 웨슬리는 영화(glorification)의 단계에 이르러서 미래의 구원, 즉 구원의 완성을 말하고 있다. 영화는 의식적인 죄뿐만 아니라 무의식적인 죄까지도 사함받는 상태이다. 또한 무지, 실수, 연약함, 유혹에서마저도 자유함을 얻게 되는 것이다.[476] 즉 영화는 지상에서 시작된 영적 생명이 천상에서 신령한 몸으로 영화롭게 변화되는 구원의 완성[477]이다. 진정한 구원의 완성으로서의 영화는 하나님의 대심판을 받기 위해 부활의 몸을 입을 때 확증된다. 웨슬리는 이를 그의 설교 "죽은 자의 부활"에서 다음과 같이 말했다.

그러나 우리가 생명으로의 부활을 얻었을 때, 우리 몸은 이 "땅의 몸"의 천하고 상스러움으로부터 영화롭게 되고, 순수하게 정화되며, 또한 품위를 갖출 것입니다. 그때에는 우리 몸이 천국의 신성한 모든 활동에서 영혼에 알맞은 도구가 될 것이며, 그리고 우리는 전혀 지치지 않고, 무한한 세대에 걸쳐서 하나님께 찬양을 올려드릴 것입니다.[478]

그리고 마지막 날에 모든 사람은 하나님의 심판대 앞에 서게 될 것이다. 웨슬리는 그의 설교 "대 심판"에서 다음과 같이 말했다.

---

475 앞의 책, 385.
476 김홍기, 『존 웨슬리의 구원론』, 182.
477 앞의 책, 184.
478 웨슬리, 앞의 책, "27. 죽은 자의 부활," 534.

단지 잠깐 있다가, "우리가 다 그리스도의 심판석 앞에 설 것입니다."(롬 14:10) 왜냐하면 "주께서 이르시되 내가 살았노니 모든 무릎이 내게 꿇을 것이요 모든 혀가 하나님께 자백하리라"(롬 14:11)라고 하셨기 때문이다. 그리고 그날에 "우리 각 사람이 자기 일을 하나님께 직접 고할 것입니다"(롬 14:12).**479**

사람들이 전능하신 하나님의 심판대 앞에 설 때, 자신이 했던 일에 대하여 심판자이신 하나님께서 일일이 드러내실 것이지만, 다른 한편으로 자기 입으로 자신이 행한 모든 일을 고백해야 할 것이다. 이 일에 대하여 웨슬리는 그의 설교 "대 심판"에서 다음과 같이 말했다.

그러나 그때에는 무덤에서 요람까지 우리가 행한 모든 행실과 우리가 한 모든 말에 대하여 해명해야만 합니다. 또한 우리의 모든 욕망과 기질, 우리의 "마음의 모든 생각과 뜻"(히 4:12)에 대하여 해명해야만 합니다. 그리고 마음에 속한 것이든, 몸에 속한 것이든, 혹은 재산에 속한 것이든, 우리가 받은 여러 가지 재능을 어떻게 사용했는지 해명해야 합니다. 마침내 하나님이 "네가 보던 일을 셈하라 청지기 직무를 계속하지 못하리라"(눅 16:2)라고 말씀하실 때까지 해명해야 합니다.**480**

또한 단지 인간의 자녀 각자가 모든 행동만이 확연하게 드러나는 것이 아니라, 그들이 한 말도 그대로 드러날 것입니다. 왜냐하면 "사람이 무슨 무익한 말을 하든지 심판 날에 이에 대하여 심문을 받으리라"(마

---

479 앞의 책, "26. 대심판," 497.
480 앞의 책, 515.

12:36)라고 말씀하셨기 때문입니다.[481]

전능하신 하나님은 대 심판의 날에 모든 사람의 생각과 행동 전부를 드러내실 것이다. 이를 웨슬리는 그의 설교 "대 심판"에서 다음과 같이 말했다.

> 그들의 모든 기질, 모든 소원, 모든 "마음의 생각과 뜻"(히 4:12)과 더불어 그들의 삶 전체 사건을 적나라하게 보여주는 것은 하나님의 영광을 완전히 드러내기 위하여, 즉 "구원받을 상속자들"(히 1:14)을 향한 하나님의 지혜와 공의와 권능과 자비하심을 확실하고 온전하게 나타내기 위해서 분명하게, 그리고 절대적으로 필요합니다.[482]

이 세상에 존재한 모든 사람은 하나님의 심판을 피할 수 없다. 이에 대하여 웨슬리는 그의 설교 "대 심판"에서 다음과 같이 말했다.

> 오늘 이 법정에서는 죄를 지은 사람이 증거 부족으로 인해 빠져나갈 수도 있습니다. 그러나 하늘 법정에서는 증거 부족으로 빠져나가는 일이 가능하지 않습니다.[483]

또한 웨슬리는 심판의 장소와 시기에 대하여 그의 설교 "대 심판"에서 다음과 같이 말했다.

---

[481] 앞의 책, 504.
[482] 앞의 책, 506.
[483] 앞의 책, 515.

성경에는 인간이 심판을 받게 될 장소에 관하여 명시된 바가 전혀 없습니다.[484]

그러나 어쩌면 '행성 높이의 두 배'가 되지 않는다면, 심판이 땅 위 하늘에서 있을 것이라는 추정이 "구름을 타고 오리라"(마 24:30; 막 13:26)고 하신 주님의 말씀에 더 적합합니다. 그리고 이러한 추정은 사도 바울이 데살로니가 교인들에게 써 보낸 서신의 내용과 적지 않게 일치한다고 볼 수 있습니다.[485]

그러므로 주님의 "크고 흰 보좌"(계 21:10)가 땅 위로 높이 있을 것이라는 추정이 가장 확실해 보입니다.[486]

이 세상에 존재했던 모든 사람은 최후의 심판대 앞에 서기 위해서 영광으로 부활할 것이다. 이에 대하여 웨슬리는 그의 설교 "죽은 자의 부활"에서 다음과 같이 말했다.

그러므로 죽을 수밖에 없는 우리의 몸은 죽지 않는 몸으로 부활할 것입니다. 그 몸은 언제나 죽음으로부터 보존될 뿐만 아니라 (왜냐하면 만약 하나님이 기뻐하시면, 그렇게 될 것이므로), 그 몸의 본성은 전적으로 변화할

---

[484] 앞의 책, 501.
[485] 앞의 책, 502. "주께서 호령과 천사장의 소리와 하나님의 나팔 소리로 친히 하늘로부터 강림하시리니 그리스도 안에서 죽은 자들이 먼저 일어나고 그 후에 우리 살아 남은 자들도 그들과 함께 구름 속으로 끌어 올려 공중에서 주를 영접하게 하시리니 그리하여 우리가 항상 주와 함께 있으리라."(살전 4:16-17)
[486] 앞의 책, 502.

것입니다.487

우리 몸은 영광으로 부활할 것입니다. "그때에 의로운 자들은 자기들의 아버지의 왕국에서 해같이 빛나리라"(마 13:43)라고 말씀하셨습니다.488

죽은 자가 하나님의 심판을 받기 위하여 영광의 몸으로 부활할 때는 해처럼 빛나는 하나님의 영광의 빛을 가지게 될 것이다. 웨슬리는 그의 설교 "대 심판"에서 다음과 같이 말했다.

"그때 의로운 자들은 자기 아버지의 나라에서 해와 같이 빛날 것이며"(마 13:43), 그리고 그들이 "하나님의 오른쪽에 있는 주의 기쁨의 강물을 영원토록 마시게 하실 것입니다."(시 16:11, 36:8)489

그러나 죽음에 이르지 않은 사람들은 그 빛을 볼 수도 없고 경험할 수도 없으므로,490 완전 성화에 이른 모세와 예수님, 그리고 스데반의 모습을 통해서 부활의 날에 입게 될 영광을 유추할 수 있을 뿐이다.491

487　앞의 책, "27. 죽은 자의 부활," 531.
488　앞의 책, 531.
489　앞의 책, "26. 대심판," 508.
490　앞의 책, 508. 또한 인간의 모든 언어로 묘사하더라도 불가능할 뿐입니다! 오직 "셋째 하늘에 이끌려 간 자"(고후 12:2)만이 그것에 대한 적절한 개념을 가질 수 있습니다. 그러나 심지어 그런 사람조차도 자신이 본 것을 표현할 수 없습니다. 왜냐하면 이러한 것들은 "말로 표현하는 것이 가능하지 않기"(고후12:4) 때문입니다.
491　앞의 책, "27. 죽은 자의 부활," 531-532. 그러면 만약 모세나 스데반의 얼굴이 심지어 이 땅에서조차 그렇게 영광스럽게 비춘다면, 다른 세상에서 그의 몸과 모든 성도의 몸이 그리스도의 영광스러운 몸처럼 되었을 때 그 얼굴이 얼마나 밝게 빛나겠습니까.

그때 모세는 시내산 위에서 하나님과 대화하고 있었습니다. 모세 얼굴의 광채가 너무 밝게 빛나고 있어서, 그가 얼굴을 수건으로 가릴 때까지, 이스라엘 자녀들은 그에게 가까이 가는 것조차 두려워했습니다.[492]

그리고 스데반의 얼굴의 기이한 위엄은 그의 영광의 증거처럼 보였습니다. "공회 안에 앉은 모든 사람이 똑바로 그를 바라보며, 그의 얼굴이 마치 천사의 얼굴과 같음을 보았더라."(행 6:15)[493]

우리는 변화산에서 일어난 예수 그리스도의 변용을 살펴봄으로써 그리스도의 몸이 얼마나 영광스러운지 짐작할 수 있습니다. 사도 베드로가 이것을 목격하는 순간, 우리 주님의 얼굴은 해같이 빛났으며, 또한 주님의 의복은 눈처럼 희게 빛나게 되었습니다.[494]

웨슬리는 미래의 구원 즉 하나님의 영광에 이르기를 소망하는 그리스도인들을 향하여 항상 다른 세상을 향하여 날아갈 준비,[495] 즉 죽음을 준비할 것을 당부하면서, 구원의 완성을 향하여 땅의 것을 버리고 하늘의 것으로 애착을 고양해야[496] 하는 이유를 그의 설교 "죽은 자의 부활"에서 다음과 같이 말했다.

먼저 지금까지 언급한 것으로부터, 우리는 우리 자신이 그런 하늘의 몸

---

492 앞의 책, 531.
493 앞의 책, 531-532.
494 앞의 책, 532.
495 앞의 책, 536.
496 앞의 책, 535.

을 입고 살도록 준비할 수 있는 제일 나은 방법을 배울 수 있습니다. 그 방법이란 이 땅의 모든 애착으로부터 점점 더 많이 우리 자신을 깨끗하게 만들고, 이 땅의 몸과 그 몸에 특유한 모든 즐거움으로부터 우리 자신을 떼어 놓는 것입니다.[497]

또한 웨슬리는 그의 설교 "죽은 자의 부활"에서 인내심을 가지고 구원의 완성을 향하여 달려가기를 다음과 같이 당부했다.

이러한 고찰을 통해 현재의 삶에서 우리가 당하는 무슨 어려운 일이든 인내심을 가지고 견디어내는 데 매진합시다. 우리의 영원한 "구원의 때가 가까이 이르렀습니다."(눅 21:28) 조금만 더 버팁시다. "하나님께서 우리의 눈에서 모든 눈물을 씻어주실 것입니다."(계 21:4) 그래서 우리는 더 이상 한숨 짓거나 슬퍼하지 않을 것입니다.[498]

우리는 지금 단지 본향을 향해 가는 여정 가운데 있습니다. 그래서 우리는 많은 어려운 일들과 씨름할 수밖에 없습니다. 그러나 우리는 머지않아 우리 여정의 목적지에 도달할 것이며, 그러면 모든 것에 대하여 보상을 받게 될 것입니다. 그때 우리는 그 어떤 폭풍과 위험 요소도 미치지 않는 고요하고 안전한 항구에 머물게 될 것입니다.[499]

또한 그의 설교 "대 심판"에서 웨슬리는 이렇게 당부했다.

497　앞의 책, 535.
498　앞의 책, 536.
499　앞의 책, 537.

"여러분은 거룩한 행실과 경건함으로 어떠한 사람이 되어야 마땅합니까?"(벧후 3:11) 우리가 알고 있는 대로, 머지않아 주님께서 "천사장의 소리와 하나님의 나팔 소리와 함께"(살전 4:16) 내려오실 것입니다. 그리고 그때에는 우리 한 사람 한 사람이 그분 앞에 나아가, "자기가 보던 일을 셈해야"(눅 16:2; 계 20:12) 할 것입니다. "그러므로 사랑하는 자들이여, 여러분이 이러한 것들을 기다리나니"(벧후 3:14) "오실 분께서 오실 것이요, 지체하지 아니하시리니"(히 10:37) "점도 없고 흠도 없이 화평 중에 그분께 발견되기를" 부지런히 "힘쓰십시오"(벧후 3:14).500

언젠가 하나님의 심판대 앞에 서야 할 죄인인 우리는 웨슬리가 완전 성화 즉 영광스러운 날을 위하여 지금 하나님의 성품에 참여하는 삶을 살라고 당부한 말처럼, 그리스도인은 누구라도 점도 없고 흠도 없는 모습으로 하나님의 심판대 앞에 서도록 정결한 삶을 살아야 한다. 이는 미래의 모습으로 현재의 삶을 조명할 때 현재의 삶이 결정된다는 신앙의 원리를 잘 말해주고 있다고 할 것이다.

(2) 영화의 신앙적 정서 : 완전한 행복

웨슬리는 하나님 나라에서 구원받은 백성들이 누릴 기쁨과 영광을 이 땅에서의 재판을 비유해서 설명하는데,501 심판자이신 주님이 하나님의 영광에 이른 사람들에게 주실 가장 큰 상급은 슬픔이 전혀 포함되지 않

500　앞의 책, "26. 대 심판," 517.
501　앞의 책, 495.

는 순수한 최고의 기쁨이다. 그러므로 심판자이신 주님의 오른편에 있는 사람들을 향하여 "내 아버지께 복 받을 자들이여, 나오라"[502]고 말씀하셨다. 웨슬리는 하나님의 복을 받은 자들의 기쁨에 대하여 그의 설교 "대 심판"에서 다음과 같이 말했다.

> 그리고 의로운 자들은 하나님의 완전한 일들을 발견하고, "이루 말할 수 없는 기쁨으로"(벧전 1:8) 크게 기뻐할 것입니다. 그리고 오래전에 "빽빽한 구름같이 지워버린 범죄"(사 44:22), 즉 "어린 양의 피로"(계 12:11) 씻긴 죄 가운데서 어떤 것에 대하여 절대로 슬픔이나 수치심을 느끼지 않을 것입니다.[503]

천국은 기쁨의 나라[504]이다. 웨슬리는 천국에 이른 사람들이 누릴 기쁨에 대하여 그의 설교 "대 심판"에서 다음과 같이 말했다.

> 그러므로 당연히 그들은 모두 행복할 것입니다. 즉 "하나님께서 그들의 눈에서 모든 눈물을 씻어주시며, 다시는 사망이 없고 슬픔도 울부짖음도 없으며 또 아픔도 다시는 없을 것입니다"(계 21:4). "다시는 저주가 없으며, 오직 … 그들이 하나님의 얼굴을 볼 것이요"(계 22:3-4), 하나님께 가장 가까이 다가갈 것이며, 거기에서 하나님을 가장 비슷하게 닮을 것입니다. 이것은 성경의 언어 가운데 최상의 완전한 행복을 나타내는

---

502 앞의 책, 504-505. "그때에 임금이 그 오른편에 있는 자들에게 이르시되 내 아버지께 복 받을 자들이여 나아와 창세로부터 너희를 위하여 예비된 나라를 상속받으라."(마 25:34)
503 앞의 책, 507.
504 "하나님의 나라는 먹는 일과 마시는 일이 아니라, 성령 안에서 누리는 의와 평화와 기쁨입니다."(롬 14:1, 새번역) 참고, 계 21:1, 3.

가장 강력한 표현입니다. "그리고 하나님의 이름이 그들의 이마에 있을 것입니다."(계 22:4)[505]

그러면 여러분은 "주님께서 구름 타고 강림하실"(마 24:30) '그 심판 날에' "심히 큰 기쁨으로 기뻐하게"(마 2:10) 될 것입니다.[506]

그러나 죽음을 경험하지 못한 사람들은 진정한 의미에서 하나님이 선물로 주시는 천상에서 경험하는 최상의 기쁨을 알 수가 없다. 그러나 우리 믿음의 근거인 성서에는 천상에서 일어나는 일들을 얼핏 엿본 사람들이 있다.[507] 웨슬리는 변화산에서 변화된 주님을 보았던 제자들이 환희에 넘쳐서 외쳤던 말로써 미래에 주님께서 우리에게 나누어 주실 영광과 기쁨을 설명한다. 웨슬리는 그의 설교 "죽은 자의 부활"에서 다음과 같이 말했다.

우리의 구세주께서 (변화산에서) 단지 그가 지금 누리시는 영광 가운데 극히 일부를 찾으셨을 때, 그리고 장차 때가 되면 주님께서 그를 따르는 자들에게 그 영광을 분여(分與)하실 터이지만, 그렇게 적은 영광으로

---

505 웨슬리, 앞의 책, "26. 대 심판," 512.
506 앞의 책, 518.
507 "웃시야 왕이 죽던 해에 내가 본즉 주께서 높이 들린 보좌에 앉으셨는데 그의 옷자락은 성전에 가득하였고."(사 6:1) "하루는 하나님의 아들들이 와서 여호와 앞에 섰고 사탄도 그들 가운데에 온지라."(욥 1:6) "스데반이 성령 충만하여 하늘을 우러러 주목하여 하나님의 영광과 및 예수께서 하나님 우편에 서신 것을 보고 말하되 보라 하늘이 열리고 인자가 하나님 우편에 서신 것을 보노라 한 대."(행 7:55-56) "내가 그리스도 안에 있는 한 사람을 아노니 그는 십사 년 전에 셋째 하늘에 이끌려 간 자라."(고후 12:2) "이 일 후에 내가 보니 하늘에 열린 문이 있는데 내가 들은 바 처음에 내게 말하던 나팔 소리 같은 그 음성이 이르되 이리로 올라오라 이후에 마땅히 일어날 일들을 내가 네게 보이리라 하시더라."(계 4:1)

도 그 장소를 낙원처럼 보이게 만드셨습니다. 그리고 제자들은 항상 그렇게 순수한 빛 가운데 살면서, 그렇게 아름다운 광경을 누리는 것 말고는 아무것도 원하는 게 없으리라 생각했습니다. "우리가 여기 있는 것이 좋사오니, 우리가 장막 셋을 짓게 하옵소서."(마 17:4; 막 9:5) 즉 자기들의 거처를 영원히 이곳으로 정하게 해 주십사 말씀드렸습니다. 만약 제자들이 그런 하늘의 몸들과 함께 있는 것과 그들의 눈으로 그 몸들을 바라보는 것이 그렇게도 행복한 일이라고 생각했다면, 그런 영광스러운 낙원에 거하는 것과 그들 자신이 그렇게 밝은 빛으로 옷 입는 것은, 말할 필요도 없이, 얼마나 더없이 행복한 일이겠습니까![508]

웨슬리는 구원의 순서의 모든 과정에서 살아 있는 믿음의 중요성을 강조하고 있으며, 구원을 이루는 믿음은 내적으로는 성령의 확신과 외적으로는 성령의 열매를 강조하였다. 믿음의 목표는 구원이다.[509] 그리고 그 목표는 영화와 영화의 신앙적 정서인 하나님이 주시는 완전한 기쁨으로 인하여 완성된다.

하나님의 영광스런 얼굴을 뵐 때 성도가 누리는 기쁨은 슬픔이나 고통이나 아픔이나 사망 등과 같은 불순물이 전혀 섞여 있지 않은 순수한 기쁨 그 자체를 누리게 된다. 그러므로 이 세상에서 누렸던 불완전한 행복은 사라지고 하나님 자신을 기뻐하는 완전한 기쁨과 행복 속에서 하나님을 찬양함으로써 예수 그리스도를 믿음으로 시작된 구원의 여정은 완성되고 구원은 완전히 성취된다.

---

508 웨슬리, 앞의 책, "27. 죽은 자의 부활," 532.
509 "여러분은 그리스도를 본 일이 없으면서도 사랑하며, 지금 그를 보지 못하면서도 믿으며, 말로 다 표현할 수 없는 즐거움과 영광을 누리면서 기뻐하고 있습니다. 여러분은 믿음의 목표 곧 여러분의 영혼의 구원을 받고 있는 것입니다."(벧전 1:8-9, 새번역)

3. 요약 및 평가

웨슬리의 구원의 순서는 순간성과 점진성이 상보적으로 작용하면서 구원의 완성을 향해 가는 과정이다. 목회적 관점에서 구원의 완성을 강조한 웨슬리는 그리스도인의 완전을 강조하였다. 하나님의 구원하시는 사랑은 죄인을 하나님의 보좌 앞으로 끌어 올린다. 이는 영적 상승의 과정이며 성령의 조명하심의 결과이다. 그러나 구원의 순간성은 인간의 어떤 노력이나 선행도 요구되지 않고 오직 하나님 홀로 인간을 위하여 행하시는 은혜이다.

영적 상승은 신비주의 영성가들에게는 매우 중요한 개념이다. 영성사에서 영적 성숙은 상승의 개념으로 설명하려는 시도는 항상 있어 왔다. 그 중에서 가장 유명한 상승 이론은 정화 조명 일치(완전)일 것이다. 그런데 위 디오니시우스는 하나님을 향한 영적 상승은 긍정신학보다는 부정신학이 더 효과적이라고 생각했다. 그래서 위 디오니시우스는 영적 상승을 그의 저서 『신비신학』에서 설명하였다. 그러므로 위계를 매우 중요하게 생각한다. 또한 영적 상승을 플라톤 철학을 활용하여 설명한다.

신비주의자들의 영적 상승에 관한 신학은 중세의 보나벤투라에 이르러 절정에 이른다. 보나벤투라는 그의 스승인 성 프란체스코가 받은 거룩한 성흔(聖痕, Stigmata)인 오상의 받는 장면을 생각하면서 여섯 날개를 가진 스랍의 은유를 통하여 하나님께 이르는 영혼의 여정을 여섯 단계로 설명한다. 영적 상승을 위한 방법으로 관상을 제시하는데 관상은 세 단계를 거쳐 하나님에게로 상승한다.

온 몸을 감싸고 있는 스랍의 두 날개510를 상징하는 첫 번째 두 단계는 자신의 외부의 피조물을 관상함으로 하나님께 나아가는 길을 설명한다. 피조물은 하나님의 형상의 흔적이기 때문에 피조물을 묵상하면 하나님께 이를 수 있다. 날고 있는 스랍의 두 날개를 상징하는 두 번째 상승의 단계는 우리 내면에 계신 하나님을 관상하는 단계이다. 머리 위로 펼쳐져 있는 두 날개는 세 번째 상승의 단계를 상징하는데 이는 내 위에 계신 하나님을 관상함으로 하나님께 상승하는 단계이다. 그러나 보나벤투라의 상승은 탈혼에 이르러 완성된다. 지성은 휴식을 취하나 정감은 신비적 탈혼 상태에 이르게 됨으로511 보나벤투라의 영적 상승은 완성된다.

영적 상승을 정화 조명 일치의 과정으로 설명하기도 하고 교회의 위계와 천상의 위계로 영적 상승을 설명하는 위 디오니시우는 동방 교회 영성과 서방 교회 영성에게 큰 영향을 미쳤다. 여섯 날개로 날고 있는 스랍의 은유와 성전의 은유를 통하여 영적 상승을 설명하는 보나벤투라 역시 웨슬리에게 많은 영향을 미쳤다. 그래서 그들의 신비신학은 시대를 뛰어넘어 웨슬리의 영성에도 많은 영향을 끼쳤다.

영적 상승에 이르는 과정을 영적인 단계로 설명한 영성가들의 영향을 받은 웨슬리도 완전에 이르는 구원의 과정을 상승의 단계로 설명한다. 웨슬리는 선행은총, 회개, 의롭다 하심, 신생, 성화, 완전, 영화에 이르는 일곱 단계의 구원의 순서를 말하는데, 이 중에서 마지막 구원의 완전한 완성의 단계인 영화는 우리의 경험의 한계를 벗어난 단계이기 때문에 성서의 말씀을 확증하는 것으로 마무리를 한다.

웨슬리는 구원의 순서의 각 단계는 특징적인 신앙적 정서가 나타난

---

510 보나벤투라, 『하느님께 이르는 영혼의 순례기(해설판)』, 29.
511 앞의 책, 102.

다고 그의 설교에서 밝히고 있다. 그러나 왜 그런 정서가 나타나는지에 대해서는 설명하지 않는다. 또한 그런 신앙적 정서들이 구원의 완성에 어떤 영향을 미치는지에 대해서도 설명하지도 않으며 구원의 순서에서 발현되는 신앙적 정서를 어떻게 활용할 것인지에 대해서도 언급하지 않는다. 그러나 웨슬리가 구원의 각 단계에서 나타난다고 언급한 신앙적 정서들과 자신이 경험하고 있는 신앙적 정서를 성찰하면서 비교해 보면 지금 나는 구원의 어느 단계에 이르렀는지를 분별할 수 있다. 자신이 경험하고 있는 신앙적 정서에 관한 자아 성찰과 자신의 신앙에 대한 영적 분별을 통해서 신자는 구원의 완성을 향해 나아가야 한다.

제5장

결론

1. 전체 요약 및 평가

■ **전체 요약**

　　이성의 시대를 열었던 계몽주의는 이신론(Deism)에서 보여주듯이 기독교를 메마른 신앙으로 인도해서 기독교 신앙을 종교철학의 하나로 만들었고[1], 기독교 영성에서 신비적 감성은 항상 필연적으로 수반되어 온 것임에도 불구하고 '열광주의' 혹은 '신비주의'라는 이름으로 교회 역사에서 변두리로 밀어내거나 배제시켰다. 그리고 인간의 감성을 믿을 수 없는 것이나 위험한 것으로 치부하여 억압해 왔다.[2]

　　그러나 이성주의의 건조함은 두 가지 점에서 새로운 자각을 갖게 했다. 첫째는 정서는 실천력과 깊은 관련이 있다는 것이다. 정서란 상황에 따라 쉽게 변하기 때문에 신뢰할 수 없다고 생각되지만, 호불호(好不好)와 애증(愛憎)의 정서가 없다면 삶의 한 부분인 분별과 결정을 할 수 없다. 의지의 실천력은 정서에 크게 의존되어 있기 때문이다. 둘째는 정서를 제외하고 체험을 논의할 수 없다는 것이다. 대상과의 만남의 결과인 정서를 외면하고 우리의 체험을 온전히 평가할 수 없다. 그러므로 정서의 가치는 새롭게 평가되어야 한다.

　　그럼에도 불구하고 여전히 정서는 베르그손이 말한 것처럼 시간과

1　김동환, 『목사 웨슬리에게 목회를 묻다』(서울: kmc, 2014), 361-362.
2　앞의 책, 361.

장소에 따라 일관성을 상실할 가능성이 높기 때문에 정서를 따라 마음 가는 대로 선택하고 결정하는 것은 위험하다. 그러므로 결정하기 전에, 더 나아가서 결정하고 행동하기 전에 주의 깊은 분별을 시행함으로써 올바른 미래를 창조하여야 한다.

    심신 이원론자인 베르그손은 물질과 정신이 어떻게 상호작용을 하는지 문제를 탐구하면서 혼과 신체의 통일에 집중한다. 그리고 혼과 신체는 순수 지각과 순수 기억의 차원에서 접촉하고 기억으로 지속되는 밀접한 관계 속에 있다는 것을 밝힌다. 지각은 신체를 통해 사물들에 접근하고, 그때 우리 의식(정신)은 순간들의 복수성을 하나의 유일한 직관 속에서 응축시킨다. 물질은 정신과 동떨어져 고정되고 분할된 실체가 아니[3]기 때문이다. 그리고 물질과 정신의 접촉점인 우리의 몸이 대상과 접촉했던 순간에 느꼈던 쾌(快)와 불쾌(不快), 호(好)와 불호(不好)의 감정을 의식 속에 기억하고, 지속된 기억은 나중에 다시 비슷한 경험을 하게 될 때 현재의 경험은 과거의 기억과 정서의 도움을 받아 미래의 행동을 위한 분별과 결정을 할 수 있도록 한다. 이는 정신과 물질의 접촉점인 우리의 신체가 선택을 할 수 있는 능력을 가진 생명체이기 때문에 가능한 일이다. 그러므로 베르그손은 과거의 기억 속에 남아 있는 정서가 현재의 경험을 창조적으로 새롭게 해석할 때 올바른 재연(분별)을 할 수 있다고 말한다. 그러므로 의식으로서 기억 속에서 지속되고 있는 과거의 정서는 분별에 있어서 매우 중요한 재료이다.

    베르그손에게 있어서 모든 과거는 기억 속에서 사라지지 않고 지속한다. 그러므로 베르그손의 과거는 끝없이 팽창하고, 순수 기억은 다른

---

3   황수영,『베르그손, 지속과 생명의 형이상학』, 123.

기억들과의 상호 침투를 통하여 변형되기 때문에 의식의 끝에 도달할 수 없다. 그러나 우리가 삶에 주의를 기울일 때 기억은 병진운동과 수축운동을 통하여 우리의 현재와 연관을 맺는다. 베르그손에게 있어서 현재는 과거의 도움을 받아 미래를 창조하는 순간이다. 영적 분별이란 미래를 향한 창조적 결정이다. 그러므로 비슷한 영적 분별의 상황에서도 같은 결정이나 분별은 있을 수 없다. 그런 점에서 베르그손의 지속의 이론은 영적 분별을 시행하는 사람이 자신의 생각과 정서의 움직임을 알아차리고 결정하는 데 매우 유익하다.

영적 분별은 성서 속에서 자주 등장하는 주요한 주제들 가운데 하나이다. 성서에서 영적 분별과 영의 분별은 구별된다. 인간의 생각과 정서에 영향을 미치는 요소들 가운데 영은 중요한 요인이다. 구약 성서에는 하나님의 백성들과 왕들이 예언자의 말을 듣고 그 말을 믿고 따라야 할지? 아니면 배척해야 할지를 결정하기 위해 분별을 했던 사례가 기록되어 있다. 그러나 구약 성서는 일관된 영적 분별의 원칙을 제시하지는 않는다. 구약 성서는 예언의 진정성을 분별하는 기준으로 예언의 실현 여부를 제시하기도 하지만, 예언자의 예언이 즉각적으로 실현되는 경우도 있고, 오랜 시간이 경과한 후에 실현된 예언도 있고, 심지어 실현되지 않은 예언도 있기 때문에 예언의 실현 여부만을 기준으로 예언자와 그 예언의 진정성을 분별하는 것은 어렵다. 하나님으로부터의 직접 계시를 받았다고 하는 예언자의 말도 예언의 진정성을 분별하는 기준으로 삼는 것에도 어려움은 있다. 예언자들은 항상 비슷한 형식으로 예언을 하기 때문이다.

신약 성서도 교회 지도자나 순회 전도자들의 신앙의 진정성을 분별하기 위해 영적 분별을 시행한 사례를 포함하고 있다. 특히 서신서에서 영적 분별의 주요한 주제는 예수 그리스도에 대한 태도이다. 예수 그리스도의 본질이 참 신이고 참 인간이라는 것을 믿는지의 여부가 신앙의 진정성을 분별하는 기준이었다. 그것은 그 당시에 예수 그리스도의 본질에 대한 많은 논쟁이 있었던 것을 반영하고 있기 때문이다.

기독교 역사에서 영적 분별의 기준을 제시한 사람들이 많이 있지만, 영적 분별의 규범으로 삼을 만한 대표적인 사람은 이냐시오와 에드워즈이다. 이냐시오가 저술한 『영신수련』은 피정을 지도하는 지도자에게 주어지는 지도서인데[4] 이 책 속에는 영적 분별을 위한 자세한 안내와 영적 분별을 시행하기 위한 조건으로서 다양한 기도 방법을 소개하고 있다. 첫째 주간에는 특별 성찰[5], 양심 성찰[6], 그리고 일반 성찰[7]같은 침묵 기도를 드리고, 둘째 주간에는 상상력을 활용한 관상기도를 드린다.[8] 이는 초연함과 자유로움 속에서 영적 분별을 시행하기 위해 기도 특히 관상기도의 분위기 속에서 시행되어야 한다고 믿기 때문이다. 이그나티우스(이냐시오)의 영들 식별 규칙은 영성 수련 기간 외에도 의식 성찰(examination of consciousness) 훈련과 함께 일상에서 일어나는 내면의 움직임을 분별하는 데 적용할 수 있다.[9]

에드워즈는 대각성 시기에 신앙적 정서를 경험한 사람들이 성숙한 신앙인으로 살아가지 못하고 잘못된 신앙 열매를 맺는 사람들을 보면서 신앙적 경험과 그 신앙적 정서의 진정성을 분별할 필요를 느꼈다. 그래서 에드워즈는 신앙의 진정성을 분별하기 위해 많은 사람을 만나 그들의 감

---

[4] 루이스두프레, 돈 E. 세일러스 편집, 『기독교 영성(Ⅲ)』, 30.
[5] 이냐시오, 앞의 책, 24. [24] 일상적인 특별성찰.
[6] 앞의 책, 27. [32] 양심을 깨끗하게 하고 고해성사를 더 잘하기 위한 양심 성찰.
[7] 앞의 책, 32. [43] 일반 성찰을 하는 방법.
[8] 앞의 책, 50-65. [91] 예수 그리스도의 왕국 관상. [136] 제4일. 두 개의 깃발 묵상.
[9] 이강학, "영적 분별개관", 「햇불트리니티저널」(제24권 제1호, 2021), 94.

정과 그들이 맺은 성령의 열매들을 살핀 후 『신앙 감정론』을 저술했다. 에드워즈의 저서인 『신앙 감정론』은 감정의 본질과 신앙에 있어서 감정의 중요성을 강조하면서, 신앙 감정이 진정으로 은혜로운 것인지 아닌지에 대한 판단 근거가 될 수 없는 표지들 12가지와 진정으로 은혜로운 거룩한 감정을 뚜렷이 구별해 주는 표지들 12가지로 세분해서 기술하고 있다. 에드워즈의 영적 분별 표지는 부흥의 경험, 즉 회심 또는 거듭남의 경험[10]과 그 이후에 지속해서 일어나는 성화의 경험을 분별하는데 적용할 수 있다. 이는 우리가 다른 사람들의 믿음의 진정성을 분별하는데 도움이 된다. 에드워즈는 "제3부 진정으로 은혜로운 거룩한 감정을 뚜렷이 구별해 주는 표지들" '5. 다섯 번째 적극적 표지: 진리에 대한 깊은 확신'에서 확신의 중요성을 역설한다.[11] 에드워즈의 확신의 교리는 후에 웨슬리에게도 큰 영향을 미쳤다.

웨슬리 신학의 사대 원리인 '성서, 전통, 이성, 경험'은 영적 분별의 기준으로 삼아야 한다. 신학적 사대 원리를 예증하는 유형은 결코 규범적인 유형이 아니다. 이 유형은 감리교회를 위한 신학의 기초를 통일하기 위한 목적[12]이지만, 신학의 기초를 통일하기 위한 사대 원리는 변함없는 신학과 신앙의 기준을 제공한다. 그러므로 감리교 신학의 사대 원리는 또한 영적 분별을 위한 기준이 되어야 한다.

영적 분별은 그 과정에서 결정하기 어려운 상황에 직면할 경우가 많이 있는데, 이런 경우에 우리가 참고해야 할 자료들을 충분히 활용하여 신중하게 영적 분별을 시행하는 것이 중요하다. 그런데 성서와 전통, 그리

---

10 이강학, "영적 분별개관", 94.
11 조나단 에드워즈, 『신앙감정론』, 414. 참으로 하나님의 은혜를 입은 모든 사람들은 복음에 있는 위대한 진리를 견고하고, 온전하며, 철저하고, 효과적으로 확신한다.
12 존 캅, 『은총과 책임』, 226.

고 경험은 영적 분별과 관련된 풍부한 자료들을 가지고 있으므로, 그런 자료들을 충분히 고려하면서 이성의 도움을 받아 영적 분별을 시행한다면 영적 분별에서 일어날 수 있는 시행착오를 줄일 수 있다.

영적 분별은 성령의 도우심으로 기도 중에 시행해야 할 뿐만 아니라 시의적절해야 하는 것이므로 잘못된 분별이란 있을 수 없다. 혹시 최선의 결정을 하지 못했을지라도 성령께서 선한 길로 인도할 것이다. 그러나 영적 분별 과정에서 시행착오를 줄이기 위해서는 언제나 동일한 신앙적 분위기에서 기도 중에 동일한 기준을 가지고 영적 분별을 시행해야 한다. 왜냐하면 베르그손이 지적한 것처럼 시간이 흐르면서 다양한 경험이 쌓이면 우리의 기억은 오염되고 왜곡된다. 그러므로 삶의 정황이 달라지면 과거에 영적 분별을 시행했던 것과 비슷한 경우에 대한 분별이라고 할지라도 과거의 분별과 다른 영적 분별을 할 수 있다. 그러나 동일한 분위기 속에서 동일한 기준으로 영적 분별을 시행했다면 전과 다른 선택을 했다는 것은 문제가 되지 않는다. 영적 분별은 시의적절성과 하나님의 뜻에 맞는 것이 우선이기 때문이다. 그러므로 이냐시오가 기도의 분위기 속에서 영적 분별을 시행하라고 한 것처럼, 그리스도인은 성서, 전통, 이성, 경험의 동일한 원칙을 가지고 기도의 분위기 속에서 영적 분별을 실행해야 한다.

웨슬리는 영적 분별 원리를 외적 열매와 내적 확신으로 제시한다. 웨슬리는 『그리스도인의 완전』에서 다음과 같이 말했다.

"(문 16) 당신이 성화 되었다는 것, 타고난 부패에서까지 구원되었다는 것을 어떻게 알 수 있는가?"
"(답) 우리는 그것을 성령의 열매와 증거로 한다. 첫째, 성령의 증거로 알 수 있다. 우리가 의롭다 하심을 받을 때 성령이 우리 영으로 더불어 우리 죄들이 '용서받은' 것을 증거하신 것과 같이, 우리가 성화 되었을 때 그는 우리 죄들이 '제거된' 것을 증거 하셨다. 실상 성화의 증거는 (칭의의 증거도 그러하듯이) 처음에는 언제나 분명한 것은 아니다."[13]

"그러나 나는 죄에서 구원받았다는 증거가 없다. 하지만 나는 그것을 의심하지 않는다." 좋다. 당신에게 의심이 없는 한, 그것으로 족하다. 그러나 의심이 있을 때에는 그 증거를 필요로 할 것이다.[14]

웨슬리의 확신 교리는 목회적 상황에서 매우 현실적이다. 웨슬리에게 있어서 신앙의 진정성은 외적 열매와 자신의 내적 확신에 대한 고백으로 확증되기 때문이다. 그래서 『그리스도인의 완전』에서 다음과 같이 말했다.

(2) 그가 하나님 앞에서 간증하기를, '나는 죄를 전혀 느끼지 못하며 오직 사랑만을 느낄 뿐입니다. 나는 쉬지 않고 기도하며 기뻐하며 감사합니다. 그리고 내가 의롭다 하심을 받았다는 것처럼 완전히 새로워졌다는 분명한 내적 증거가 있습니다'라고 한다. 이 명백한 간증에 반대할 어떤 것이 없는 한, 그대로 믿는 도리밖에 없다.[15]

웨슬리의 구원의 순서는 순간성과 지속성이 상보적으로 작용한다.

---

13   웨슬리, 『그리스도인의 완전』, 95-96.
14   앞의 책, 96-97.
15   앞의 책, 59.

하나님의 은혜는 순간적으로 죄인에게 다가온다. 웨슬리는 『그리스도인의 완전』에서 구원의 은혜의 순간성을 다음과 같이 말했다.

> (11) 그러나 완전 자체는 순간적인 것인가, 아닌가? 이 문제를 단계적으로 살펴보기로 하자. 어떤 신자들에게는 순간적인 변화가 일어났다. 아무도 이 사실을 부인할 수 없다. (…) '그러나 어떤 사람에게는 이 변화가 순간적인 것이 아니었는데.' 그들은 그 변화를 받은 순간을 감지하지 못한 것이다.[16]

순간적인 변화를 경험한 사람은 본인이 의식하든 의식하지 못하든 그 경험을 통하여 새로운 신앙적 정서가 발현되고 성령의 조명을 받아 새로운 삶의 가치와 세계관을 형성한다. 그러나 그렇게 형성된 새로운 가치는 체험을 통하여 일상에서 지속적으로 발전시켜 나가야 한다.

웨슬리의 구원의 순서는 칭의와 완전을 두 축으로 해서 칭의에서 완전 성화에 이르는 과정으로 이루어져 있는데, 구원의 순서의 각 단계에서 특정(特定)할 수 있는 가장 강력한 정서들이 발현된다. 그리고 웨슬리는 그의 설교에서 구원의 순서에 상응한 신앙적 정서들을 언급했는데, 필자는 웨슬리가 자신의 설교에서 언급한 구원의 순서의 단계에서 발현되는 구체적이고 직접적인 신앙적 정서를 살펴보았다.

웨슬리는 광범위한 독서를 통해서 그 시대에 적합한 그의 신학을 형성했기 때문에 우리는 웨슬리에게서 오늘 우리가 직면한 문제에 대한 작은 실마리를 찾을 수 있을 것이다.

---

16 앞의 책, 132.

웨슬리는 동방교회의 이집트 수도사 마카리우스(Macarius The Egyptian, 300-390), 닛사의 감독 그레고리(Gregory of Nyssa, 330-395), 대설교가 크리소스톰(John Chrysostom, 347-407) 등으로부터 신학적 영향을 받았다. 아우틀러(Albert Outler)는 웨슬리의 동방 교회적 배경을 마카리우스와 닛사의 그레고리에게서 찾는다.17 또한 웨슬리는 경험주의 시대에 살고 있었지만, 교부들, 성 시에리(St. Thierry) 수도원의 원장 윌리엄(William), 빅토린들(the Victorine), 성 보나벤투라(St. Bonaventura), 그리고 켐브리지의 플라톤주의자들로부터도 영향을 받고 있었다.18 한편 웨슬리는 세계에서 새로이 일어나고 있는 선교활동과 부흥에 대한 여러 보고서들에서 용기를 얻었다. 그는 앞으로 기독교가 더 확장될 것을 내다보며 기대했다. 이러한 기대에 도움을 준 책은 조나단 에드워즈(Jonathan Edwards)의 *Faithful Narrative*와 존 길리즈(John Gillies)의 *Historical Collections Relating to Remarkable Periods of the Success of the Gospel*(1754)이었다.19

웨슬리가 광범위한 독서와 목회적 경험을 통하여 새로운 길을 걸어갔다고 할지라도 그의 한계도 분명히 존재한다. 우리의 상황은 웨슬리가 살았던 시대와 매우 다르기 때문에 웨슬리가 가르쳤던 것 중 아주 적은 양만이 오늘날 유용할지도 모른다.20 웨슬리 신학은 탈현대 과학은 말할 것도 없고 현대 과학이 의미하는 바를 충분히 인식하지 못한 채 형성되었기 때문이다. 웨슬리는 지난 2세기 동안 우리가 몰두하고 있는 인식론적 물음을 거의 알지 못했다. 그는 대부분 현대 신학의 전제인 역사 인식을 결여하고 있었다. 그는 현재 통용되고 있는 인간 심리학에 대한 여러 측면

17 한국웨슬리신학회, 『웨슬리와 감리교신학』(서울: 감리교신학대학교 출판부, 1999), 195.
18 알버트 C. 아우틀러, 『웨슬리 설교해설』, 108-109.
19 앞의 책, 157.
20 존 캅, 『은총과 책임』, 7-8.

을 거의 이해하지 못했다. 그는 반유대주의, 가부장적 특성, 유럽중심주의, 인간중심주의, 식민지주의 등 이러한 이름으로 행해진 기독교 비판의 밀물을 기대하지 않았다.[21] 그러나 웨슬리에게서 분명히 발견되지 않는다는 이유로 새로운 신학을 부정하는 일은 실로 그 자체로 비 웨슬리적이 될 것이다.[22] 영적 분별에 관한 연구가 그 중의 하나일 것이다. 웨슬리는 영적 분별에 관하여 특별한 저술을 남기지 않았지만, 그는 에드워즈의 신앙적 정서로부터 영향을 받았고, 그의 설교에는 신앙적 정서에 관한 언급이 많이 있다. 그러므로 웨슬리의 영적 분별에 관한 연구는 새롭게 탐구되어야 할 분야 중의 하나이다.

필자는 본 연구에서 몇 가지에 주안점을 두었다. 첫째, 철학과 영성의 대화를 위하여 베르그손의 지속의 철학을 주제로 연구하였다. 이를 통하여 정서와 의식의 본질에 접근하면서, 베르그손의 지속의 철학이 어떻게 영적 분별과 관련이 될 수 있는지를 살폈다. 둘째, 웨슬리의 영적 분별에 관한 연구를 아냐시오와 에드워즈와 연결하여 연구했다. 이 두 사람은 영적 분별에서 중요한 인물인데, 이들의 영적 분별과 웨슬리의 영적 분별의 관계를 연구함으로써 웨슬리의 영적 분별에 관한 연구의 중요성을 강조했다. 셋째, 웨슬리 신학의 사변형은 영적 분별에 있어서도 기준이 되어야 함을 입증하였다.

웨슬리는 현대의 시대적 물음들에 대한 직접적인 대안을 제시할 수 없는 과거의 사람이지만, 당시 사회의 다양한 문제들을 이해하고 신학적 대안을 제시했던 웨슬리의 폭넓은 신학적 관점은 오늘의 교회가 직면한 문제들에 대한 현대적 대안의 단서를 제시할 가능성을 내포하고 있다. 영

---

21 앞의 책, 8.
22 앞의 책, 8.

적 분별에 있어서도 웨슬리는 적절한 분별의 기준과 분별의 환경을 제공한다. 웨슬리 신학의 원리인 사변형 구조23는 영적 분별을 위한 영성적 대안이 될 수 있다. 김동환은 웨슬리의 사변형의 구조가 이 시대의 영성적 대안이라고 제시하면서 다음과 같이 말한다.

> 전통은 복음의 진리를 각 시대를 위해 충실히 해석해 온 귀중한 자산으로써, 이성은 참된 종교를 판단하고 이를 향해 올바른 방향으로 나아가기 위한 나침반으로서, 체험은 객관적 진리를 나와 관계된 진리로 인식하는 필연적 과정이라는 점에서, 포스트모던 시대의 기독교 영성이 요청하는 핵심 가치들과 정확히 일치한다.24

웨슬리의 통합적 신학은 지금 파편화되고 개인화된 신앙을 통합하고 다원화된 사회를 통합할 수 있는 영성적 가능성을 많이 가지고 있다. 그러므로 웨슬리 영적 분별에 관한 더 깊은 연구가 필요하다.

필자는 본 연구에서 웨슬리의 영적 분별과 웨슬리의 구원의 순서의 각 단계에서 발현된 신앙적 정서에 대한 웨슬리의 언급을 살펴보았다. 그

---

23 김동환, 『'목사 웨슬리'에게 목회를 묻다』, 365-366. 사실 아우틀러는 이 말 때문에 야기된 이런 오해들 때문에 이 말을 주조해낸 것을 후회하기도 했다. 웨슬리에게 성경은 이들 중 하나가 아니라 궁극적 진리의 표준이며 진리의 원천이라는 점에서 다른 요소들과 병행적 위치에 둘 수 없다. 오히려 전통과 이성, 경험은 성경적 진리를 밝히는 도구들로 인식해야 한다. 그런 의미에서 사변형 이미지보다는 삼각뿔로 이루어진 '프리즘' 이미지가 웨슬리의 성경과 다른 요소들의 관계를 설명하는데 더 적합해 보인다. 다시 말해 성경이라는 근본적 진리의 빛이 전통과 이성, 그리고 경험이라는 세 단면의 상호작용을 통해 형형색색의 빛을 창출하는 그런 이미지가 웨슬리의 의도에 더 어울릴 것이다. 존 캅, 『은총과 책임』, 228. 미국 감리교인들은 성서의 권위를 일차적 권위로 치며 다른 권위는 이차적인 것으로 본다. 어떠한 접근이 시도되든 신앙의 중심적 주제에 관한 신학적 논쟁이 시작될 때 최종적 고려의 대상은 성서라고 주장할 수 있다. 전통, 경험, 이성은 성서를 해석하기 위하여 사용될 수 있다. 그러나 이러한 방식으로 분류할 때 결정적인 것은 성서의 입장이다.

24 앞의 책, 366.

러나 웨슬리의 영적 분별은 정통 신앙의 범주에서 벗어나지 않기 때문에 논쟁의 소지는 별로 없어 보인다. 그것은 웨슬리의 영적 분별에 대한 생각 자체가 독창적이지 않을 뿐만 아니라 웨슬리가 신앙적 논쟁의 소지를 피하여 가장 이성적이고 합리적인 신학을 정립했기 때문이다. 특히 영적 분별에 대한 웨슬리의 생각은 조나단 에드워즈로부터 큰 영향을 받았다.[25] 웨슬리는 신앙적 정서의 근원이 무엇이고 신앙적 정서가 영적 분별에서 어떤 역할을 하는 것인가 같은 본질적인 질문을 하지 않는다. 단지 그의 설교에서 구원의 순서에 상응하는 신앙적 정서들이 나타난다고 언급하고 있을 뿐이다. 그렇기 때문에 웨슬리의 영적 분별과 관련하여 크게 논쟁적이거나 상이한 이론들이 없어서 본 소고가 웨슬리의 영적 분별에 대한 평이한 서술에 그쳤다는 생각이 든다.

그러나 웨슬리의 구원의 순서에 따라 나타나는 신앙적 정서는 자신의 현재 신앙적 상태를 분별하는데 중요한 기준이 될 수 있다. 만약 웨슬리의 구원의 순서에서 자신의 영적 현재 상태를 분별했다면 앞으로 영적 진보를 이루어야 할 방향 또한 분명해진다. 그러므로 본 연구가 웨슬리의 영적 분별에 관한 연구의 시발점이 될 것임을 확신한다.

---

25 Gregory S. Clapper, "True Religion" and The Affections, 79. 웨슬리에 대한 조나단 에드워즈의 영향력은 강력해서 아우틀러는 에드워즈는 웨슬리 신학의 주요한 출처였으며, 에드워즈의 초기 저작들은 웨슬리 사상을 형성하는 네 가지 기본적인 요인들 중의 하나이다 라고 말했다.

2. 제언

우리가 직면하고 있는 영성적 현실은 신비적 감성을 추구하는 것과 중심을 상실하고 파편화되고 개인화된 이중적이고 모순된 상황이다.[26] 그럼에도 불구하고 지금도 하나님은 하나님의 사람들을 부르시고 만나신다. 그리고 하나님과의 만남이 촉발한 신앙적 정서는 기독교 영성의 간과할 수 없는 주제이며, 기독교 영성은 원하든지 원하지 않든지 새롭게 대두한 감성의 시대와 직면해야 한다.[27] 그러나 정서란 다양한 원인들에 의해서 촉발될 뿐만 아니라 변덕스러운 것이어서 영적 분별은 위험한 일이다. 그렇기 때문에 영적 분별을 할 때 마음의 움직임을 알아차려야 할 뿐만 아니라, 정서와 생각의 근원도 깊이 생각하면서 영적 분별을 시행해야 한다.

한국 교회가 직면하고 있는 어려움은 목회적 정체성과 목회 영성의 회복에 관한 것이다. 헨리 나우웬(Henri J. M Nouwen)은 목회가 성직자 자신의 생활수단으로 타락하지 않으려면 목회자 자신의 영성 생활 안에 그 뿌리를 두어야 한다고 강조했다.[28] 목회와 영성은 분리하여 생각할 수 없으며 목회자가 된다는 것은 자신의 삶을 하나님을 추구하는 데에 안내와 모범이 되도록 내놓는 것이다.[29] 그러므로 목회의 가장 중요한 도구는 교회의 부흥을 위한 특정한 기술이나 기교가 아니라 세속화에 흔들리지 않고 하나님의 부르심을 따르는 목회자 자신이다. 다시 말하자면 목회 사역의 주요 도구는 목회자의 진실한 믿음과 인격, 그리고 성숙한 영성이라고 할

---

26 김동환, 앞의 책, 354.
27 앞의 책, 361.
28 설은주, 『영성형성을 위한 목회와 교육』(광명: 도서출판 샬롬, 2007), 173.
29 앞의 책, 174.

수 있다.[30] 그렇기 때문에 구약 성서 시대에 예언자들의 예언과 예언자 자신의 진정성이 분별의 대상이 되었던 것처럼 오늘의 목회자들도 영적 분별의 대상으로 더 자주 대두될 것이다. 그리고 목회자의 신앙의 진정성은 웨슬리가 말한 것처럼 내적 확신과 외적 열매에 의해서 확증될 것이다.

영성은 물질의 도움을 받아서 표현된다는 말처럼 영성은 삶에서 행동으로 표현되어야 한다. 종교 개혁자들은 올바른 신학이 올바른 신앙을 형성한다고 생각했지만, 지금 우리의 상황은 올바른 신학만으로는 부족하다는 것을 보여준다. 웨슬리는 정통적 체험의 우선성을 주장[31]하면서 "가난한 사람이 마지막에 구원을 받든지, 못 받든지 간에 당신은 굶주린 사람에게 먹을 것을 주고, 벗은 사람에게 옷을 입혀 주라는 명백한 명령을 받았습니다. 만약 당신이 그런 일들 중에 어떤 일이든지 할 수 있는데도 하지 않는다면, 당신은 영원히 타는 불 속에 던져질 것입니다."[32]하고 말했다.

영적 분별을 하는 이유이자 목적은 믿음의 올바른 실천을 위한 것이다. 영적 분별을 통하여 거룩한 실천이 습관 기억으로 우리 몸에 형상된다면 훨씬 성숙한 영성적 그리스도인이 될 것이다. 에드워즈가 신앙의 진정성을 분별하기 위해서 발현된 신앙의 정서에 합당한 외적인 성령의 열매를 강조한 것은, 영적 분별의 대상으로서의 목회자가 스스로를 살펴보아야 할 영성 수련의 중요성과 수덕적 삶의 필요성을 강조한 것이라고 할 수 있다. 웨슬리도『그리스도인의 완전』에서 일곱 가지의 충고를 하면서 매우 길게 수덕적 신앙생활의 중요성을 말하고 있다.[33]

30 앞의 책, 174.
31 데오도르 러년,『새로운 창조』, 208.
32 앞의 책, 208.
33 웨슬리,『그리스도인의 완전』, 107-131.

영적 분별의 실천적 적용의 첫 번째 상황인 자신의 삶 속에서 하나님의 뜻을 찾기 위해 영적 분별을 시행할 경우에는 이냐시오의 영적 분별이 유익한 도구가 될 수 있다. 모든 것으로부터 초연함(자유)을 유지하면서 기도 속에서 웨슬리의 사변형의 틀로 영적 분별을 실행할 때 자신의 현실에서 실천해야 할 하나님의 뜻을 찾을 수 있을 것이다. 두 번째 타인의 신앙의 진정성을 분별하기 위해 영적 분별을 해야 하는 상황에서는 에드워즈의 신앙적 정서가 영적 분별의 유익한 도구가 될 수 있다. 특히 교회는 지도자들의 신앙의 진정성을 분별해서 교회가 그릇된 지도자들을 따라 그릇된 길로 가지 않도록 경성해야 한다. 세 번째 자신의 영적 진보와 성숙을 위해 영적 분별을 시행할 때는 웨슬리의 구원의 순서에 따른 영적 분별이 유익한 도구가 될 수 있다.

영적 분별은 근본적으로 다른 사람의 신앙을 규명하기 위한 척도도 아니고 자기에게 정당성을 부여하고 자신의 신앙을 과시하는 수단도 아니다. 믿음이란 영적 체험에 근거한 주관적 경험이기 때문에 계량화하거나 도식화할 수도, 보편적으로 교육할 수도 없다. 그러나 웨슬리의 구원의 순서와 그에 따라 발현되는 신앙적 정서는 자신을 분별하는 가늠자가 될 수 있다. 구원의 여정은 항구적인 것이 아니기[34] 때문이다.

지도자의 언행이 거룩하고 고결하면 감화력은 배가 된다. 목회자 자신은 영적 분별과 지혜로서 스스로를 하나님의 종이라는 내적 확신을 가지고 사명을 따르는 삶을 살아야 할 뿐만 아니라, 다른 사람이 방황하며 길을 잃지 않도록 인도하는 안내자로서의 역할을 동시에 감당해야 한다.

---

34 "형제들아 너희는 삼가 혹 너희 중에 누가 믿지 아니하는 악한 마음을 품고 살아 계신 하나님에게서 떨어질까 조심할 것이요."(히 3:12) "그러므로 사랑하는 자들아 너희가 이것을 미리 알았은즉 무법한 자들의 미혹에 이끌려 너희 굳센 데서 떨어질까 삼가라."(벧후 3:17)

더 나아가 목회자는 교회 안에서 영적 분별 교육을 강화함으로써 그리스도인들이 어디에서 언제든지 하나님을 발견하고 체험할 수 있도록 안내하며 하나님의 뜻을 분별하는 영성적 삶을 살도록 도와주는 영혼의 친구가 되어야 한다.[35]

신앙 안에서 촉발된 정서에 대한 영적 분별의 필요성은 앞으로 더 증대될 것이다. 그러나 영적 분별 과정은 위험으로 가득하다. 그러므로 하나님의 활동이라는 말로 현재 순간의 모든 것을 해석하는 것은 위험하며 오류와 거짓 예언으로 빠질 수 있기에, 끊임없이 갱신하고 고쳐가는 일이 필요하다.[36]

결론적으로 하나님의 부름을 받은 소명자로서 목회자는 스스로 영적 분별과 수덕적 신앙생활을 통해서 성령의 열매를 많이 맺는 사람이 되어야 할 뿐만 아니라, 신자들에게 기도 속에서 하나님의 뜻을 분별하고 결정할 수 있도록 영적 분별을 돕는 일[37]을 쉬지 않아야 한다. 그래서 그리스도인들이 올바른 실천을 통해 세상의 빛과 소금이 되도록 도와야 한다. 교회가 시대적 도전에 대해서 영적 분별을 통해 영성적으로 합당한 응전을 한다면 교회는 다시 한번 세상의 길라잡이와 등대가 될 것이다.

---

35 설은주. 앞의 책, 175.
36 월터 모벌리, 『예언과 분별』, 381. 이 문장에서 서술하고 있는 그러한 이유로 신앙 공동체의 영성 지도는 매우 중요하다.
37 앞의 책, 175.

참고 문헌

1. 국내서적(단행본)

김동환.『목사 웨슬리에게 목회를 묻다』. 서울: kmc, 2014.
김홍기.『구원의 완성을 향한 순례: 존 웨슬리의 구원론』. 서울: 도서출판 KMC, 2008.
_____.『존 웨슬리 구원론』. 서울: 성서연구사, 2007.
김광채.『교부열전(상권)』. 서울: 사)기독교문서선교회, 2010.
김도일. 장신근 공저.『기독교 영성교육』. 서울: 도서출판 동연, 2009.
김승혜.『유교의 시중과 그리스도교 식별: 윤리적 분별에 대한 유교와 그리스도교의 대화』.
    서울: 바오로 딸, 2005.
김외식.『한국교회와 영성목회』. 서울: 감리교신학대학교 출판부, 2002.
김재희.『베르그송의 잠재적 무의식: 반복을 넘어서는 창조적 사유 역량의 회복』. 서울: ㈜그
    린비출판사, 2010.
김재희/ 베르그송.『물질과 기억: 반복과 차이의 운동』. 경기도: ㈜살림출판사, 2018.
권희순.『웨슬리 영성수련 프로그램』. 서울: 도서출판 KMC, 2011.
류기종.『기독교영성; 영성신학의 재발견』. 서울: 도서출판 열림, 1994.
박순용.『기독교, 세상의 함정에 빠지다』. 서울: 부흥과개혁사, 2009.
박삼열.『스피노자의『윤리학』연구』. 경기도: 선학사, 2012.
설은주.『영성형성을 위한 목회와 교육』. 광명: 도서출판 샬롬, 2007.
송길영.『시대예보: 핵개인의 시대』. 경기: 주식회사 교보문고, 2023.
송영진 편역.『베르그손의 생명과 정신의 형이상학』. 서울: 서광사, 2001.
_____.『직관과 사유:베르그손의 인식론 연구』. 서울: 서광사, 2005.
심종혁.『영신수련의 신학적 이해』. 서울: 도서출판 이냐시오영성연구소, 2012.
양낙홍.『조나단 에드워즈 생애와 사상』. 서울: 부흥과개혁사, 2017.

오성주. 『교육신학적 인간이해, 은혜로 선택된 인간이해와 교육』. 서울: 대한기독교서회, 2013.
유해룡. 『영성의 발자취』. 서울: 장로회신학대학교출판부, 2011.
_____. 『하나님 체험과 영성수련』. 서울: 장로회신학대학교 출판부, 1999.
정원범 역음. 『영성·목회·21세기』. 서울: 한들출판사, 2006.
지용근 외 9명. 『한국교회 트렌드 2023』. 서울: 규장, 2022.
최윤식. 『2050 한국교회 다시 일어선다』. 서울: 생명의말씀사, 2023.
홍경실. 『베르그손의 철학』. 경기도: 도서출판 인간사랑, 2005.
황수영. 『베르그손, 생성으로 생명을 사유하기』. 서울: 갈무리, 2014.
_____. 『베르그손, 지속과 생명의 형이상학』. 서울: 이룸, 2006.
_____. 『물질과 기억, 시간의 지층을 탐험하는 이미지와 기억의 미학』. 서울: 도서출판 그린비, 2006.
한국기독교영성학회. 『하나님을 향한 영혼의 여정』. 서울: 장로교출판사, 2018.
한국서양고전철학회 엮음. 『플라톤 철학과 그 영향』. 서울: 서광사, 2001.
한국웨슬리신학회 편. 『웨슬리와 감리교신학』. 서울: 감리교신학대학교 출판부, 1999.
한국웨슬리학회 편역. 『존 웨슬리 논문집 I』. 서울: 한국웨슬리학회, 2009.
_____. 『존 웨슬리 논문집 II』. 경기: 한국웨슬리학회, 2019.
한국현상학회. 『생활 세계의 현상학과 해석학』. 서울: 서광사, 1992.

2. 외국서적(번역 단행본)

기독교 고전총서2. 『알렉산드리아 기독교: 클레멘스와 오리게네스』. 정용석 외 3인 공역, 서울: 두란노아카데미, 2011.
귀용, 잔느. 『하나님과의 연합』. 박선규 옮김, 서울: 도서출판 순전한나드, 2014.
그렌츠, 스탠리 저. 『포스트모더니즘의 이해: 포스트모던 시대와 기독교의 복음』. 김운용 역, 서울: 예배와 설교아카데미, 2010.
나들러, 스티븐. 『에티카를 읽는다』. 이혁주 옮김, 서울: ㈜그린비출판사, 2014.
다우니, 마이클. 『오늘의 기독교 영성 이해』. 안성근 역, 서울: 은성, 2001.
던, 마르바. 『우물 밖에서 찾은 분별의 지혜』. 홍종락 옮김, 서울: 한국기독학생회출판부, 2007.
데이비드, 제프리 편집. 『웨슬레 시대의 영국 영성운동』. 김해연 역, 서울: 성지출판사, 1999.
데카르트, 르네. 『정념론: 영혼의 정념들』. 김선영 옮김, 서울: ㈜문예출판사, 2013.
데니스린, 쉴라린 외 3명. 『성찰-내 삶의 양식』. 김장호·장미희 옮김, 서울: 성 바오로, 2017.
도허티, 로즈 메리. 『분별』. 한국샬렘영성훈련원 옮김, 서울: 한국 샬렘, 2019.

라자러스, 리차드 & 베르니스.『감성과 이성』. 정영목 옮김, 서울: 예문출판사, 1997.
랙, 헨리 D.『존 웨슬리와 감리교의 부흥』. 김진두 번역, 서울: 감리교신학대학교 출판부, 2001.
러년, 데오도르.『새로운 창조: 오늘의 웨슬리 신학』. 김고광 옮김, 서울: 기독교대한감리회 홍보출판국, 1999.
로더, 제임스.『성령의 관계적 논리와 기독교 교육 인식론』. 이규민 옮김, 서울: 대한기독교서회, 2009.
로비기, 소피아.『성 보나벤투라』. 이재룡 옮김, 서울: 가톨릭대학교출판부, 2001.
로버트 페리시.『관상과 식별』. 심종혁 옮김, 서울: 성서와 함께, 2012.
루이스두프레, 돈 E. 세일러스 편집.『기독교 영성(Ⅲ): 종교개혁 이후부터 현대까지』. 엄성옥·지인성 옮김, 서울: 은성, 2001.
리버트, 엘리자베스.『영적 분별의 길』. 이강학 옮김, 서울: 좋은 씨앗, 2012.
린드스트룀, H.『웨슬리와 성화』. 전종옥 역, 서울: 기독교대한감리회 홍보출판국, 1998.
마즈던, 조지 M.『조나단 에드워즈 평전』, 한동수 번역, 서울: 부흥과개혁사, 2006.
마틴, 제임스.『모든 것 안에서 하느님 발견하기』. 성찬성 옮김, 서울: 가톨릭출판사, 2016.
머가, 제임스 L.『기억과 감정』. 박소현·김문수 옮김, 서울: 시그마프레스, 2013.
맥긴, 버나드. 존 마이엔도르프, 장 레크레르크 편집.『기독교 영성(Ⅰ): 초대부터 12세기까지』. 유해룡·이후정·정용석·엄성옥 옮김, 서울: 은성, 2012.
맥그라스, 알리스터.『기독교 영성 베이직』. 김덕천 옮김, 서울: 대한기독교서회, 2006.
_____.『종교개혁 시대의 영성』. 박규태 옮김, 서울: 좋은씨앗, 2010.
모벌리, 월터.『예언과 분별』. 박규태 옮김, 서울: 새물결플러스, 2015.
무명의 형제 지음.『무지의 구름』. 유재덕 옮김, 서울: 강같은평화, 2011.
베르그손, 앙리.『의식에 직접 주어진 것들에 관한 시론』. 최화 옮김, 경기도: 아카넷, 2017.
_____.『물질과 기억』. 박종원 옮김, 경기도: 아카넷, 2005.
_____.『웃음/창조적 진화/도덕과 종교의 두 원천』. 서울: 동서문화사, 2016.
보나벤투라.『하느님께 이르는 영혼의 순례기』. 원유동 옮김, 서울: 누멘, 2012.
_____.『하느님께 이르는 영혼의 순례기(해설판)』. 원유동 옮김, 서울: 누멘, 2012.
_____.『하나님과 하나되어』. 김광식 역, 서울: 대한기독교서회, 1982.
_____.『6일간의 세계창조에 대한 강연』. 박주영 옮김, 서울: 도서출판 길, 2019.
봐이스마이어, 요셉.『교회 영성을 빛낸 수도회 창설자-초기교회』. 전헌호 옮김, 서울: 가톨릭출판사, 2000.
부이에, 루이.『영성생활입문』. 정대식 옮김, 서울: 가톨릭출판사, 1992.
부허, 안톤 A.『영성 심리학-영성에 관한 간학문적 대화』. 이은경 옮김, 서울: 도서출판 동연, 2013.

사무엘, 수톰스 C.『우리 세대를 위한 조나단 에드워즈 신앙감정론』. 장호준 옮김, 서울: 복있는사람, 2016.
슈미트, P.B.『교부학 개론』. 정기환 역, 서울: 컨콜디아사, 1993.
슈파틀릭, 토마스.『그리스도교 동방 영성』. 곽승룡 옮김, 경기도: 가톨릭출판사, 2014.
쉘드래이크, 필립.『미래로 열린 영성의 역사』. 정병준 옮김, 서울: 한국 장로교출판사, 2020.
스미스, 존 편집.『신앙감정론』. 정성욱 옮김, 서울: 부흥과개혁사, 2015.
스미스, 고든.『분별의 기술』. 박세혁 옮김, 서울: 국제제자훈련원, 2012.
_____.『예수의 음성: 성령의 증거와 영적 분별』. 남정우 옮김, 서울: 한국기독학생출판부(IVP), 2007.
싯처, 제럴드.『영성의 깊은 샘』. 신현 옮김, 서울: Ivp, 2018.
스피노자, 베네덱투스.『에디까〈윤리학〉』. 이재기·김영철 공역, 서울: 휘문출판사, 1981.
_____.『에티카』. 조현진 옮김, 서울: 책세상, 2014.
아리스토텔레스.『영혼에 관하여』. 유원기 역, 서울: 궁리출판, 2005.
스톰스, 샘.『우리 세대를 위한 조나단 에드워즈 신앙 감정론』. 장호준 옮김, 서울: 복있는 사람, 2016.
아서 홀더 편집.『기독교 영성연구』. 권택조 외 4인 옮김, 서울: 기독교문서선교회, 2017.
아우틀러, 알버트 C.『웨슬리 영성 안의 복음주의 신학』. 전병희 옮김, 서울: 한국신학연구소, 2008.
_____.『웨슬리 설교 해설』. 조종남 옮김, 서울: 대한기독교서회, 2005.
얌마로네, 죠반니.『프란치스칸 영성』. 윤지형 옮김, 서울: 프란치스코 출판사, 2009.
영성연구회 평상 지음.『오늘부터 시작하는 영성 훈련』. 서울: 두란노 서원, 2022.
에드워즈, 조나단.『신앙과 정서』. 서문강 옮김, 서울: 지평서원, 2003.
_____.『영적 감정을 분별하라』. 김창영 옮김, 서울: 생명의 말씀사, 2019.
_____.『신앙적 정서』. 정성욱 옮김, 서울: 부흥과개혁사, 2015.
오먼, 조던.『영성신학』. 이홍근 옮김, 경북: 분도출판사, 1991.
_____.『가톨릭 傳統과 그리스도교 靈性』. 이홍근·이영희 옮김, 경북: 분도출판사, 2007.
오웬, 존.『존 오웬의 영적 사고방식』. 서문강 옮김, 서울: 청교도신앙사, 2004.
웨슬리, 존.『존 웨슬리 설교전집』. 조종남 외 공역, 한국웨슬리학회 편, 서울: 대한기독교서회, 2006.
_____.『웨슬리 선집 ①: 존 웨슬리의 설교』. 감리교신학대학교·한국웨슬리연구원 옮김, 서울: 대한 기독교 서회, 2022.
_____.『존 웨슬리의 설교』. 김홍기 옮김, 서울: 땅에쓰신 글씨, 2001.
_____.『그리스도인의 완전』. 이후정 옮김, 서울: 감리교신학대학교 출판부, 2006.

_____.『존 웨슬리의 설교』. 감리교신학대학교·웨슬리연구원 옮김, 서울: 대한기독교서회, 2022.

_____.『존 웨슬리의 일기』. 김영운 옮김, 서울: 크리스챤다이제스트, 1991.

위 디오니시우스.『위 디오니시우스 전집』. 엄성옥 옮김, 서울: 도서출판 은성, 2007.

이냐시오, 로욜라의 성.『영신수련』. 정제천 역, 서울: 도서출판 이냐시오영성연구소, 2012.

제임스, 칼랏, 미가엘. 시오타.『정서심리학』. 민경환 외 공역, 서울: 시그마프레스, 2008.

조지, 마즈던.『조나단 에드워즈 평전』. 한동수 옮김, 서울: 부흥과개혁사, 2017.

질 라이트, 버나드 맥긴, 존 마이엔도르프 편.『기독교 영성(II): 중세부터 종교개혁까지』. 이후정 외 2인 옮김, 서울: 은성, 2004.

찬, 사이몬.『영성신학』. 김병오 옮김, 서울: 한국기독학생회출판부, 2003.

처칠랜드, 폴.『물질과 의식: 현대심리철학입문』. 석봉례 옮김, 서울: 서광사, 2001.

채프먼, 마크.『성공회 신학, 성공회 신학의 형성과 발전』. 노철래 옮김, 서울: 비아, 2017.

카시아누스, 요한.『요한 카시아누스의 담화집』. 엄성옥 번역, 서울: 은성출판사, 2013.

캅, 존.『은총과 책임』, 심광섭 옮김, 서울: 기독교대한감리회 홍보출판부, 1997.

_____.『영적인 파산』, 박만 옮김, 경기도: 한국기독교연구소, 2014.

콜리안더, 티토.『수덕의 길』. 엄성옥 옮김, 서울: 은성출판사, 2015년.

콜린스, 케네스.『거룩한 사랑과 은총, 존 웨슬리의 신학』, 이세형 옮김, 서울: kmc, 2014.

_____.『성경적 구원의 길: 존 웨슬리 신학의 정수』. 장기영 옮김, 서울: 새물결플러스, 2017.

크레이더, 알란.『회심의 변질: 초대교회 회심을 돌아보다』. 박삼종 외 3인 옮김, 대전: 도서출판 대장간, 2017.

크레이그 다익스트라 외 공저.『일상을 통한 믿음혁명』. 허정갑 옮김, 서울: 예영커뮤니케이션, 2004.

클리마쿠스의 요한.『클리마쿠스의 거룩한 등정의 사다리(상)』. 번역 김진우, 서울: 키아츠, 2023.

_____.『클리마쿠스의 거룩한 등정의 사다리(하)』. 번역 김진우, 서울: 키아츠, 2023.

키흘레, 슈테판 지음.『이냐시오 영성에 따른 식별 - 결정』. 옮긴이 황미하, 서울: 도서출판 이냐시오영성연구소, 2021.

테틀로,조셉 A.『사랑의 발걸음-영신수련의 주제별 해설』. 성은숙 옮김, 서울: 제이출판사, 2008.

퍼슨, C.A.반.『몸·영혼·정신: 철학적 인간학 입문』. 손봉호·강영안 옮김, 서울: 서광사, 1985.

페리시, 로버트.『관상과 식별』. 심종혁 옮김, 서울: 성서와 함께, 2012.

프리스트, 스티븐.『마음의 이론』. 박찬수 외 옮김, 서울: ㈜고려원, 1995.

후라도 S.I, 마누엘, 루이스. 『영적 식별』. 박일 옮김, 서울: 가톨릭대학교출판부, 2011.

3. 외국어 서적(단행본)

McDermott, Gerald. Seeing God: *Twelve Reliable Signs of True Spirituality*. Illinois : IVP, 1995.
McIntosh, Mark A. *Discernment and Truth: the spirituality and theology of knowledge*. New York: The Crossroad Publishing Company, 2004.
Kenneth J. Collins / Jason E. Vickers eds. *The Sermons of John Wesley: A Collection for the Christian Journey*. Nashville: Abingdon Press, 2013.
Wakefield, Gorden S, eds. *A Dictionary of Christian Spirituality*. London: SCM Press Ltd, 1983.
Wesley, John. *A Plain Account of Christian Perfection*. London: The Epworth Press, 1968.
_____. edited, *John and Charles Wesley*, "[3] Advice on Spiriyual Reading." Paulist Press, N.Y, 1981.

4. 국내 박사학위 논문

백명훈. "존 웨슬리와 조나단 에드워즈의 설교에 나타난 종교적 정서에 관한 연구." 서울신학대학교신학전문대학원 박사학위 논문, 2019.
조한상. "이냐시오 로욜라와 조나단 에드워즈의 영적 식별 비교 연구." 서강대학교 박사학위 논문, 2018년.

5. 국외 박사학위 논문

Clapper, Gregory Scott. *John Wesley on Religious Affection: His View on Experience and Emotion and Their Role in the Christian Life and Theology*. Emory University, Doctor of Philosophy, 1985.

6. 학술 논문

김선영. "데카르트에서 영혼과 몸의 결합과 그 현상으로서의 정념: 지각, 감정, 동요," 「철학연구」 제45집, 2012년 1월 : 167-198.

김정옥. "베르그손의 자유개념,"「철학논총」제89호, 새한철학회, 2017 : 79-95.
김재현. "디오니시우스의 사상과 중세기독교에 미친 그의 영향,"「종교연구」제36집, 한국종교학회, 2004년 9월 : 73-107.
김재희. "베르그송의 기억 개념과 시간의 역설에 대하여,"「철학연구」제63집, 철학연구회, 2003 : 157-176.
_____. "베르그손의 창조적 정서와 열린사회,"「철학사상」제44권, 서울대학교 철학사상연구소, 2012 : 197-226.
곽승룡. "부정신학-동방 그리스도교 신학을 중심으로,"「가톨릭신학과사상」제66호, 신학과사상학회, 2010년 12월 : 113-145.
남기정. "존 웨슬리의 영적 독서를 위한 조언," https://www.mtueastus.org/2015/07/02/%EC%A1%B4-%EC%9B%A8%EC%8A%AC%EB%A6%AC%EC%9D%98-%EC%98%81%EC%A0%81-%EB%8F%85%EC%84%9C%EB%A5%BC-%EC%9C%84%ED%95%9C-%EC%A1%B0%EC%96%B8/
박응규. "존 웨슬리의 설교에 나타난 종교적 감성 연구,"「ACTS 神學과 宣敎 5」, 2001 : 205-222.
박주영. "모든 학문의 신학으로의 환원(De reductione artium ad theologian)," 연구 번역,「중세철학」제19호, 한국중세철학회, 2013 : 183-234.
박종원. "베르그손 철학에 있어서 의식의 의미,"「철학연구」제59호, 철학연구회, 2002 : 147-165.
변예은. "베르그손 시간론의 재구성 –「지적노력」,「현재의 기억과 잘못된 재인」,「꿈」을 중심으로,"「철학사상」제71권, 서울대학교 철학사상연구소, 2019 : 65-93.
서성록. "조나단 에드워즈의 거룩한 아름다움,"「한국 미학 예술학회 미학 예술학 연구」제16권, 2002년 : 25-46.
송영진. "직관과 사유-베르그손의 인식론 연구(1),"「동서철학연구」제30호, 동서철학학회, 2003 : 93-121.
양낙흥. "조나단 에드워즈의 종교적 정서론 분석,"「개혁신학과 교회」제13권 제1호, 2003 : 133-194.
_____. "참으로 은혜롭고 거룩한 정서들의 표지,"「목회와 신학」제169호, 2003년 7월 : 214-223.
_____. "조나단 에드워즈의 종교적 감성론,"「목회와 신학」제167호, 2003년 5월 : 200-211.
양선진. "지성과 직관에 대한 고찰-베르그손과 왕양명을 중심으로,"「退溪學論叢」제39輯, 2022년 6월 : 221~249.
유재경. "영적 상승의 방법으로서의 위 디오니시우스의 부정신학의 분석,"「신학과 목회 31」영남신학대학교, 2009년 5월 : 247-273.

유해룡. "영적 움직임에 대한 인지를 통한 영적 분별," 「장신논단」 제27집, 2006년 12월 : 63-193.
_____. "이냐시오 방식에 따른 영성식별연습," 「기독교사상」 제38권 제10호, 1994년 10월 : 228-239.
이강학. "조나단 에드워즈의 영적 분별:『구별하는 표지』와『종교적 정서론』을 중심으로," 「횃불트리니티 저널」 제17권, 2014년 : 44-72.
_____. "영적 분별개관,"「TORCH TRINITY Journal」 제24호, 횃불트리니티대학원대학교, 2021 : 79-103.
이은재. "보나벤투라(Bonaventura)의 해석학: 성서–세계를 이해하는 통로,"「신학과 세계」 제69권, 2010 : 166-195.
이준섭. "정감적 신비주의자로서 보나벤투라(Bonaventure): 디오니시우스의 신비적 전통을 이해하기 위한 해석적 시도,"「신학논단」 제78집, 2014 : 191-222.
이선희. "베르그손의 의식철학 :『의식에 직접 주어진 것들에 관한 시론』연구,"「철학사상 제40권」, 서울대학교 철학사상연구소, 2011 : 109-133.
원유동. "보나벤투라의 빛의 현상학,"「가톨릭 철학」 제5호, 한국가톨릭철학회, 2013 : 201-230.
_____. "보나벤투라의 신 존재 논증에 대한 이해,"「중세철학. 11:11」 한국중세철학연구소 편, 2005 : 69-114.
유재경. "영적 상승의 방법으로서의 위 디오니시우스의 부정신학의 분석,"「신학과 목회」 제31집, 2009 : 247-273.
전광식. "Theologia Negativa: 부정신학의 역사와 의미."「석당논총」 제45집, 2009 : 33-71.
정제천. "그리스도교 기도의 이해와 실천,"「신학전망」 164호, 2009 : 115-142.
정현석. "보나벤투라는 천사주의자인가?-보나벤투라 인간학에서 실체적 형상으로서의 영혼 개념 이해,"「중세철학」 제16호, 한국중세철학회, 2010 : 79-107.
_____. "보나벤투라의 복수 실체적 형상론에서 인간의 통일성의 문제,"「현대유럽철학연구」 제38집, 2015 : 125-154.
조규홍. "위 디오니시오스의 신비신학-플로티노스의 신비 사상과의 비교 및 오늘날 종교적 체험을 위한 의미 모색,"「가톨릭신학과사상」 제66호, 2010 : 81-112.
조한상. "이냐시오와 조나단 에드워즈의 영적식별 비교연구,"「신학과 실천」 제46호, 2006 : 335-360.
_____. "조나단 에드워즈의『신앙감정론』에 나타난 영적 분별,"「신학과 실천」 제44회(2015) : 255-278.
주재형. "베르그손의 순수 기억의 존재 양태에 대하여,"「철학」 제129집, 2016 : 151-176.
_____. "베르그손의『물질과 기억』에서의 기억의 보존과 가변성에 대한 연구,"「철학과 현상학 연구」 제77집, 한국현상학회, 2018 : 51-92.

_____. "베르그손의 지속 개념에 대한 재고찰," 「철학」 제149집, 한국철학회, 2021 : 113-142.

_____. "베르그손의 직관의 방법과 실증 형이상학," 「철학연구」 제137집, 2022년 여름 : 31-62.

최승태. "존 웨슬리의 구원론 탐구-그의 인간론의 관점에서," 「한국조직신학 논총」 제64호 2021 : 213-251.

Ki Jung Nam, "The Nature of Methodist Experiences, 1770-1850," 「신학논단」 115집, 2024 : 394-422.

Jae Kyoung Yoo. "The Quest of Spiritual Practice in Korean Christianity through the Examination of St. John of the Cross and Chinul," 「한국기독교신학논총」 제63집, 한국기독교학회, 2009 : 173-196.

한길 미래신서 02
웨슬리와 영적 분별

지은이 조용현
펴낸이 최병천
펴낸날 2025년 10월 17일(초판1쇄)

펴낸곳 신앙과지성사
　　　출판등록 제9-136 (88. 1. 13)
　　　주소 | 서울시 서대문구 연희로 177 옥산빌딩 2층
　　　전화 | 335-6579·323-9867·(F) 323-9866
　　　E-mail | miral87@hanmail.net
　　　홈페이지 | http://www.miral.co.kr

ISBN 978-89-6907-406-5　　03230

값 25,000원